昭和十八(一九四三)	ガダルカナル島奪取《だっしゅ》される	学徒《がくと》出陣《しゅつじん》はじまる	伊《い》が無条件降伏《むじょうけんこうふく》、カイロ会談
昭和十九(一九四四)	特攻隊出撃《とっこうたいしゅつげき》はじまる	学童疎開《そかい》はじまる	ノルマンディー上陸作戦
昭和二十(一九四五)	原爆投下《げんばくとうか》、ポツダム宣言受諾《せんげんじゅだく》	ラジオでの天皇《てんのう》放送	ヤルタ会談、独《どく》が降伏《こうふく》

太平洋戦争終戦

戦後

昭和二十(一九四五)	GHQの占領政策《せんりょうせいさく》はじまる	闇市《やみいち》が各地に登場	国際連合《こくさいれんごう》成立
昭和二十一(一九四六)	日本国憲法公布《けんぽうこうふ》	ソ連、中国からの引揚者《ひきあげしゃ》ぞくぞく	チャーチル「鉄のカーテン」演説《えんぜつ》
昭和二十三(一九四八)	東京裁判判決《さいばんはんけつ》		イスラエル建国
昭和二十五(一九五〇)	レッドパージはじまる	特需《とくじゅ》景気	朝鮮《ちょうせん》戦争はじまる
昭和二十六(一九五一)	日米安全保障《ほしょう》条約《じょうやく》調印		サンフランシスコ講和《こうわ》会議
昭和二十九(一九五四)	被災《ひさい》した第五福竜丸《ふくりゅうまる》が…	映画《えいが》『ゴジラ』公開	
昭和三十一(一九五六)	憲法調査会発足《けんぽうちょうさかいほっそく》、国際《こくさい》連…	…や戦後ではない」	日ソ国交回復《かいふく》
昭和三十五(一九六〇)	新安保条約《あんぽじょうやく》の強行採決《さいけつ》	…闘争《とうそう》	
昭和三十九(一九六四)	東京オリンピック開催《かいさい》	…道新幹線《しんかんせん》開業	日本がOECD加盟《かめい》
昭和四十七(一九七二)	沖縄県本土復帰《ふっき》		日中国交回復《かいふく》
	…		…

「復興《ふっこう》への道のり 1945〜1989」上・下

＊2023年5月刊行

半藤《はんどう》先生の「昭和史《しょうわし》」で学ぶ非戦《ひせん》と平和

戦争と人びとの暮《く》らし

1926～1945 上

昭和恐慌《きょうこう》／満洲開拓移民《まんしゅうかいたくいみん》／国家総動員法《こっかそうどういんほう》

半藤一利《はんどうかずとし》

シリーズ「半藤《はんどう》先生の『昭和史《しょうわし》』で学ぶ非戦《ひせん》と平和」は、二〇二一年に亡《な》くなられた半藤一利《はんどうかずとし》さんの昭和史《しょうわし》に関する四冊《さつ》の著書《ちょしょ》『昭和史《しょうわし》 1926-1945』『昭和史《しょうわし》 戦後篇《へん》 1945-1989』『B面昭和史《しょうわし》 1926-1945』『世界史《せかいし》のなかの昭和史《しょうわし》』をそれぞれ二分冊《ぶんさつ》にして全八巻《かん》にまとめ直し、若《わか》い読者にも読みやすく再編集《さいへんしゅう》したものです。小学五年生以上で学習する漢字にはふりがなをふり、各章冒頭《ぼうとう》にポイントとキーワードをまとめ、巻末《かんまつ》には新たに解説《かいせつ》を加えました。歴史《れきし》学習に役立つよう巻末《かんまつ》に索引《さくいん》も加えています。

本書『戦争と人びとの暮《く》らし 1926-1945 上』は、平凡社《へいぼんしゃ》ライブラリー『B面昭和史《しょうわし》 1926-1945』（二〇一九年、平凡社《へいぼんしゃ》）を底本に再編集《さいへんしゅう》しました。

半藤《はんどう》先生の「昭和史《しょうわし》」で学ぶ非戦《ひせん》と平和

戦争と人びとの暮《く》らし 1926〜1945〈上〉目次

プロローグ　一週間しかなかった年　5

第一話　「大学は出たけれど」の時代　21

第二話　赤い夕陽《ゆうひ》の曠野《こうや》・満洲《まんしゅう》　75

第三話　束《つか》の間《ま》の穏《おだ》やかな日々　151

第四話　大いなる転回のとき　211

第五話　軍歌と万歳《ばんざい》と旗の波　259

解説《かいせつ》 327
関連年表 348
参考文献《さんこうぶんけん》 354
索引《さくいん》 367

半藤《はんどう》先生の「昭和史《しょうわし》」で学ぶ非戦《ひせん》と平和

戦争と人びとの暮《く》らし 1926～1945〈下〉 目次

第六話 「対米英蘭《らん》戦争を決意」したとき 5
第七話 「撃《う》ちてし止《や》まむ」の雄叫《おたけ》び 93
第八話 鬼畜《きちく》米英と神がかり 165
エピローグ 天皇《てんのう》放送のあとに 263
あとがき 284
平凡社《へいぼんしゃ》ライブラリー版《ばん》 あとがき 288
解説《かいせつ》 295
関連年表 317
参考文献《さんこうぶんけん》 323
索引《さくいん》 333

プロローグ

一週間しかなかった年

昭和元年

この章のポイント

一九二六（大正十五）年十二月二十五日、大正天皇《てんのう》が亡《な》くなり、新元号「昭和」が発表されました。ところが東京日日新聞はそれを待たず「次の元号は『光文』に決定」という勇み足の号外を飛ばします。誤報《ごほう》への抗議《こうぎ》が殺到《さっとう》し、新聞社が責任《せきにん》問題で大騒《おおさわ》ぎとなった成り行きは、皇室《こうしつ》がからむ記事だっただけに、大正デモクラシーから昭和のナショナリズムへの移行《いこう》を予見させるようでした。この頃《ころ》、世界初の電子式テレビが日本で誕生《たんじょう》したことも、昭和の時代の幕開《まくあ》けを象徴《しょうちょう》するものだったのです。

キーワード

民草《たみくさ》の日常《にちじょう》の生活／光文事件《じけん》／東京日日新聞／枢密院《すうみついん》／本山彦一《もとやまひこいち》／阿部真之助《あべしんのすけ》／高柳健次郎《たかやなぎけんじろう》／電子式テレビ／昭和の子供《こども》

大正十五年（一九二六）十二月二十五日午前一時二十五分、長く患《わずら》っていた大正天皇《てんのう》が神奈川県葉山《はやま》の新築《しんちく》成ったばかりの御用邸《ごようてい》で亡《な》くなられた。ほぼ二時間後の午前三時十五分に、同じ御用邸《ごようてい》内において「皇室典範《こうしつてんぱん》」にのっとり、皇太子《こうたいし》裕仁親王《ひろひとしんのう》が践祚《せんそ》式を行われて、第百二十四代天皇《てんのう》となる。ときに二十五歳《さい》。同時に、宮城《きゅうじょう》の賢所《かしこどころ》で、鈴《すず》の音とともに新帝践祚《しんていせんそ》の奉告《ほうこく》がなされ、皇位《こうい》の象徴《しょうちょう》である三種の神器のうち剣《けん》と璽《じ》とが新天皇《てんのう》のもとにはこばれてきた。「剣璽渡御《けんじとぎょ》の儀《ぎ》」である。その直後、枢《すう》密院《みついん》会議が御用邸《ごようてい》内でひらかれ、政府提案《せいふていあん》の「昭和」の元号が決まる。

こうして昭和時代が始まったのである。

――と、政治《せいじ》・経済《けいざい》・外交・軍事を中心とするいわゆる「A面の歴史《れきし》」を語ろうとすれば、以上のように史料《しりょう》にもとづく〝事実〟をつづけることになる。ところが、本書が主題とするのは歴史探偵《れきしたんてい》が掘《ほ》りだした、ごく一般《いっぱん》の日々の生活にあった話だけで昭和史《しょうわし》を語ってみよう、というのである。街の片隅《かたすみ》の片々《へんぺん》たる裏話《うらばなし》で滔々《とうとう》たる歴史《れきし》の流れがたどれるか、となると、かならずしも自信はないが、「細部にこそ神が宿る」という言葉もある。民草《たみくさ》の日常《にちじょう》の生活のすぐそこにころがっている「こぼれ話」を拾いだし、それらをつなげていくことで、かえって動きゆく時代というもののほんとうの姿《すがた》がみえてくることになるかもしれない。そんなことを漠然《ばくぜん》と考えて、とにかく一歩を果敢《かかん》に踏《ふ》みだすことにする。

◆元号は「光文」？

この日、十二月二十五日午前三時半すぎ、凍《い》てつくような東京の街々を「号外！　号外！」と威勢《いせい》よく鈴《すず》の音を鳴らしながら、東京日日新聞（現《げん》毎日新聞）のハッピ姿《すがた》の号外配りが駆《か》けまわった。眠《ねむ》りを破《やぶ》られた人たちは寝巻姿《ねまきすがた》で表に飛びだし、この号外を競《きそ》って求める。号外は「聖上崩御《せいじょうほうぎょ》」「新帝践祚《しんていせんそ》」「元号決定」などを早々と報《ほう》じていた。

とくに元号にかんしては、「枢密院《すうみついん》に御諮詢《ごしじゅん》あり、同院において慎重審議《しんちょうしんぎ》の結果、『光文』『大治』『弘文《こうぶん》』等の諸案《しょあん》中、左の如《ごと》く決定するであろう。／『光文』」と、スクープの文字が躍《おど》っていた。

元号は「光文」であろうとの特報《とくほう》は、報知《ほうち》新聞もあとを追って大きく報《ほう》じる。国民はそれを決定事項《じこう》のようにうけとめた。ところが、正午も近くなったころ、朝日新聞と時事新報《しんぽう》とが、元号についての勅語《ちょくご》のでたことを、これも鈴《すず》を鳴らしての号外で報《ほう》じたのである。

「朕《ちん》、皇祖皇宗《こうそこうそう》ノ威霊《いれい》ニ頼《よ》リ、大統《たいとう》ヲ承《う》ケ、万機《ばんき》ヲ総《す》ブ。茲《ここ》ニ、大正十五年十二月二十五日以後ヲ改メテ昭和元年トナス。御名御璽《ぎょめいぎょじ》」

東京日日新聞の内部は震撼《しんかん》した。これが正しければ、百年にいっぺんあるかないかのような大誤報《ごほう》となるではないか。神経過敏《しんけいかびん》な社員はこれで会社が潰《つぶ》れるのではないかと憂慮《ゆうりょ》に沈《しず》んでしまう。どうしてこのような事態《じたい》が惹《ひ》き起《お》こされたのか。『毎日新聞七十年史《ねんし》』によれば、まず極秘《ごくひ》情報《じょうほう》がひとりの政治《せいじ》部記者から政治《せいじ》部長西村《にしむら》公明にもたらされ、部長はこれを主幹《しゅかん》の城戸《きど》元亮《もとすけ》に報告《ほうこく》する。天皇《てんのう》の容態《ようだい》悪化とともに、新聞各社は担当《たんとう》記者を増員《ぞういん》し、まずは「新しい年号」のスクープにそれぞれが血眼《ちまなこ》になっているとき、そこにこの極秘《ごくひ》情報《じょうほう》である。よーし、やった、と平静を装《よそお》いつつ勇み立ったとしても、これは当然というもの。さらに、元首相《しゅしょう》の大物の枢密顧問官清浦奎吾《すうみつこもんかんきようらけいご》に接近《せっきん》している秘書《ひしょ》課長の名村寅雄《なむらとらお》から「光文になるらしい」の極秘《ごくひ》情報《じょうほう》も別途《べっと》で入ってくる。そのほかに二、三の記者からも。そこで日日新聞は綜合《そうごう》本部を設《もう》けて慎重《しんちょう》に、そして早急《さっきゅう》に審議《しんぎ》し、「光文」の号外発行に踏《ふ》みきることとなる。

いまになれば、事実がいとも明らかになっている。一木喜徳郎《いちききとくろう》宮内《くない》大臣を中心に、宮内省《くないしょう》はその時に備《そな》えて元号草案の作成に早くから着手している。昭和、伸和《しんわ》、恵和《けいわ》、敬和《けいわ》、休和《きゅうわ》、咸和《かんわ》、神化、観化、敦化《とんか》、景化、光化、化光、天光、大光など候補《こうほ》は四十三にのぼった。が、四十三の候補《こうほ》のなかに「光文」はなかったのである。

では、光文はまったくの幻《まぼろし》の元号であったのか、となると、あながちそう簡単《かんたん》に切《き》り捨《す》てることはできないのである。枢密顧問官《すうみつこもんかん》の金子堅太郎《かねこけんたろう》や江木千之《えぎかずゆき》、それに黒田長成《くろだながしげ》が加わり、宮内省《くないしょう》とは別に、元号案の選定を考えていたというのである。彼《かれ》らは密議《みつぎ》をこらし、その考案を黒田藩史編纂所《くろだはんしへんさんじょ》の中島利一郎《なかしまりいちろう》に命じる。結果としてその中島《なかしま》案のなかに「光文」がいちばんに案出されていた。東京日日新聞はその枢密顧問官《すうみつこもんかん》の筋《すじ》から情報《じょうほう》をえていたと思われる。

そして別の史料《しりょう》では、元号選定のための枢密院《すうみついん》会議が二十五日午前六時から御用邸《ごようてい》内でひらかれ、約五時間にわたる論議《ろんぎ》の結果、「昭和」の決定をみた、ということになっている。このとき、黒田顧問官《くろだこもんかん》から「光文」の提議《ていぎ》がなされたが、「すでに新聞が号外で報道《ほうどう》している。その報道《どう》どおりに決定したのでは枢密院《すうみついん》の沽券《こけん》にかかわる」と異論《いろん》がでたために没《ぼつ》になった、という。この説はいまもなお主張《しゆちよう》されたりしているが、とどのつまりは伝説にすぎず、そんな論議《ろんぎ》はいっさいなかったというのが、東京日日には気《き》の毒《どく》ながら、事実なのである。

枢密院《すうみついん》の審議《しんぎ》について残された史料《しりよう》（たとえば若槻礼次郎《わかつきれいじろう》『古風庵回顧録《こふうあんかいころく》』）からは、倉富勇三郎顧問官《くらとみゆうざぶろうこもんかん》が「上治」という私案《しあん》をだしてきて、「昭和」に反対したことが明らかになっている。宮内省《くないしよう》からの提示《ていじ》をうけた若槻礼次郎内閣《わかつきれいじろうないかく》は、『書経《しよきよう》』堯典《ぎようてん》の「百姓昭明《ひやくせい》、協和万邦《ばんぽう》」からとって「昭和」を提案《ていあん》しているが、この堯《ぎよう》（古代中国の理想の皇帝《こうてい》）は禅譲《ぜんじよう》の天子《てんし》で、位を子孫に譲《ゆず》らず、舜《しゆん》に譲《ゆず》り、舜《しゆん》は禹《う》に譲《ゆず》った。それは今日でいう共和政治《せいじ》のようなものであるから、「昭和」は好ましくない、というのが倉富顧問官《くらとみこもんかん》の主張《しゆちよう》であった。それよりも『易経《えききよう》』にある「上治」のほうがはるかによろしい、と頑固《がんこ》に案を引っこめようとはしなかった、というのである。

あとで元老《げんろう》の西園寺公望《さいおんじきんもち》がこの話を聞いてこういった。

「どちらでもいい。とにかく元号はだれにでも書けるのがいい。慶應《けいおう》はむつかしすぎた。字画が少なければそれでいい。昭和でもよいと思う」（『西園寺《さいおんじ》公と政局《せいきよく》』第一巻《かん》）

それにしても、倉富顧問官《くらとみこもんかん》の共和制《きようわせい》になるからいけないという反対論《はんたいろん》は、相当に笑わせる理《り》屈《くつ》であるが、考えてみると、史上《しじょう》かつてなかった太平洋戦争の敗戦・降伏《こうふく》によって、昭和時代の後半つまり戦後は、「天皇統治《てんのうとうち》の大権《たいけん》」から「主権在民《しゅけんざいみん》」へとこの国のかたちはたしかに変革《へんかく》したともいえる。とすれば、この顧問官《こもんかん》の杞憂《きゆう》は、将来《しょうらい》を予見して当たっていた、といってもいいのかもしれない。

　それはともかくとして、元号の正式決定が午前十一時ごろであったのであるから、日本国民はそのときまで時代が昭和となったのを知らぬまま（なかには光文と思いこんだまま）、厳粛《げんしゅく》な気持ちでその朝を迎《むか》えていた。街々に立てられた日の丸には黒い喪章《もしょう》がつけられ、そして新聞は街の様子をこう伝えた。

「前夜まで、あれ程《ほど》花やかさを競《きそ》ふて居《い》た銀座《ぎんざ》街も松屋、松坂屋を始め銀座《ぎんざ》カフェーいづれも戸を閉《と》じて『謹《つつし》んで休業』の立看板《たてかんばん》が立て並《なら》べられて、人出さへない尾張町《おわりちょう》の角にはぬけ目ない商人が蝶形《ちょうがた》の喪章《もしょう》を箱に入れて『裏表《うらおもて》つき僅《わずか》十銭《せん》』と人を呼《よ》んでゐる」（東京朝日新聞十二月二十六日付）

　そして正午ごろ年号が昭和となったのを国民は知った。となるに及《およ》んで、東京日日の号外はいくらなんでもあまりにひどすぎる〝勇み足〟となった。弁護《べんご》の余地《よち》はまったくない。当然のことながら責任者《せきにんしゃ》の懲罰《ちょうばつ》という問題が浮《う》かび上《あ》がってくる。東京日日側はさし当たって主なる責任者《せきにんしゃ》の一年あるいは半年の罰俸《ばっぽう》で収拾《しゅうしゅう》しようとしたが、大阪毎日新聞社長の本山彦一《もとやまひこいち》が、「これほどの大失態《だいしったい》に、最高幹部《かんぶ》がだれも責任《せきにん》をとらぬ法はない。もし責任《せきにん》をとらないなら自分が辞《や》める」といいだし、これでまたスッタモンダの大騒《おおさわ》ぎとなる。本山《もとやま》は稀《まれ》にみる皇室崇敬論《こうしつすうけいろん》者であったという。

　このとき大阪毎日の記者であった阿部真之助《あべしんのすけ》（のち政治評論家《せいじひょうろんか》をへてＮＨＫ会長）が、その顚末《てんまつ》を書いている。

「本山《もとやま》社長の激怒《げきど》したのは、この誤報《ごほう》により新聞の信用を傷《きず》つけたその責任《せきにん》を問うということもあろう。天子《てんし》様に申《もう》し訳《わけ》ないという心持もあったであろう。しかし頻々《ひんぴん》とやってくる脅迫《きょうはく》に堪《た》えかねたということもあるに違《ちが》いなかった。この問題は城戸《きど》を大阪に、大阪にいた松内冷洋《まつうちれいよう》を東京に、交替《こうたい》することによって決着した。この波動が次々に下流に及《およ》び、多量の社員が東西に入《い》れ替《かわ》った。私事《わたくしごと》ながら、私《わたし》が大阪から東京に帰るようになったのも、光文事件《じけん》の間接《かんせつ》のあおりだった」（「文藝春秋《ぶんげいしゅんじゅう》」臨時増刊《りんじぞうかん》・昭和メモ）

　なお、〝事件《じけん》〟のそもそもの発火点となった政治部記者杉山孝二《すぎやまこうじ》は、その後間もなく退社《たいしゃ》し、完全に消息を絶《た》った。戦後の毎日ＯＢ会にもついぞ顔をみせることはなかったという。

　じつは、ここでわたくしが注目するのは、阿部《あべ》の回想記にある「頻々《ひんぴん》とやってくる脅迫《きょうはく》」の一行なのである。大正デモクラシーの社会風潮《ふうちょう》もすでに衰微《すいび》して、昭和が開幕《かいまく》したときには皇《こう》室尊崇《しっそんすう》・愛国者という大義名分《たいぎめいぶん》をかかげる〝暴力組織《ぼうりょくそしき》〟が猛威《もうい》をふるいはじめていたのであろうか、という思いなのである。元号を誤《あやま》って速報《そくほう》し大失敗を演《えん》じた、いまになればただそれだけの話が、大きな新聞社の根基《こんき》を揺《ゆ》るがす大事件《だいじけん》となっていた。そこには、のちの自由な報道《ほうどう》活動の手枷足枷《てかせあしかせ》となる「皇室記事は鬼門《きもん》」の徴候《ちようこう》が、早くも見えているということなのか。そのことに驚《おどろ》くのである。

阿部《あべ》はこう書いている。

「明治の末年から、大正の初期にかけては、暴力団《ぼうりよくだん》も微力《びりよく》で、甚《はなは》しく新聞の煩《わずら》いとなるほどのことはなかった。それが俄《にわ》かに暴威《ぼうい》を振《ふる》うようになったのは、床次竹二郎《とこなみたけじろう》が内相《ないしよう》時代、全国の博徒《ばくと》を糾合《きゆうごう》し、国粋会《こくすいかい》を創《はじ》めて以後のことであった。世の中の日陰者《ひかげもの》となっていた彼等《かれら》が、国粋者《こくすい》として、愛国者として表面に浮《うか》び出《だ》し、大手《おおで》を振《ふ》って横行するようになって以来の現象《げんしよう》だった」

床次《とこなみ》が内務《ないむ》大臣であったのは大正七年（一九一八）九月から十一年六月のことである。第一次世界大戦のあおりをうけた大正後期には、デモクラシーよりもナショナリズムということなのか。いずれにしても「昭和」は物騒《ぶつそう》な騒動《そうどう》からはじまった。

◆「イ」の一字

「……横浜《よこはま》の居留地《きよりゆうち》の本屋の店先でみたフランスの雑誌《ざつし》に、初めてテレビジョンのことがのっていた。ポンチ絵だったんですが、それを見てテレビジョンを研究しようと考えた」（高柳《たかやなぎ》健次郎《けんじろう》「テレビ事始」）

浜松《はままつ》高等工業学校（現《げん》静岡大学工学部）の教授《きようじゆ》であった高柳健次郎《たかやなぎけんじろう》が、その〝動機〟を語った一文である。

なるほど、この「ポンチ絵」なる言葉はなんとなく今日のテレビを象徴《しょうちょう》しているようで、まことに愉快《ゆかい》に思える。といっても、いまの読者にはピンとこないであろう。ポンチ絵とは、いまでいう漫画《まんが》であるが、正真正銘《しょうしんしょうめい》の死語で、使う人はほとんどいない。そもそもが安政《あんせい》年間（一八五〇年代）に来日したイギリス人ワーグマンが The Japan Punch と題する木版《もくはん》英字の月刊漫画雑誌《かんまんがざっし》を発行したことに発する。打撃《だげき》を意味するパンチがなまってポンチとなり、ポンチ絵という言葉が誕生《たんじょう》する。高柳《たかやなぎ》教授《きょうじゅ》が横浜《よこはま》の外国人居留地《きょりゅうち》の本屋で手にしたのは、間違《まちが》いなくその The Japan Punch の一冊《さつ》であったのであろう。

つまり、この言葉がまだ一般的《いっぱんてき》にいわれていたくらいはるか昔に、高柳《たかやなぎ》はその研究を思いたったことがわかる。もって回らずにあっさりいってしまえば、高柳《たかやなぎ》が全電子方式によるテレビジョンの開発をめざして実験を開始したのは大正十三年（一九二四）のことであったという。そして二年後の暮《くれ》、予算もなく、妻《つま》の結婚《けっこん》持参金三百円をすべて投じる、という悪戦苦闘《あくせんくとう》をへて受像《じゅぞう》実験に初成功する。雲母《うんも》板の上に墨《すみ》で書いた字が、ブラウン管上に再生《さいせい》されて映《うつ》ったのである。

ここは長々と高柳《たかやなぎ》の手記を引いたほうがいいかと思う。

「忘《わす》れもしないその日、暗箱のような受像装置《じゅぞうそうち》をのぞきこむとイの字がブラウン管の画面上にちゃんと崩《くず》れることなく映《うつ》っているではないか。私《わたし》は暗箱をとびだし、助手や先生方を大声で呼《よ》んで、見てもらった。初めてテレビの画が出たと大喜《おおよろこ》びに喜《よろこ》んだのだった。もっとも普通《ふつう》の人から見れば、小さな〝イ〟の字が止まってただ映《うつ》っているだけで、面白《おもしろ》くもなんともないものだったかもしれない。しかし、これは私《わたし》にとって生涯《しょうがい》最大の感激《かんげき》の瞬間《しゅんかん》であった」

「忘《わす》れもしないその日」と高柳《たかやなぎ》がいうその日は、大正十五年十二月二十五日。はたしてブラウン管の画面上に「イ」の一字が映《うつ》ったのは大正時代であって、残念ながら昭和の開幕《かいまく》が間に合わなかったのか。じつは、それこそ虚実皮膜《きょじつひまく》の間といったところで、どっちが虚《きょ》でどっちが実か、絶妙《ぜつみょう》この上ないところである。当の高柳《たかやなぎ》の手記にもまことに微妙《びみょう》なことが書かれている。

「私《わたし》と助手は、夜遅《よるおそ》く実験を終えて学校を出た。凍《い》てつく戸外ではちょうど号外の呼《よ》び声《ごえ》が、大正天皇《てんのう》のご崩御《ほうぎょ》を伝えていた」

いかがなものか。ここは「大正」に目をつむってもらって、開幕《かいまく》を飾《かざ》る快挙《かいきょ》として、世界最初の電子式テレビの誕生《たんじょう》は昭和元年ということにしておきたいと思うのであるが。

この全電子式テレビ受像器《じゅぞうき》は、静岡大学の高柳《たかやなぎ》記念未来技術創造館《ぎじゅつそうぞう》にいまも残されている。そしてＮＨＫ浜松《はままつ》放送局の玄関《げんかん》わきに、記念の「イ」の字を深く彫《ほ》りこんだ石碑《せきひ》が立っている。

◆「昭和の子供《こども》」

昭和時代がはじまってすぐに流行した歌に「昭和の子供《こども》」という、リズムがジャズ調の歌がある。これが昭和ということになるとすぐ思い出せる。

〽昭和　昭和　昭和の子供《こども》よ　僕《ぼく》たちは
姿《すがた》もきりり　心もきりり
山　山　山なら　富士《ふじ》の山
行こうよ　行こう　足並《あしな》みそろえ
タラララ　タララ　タラララ

昭和五年生まれで、音感ゼロのわたくしがいまでも、一番だけならなんとか歌える。何でも日本放送協会が、改元するとすぐに新作の子供《こども》の歌をいくつかつくって、どんどん電波にのせることを考えた。そのときに歌われたひとつで、その明るさが新時代にぴったりでヒットした、というのである。作詞《さくし》久保田宵二《くぼたしょうじ》、作曲佐々木《ささき》すぐる。作詞家《さくしか》はよく存《ぞん》じない方であるが、作曲家のほうには「月の沙漠《さばく》」や「お山の杉《すぎ》の子」などいくつか耳になじんだ名曲がある。もっとも、のちにコロムビアから発売されて大そう売れたというから、わたくしが覚えさせられたのはラジオではなくて、レコードのほうであったかもしれない。

この「昭和の子供《こども》」から忘《わす》れられないひとつの話がある。作家・劇作家《げきさっか》にして演出家《えんしゅつか》でもあった亡《な》き久世光彦《くぜてるひこ》さん（昭和十年生まれ）が、わたくしが昭和五年生まれと知ってこんなことをいったのである。

「半藤《はんどう》さんの同級生や周りの人に、昭と和の字の名前の人がさぞや多いでしょうね」

いわれてみて気づいた。小学校の同級生に昭《あきら》、昭介《しょうすけ》、昭五《しょうご》、和夫《かずお》、和彦《かずひこ》、そして和子《かずこ》、和《かず》江《え》、昭子《あきこ》と数えてみたら四十五人中に八人もいた。また、二年下の双子《ふたご》のわが従妹《いとこ》が昭子《あきこ》と和《かず》子《こ》と、なるほど、われら「昭和の子供《こども》」には昭和の年号からとられた名前のものが多い。

久世《くぜ》さんはそれから意味ありげにいうのである。

「面白《おもしろ》いのは、とくに《昭》という字は、元号が昭和になるまで日本人のほとんどが知らなかった字なんですよ。明治や大正生まれのお父さんお母さんにはおよそ《昭》のつく名前はそれまで思いつかなかった。そればかりではない、《昭》の入ったほかの熟語《じゅくご》を知らなかったはずです。それだけに、これはいいやって、みんなが子供《こども》の名前にそれをつけたんだと思いますよ」

びっくりしたわたくしは帰宅《きたく》して急いで漢和辞典を引いた覚えがある。昭代《しょうだい》、昭回、昭然、昭昭、昭穆《しょうぼく》と使ったことのない文字がならんでいる。わずかに昭示《しょうじ》ぐらいが一、二度見たことがあるか。

ところでこの話に後日談があった。久世《くぜ》さんが何かにこの「昭」の名前の話を書いたらしいのである。すると、ソニーの創業者《そうぎょうしゃ》のひとり盛田昭夫《もりたあきお》氏から葉書《はがき》が届《とど》いたという。「私《わたし》は大正十年生まれなんですが」とあった。久世《くぜ》さんはエッといったきりでつぎの言葉もでなかったが、盛田《もりた》氏の便りはおしまいにこういう意味のことを付け加えていた。

「私《わたし》の祖父《そふ》と父が、そのころ鈴渓義塾《れいけいぎじゅく》という塾《じゅく》をもっており、そこの漢学者に選ばせたと聞いております」。そうか、この漢学者はさきに『書経《しょきょう》』堯典《ぎょうてん》をみていたのだと、久世《くぜ》さんは胸《むね》を撫《な》で下《お》ろしたというのである。

◆昭和元年生まれ

こうして昭和時代はメディアの活潑《かっぱつ》化、右翼《うよく》の台頭、テレビの誕生《たんじょう》と、その前途《ぜんと》を予想させながら、明るく第一歩を踏《ふ》みだした。新しい天皇《てんのう》は若《わか》く、ヨーロッパ外遊の経験《けいけん》のある初めての天皇《てんのう》であり、祖父《そふ》明治天皇《てんのう》のような豪放《ごうほう》な、そして幼少《ようしょう》から聡明《そうめい》であるとの世評《せひょう》が高まっている。国民はひとしく新しい時代への期待に胸《むね》をふくらませた。と書いたものの、新聞面などをみると、それをあっさり全面的には肯定《こうてい》できないような記事がちらほらしている。

十二月二十六日　東京市従業員《じゅうぎょういん》四五〇人総罷業《そうひぎょう》〔ストライキ〕――東京朝日新聞。

十二月二十八日　東京拓殖《たくしょく》銀行京城《けいじょう》支店《してん》に独立派《どくりつは》朝鮮人《ちょうせんじん》が投弾《とうだん》する――東京朝日新聞。

十二月三十一日　東京市、登録されている失業労働者二六五〇人に指定された食堂《しょくどう》で使える食券《しょっけん》（五銭券《せんけん》九枚綴《まいつづ》り）を配給――東京日日新聞。

ちなみに、『日本労働運動史料《しりょう》』によると、この年の同盟罷業《どうめいひぎょう》（ストライキ）四六九件《けん》、参加人員六万三六四四人。小作争議二七五一件《けん》、参加農民一五万一〇六一人であったという。大正十二年の関東大震災《だいしんさい》の余燼《よじん》やその後の経済《けいざい》行きづまりの深刻《しんこく》さ、なんとも重苦しい時代閉塞《へいそく》感《かん》が日本全国をくまなく蔽《おお》っているのが実情《じつじょう》、といったほうがいいのかもしれない。

そのなかで、明るさがちょっぴりのぞいている報道《ほうどう》があった。

十二月三十日　宮中大奥《おおおく》（女官）のお局《つぼね》制度廃止《せいどはいし》に決定――東京日日新聞。

いまになると、この決定は新天皇《てんのう》の強い意思によるものであったことが明らかになっている。

ともあれ、その昭和元年は、十二月二十五日から三十一日までの一週間しかない。雑誌《ざっし》の編《へん》集者《しゅうしゃ》をしていたとき、昭和元年生まれの有名人を探《さが》しだそうと大そう苦労したことがある。当時の日本人は満年齢《まんねんれい》で数えてはいなかったゆえに、生まれたばかりの赤ちゃんがたちまち二歳《さい》となることを不憫《ふびん》に考えた親たちの多くが、昭和二年一月生まれとして役所に届《とど》けた。とくに女の子の場合がそうであった。

それでさんざんに探《さが》し求《もと》めてやっとひとり、戸籍《こせき》上でも正真正銘《しょうしんしょうめい》の昭和元年生まれを見つけた。ヴァイオリニストの巌本真理《いわもとまり》さん、たしかこの人だけと記憶《きおく》していたが、『日本人名大辞典』をひらいたら一九二六年一月十九日生まれとなっていた。さては、残念ながら記憶違《きおくちが》いであったのか。では誰《だれ》であったかとなると、もうまったく思いだせないのである。ああ。

第一話

「大学は出たけれど」の時代

昭和二〜四年

この章のポイント

第一次世界大戦のあと、輸入超過《ゆにゅうちょうか》の影響《えいきょう》で物価《ぶっか》が急落し、異常気象《いじょうきしょう》による凶作《きょうさく》や銀行破産《はさん》による金融恐慌《きんゆうきょうこう》なども重なり、人びとの暮《く》らしは不況《ふきょう》で困窮《こんきゅう》します。一九二七（昭和二）年、日本初の地下鉄が開通するなど、明るい話題もあった半面、作家芥川龍之介《あくたがわりゅうのすけ》の自殺《じさつ》などは、先の見えない時代の空気を伝えるものでした。さらに一九二九（昭和四）年公開の小津安二郎《おづやすじろう》監督《かんとく》の映画《えいが》『大学は出たけれど』のタイトルは、昭和恐慌《きょうこう》の様子を象徴《しょうちょう》する言葉として流行語となりました。

キーワード

金融恐慌《きんゆうきょうこう》／円本《えんぽん》ブーム／芥川龍之介《あくたがわりゅうのすけ》／日本初の地下鉄開通／ラジオの全国中継《ちゅうけい》放送／普通《ふつう》選挙／ストライキ／アムステルダム・オリンピック／大学は出たけれど／説教強盗《ごうとう》

昭和二年（一九二七）

昭和という時代は、不幸なことに、大正時代からの多くの重たい難題《なんだい》を抱《かか》えて開幕《かいまく》せざるをえなかった。それは否応《いやおう》なしに近代日本のさまざまな遺産《いさん》を継承《けいしょう》することでもあった。

その第一の難問《なんもん》は第一次世界大戦後に襲《おそ》ってきた不景気である。戦争終結とともに輸出《ゆしゅつ》がいっぺんに止まって、輸入超過《ゆにゅうちょうか》となる。物価《ぶっか》は下落するいっぽうということで、ぬきさしならない不況《ふきょう》がつづいていた。その上に異常気象《いじょうきしょう》による東北地方の凶作《きょうさく》が重なった。弁当《べんとう》ももっていけない欠食児童、娘《むすめ》の身売り、そうした悲惨《ひさん》な状況《じょうきょう》解決《かいけつ》のための緊急《きんきゅう》の、思いきった対策《たいさく》が強く要求されていた。

ところが対策《たいさく》もままならないうちに、各銀行の経営《けいえい》悪化にともなって、東京渡辺《わたなべ》銀行の破産《はさん》にはじまる金融恐慌《きんゆうきょうこう》が社会をいっそう混乱《こんらん》させる。銀行にたいする不信は、そのまま国にたいする信頼《しんらい》の喪失《そうしつ》となり、民心は動揺《どうよう》し落ち着きを完全になくしてしまった。

こうした情勢《じょうせい》下に、昭和に入って早々に対外宥和《ゆうわ》路線をすすめる若槻礼次郎《わかつきれいじろう》内閣《ないかく》が倒《たお》れ、〝強硬《きょうこう》外交〟をスローガンとする田中義一《たなかぎいち》内閣《ないかく》へと代わることになる。そしてこれが内に鬱屈《うっくつ》した国民感情《かんじょう》を外へ向かって奮《ふる》い立《た》たせる結果を生んだ。すなわち第一次の山東出兵《さんとう》である。

つまり第二の難関《なんかん》は対中国政策《せいさく》ということになる。田中内閣《たなかないかく》は満蒙分離政策《まんもうぶんりせいさく》を堂々《どうどう》とかかげた。その意味するところは、万里《ばんり》の長城《ちょうじょう》の北の満洲《まんしゅう》・蒙古《もうこ》は中国本土とは別のものとみなす。ゆえに満蒙《まんもう》問題についての交渉《こうしょう》はそこの実力者とだけ行う。中国統一《とういつ》をめざす国民政府《せいふ》は交渉《こうしょう》相手にしない、と日本政府《せいふ》は勝手に決めたのである。

七月に田中内閣《たなかないかく》が策定《さくてい》したアクティブな「対支政策綱領《たいしせいさくこうりょう》」は、これからの「軍国主《しゅ》義《ぎ》外交」の端緒《たんしょ》をひらいたものとみることができる。のちの昭和七年（一九三二）、日本の指導《しどう》で満洲《まんしゅう》国がつくられる。それはまさしくこの満蒙分離政策《まんもうぶんりせいさく》の実行そのものであった。

◆新聞の三面記事から

昭和二年一月一日の社説で時事新報《しんぽう》は高らかに謳《うた》いあげた。

「新帝《しんてい》の新政《しんせい》に対する国民の理想は、光明平和なる新時代の建設《けんせつ》である。内にあっては、民心に光明あり、外にありては世界に平和なる新政治《しんせいじ》の実現《じつげん》に向って、その進むべき一途《いっと》を決し、上下一致《いっち》もって新時代の経営《けいえい》に当らねばならない。（中略《ちゅうりゃく》）平和主義《しゅぎ》の為《ため》に、大いに奮発《ふんぱつ》努力することが、新帝新政《しんていしんせい》の一大特色でなければならない」

まったく御説《おせつ》ごもっともと国民諸氏《しょし》は思ったことであろうが、さはさりながら、といっぽうでソッポを向きたくなったにちがいない。「民心に光明あり」といわれたって、背《せ》に腹《はら》はかえられない。なにしろ食うに困《こま》る不景気の新時代の開幕《かいまく》であったからである。

不景気の話を、まず最初にやるのはあまり楽しいことではない。そこでせいぜい気の滅入《めい》らないような話題からはじめると、この頃《ころ》、東京には「クズイー、お払《はら》い」とかけ声をかけて歩くクズ屋さんが五千余人《よにん》いた。彼《かれ》らは問屋から毎日五円から六円程度《ていど》の元手を借りて商《あきな》いをやっていた。ところが金回りが悪くて、問屋が彼《かれ》らに毎日の資金《しきん》を払《はら》えなくなってしまう。いきおい東京のクズ屋さんは総失業《そうしつぎょう》。「クズイー」の声が聞かれなくなった。各家庭ではクズの始《し》末《まつ》に困《こま》りぬいたという。

そのころ電灯《でんとう》料を二カ月払《はら》わないと、容赦《ようしゃ》なく電気を切られてしまった。切られたからにはやむを得《え》ず、ロウソクの灯《ひ》で内職《ないしょく》の袋《ふくろ》貼《は》りやら傘《かさ》張《は》りなどに精出《せいだ》していると、子供《こども》が狭《せま》い家で飛び回ったりしてロウソクを倒《たお》す。お蔭《かげ》で東京は昭和のはじめにはやたらに火事が起こった。電気といえば壁《かべ》にコンセントの穴《あな》なんかないので、二股《ふたまた》のソケットはたいそう貴重《きちょう》であったことをわたくしなんかも覚えている。

こんなことを細々とかいているより、新聞の三面（社会面）記事から拾ってみるほうが、当時の世相がどんな具合であったかがたちまちわかろうか。五月二十三日付の読売新聞の見出しから。

●大西洋横断《おうだん》飛行機　無事パリに着く。ニューヨークから無着陸で、リンドバーグ大尉《たいい》の大成功
●女給コックの道行き
●失職《しっしょく》して巡査《じゅんさ》から万引きへ
●女給の投身未遂《みすい》　主人に犯《おか》されて悲観し
●若《わか》き妻《つま》の身投げ　函館《はこだて》から上京し
●芸妓《げいぎ》の剃刀《かみそり》自殺《じさつ》　結婚《けっこん》を両親に反対されて
●四十五六歳《さい》の女の轢死体《れきしたい》　胴体《どうたい》真っ二つ
●空地《あきち》に行倒《いきだお》れ
●けふ楽《らく》〔千秋楽〕の大相撲《おおずもう》

若《わか》い女性《じょせい》の自死続出の背景《はいけい》には生活苦があるのかもしれない。そうかと思えば、いっぽうでめっぽう金遣《かねづか》いの荒《あら》い連中もいたようである。いつの世でもそうなのか、富裕層《ふゆうそう》と貧困層《ひんこんそう》との格差《かくさ》は、不景気なときほどひどいようである。貴金属《ききんぞく》店やデパートの高級品売場がやたらと活気づき、芝居《しばい》興行《こうぎょう》も満員御礼《おんれい》の毎日がつづいていたという。「入場料を十円もとっていたある劇場《げきじょう》でも当節は『切符《きっぷ》売場で売り切れのため断《こと》わられる人が非常《ひじょう》に多くなったよ』とうそぶき、新宿《しんじゅく》の某活動《ぼうかつどう》小屋〔映画館《えいがかん》〕では三円という入場料ながら満員を続けたという」（東京朝日新聞　五月七日付）

いやはや、あるところにはあるのだ、と溜息《ためいき》がでるだけである。

それに調子を合わせたわけでないが、日本ラグビー蹴球《しゅうきゅう》協会が正式に活動をはじめたのが四月二十一日。五月には第一回オープンゴルフ選手権《せんしゅけん》大会が程ヶ谷《ほどがや》ゴルフ場で開催《かいさい》されている。

◆流行した歌二つ

いっぽうで、『昭和史《しょうわし》ハンドブック』（平凡社《へいぼんしゃ》）によると、昭和二年に流行した歌として「どん底の歌」だけがあげられていて、ほかにはなかったのかと首を傾《かし》げたくなる。ロシアの作家ゴーリキーの『どん底』を主題とした歌で、なんとなく金融恐慌《きんゆうきょうこう》でアップアップしていた時代を象徴《しょうちょう》するような歌詞《かし》で、これはもう「なるほどどネ」と納得《なっとく》するほかはない。それにロシア革命《かくめい》（大正六年＝一九一七）いらい、その影響《えいきょう》をうけて大正末から猛威《もうい》をふるいだしたマルクス・レーニンイズム全盛《ぜんせい》もあって、当局がきびしく統制《とうせい》しようとすればするほど、国民の間でひそかに歌いつがれていったのかもしれない。ただし、音感の鈍《にぶ》いわたくしは歌えない。

夜でも昼でも　牢屋《ろうや》は暗い
いつでもオニめが　あああ
えいやれ　窓《まど》からのぞく……

という三番までの短いものであるが、哀愁《あいしゅう》たっぷりの曲である（そうな）。翌《よく》三年にかけてもしきりに歌われたというから、かなり正しく当時の国民感情《かんじょう》を代弁《だいべん》していたと思われる。

さらに、これも残念ながら歌うことはできない歌がある。大正天皇《てんのう》「御大葬《ごたいそう》の歌」である。大葬《たいそう》そのものは二月七日に新宿御苑葬場殿《しんじゅくぎょえんそうじょうでん》で行われている。記録によれば、大赦《たいしゃ》によって十三万七千六百余人《よにん》が出獄《しゅつごく》し、四万六千百余人《よにん》が減刑《げんけい》になったというが、大正十四年（一九二五）四月に公布《こうふ》された治安維持法違反者《ちあんいじほういはんしゃ》は除外《じょがい》されている。そうした物騒《ぶっそう》な話をうしろにおいて歌詞《かし》を読んでみると、天皇《てんのう》を現人神《あらひとがみ》とするこの国のかたちづくりがもうはじまっているような気がしてこないでもない。とするのは、わたくしの思《おも》い過《す》ごしにすぎないであろうか。

地にひれふして天地《あめつち》に　いのりし誠《まこと》　いれられず
日出《ひい》づる国《くに》の　くにたみは　あやめもわかぬ　闇路《やみじ》ゆく
大葬《おおみはふり》の　けふの日に　流るる涙《なみだ》　はてもなし
きさらぎの空　春浅み　寒風《さむかぜ》いとど　身にはしむ

そして涙《なみだ》をはてしなく流した全国民は喪《も》に服することになる。その服喪《ふくも》の期間に小学校に入学となった一年生たちは、男の子は黒い腕章《わんしょう》を巻《ま》き、女の子は胸《むね》に黒いリボンをずっとつけさせられた。「めでたさも中位なりおらが春」と、小林一茶《こばやしいっさ》の句《く》がふと浮《う》かんできたのはどうしたことか。いや、昭和という新時代がはじまったのに、さっぱりめでたくはなかったのかもしれない。神田文人編《かんだふひとへん》『昭和史《しょうわし》年表』（小学館）にはこうある。

〈3・14　衆院《しゅういん》予算総会《そうかい》で「東京渡辺《わたなべ》銀行が破綻《はたん》」との蔵相片岡直温《ぞうしょうかたおかなおはる》の失言で預金取付《よきんとりつけ》がおこり、「金融《きんゆう》不安」がつのって金融恐慌《きんゆうきょうこう》の端緒《たんしょ》となる〉

預金の支払いを再開した東京中野銀行の前に行列する人たち（昭和２年３月）

金融恐慌休業銀行一覧

3・14	片岡蔵相予算総会で失言
3・15	渡辺銀行、あかぢ貯蓄銀行（東京）
3・19	中井銀行（東京）
3・22	村井銀行、中沢銀行、八十四銀行（東京）久喜銀行（埼玉）左右田銀行（横浜）
3・23	徳島銀行（徳島）浅沼銀行（岐阜）桑船銀行（京都）
3・24	添田銀行（福岡）
3・31	東葛銀行（千葉）
4・8	第六十五銀行（神戸）
4・13	鞍手銀行（福岡）
4・15	栗太銀行（滋賀）
4・17	若槻内閣総辞職
4・18	近江銀行（大阪）台湾銀行各支店
4・19	蒲生銀行（滋賀）泉陽銀行（大阪）蘆品銀行（広島）
4・20	共栄貯金銀行（東京）広島産業銀行（広島）西江原銀行（岡山）門司銀行（福岡）
4・21	十五銀行、武田割引銀行（東京）明石商工銀行（兵庫）
4・23	鹿野銀行（山口）
4・25	若狭銀行（福井）河泉銀行（大阪）魚住銀行（兵庫）
5・16	相知銀行（佐賀）

（東洋経済新報社版『索引政治経済大年表』による）

『ドキュメント昭和史』第１巻（平凡社）より

そしてどれほどの銀行が休業してしまい、預金者《よきんしゃ》に大迷惑《だいめいわく》をかけたかは、別表（前頁《ぜんページ》）のとおりである。このなかの三月二十二日の左右田《そうだ》銀行の場合にはこんな、ある意味では愉快《ゆかい》ともいえる悲話が残されている。筆者は竹裏園生《ちくりそのう》、もちろんペンネームであろう。

「預金者《よきんしゃ》を安心させるために銀行が取付《とりつけ》の時、紙幣《しへい》束を山と積み上げて見せるのは最も古い手であるが、今度は大抵《たいてい》の銀行がこれをやった。そして何程《なにほど》かの効能《こうのう》はあったようだが、ひとり左右田《そうだ》銀行の預金者《よきんしゃ》は、『札は表面ばかりで中は古本だ』といってこれを信ぜず、ドンドン取付《とりつ》けて、遂《つい》に銀行を休業の淵《ふち》へ蹴《け》り込《こ》んでしまった」

それというのも左右田《そうだ》銀行はかつて銀行破綻騒《はたんさわ》ぎがあったとき、中に古本いっぱいの木箱を貨物自動車で運びこみ、「日銀からいま紙幣《しへい》が到着《とうちやく》しました」といって預金者《よきんしゃ》をだました前歴《ぜんれき》があったのである。このときは、「また、やってるぞ」とこのからくりが思いだされて、かえって信用を失ってしまった。

天皇崩御《てんのうほうぎよ》の喪《も》に服しているときのこの大騒《おおさわ》ぎ、たしかに「どん底の歌」ではないが、夜でも昼でも社会は暗い、昭和の幕開《まくあ》けはそんな風であったようである。

◆有卦《うけ》に入った文士《ぶんし》たち

こうした鬱々《うつうつ》たる時勢《じせい》にあって、無茶苦茶《むちゃくちゃ》に楽しい話がなかったわけではない。なぜかすこぶる景気のよろしいブームが突如《とつじょ》として起こったのである。それを落とすわけにはいかない。しかもいまの本の売れない時代に、本が売れて売れて文士諸氏《ぶんししょし》がウハウハとなったという、戦前の昭和史《しょうわし》全体を通してみても奇蹟《きせき》としかいいようのない話なのである。かきすすめようとする先から自然にヨダレが垂《た》れてくるのを抑《おさ》えることができない。

すなわち、断《ことわ》るまでもない〝一冊《さつ》一円ナリ〟の円本《えんぽん》全集の話。これを予約販売《はんばい》しようという壮大《そうだい》な賭《か》けに打ってでたのが改造社《かいぞうしゃ》社長山本実彦《やまもとさねひこ》である。改造社《かいぞうしゃ》は大正十二年（一九二三）の関東大震災《だいしんさい》で、社屋から八十万冊《さつ》の在庫本《ざいこぼん》まで焼失《しょうしつ》し、損失《そんしつ》百二十万円の大打撃《だいだげき》で潰《つぶ》れるのではないかとの噂《うわさ》まで流れていた。そこで山本《やまもと》はこの危機《きき》を乗り切るには、大量生産による廉《れん》価販売《かはんばい》しかないと考えた。

「世間が驚殺《きょうさつ》するような大出版《だいしゅっぱん》の夢《ゆめ》を描《えが》いた。新聞読者の一割《わり》を目安として、現代《げんだい》日本文学全集という名を選び、定価《ていか》を一円とした。円札一枚《まい》、五十銭玉《せんだま》二つというところに、私《わたし》の狙《ねら》いがあった。定価《ていか》を一円にしなかったら、この事業は失敗だったかもしれない」

と山本《やまもと》は回想録『小閑集《しょうかんしゅう》』にかいている。

予約申込金《もうしこみきん》一円、各冊《さつ》一円、全六十三巻《かん》、「出版界《しゅっぱんかい》の大革命《だいかくめい》を断行《だんこう》し、特権《とっけん》階級の芸術《げいじゅつ》を全民衆《みんしゅう》に解放《かいほう》せんとす」のキャッチフレーズで、新聞に大きな広告《こうこく》をだしたのが、じつは大正十五年（一九二六）十一月。そして第一回刊行《かんこう》が『尾崎紅葉《おざきこうよう》集』で、これが十二月三日であった。当時、東京のタクシーは市内どこでも一円が相場で「円《えん》タク」とよばれていたが、これにあやかってこの「円本《えんぽん》」販売《はんばい》はまさに図に当たった。とにかく予約読者はたちまち三十八万人を超《こ》えた（一説に六十二万人）というから、ほかの出版社《しゅっぱんしゃ》はアッケにとられた。

いや、計算高い連中がただポカンとしているはずはない。負けてなるものか、改造社《かいぞうしゃ》につづけと、各社が円本《えんぽん》全集の発売に乗りだした。新潮社《しんちょうしゃ》が『世界文学全集』全三十八巻《かん》のプランを打ちだしたのが一月。さすがに老獪《ろうかい》で、手の打ち方の早いこと。そしてユーゴーの『レ・ミゼラブル』（豊島与志雄《とよしまよしお》訳《やく》）を三月には売りだしている。以下、六月に第一書房《しょぼう》『近代劇《げき》全集』全四十三巻《かん》、同じく春陽堂《しゅんようどう》『明治大正文学全集』全五十巻《かん》、興文社《こうぶんしゃ》『小学生全集』全九十六巻《かん》、アルス社『日本児童文庫』全七十六巻《かん》などなど、われもわれもと定価《ていか》一冊《さつ》一円の全集・選書の予約刊行《かんこう》にふみきっている。ついでにいうと、岩波書店が「我《わ》が道《みち》を征《い》く」とばかりに岩波文庫を創刊《そうかん》したのが七月十日。星一つが二十銭《せん》と面白《おもしろ》い定価《ていか》づけをした。それで星一つは小《こ》林一茶《ばやしいっさ》『おらが春』など十一点、星二つが夏目漱石《なつめそうせき》『こころ』など九点、星三つのリッケルト『認識《にんしき》の対象《たいしょう》』、星五つのトルストイ『戦争と平和』と、計二十二点が第一回の発売である。

その上に、円本《えんぽん》ブームは円本広告《えんぽんこうこく》ブームともなっている。新しく出版広告《しゅっぱんこうこく》に乗りだした電通が、すでに大きなシェアをもっていた博報堂《はくほうどう》に挑戦《ちょうせん》、たがいに社運を賭《か》けて大宣伝《せんでん》戦をくりひろげる。作家永井荷風《ながいかふう》は日記『断腸亭日乗《だんちょうていにちじょう》』の三月三十日の項《こう》にこう記している。

「近年予約叢書《そうしょ》の刊行《かんこう》流行を極《きわ》む。此頃《このごろ》電車内の広告《こうこく》にも大衆《たいしゅう》文芸全集一冊《さつ》千頁《ページ》価《あたい》一円、紙質《ししつ》は善良《ぜんりょう》などいえるを見るなり」

そして結果的には、この円本《えんぽん》ブームが日本の出版界《しゅっぱんかい》にマスプロ・マスアド・マスセールの道をひらき、いわゆる本の買い取り制度《せいど》を崩《くず》した。昭和になって、出版界《しゅっぱんかい》は荒《あら》っぽい戦国時代に突入《とつにゅう》したことになる。ただし念のためにかくが、いまだ当時の出版界《しゅっぱんかい》全体は底力がなく、円《えん》本《ぽん》ブームは昭和五年には沈静化《ちんせいか》、多くの円本《えんぽん》はゾッキ本市場に堆《うずたか》くつまれてしまうことになる。

底が浅かろうが力がなかろうが、とにかく時ならぬ円本《えんぽん》ブームに作家や翻訳家《ほんやくか》たちが軒《のき》なみに潤《うるお》ったことはたしかである。貧乏文士《びんぼうぶんし》の通り相場がけし飛んでしまう。この年から翌々年《よくよくねん》の四年にかけて、いままで知識《ちしき》階級での貧乏人《びんぼうにん》代表とみられていた文士《ぶんし》たちは、多額《たがく》の印税《いんぜい》をうけとってふところがいっぺんに暖《あたた》かくなった。島崎藤村《しまざきとうそん》の場合でいうと、最初にもらった印税《いんぜい》は二万円を超《こ》えたという。当時は米価《べいか》一升《しょう》四十六銭《せん》のころ、いまの価格《かかく》に直せばいくらになるのであろうか。

そこで、ぞくぞく欧米《おうべい》旅行を企《くわだ》てたり、軽井沢《かるいざわ》に別荘《べっそう》を建てたり、高級自動車を買ったりという豪勢《ごうせい》さ。たとえばソ連へは中条《ちゅうじょう》（のち宮本《みやもと》）百合子《ゆりこ》、吉屋信子《よしやのぶこ》、小山内薫《おさないかおる》など。正宗白《まさむねはく》鳥《ちょう》夫妻《ふさい》はアメリカへ、久米正雄《くめまさお》夫妻《ふさい》はヨーロッパ、林芙美子《はやしふみこ》もヨーロッパへ……。軽井沢《かるいざわ》に別荘《べっそう》組は室生犀星《むろうさいせい》、堀辰雄《ほりたつお》……。谷崎潤一郎《たにざきじゅんいちろう》は阪急沿線岡本《はんきゅうえんせんおかもと》に、四百六十坪《つぼ》の土地を求め、中国風の豪奢《ごうしゃ》な住宅《じゅうたく》を新築《しんちく》した。わたくしは編集者《へんしゅうしゃ》時代に何度か訪《おとず》れたことがある。

そしてわが荷風《かふう》さんは……？

もういっぺんその日記、三年一月二十五日に、「空晴れわたり、昨日にもまさりて更《さら》に暖《あたたか》な

り」と気分も爽快《そうかい》に記し、

「午後三菱《みつびし》銀行に赴《おもむ》き、去秋改造社及《かいぞうしゃおよ》び春陽堂《しゅんようどう》の両書肆《しょし》より受取りたる一円全集本印税《いんぜい》金総額《そうがく》五万円ばかりになりたるを定期預金《よきん》となす」

と、ホクホク顔（？）で記している。

さらに惚《ほ》れた芸者のお歌を落籍《らくせき》して、三年三月下旬《げじゅん》には彼女《かのじょ》の希《のぞ》みのままに麴町《こうじまち》三番町に待合「幾代《いくよ》」を荷風《かふう》は買《か》い与《あた》えているのである。まさに円本《えんぽん》さまさまである。

「思出せば昭和二年の秋なりけり一円本全集にて意外の金を得《え》たることありしかば、その一部を割《さ》きて茶屋を出させやりしなり。お歌今だにその時の事を忘《わす》れざるにや」

昭和十九年（一九四四）一月十八日の『日乗《にちじょう》』である。戦時下の物資払底《ぶっしふってい》の折、ふとそんな古き良き時代が想《おも》いだされたのであろう。

◆芥川龍之介《あくたがわりゅうのすけ》の自殺《じさつ》

「人生は一行のボオドレエルにも若《し》かない」

とは、芸術至上主義《げいじゅつしじょうしゅぎ》をうたい、現実的《げんじつてき》な生活の瑣事《さじ》を忌避《きひ》するかのような、芥川龍之介《あくたがわりゅうのすけ》の有名な言葉である。

その芥川《あくたがわ》が七月二十四日に自殺《じさつ》した。享年《きょうねん》三十五。その動機と意味については、すでに多くの人たちによってさまざまに論評《ろんぴょう》され説明されている。やれ発狂《はっきょう》の恐怖《きょうふ》だとか、やれ作家としての行きづまりだとか、やれ猛威《もうい》をふるいだしたプロレタリア文学へのコンプレックスだとか、なかには悪性《あくせい》の性病《せいびょう》のためだなどと呆《あき》れる説までなされている。とても探偵《たんてい》ごときが首を突《つ》っこめる余地《よち》はない。芥川《あくたがわ》その人は「少くとも僕《ぼく》の場合は……何か僕《ぼく》の将来《しょうらい》に対する唯《ただ》ぼんやりした不安である」と「或旧友《あるきゅうゆう》へ送る手記」に書き残している。その「ぼんやりした不安」を何か神秘的《しんぴてき》な、昭和という破滅《はめつ》の時代にたいする予言のように論評《ろんぴょう》はうけとめている。

で、あえて何かつけ加えるとなると、当時の新聞はこの死をどう報《ほう》じたか、まずはそんなところということになるか。なかでも七月二十五日の都《みやこ》新聞（現《げん》東京新聞）である。「或旧友《あるきゅうゆう》へ送る手記」の全文まで載《の》せて長々と報《ほう》じている。それをすべてというわけにもいかないので、興味深《きょうみぶか》く思えた死の前夜の芥川《あくたがわ》の行動の部分のみを紹介《しょうかい》する。それだけでも結構《けっこう》長い引用となる。

「ぼんやりした不安」の言葉を残した芥川龍之介の35歳の自殺は各紙で大きく取り上げられた

「氏は多年肺結核《はいけっかく》を病《や》み最近は強度の神経衰《しんけいすい》弱《じゃく》にかかり、自殺《じさつ》の恐《おそ》れがあるので、家人がそれとなく、氏の身辺を警戒《けいかい》していた。廿三日《にじゅうさんにち》夜は遅《おそ》くまで書斎《しょさい》で読書しており、午前零時頃《れいじごろ》に便所に起きたので、それを怪《あやし》んで起きてきた人（氏の実母の姉）に『これを下島《しもじま》さん（氏の主治医）に渡《わた》して下さい』と『自嘲《じちょう》』と題して『水洟《みずばな》や鼻の先だけくれのこる』と書いた短冊《たんざく》を渡《わた》したので、不審《ふしん》に思ったが二階の書斎《しょさい》に変った様子もないので、家人は安心して就寝《しゅうしん》した。書斎《しょさい》には執筆《しっぴつ》中の『西方の人』の書きかけの原稿《げんこう》あるのみで整然として整理され、就寝《しゅうしん》前書斎《しょさい》において睡眠薬《すいみんやく》を多量にあおったらしく、就寝《しゅうしん》前夫人を安心させるため、いつも用いる睡眠薬《すいみんやく》を飲んだと言ったが夜明け頃《ごろ》いつもと様子が異《ちが》うので、夫人が様子を見に行き、急変を発見したのである」

どうも少々下手な文章で要領《ようりょう》を得《え》ないところがあるが、芥川《あくたがわ》が深夜まで淡々《たんたん》としており、遺《い》書《しょ》と最後の原稿《げんこう》を書いてからトイレにいったことまでがわかる。それくらい平常心《へいじょうしん》での覚悟《かくご》の自殺《じさつ》ゆえに、

「生かす工夫《くふう》、絶対《ぜったい》に無用」

と夫人への遺書《いしょ》にしたためたのであろう。

また記者は、「自嘲《じちょう》」の句《く》は、「故人《こじん》の古い作ではありますが、まず辞世としてみるべきものでありましょう」との久米正雄《くめまさお》（であると思われる人）の談話をかきとめている。この句《く》は大正八、九年ごろの作とわかっているが、わたくしも同感したい。電気もつけずひとり書斎《しょさい》で沈《ちん》思黙考《しもっこう》、胸中《きょうちゅう》のもやもやとした不安と向き合っていると、自分のデスマスクが闇《やみ》の中に描《えが》かれてきたのであろう。真っ暗ななかに自分の鼻先だけが冷たく光っている、そんな死に顔が。

夏目漱石《なつめそうせき》によって「鼻」が推賞《すいしょう》されて世に出た芥川《あくたがわ》が、死にのぞんで意識《いしき》したのが鼻であったとは。「自嘲《じちょう》」と前書きをつけたところに、辞世としてもいい深い意味がある。これまでの自分の人生すべてにたいする自嘲《じちょう》ということではなかったか。また、最後の原稿《げんこう》の結びは「自分は神様ではない。大凡下《だいぼんげ》である」の一行であった。

◆初開通の鉄道ばなし

文学的な話題から離《はな》れて、ここでまた新聞記事を――。十月十五日の東京日日新聞の広《こう》告《こく》にこんな面白《おもしろ》いのが載《の》っている。いまでいう住宅《じゅうたく》の分譲広告《ぶんじょうこうこく》である。

「住宅《じゅうたく》の縦覧会《じゅうらんかい》。○建設《けんせつ》家屋百一戸、建坪《たてつぼ》十五乃至《ないし》卅《さんじゅう》五坪《ごつぼ》。○場所(小田原《おだわら》急行線)第一祖師ケ谷大蔵《そしがやおおくら》駅前、第二喜多見《きたみ》駅前、第三狛江《こまえ》駅前、第四登戸《のぼりと》駅前。
右新宿《しんじゅく》駅より二十分乃至《ないし》三十五分。
○家屋処分《しょぶん》方法。即売《そくばい》半金前納《ぜんのう》、三分の一前納《ぜんのう》、月掛年賦賃貸《つきがけねんぷちんたい》等。
○一日より三十一日迄縦覧《までじゅうらん》無料。
小田原《おだわら》急行鉄道」

当時の広告《こうこく》ゆえに読みづらいところがあるが、意味はわかる。それぞれの駅前にいまでいう住宅展示場《じゅうたくてんじじょう》があって、是非《ぜひ》ご覧《らん》にいらっしゃいと誘《さそ》っているのである。こうなると、のちに流行語となった「いっそ小田急《おだきゅう》で」のその小田急《おだきゅう》がいつ開通したのかが、がぜん気になってくる。なんと、これが二年四月一日なんである（会社設立《せつりつ》は大正十二年五月）。新宿《しんじゅく》―小田原《おだわら》間二時間二十分、料金は一円三十六銭《せん》。

相当のちの話となるが、東京横浜《よこはま》電鉄の社長として辣腕《らつわん》をふるい、昭和十七年にはこの小田《おだ》急《きゅう》までも合併《がっぺい》して東京急行電鉄（現東急《げんとうきゅう》）という大鉄道会社を設立《せつりつ》した五島慶太《ごとうけいた》が、徳川夢《とくがわむ》聲《せい》と『夢聲《むせい》対談』で少なからず得意《とくい》そうに語っている。

「まったく関東大震災《だいしんさい》さまさまでした。震災《しんさい》後、日本橋《にほんばし》や京橋《きょうばし》におることができないから、みんな郊外《こうがい》に出た。ちゃんとこっちが郊外《こうがい》に住宅地《じゅうたくち》を造成《ぞうせい》しておいたから、そこへみんな入ってくれたんです。その前は、あんなところに住むものは、退役《たいえき》軍人以外になかった」

これはもうなるほどネと合点《がてん》するばかり。大震災《だいしんさい》が東京の住宅地《じゅうたくち》を東西南北とくに西の郊外《こうがい》へとぐんぐんひろげていったのである。さきの五島慶太《ごとうけいた》の履歴《りれき》をみるとそのことがよくわかる。そもそもが目黒蒲田《めぐろかまた》電鉄にはじまって、彼《かれ》がつぎつぎに買収《ばいしゅう》ないし合併《がっぺい》していった鉄道会社の名はざっとつぎのとおり。池上《いけがみ》電鉄、玉川《たまがわ》電気鉄道、京浜《けいひん》電気鉄道、東京横浜《よこはま》電鉄、京王《けいおう》電気軌道《きどう》、相模《さがみ》鉄道……。すべて鉄道建設《けんせつ》と沿線《えんせん》の住宅地分譲《じゅうたくちぶんじょう》をいっしょに行う積極的な企業家《きぎょうか》活動が成功したのである。

そういえば、戦後になって〝五島慶太《ごとうけいた》の東急《とうきゅう》と堤康次郎《つつみやすじろう》の西武《せいぶ》〟といわれた宅地造成《たくちぞうせい》やらホテルやらレジャー施設《しせつ》やらデパートをめぐっての大合戦絵巻《えまき》が思いだされる。では、その西武《せいぶ》鉄道は？　やっぱり気になってくる。これがまた、下落合《しもおちあい》―東村山《ひがしむらやま》間に電車をはじめて走らせたのが二年四月十六日というではないか。なるほど、その天下争奪戦《そうだつせん》の前哨戦《ぜんしょうせん》の火蓋《ひぶた》は、もうすでに昭和開幕《かいまく》とともに切られていたのか。

こうして東京はぐんぐん変貌《へんぼう》していく。震災《しんさい》のため下町から焼けだされた人びとが、山の手からさらにその先の、とくに西や南の郊外《こうがい》へと移《うつ》っていった。必然的にその郊外《こうがい》への起点である渋谷《しぶや》や新宿《しんじゅく》が存在《そんざい》を重くしていく。単なる盛《さか》り場《ば》にあらず、いまの言葉を借りれば副都心的な繁華街《はんかがい》へとのし上がっていったのである。

と同時に、地方からの人びとの流入、その結果としての東京の人口の爆発的《ばくはつてき》な増加《ぞうか》ということも、忘《わす》れずにつけ加えておかなければならないであろう。余談《よだん》になるが、新潟県の小地主の四男坊《ぼう》生まれのわが父と茨城県の自作農家の末ッ子のわが母とが、新世帯を昭和三年暮《くれ》に隅田《すみだ》川《がわ》の向こう側の東京府下南葛飾郡吾嬬町字大畑《みなみかつしかあづままちあざおおはた》（のち向島区吾嬬町《むこうじまくあづままち》）にもったのも、まさにその証《あか》しといえようか。まだ大した稼《かせ》ぎのないものにはとても郊外《こうがい》の新興《しんこう》の宅地《たくち》とはいかず、ついこの間まで田んぼで、海抜《かいばつ》ゼロメートルの湿地帯《しっちたい》にうるわしき新婚《しんこん》の夢《ゆめ》を結ばなければならなかったのであろう。

さらに余談《よだん》となるが、昭和改元のころ、東京市には十五区しかなかったのである。麴町《こうじまち》、神田《かんだ》、日本橋《にほんばし》、京橋《きょうばし》、芝《しば》、麻布《あざぶ》、赤坂《あかさか》、四谷《よつや》、牛込《うしごめ》、小石川《こいしかわ》、本郷《ほんごう》、下谷《したや》、浅草《あさくさ》、本所《ほんじょ》、深川《ふかがわ》がそれである。これでおわかりのように渋谷《しぶや》も新宿《しんじゅく》も東京府下の〝田舎《いなか》〟であった。三軒茶屋《さんげんぢゃや》など茸《きのこ》の名産地であった。ましてやわが産土《うぶすな》の大畑《おおはた》村においてをや。

鉄道の話と浅草《あさくさ》区の名前のでたところで、それに乗じて話題を転じることを許《ゆる》していただきたい。といっても、鉄道初開通の話であるからぜんぜん無関係というわけではない。ただし、小《お》田急《だきゅう》や西武《せいぶ》鉄道などと違《ちが》って、たったの二・二キロ。

まずは十二月二十四日付の朝日新聞から。

「……上野《うえの》・浅草《あさくさ》両停車場《ていしやじよう》、中間の稲荷町《いなりちよう》、田原町《たわらまち》前の停留所《ていりゆうじよ》には（十二月）二十日いずれも乗降口《じようこうぐち》の整備《せいび》にかかり、たちまちマッチ箱型《がた》の小さな建物が路面にぽっかりと出来上った」

と、これだけで上野《うえの》・浅草《あさくさ》あたりを知る人には了解《りようかい》されるであろう。日本初の地下鉄開通の話である。すでにふれたように、たったの二・二キロ、上野《うえの》―浅草《あさくさ》間だけで、所要時間五分、全線十銭均一《せんきんいつ》。この年の大晦日《おおみそか》にゴロゴロと走りだした。物見高い江戸《えど》ッ子は初日になんと十万人が押《お》しかけた。最初の客の感想が残っている。

「人間がモグラになった」

ちょっと話題をひろげると、地下鉄が最初に走ったのはロンドンである。一八六三年というから文久《ぶんきゆう》三年、高杉晋作《たかすぎしんさく》が奇兵隊《きへい》を編制《へんせい》したころである。ただし、当時の地下鉄の動力は蒸《じよう》気《き》機関で煙《けむり》を地上に出すのに大そうな苦心があった。その後は一九〇五年（明治三十八年＝日露《にちろ》戦争の終った年）までにブダペスト、グラスゴー、ボストン、パリ、ニューヨークの各都市で開業する。動力も電気になり、便利で快適《かいてき》な乗りものとなった。ロンドンの地下鉄が電車になったのも一九〇五年。

さて、いま〝地下鉄の父〟として銀座《ぎんざ》駅に胸像《きょうぞう》が残されている山梨県出身の実業家早川徳次《はやかわのりつぐ》が、生まれてはじめて乗ってみたのがこの電化されたロンドンの地下鉄であった。大正三年（一九一四）三十三歳《さい》のとき。地面の下を高速で走りぬけていく電車をみて、もうびっくり仰天《ぎょうてん》。この地下鉄を新しい都市交通の手段《しゅだん》として東京で実現《じつげん》できないかと思いついた。日本に帰ってくると、早川《はやかわ》は毎日のように銀座《ぎんざ》の街頭に立った。そして市電、自動車、馬車などの交通量を計り、家にもち帰って夫人とともに記録をつくりあげていく。六カ月の長い時間をかけて、結論《けつろん》を導《みちび》きだした。

「浅草《あさくさ》から上野《うえの》、そして神田《かんだ》、日本橋《にほんばし》、さらに銀座《ぎんざ》、新橋《しんばし》を結べば、これは十分に採算《さいさん》がとれる」

かくてアジアで最初の地下鉄の起工式が行われたのが大正十四年（一九二五）九月二十七日午前八時。これがなんとロンドンでダーリントンからストックトンまで地下鉄が走りだしたときの同月同日同時刻《どうじこく》であったという。

川向こうの悪ガキ育ちのわたくしの、地上最大の遊び場は浅草《あさくさ》であった。めったに連れてって貰《もら》えなかったから、ご褒美《ほうび》は浅草《あさくさ》行きだと餌《えさ》をぶら下げられると、とたんに品行方正のいい子になった。それで、地下鉄にも三つか四つのころに乗ることができたと思う。このへんは手前勝手な記憶《きおく》ということになるし、乗ったは事実であるが、ワーイッと喜《よろこ》びすぎて何もかも上の空、ほとんど覚えていない。が、ただ一つ、ドアの開閉《かいへい》が自動だったことに目を丸くしたのだけはいまも記憶《きおく》にある。それと真ッ暗闇《くらやみ》のなか、遠くの青や赤の電光がぐんぐん迫《せま》ってくるのが、魔法《まほう》の国にでもいったようで、浅草《あさくさ》と上野《うえの》の間を何度も何度も往復《おうふく》した。小学校に入る前の子供《こども》は、たしか無料ではなかったか。

◆◆◆◆◆

昭和三年（一九二八）

この年の四月、蔣介石《しょうかいせき》の国民党政府軍《こくみんとうせいふぐん》が山東省《さんとう》に出撃《しゅつげき》し、済南《さいなん》を占領《せんりょう》するに及《およ》んで、居留民保護《きょりゅうみんほご》のため田中義一内閣《たなかぎいちないかく》は内地から第六師団《しだん》の大挙出動を命じた。これが第二次山東出兵《さんとう》である。蔣介石《しょうかいせき》は「わが軍は誓《ちか》って治安の責任《せきにん》を負《お》う。ゆえに速《すみ》やかに日本軍の撤退《てったい》を要望する」と声明したが、信ぜざる日本軍との間に衝突《しょうとつ》が起こった。

思えば大正の中頃《なかごろ》から日本と中国との関係は険悪化《けんあくか》し、ぬきさしならぬところまで達していたのである。中国の排日《はいにち》・侮日《ぶにち》・反日の勢《いきお》いはすさまじいものがある。とくに昭和に入るころより統一《とういつ》の気運が顕著《けんちょ》になり、とりわけ広東《かんとん》に本拠《ほんきょ》を構《かま》えた蔣介石《しょうかいせき》の国民党政府《こくみんとうせいふ》が予想以上の力を得《え》て、中国北部（北京《ぺきん》周辺の五つの省）を制圧《せいあつ》しつつあった。

その勢《いきお》いを何とか抑《おさ》えようと第二次の山東《さんとう》出兵となったのであるが、じつをいえば、それは国民党軍《こくみんとうぐん》が満洲《まんしゅう》へと進出するのを恐《おそ》れての、政府《せいふ》と日本陸軍のとりあえずの対症療法《たいしょうりょうほう》でしかなかった。

根本的な解決《かいけつ》もないままに、満洲《まんしゅう》の日本権益《けんえき》はいまや危殆《きたい》に瀕《ひん》しつつあるのではないか。しかし、政府《せいふ》は強硬《きょうこう》を唱えてはいるが、結局は頼《たの》むに足らない。となって、ここに頭をもたげてきたのが日本陸軍。もはや弱腰《よわごし》の政策《せいさく》を黙《だま》って見過《みす》ごしていることはできないと焦燥《しょうそう》にかられ、同志《どうし》的に結合した陸軍の俊秀《しゅんしゅう》たちが積極的に動きだした。

それが昭和三年六月の、満洲《まんしゅう》の軍閥《ぐんばつ》の頭領《とうりょう》たる張作霖爆殺《ちょうさくりんばくさつ》という謀略《ぼうりゃく》工作へとつながっていく。当時「満洲某重大事件《まんしゅうぼうじゅうだいじけん》」といわれた事件《じけん》である。国防《こくぼう》の不完全を焦慮《しょうりょ》する陸軍の、昭和史《しょうわし》をあらぬほうへと引っぱっていく謀略的《ぼうりゃくてき》な満洲《まんしゅう》への政治《せいじ》進出の端緒《たんしょ》が、このときにひらかれたのである。

◆◆◆◆◆

◆大相撲《おおずもう》の実況《じっきょう》

「明治を鉄と石炭の時代とするなら、昭和は電気とガラスの時代であった」と、だれがいったのか忘《わす》れたが、至言《しげん》がある。軍事的にはのちに石油の時代が追っかけてくるが、少なくとも昭和一ケタの時代を華《はな》やかに彩《いろど》ったのは電気とガラスであったと、そう断《だん》じてもあながち間違《まちが》いとはならないであろう。

ガラスはともかく、その電気時代を代表するものの一つに、ラジオがあった。放送そのものは大正十四年（一九二五）三月からはじまっている。そして全国的な日本放送協会（以下ＮＨＫとする）が組織《そしき》されたのが十五年八月。年が明けた昭和二年の大晦日《おおみそか》に、東京は上野《うえの》の寛永《かんえい》寺《じ》からゴーンゴーンと除夜《じょや》の鐘《かね》が電波に乗ったが、それを聞くことができたのはまだ五十万人そこそこであったとか。

そんなときに翌《よく》三年十一月、新天皇陛下《てんのうへいか》の即位《そくい》の大典《たいてん》が京都の紫宸殿《ししんでん》でとり行われることとわかった。「よし、チャンスなり」とＮＨＫはこの盛典《せいてん》を全国に中継《ちゅうけい》放送して大いに祝おうと、大目標をかかげた。そうなれば、なんぞ猶予《ゆうよ》やあるで、急げ急げと金に糸目をつけずに地方放送局を開設《かいせつ》していく。そして九月には全地方放送局を結ぶ全国放送網《ほうそうもう》を完成させた。

と、ＮＨＫの宣伝《せんでん》みたいなことをかいたが、かきたいのはそんなことではなく、大相撲《おおずもう》に関する話のほうである。

初場所やひかへ力士《りきし》のくみし腕《うで》――久保田万太郎《くぼたまんたろう》の句《く》である。この句《く》に象徴《しょうちょう》されるように、相撲《すもう》ファンなら、新しい年は隅田川《すみだがわ》の川面《かわも》に流れるやぐら太鼓《だいこ》の音とともに明ける、と思うことであろう。ところが、いまと違《ちが》ってこの年の初場所ごろの相撲《すもう》は人気がなく、協会は経営難《けいえいなん》でフウフウいっていた。そこへＮＨＫから、ラジオで中継《ちゅうけい》放送をしないか、という話がもちかけられた。

じつはＮＨＫの側には少々の自信があった。前年の八月十三日、甲子園《こうしえん》で開幕《かいまく》した第十三回全国中等学校優勝《ゆうしよう》野球大会（現《げん》全国高等学校野球選手権《せんしゆけん》大会）で、ＮＨＫラジオがはじめて実況《じつきよう》放送を流した。まだこのときは東京（ＪＯＡＫ）と大阪（ＪＯＢＫ）と名古屋（ＪＯＣＫ）の三局しかなかったのであるが、ともかくも聞いた人はみんな興奮《こうふん》して大喜《おおよろこ》びであったんですから、とＮＨＫ側は強引《ごういん》であった。

ところが相撲《すもう》協会の親方衆《しゆう》は、でっかい図体《ずうたい》をぶるぶる震《ふる》わせて反対する。

「そんなことを許《ゆる》してしまったら、国技館《こくぎかん》の観客はますます減《へ》ってしまう。桑原桑原《くわばらくわばら》」

六代目出羽海《でわのうみ》親方だけは違《ちが》っていた。

「なるほど、ラジオで面白《おもしろ》い勝負を耳にすれば、相撲《すもう》に関心の薄《うす》い人もきっと国技館《こくぎかん》にくるようになる」

この決断《けつだん》で、一月十二日、「残った、残った」とはじめて相撲《すもう》の実況《じつきよう》がラジオから流れでた。これが大当たりで、大鉄傘下《だいてつさんか》のマス席は超満員《ちようまんいん》となる。ついでにそれ以前は無制限《むせいげん》であった仕切りに、制限《せいげん》時間がきめられたのもこのとき。幕内《まくうち》十分、十両七分、幕下《まくした》五分。ラジオ放送に合わせたのである。ちなみに、いまは幕内《まくうち》四分、十両三分、幕下《まくした》二分、テレビも加わってより厳《きび》しくなったもの。文明はたしかに陋習《ろうしゆう》を駆逐《くちく》するようである。

さらにラジオ話をつづけてしまうと、弓なりに細長い日本列島の北端《ほくたん》から南端《なんたん》までとどく全国中継放送網《ちゅうけいほうそうもう》が完成したのは十一月五日。翌《よく》六日の午前五時、東京中央放送局から、松田義郎《まつだよしろう》アナウンサーの「気をつけ」の号令とともに、高らかに鳴《な》り響《ひび》くラッパの吹奏《すいそう》が日本中のラジオにとどいた。天皇皇后《てんのうこうごう》両陛下《へいか》が即位《そくい》の礼をあげるため京都へ向かって、宮城《きゅうじょう》（現皇居《げんこうきょ》）を出発するまさにその時刻《じこく》であった。これが七つの基幹《きかん》局（東京・札幌《さっぽろ》・仙台《せんだい》・名古屋・大阪・広島・熊本）を結んでの全国中継《ちゅうけい》がはじまったとき、という。

ちょっと待てよ、わが記憶《きおく》によれば、全国中継《ちゅうけい》のラジオ放送のいちばん最初はラジオ体操《たいそう》ではなかったか、と思う。いや、そうかいたこともある。事実、資料《しりょう》をみれば、「躍《おど》る旭日《あさひ》の光をあびて／曲げよ　伸《の》ばせよ　われらが腕《かいな》／ラジオはさけぶ／一、二、三」と昭和一ケタ以上には至極《しごく》なつかしい歌のラジオ体操《たいそう》のほうがたしかに先であった。すなわち十一月一日、陸軍戸山《とやま》学校軍楽隊からひきぬかれた江木理一《えぎりいち》が、アナウンサーがわりをつとめ、東京愛宕山《あたごやま》のNHK第一スタジオで、パンツ一枚《いちまい》でやりだしたのが日本初、とたしかにあるのである。もっとも、ずっとのちのことになるが、かしこくも宮中で照宮《てるのみや》（成子内親王《しげこないしんのう》）さまがラジオ体操《たいそう》をはじめたと聞いて、パンツ一枚《いちまい》では恐《おそ》れ多《おお》いと、正装《せいそう》に威儀《いぎ》を正すことにして、江木《えぎ》はマイクの前でイチ・ニッ・サン、とやったというが。

さてさてとよくよく調べてみれば、残念ながらこのときは東京だけのローカル定時放送で、全国の家庭のラジオには流れなかったのであるそうな。これが「全国のミナサーン、お早うございます」と全国放送になったのは翌《よく》四年二月十一日から。この日付は、いまは建国記念の日、昔は紀元節《きげんせつ》の日であったことはかくまでもないか。

そしてこれはまったく余計《よけい》なことながら、先ごろ新聞各紙がいっせいに大々的に発表した『昭和天皇実録《てんのう》』を読んで発見したことをかいておく。天皇皇后両陛下《てんのうこうごうへいか》は、即位《そくい》の礼で三年十一月に京都へ向かう途中《とちゅう》、名古屋駅で下車された。このとき駅頭に海軍の陸戦隊を指揮《しき》して警護《けいご》のために迎《むか》えにでたのが山本五十六《やまもといそろく》大佐、のちの連合艦隊《かんたい》司令長官であった。恐《おそ》らく昭和史《しょうわし》においてて天皇《てんのう》と山本《やまもと》が対で顔を見合わせることとなったはじめてのとき、ということになるのではないか。山本鼎眉《やまもとびいき》を常々《つねづね》口にだしているわたくしは、この話、とにもかくにもだれかに語りたくて仕様がないので、一筆しておく。

◆無念、菊池寛《きくちかん》、落選す

日本初、ということのつづきでいえば、B面というよりはむしろA面の話題になるけれども、二月二十日に最初の衆議院《しゅうぎいん》議員選出の普通《ふつう》選挙が行われている。

明治二十二年（一八八九）の憲法発布《けんぽうはっぷ》いらい議会制度《せいど》が実施《じっし》されてきたが、これまでは直接《ちょくせつ》国税《こくぜい》三円以上を納《おさ》めた二十五歳《さい》以上の男だけに議員を選ぶ権利《けんり》が与《あた》えられていた。その制度《せいど》が撤廃《てっぱい》され、二十五歳《さい》以上の男ならすべてOKと改められたのがこの普通《ふつう》選挙で、かくて有権者《ゆうけんしゃ》は千二百四十万人となる。といったって、総人口《そうじんこう》のわずか二割《わり》にすぎなかったが。ともあれ、日暮《ひく》れて道遠し、であって、「普選《ふせん》のつぎは婦選《ふせん》だ」と女性《じょせい》運動家はこのとき大いに叫《さけ》んだが、

第１回普通選挙の宣伝ポスター

女性《じょせい》が選挙権《せんきょけん》を手にするのはそれから二十年近くのちのマッカーサー改革《かいかく》まで待たなければならなかったことは、改めてかくまでもない。

そんな小むつかしい話ではなく、この選挙は保守政党《ほしゅせいとう》の勝利に終ったものの、無産者の政党《せいとう》が八人もの代議士《だいぎし》を議会に送ったことだけをちょっと注目しておきたい。これには薩長藩閥《さっちょうはんばつ》いらい天下を牛耳《ぎゅうじ》ってきた保守側《ほしゅがわ》はびっくり仰天《ぎょうてん》した。少々の官憲《かんけん》（内務省《ないむしょう》や軍報道部《ほうどうぶ》）による露骨《ろこつ》な選挙干渉《かんしょう》で十分であろうと、小馬鹿にして太平楽をきめこんでいただけに、あわてふためいた。

それに大正末から世の風潮《ふうちょう》には、社会主義《しゅぎ》革命《かくめい》必至《ひっし》、資本主義崩壊《しほんしゅぎほうかい》の勢《いきお》いがましつつあった。文学者のなかにも左翼《さよく》へ転ずるものが続出していた。〝マルクス・ボーイ〟なる存在《そんざい》もでてきた。そうといまさらのように気づいて、ボヤボヤしていると日本はソ連の真似《まね》をして社会主《しゅ》義《ぎ》の国になってしまう、早急《さっきゅう》に手を打たねばならない、ということで、六月二十九日に政治犯《せいじはん》を取《と》り締《し》まる治安維持法《ちあんいじほう》が強化される。いや、改悪されたのである。

　そもそもの治安維持法《ちあんいじほう》は大正十四年四月に公布《こうふ》されていたもので、たとえば〝国体変革《こくたいへんかく》〟の罪《つみ》は懲役《ちょうえき》十年以下であったものが、「死刑又《しけいまた》は無期《むき》もしくは五年以上」とこのときに変えられたのである。それに加えて、明治四十四年（一九一一）に設置《せっち》されていた「特別高等警察《とくべつこうとうけいさつ》」（特《とっ》高《こう》）を大きく拡大《かくだい》し、全県の警察《けいさつ》に特高警察《とっこうけいさつ》課をおくことになったのが七月三日。治安維持法《ちあんいじほう》といい特高警察《とっこうけいさつ》といい、この二つがのちのちの昭和史《しょうわし》を激震《げきしん》させることになったのはもう周知のとおり、これ以上余計《よけい》なことをかくこともない。

　それよりもこの選挙で、文藝春秋《ぶんげいしゅんじゅう》社社長にして編集長《へんしゅうちょう》の菊池寛《きくちかん》が東京第一区で社会民衆《みんしゅう》党《とう》から立候補《りっこうほ》した。こっちのほうがB面らしくていい。なんで左翼政党《さよくせいとう》からの出馬なのか。菊《きく》池《ち》の言によれば、『三国志《さんごくし》』の諸葛孔明《しょかつこうめい》の「三顧《さんこ》の礼」と同じで、「三度熱心に勧《すす》められたので、到頭《とうとう》やって見る気になった」そうな。（もちろん生まれる前のことゆえ知るべくもないが）聞くところによれば、お蔭《かげ》で文藝春秋《ぶんげいしゅんじゅう》社はさながら戦場のごとくになったという。社員は雑誌編《ざっしへん》集《しゅう》や販売《はんばい》の本業のかたわら選挙応援《おうえん》に総動員《そうどういん》となり、東京第一区中を駆《か》け回《まわ》った。演説会《えんぜつかい》の弁士《べんし》には著名人《ちょめいじん》もぞくぞく引っぱりだされる。新渡戸稲造《にとべいなぞう》、末弘厳太郎《すえひろいずたろう》、本位田祥男《ほんいでんよしお》から正宗《まさむね》白鳥《はくちょう》、里見弴《さとみとん》、武者小路実篤《むしゃのこうじさねあつ》、高田保《たかたたもつ》、横光利一《よこみつりいち》、小島政二郎《こじままさじろう》などまで。

　正宗白鳥《まさむねはくちょう》の回想にある。

「私《わたし》は一晩《ひとばん》に、二、三回続けて応援演説《おうえんえんぜつ》をやった。私《わたし》の政治演説《せいじえんぜつ》なんか、可笑《おか》しなもので、

一世一代と云《い》うことなのだが、横光利一《よこみつりいち》なんかは『うまい』と云《い》っていた」（『菊池寛《きくちかん》文学全集』月報《げっぽう》）

その横光《よこみつ》の演説《えんぜつ》は、となると、こうである。

「自分は先日の演説会《えんぜつかい》の会場で、聴衆《ちょうしゅう》の一人から履《は》き物《もの》を間違《まちが》えられた。人の履《は》き物《もの》を平気で間違《まちが》えて行くような人間がいる限《かぎ》り、普選《ふせん》もまだまだという感が深い」（佐々木孝丸《ささきたかまる》「普選《ふせん》と無産政党《せいとう》」『ドキュメント昭和五十年史《ねんし》』汐文社《ちょうぶんしゃ》）

こんな応援演説《おうえんえんぜつ》ではたして大丈夫《だいじょうぶ》であったのであろうか。ついでにいうと、新聞は残らず面白《おもしろ》半分ないしは冷ややかに扱《あつか》っていたという。なかでも読売新聞の「局面転換《てんかん》としては、自殺《じさつ》よりは人間味がある」は、かなり辛辣《しんらつ》とみるほかはない。社会主義革命《しゅぎかくめい》の恐怖《きょうふ》から、菊池《きくち》が無産政党《せいとう》の袖《そで》にすがりついて自分の延命《えんめい》を図《はか》った、といわんばかり。そうとるほかはない。〝自殺《じさつ》〟の文字の裏《うら》には菊池《きくち》の親友芥川《あくたがわ》の死がちらちらしている。つまり世情《せじょう》はブルジョア文士《ぶんし》に冷たく、プロレタリア作家に親近感をもっていたことを示唆《しさ》している。

さて、選挙の結果であるが、有権者《ゆうけんしゃ》十万余人《よにん》のところ立候補者《りっこうほしゃ》十五名、投票率《とうひょうりつ》七七パーセント。当選者五人の下の下の得票《とくひょう》五六八二の第七位で、無念にも落選。菊池《きくち》は「敗戦記」に淡々《たんたん》としてかいている。

「文学愛好者と云《い》うものは、その家の息子《むすこ》や娘《むすめ》などに多く、戸主の文学愛好者は極《きわ》めて少いものであることが分った」

さして気は落とさなかったらしいが、その影響《えいきょう》は甚大《じんだい》であった。厖大《ぼうだい》な選挙戦費用《ひよう》は直接《ちょくせつ》に菊池《きくち》のふところに響《ひび》いた。つまり会社の経営《けいえい》に。それに雑誌《ざっし》の売れ行きもガタ落ち。やむなく非常手段《ひじょうしゅだん》がとられたことを、当時の社員大草実《おおぐさみのる》が回想している。

「次点の次。それで金を使ったんだ。途端《とたん》に月給を三分の一ぐらい減《へ》らされちゃったんだよ。そのころアテネフランセに僕《ぼく》は通ってたんだが、月給減《へ》らされてからどうにもしようがないからやめた。恨《うら》んだな、やっぱり」（『昭和動乱期《どうらんき》を語る』）

このとき、菊池《きくち》は得意《とくい》の墨書《ぼくしょ》による勧告《かんこく》を全社員にだした。

「能力《のうりょく》のあるものは社をやめよ。どこにも行けないものに限《かぎ》り社に置く」

この堂々《どうどう》たる勧告文《かんこくぶん》の背景《はいけい》には、不景気この上のない世相があったことは、あらためてかくまでもない。

◆ストライキと流行歌

さらに「ついでに」というしかない話をつづけると――三月十四日付の東京朝日新聞の記事である。

「神田書籍街《かんだしょせきがい》の大店《おおだな》、南神保町《みなみじんぼうちょう》の岩波書店と、向い側なる仲猿楽町《なかさるがくちょう》の巌松堂《がんしょうどう》に、書店には珍《めずら》しい争議が起り、同業者および警視庁《けいしちょう》労働係では、一般《いっぱん》に波及《はきゅう》するを恐《おそ》れて警戒《けいかい》している」

争議すなわちストライキである。こっちは普選《ふせん》後の売れ行き不振《ふしん》のため、でまさかあるはずはない。

岩波書店のほうは、編集《へんしゆう》・校正・出版《しゆっぱん》・営業《えいぎよう》など各部の社員四十人に、少年店員四十人が合して、待遇改善《たいぐうかいぜん》そのほか封建的雇用法《ほうけんてきこようほう》の改善《かいぜん》十二項目《こうもく》をあげて、店主岩波茂雄《いわなみしげお》の自宅《じたく》に押《お》しかけて要求した。これがあっさり一蹴《いっしゆう》されると、ならばと〝怠業状態《ストライキ》〟となったもの。

「十三日夜は少年店員もこもごも気勢《きせい》をあげ、可憐《かれん》な文章などを書いて、『夜学に行かせろ』『も少し眠《ねむ》らせろ』などと叫《さけ》んでいた」と朝日新聞は報《ほう》じた。

もういっぽうの巌松堂《がんしようどう》は全員が「小僧《こぞう》さんばかりの罷業《ひぎよう》（ストライキ）」であったという。原因《げんいん》は、数日前に店員が小僧《こぞう》の一人を殴《なぐ》りつけたことに発する。こっちは十三日朝からストに入り、裏手《うらて》の寄宿舎《きしゆくしや》にこもり、波多野《はたの》社長に果敢《かかん》に要求をつきつけた。

「少年店員を無実の罪《つみ》で殴《なぐ》った中道《なかみち》、今泉《いまいずみ》を解雇《かいこ》すること。われわれを『どん』づけに呼《よ》ばないこと。玄米飯《げんまいはん》を食わせないこと。畳《たたみ》一畳《じよう》に一人でなく、二畳《じよう》にすること。少年店員の初給を十二円にすること……」

かいていても自然と口もとが緩《ゆる》む微笑《ほほえ》ましさがあるが、こうなると「頑張《がんば》れ」と出版俸給《しゆっぱんほうきゆう》者《しや》組合そのほかの応援《おうえん》が加わり、少年店員たちもかけそばやかけうどんで腹《はら》をつくっての団体《だんたい》交渉《こうしよう》で、経営者《けいえいしや》も降参《こうさん》を早めざるをえなかった。

昭和に入っても、世界の趨勢《すうせい》からみれば、まだまだ日本の文明化はあらゆる面で遅《おく》れに遅《おく》れ

不景気のさなか、大日本紡績の女工たちもストライキに踏み切った

ていたといえようか。ともあれ労働者、知識人《ちしきじん》などによる働きかけが普通《ふつう》選挙へと政府《せいふ》をふみきらせ、そしてまだ残存《ざんそん》していた封建的《ほうけんてき》な雇用《こよう》つまり丁稚《でっち》小僧制度《こぞうせいど》が突《つ》き崩《くず》されようとしていたことが、少なくともみてとれる。これを大正デモクラシーの成果とするのが、公正な歴史《れきし》の見方ということになろうか。いや、すでにかいたように、金融恐慌《きんゆうきょうこう》下の貧困《ひんこん》生活を救《すく》うものとして多大の期待をかけられた社会主義《しゅぎ》思想が、いまや猛威《もうい》をふるいだし、少年店員たちもすでにその影響《えいきょう》をうけていたとみたほうがいいか。まさかそこまでは社会主義《しゅぎ》が浸透《しんとう》していたとは思えないのであるが……。

　というむつかしい議論《ぎろん》はともかく、話をがらりと大きく変えてしまえば、すでにふれたようにここでマルクス・ボーイなるものの活躍《かつやく》となる。じつは翌《よく》四年五月ごろから大流行した流行歌に「東京行進曲」がある。〽昔恋《こい》しい銀座《ぎんざ》の柳《やなぎ》　仇《あだ》な年増《としま》を……と昭和戦前生まれにはなつかしく歌いだせるかの名曲（？）である。雑誌《ざっし》「キング」に菊池寛《きくちかん》が六月から連載《れんさい》をはじめた小説が、溝口健二《みぞぐちけんじ》監督《かんとく》で映画化《えいがか》が予定され、その映画《えいが》主題歌第一号としてつくられることとなる。それで西条八十《さいじょうやそ》のもとにこの主題歌の話がもちこまれたのは、この年の秋も深まったころなのである。早稲田《わせだ》大学の仏文科《ふつぶんか》の教授《きょうじゅ》であり詩人でもある西条《さいじょう》は、これを快《こころよ》く引きうける。彼《かれ》の回想に『唄《うた》の自叙伝《じじょでん》』があって、それによると、その第四連の出だしは、〽シネマ見ましょか　お茶のみましょか／いっそ小田急《おだきゅう》で逃げましょか……といまではすっかり有名になった詞《し》になっているが、じつはもともとの歌詞《かし》は、〽長い髪《かみ》してマルクス・ボーイ　今日も抱《かか》える「赤い恋《こい》」……であったというのである。西条《さいじょう》はかいている。

「マルキシズム全盛《ぜんせい》で、長髪《ちょうはつ》で深刻《しんこく》そうな顔をした青年が、翻訳《ほんやく》されたばかりの〈ソ連の〉コロンタイ女史《じょし》の『赤い恋《こい》』を抱《かか》えているのをよく見掛《みか》けた世相描写《びょうしゃ》のつもり」

であったという。ところが、レコード会社ビクターがびびってしまった。

「このォ、どういったらいいか、つまり『マルクス・ボーイ』と『赤い恋《こい》』これは困《こま》ります。これでは官憲《かんけん》から、うるさい文句《もんく》が出かねません。どうか書き換《か》えていただけませんか」

西条《さいじょう》はこの注文が大いに不満であったらしいが、それならばということで、いま人びとの関心を集めているシネマと郊外《こうがい》電車とを登場させることにしたというのである。

治安維持法《ちあんいじほう》にもとづき、いわゆる「三・一五事件《じけん》」の大検挙《だいけんきょ》があったにもかかわらず、世はまさにマルクス・ボーイが大手《おおで》をふって闊歩《かっぽ》していた。改造社《かいぞうしゃ》から円本《えんぽん》で、全二十七巻《かん》の『マルクス・エンゲルス全集』の第一巻《かん》が配本されたのはこの年の六月のことであった。その翻訳《ほんやく》者《しゃ》がものすごい。当時の学究九十八名。有名なところの名をあげると、堺利彦《さかいとしひこ》、笠信太郎《りゅうしんたろう》、有沢広巳《ありさわひろみ》、山川均《やまかわひとし》、蠟山政道《ろうやままさみち》、向坂逸郎《さきさかいつろう》、荒畑寒村《あらはたかんそん》、平野義太郎《ひらのよしたろう》、森戸辰男《もりとたつお》エトセトラ。

流行歌の話題がでたところで、ついでにかいておくと、古賀政男《こがまさお》つまり古賀《こが》メロディーのデビュー曲「影《かげ》を慕《した》いて」の歌が突然《とつぜん》思いだされてきた。流行したのは昭和七年なのであるが、彼《かれ》が絶望《ぜつぼう》して自殺未遂《じさつみすい》をして、世をはかなみつつ夕焼け雲をみているとき、ふと一片《いっぺん》の詩が浮《う》かんだ。それがキッカケでこの大流行歌ができたのだという。古賀《こが》がそのころのことを長々と喋《しゃべ》っている。それが困窮《こんきゅう》の昭和はじめごろの時代相を語ってくれていて、なかなかに貴重《きちょう》と思われる。

「昭和三年は不景気のどん底でしてね。（中略《ちゅうりゃく》）就職口《しゅうしょくぐち》がないんですよ。われわれ私立《しりつ》学校出の月給は五十五円から、六十円でした。官立は五円ぐらい高い。（中略《ちゅうりゃく》）せっかく大学を出るというのに、つまり箔《はく》がつくのに、学生アルバイトと同じ程度《ていど》の月給しかくれない。こんな世の中に絶望《ぜつぼう》を感じ、死んでやれと思った。昭和三年の秋、こうしたはかない世相を歌にぶつけ失恋《しつれん》の形で表現《ひょうげん》したのがギター伴奏《ばんそう》の『影《かげ》を慕《した》いて』でした」（昭和四十四年十一月の談）

すなわちコーヒー一杯《いっぱい》五銭《せん》、かけそば五～十銭《せん》、カレーライス七～十銭《せん》、理髪《りはつ》四十～五十銭《せん》、背広《せびろ》つるし十五～二十円、背広《せびろ》注文二十五～四十円のころである。まこと安月給、食うに食えない時代であったのであろう。

もう一つ、英文学者にして名随筆家《めいずいひつか》福原麟太郎《ふくはらりんたろう》氏の文章を引いておく。

「昭和三年ころ私《わたし》は三十三歳《さい》である。（中略《ちゅうりゃく》）あのころ私《わたし》は東京高師助教授《こうしじょきょうじゅ》で月給を百七円貰《もら》っていた。家賃《やちん》が五十六円であった。決して大きな家ではなく、階下三室と言っても室らしいのは六畳《じょう》一間で、階上二室、こちらは八畳《じょう》と三畳《じょう》であったろうか。当時は家が乏《とぼ》しかった。私《わたし》はいつでも、家賃《やちん》の五倍の生活をしていたから、その時分には家賃《やちん》を含《ふく》めて二百八十円の費用《ひよう》がいったはずだが、どうしてそれを支払《しはら》っていたのかということになる」（「昭和のはじめ」『この道を行く――わが人生観』大和出版《だいわしゅっぱん》）

やむなく福原《ふくはら》さんはアルバイトに精出《せいだ》していた。それでどうやらしのげたらしいが、「貯蓄《ちょちく》は全然と言って良いほど無かったから、どうも不思議である」と福原《ふくはら》さんは首を傾《かし》げている。

◆史上初《しじょうはつ》の金メダル

B面昭和史《しょうわし》の話題としてこの年でかき落とせないのは、八月のアムステルダムでひらかれた第九回オリンピック大会に日本が参加、織田幹雄《おだみきお》選手が初の金メダルをとったことであろう。八月二日の陸上競技《りくじょうきょうぎ》三段跳《さんだんと》びで、織田《おだ》選手は一五メートル二一センチを跳《と》び、アメリカのケーシー選手の一五メートル一七センチをおさえて、センターポールに高々と日の丸を揚《あ》げた。もちろん国歌「君が代」の奏楽《そうがく》もあった。

ところでその日の丸であるが、まさか日本人が優勝《ゆうしょう》すると思っていなかったので、アムステルダム市は用意していなかった。市中のどこの店にもなかった。さあ、困《こま》ったとなったとき、日本選手団《せんしゅだん》からお貸《か》ししますと申し出があった。勝ったとき身体に巻《ま》いてフィールドを歩こうと思って織田《おだ》が日本から持参した大きな日の丸である。センターポールに揚《あ》げられた日の丸の、いやあ、その大きなこと、二位、三位の国の二倍以上もあった。その写真はいまも残っていると思うが……。

この織田《おだ》にわたくしは生前に二度会って取材をしているが、これぞスポーツマンそのもの、といったさわやかな謙虚《けんきょ》な人であった。色紙を頼《たの》まれると、

「強いものは美しい」

といつもかいていた。徹底的《てっていてき》に鍛《きた》えられた身体は緊張《きんちょう》と弛緩《しかん》とがリズミカルに交代する、それは美といえる、きちんと練習もせずに、ただ勝つことだけを求める、それは邪道《じゃどう》である、と織田《おだ》はいいたかったのであろう。

同じ二日の女子八百メートルで銀メダルに輝《かがや》いた人見絹枝《ひとみきぬえ》選手のことにもふれておきたい。この決勝レースは大激戦《だいげきせん》であったらしい。それを観戦していた新聞記者がかいている。

「ほんとうの力走というのはあれであろう。一歩、一歩、骨《ほね》を削《けず》り、命を縮《ちぢ》めて〔先頭に〕近

づいていく」

一位のラトケ選手を追い、一五メートルあった差を二メートルにまで縮《ちぢ》め、ゴールイン。彼《かの》女《じょ》のタイムは二分十七秒六の世界タイ記録であった。しかも、彼女《かのじょ》は百メートル準決勝《じゅんけっしょう》での敗北を無念に思い、負《ま》けず嫌《ぎら》いゆえに周囲《しゅうい》がとめるのもきかずに、生まれてはじめて八百メートルのレースを走ったという。

そして三年後の昭和六年の八月二日、奇《く》しくも日の丸の旗を揚《あ》げたと同じ日に、乾酪性肺炎《かんらくせいはいえん》でこの世を去っている。享年《きょうねん》二十四。まさしく、新聞記者のかくとおり「骨《ほね》を削《けず》り、命を縮《ちぢ》めて」走りに走りぬいた生涯《しょうがい》であった。

オリンピックのメダルの数は、そのときのその国の国力を示《しめ》す、という言葉がある。昭和初期の日本の国力はざっとそんな程度《ていど》であったのか。

スポーツに関連してもう一話、他愛《たあい》もないことながら——。わたくしは小学校一年生のはじめての運動会で、「いいですか、徒競走の号令は、〝位置について、用意ッ……ドーン〟と正式に決まっています。このドーンはピストルの音です。わかりましたね」と、先生にこんこんと教えられた記憶《きおく》がある。いらい、何の不思議もなく「ヨーイ、ドン」でやってきたが、あのとき、先生がこと改めて「正式に決まっています」といった理由が急に気になったことがあった。それで十五年ほど前に調べてみた。

結果は、「ヨーイ、ドン」がスタートの合図として正式に採用《さいよう》されたのが三年五月二十六日。

この日、明治神宮競技場《めいじじんぐうきようぎじよう》で第一回全日本学生陸上競技《きようぎ》大会がひらかれ、そのときに決められたとわかる。わたくしが小学生になる十年ほど前で、そんなに昔ではなかったのである。

ついでに調べてみた。明治十六年（一八八三）の東大の陸上運動会では「いいか、ひ、ふ、み」。大正二年（一九一三）の第一回全国陸上競技会《きようぎかい》では「支度《したく》して、用意」であった。なかには「よろしゅうごわすか、用意」なんて時代もあったらしい。知っていても何の役にもたたないことながら、昭和改元とともにはじまったことが多いのにびっくりさせられる。

◆◆◆◆◆

昭和四年（一九二九）

年が明けるとともに、議会では野党《やとう》の民政党《みんせいとう》が内閣打倒《ないかくだとう》をめざし、本会議や委員会で中野正剛《なかのせいごう》、永井柳太郎《ながいりゆうたろう》といった雄弁家《ゆうべんか》の面々がつぎつぎに立って、満洲某重大事件《まんしゆうぼうじゆうだいじけん》の真相究明の勢《いきお》いをましていく。いや、それ以上に、天皇《てんのう》とその側近たちが田中首相《たなかしゆしよう》不信の念を強めた。あらゆる方面から責任《せきにん》を追及《ついきゆう》され田中《たなか》は進退谷《しんたいきわ》まったものの、陸軍中央部の中堅《ちゆうけん》クラスはこの問題を軍法《ぐんぽう》会議などにかけることに強硬《きようこう》に反対し、陸軍出身の長老でもある田中《たなか》をはげしく揺《ゆ》さぶった。「関係者を断乎処罰《だんこしよばつ》」と明言していた田中《たなか》は、ついに前言訂正《ていせい》せざるをえなくなり、天皇《てんのう》にまでぬけぬけと「事件《じけん》はないものにしたい」といいだすこととなる。

若《わか》き天皇《てんのう》は怒《おこ》った。

「田中《たなか》は再《ふたた》び私《わたし》の処《ところ》にやって来て、この問題はうやむやの中に葬《ほうむ》りたいと云《い》う事であった。それでは前言と甚《はなは》だ相違《そうい》した事になるから、私《わたし》は田中《たなか》に対し、それでは前と話が違《ちが》うではないか、辞表を出してはどうかと強い語気で云《い》った」（『昭和天皇《てんのう》独白《どく》録《はく》』）

これがこんどの『昭和天皇《てんのう》実録』にはこう記載《きさい》されている。

「天皇《てんのう》は強き語気にてその齟齬《そご》を詰問《きつもん》され、さらに辞表提出《ていしゅつ》の意を以《もつ》て明らかにすることを求められる」（六月二十七日）

天皇《てんのう》は本気で首相《しゅしょう》を叱《しか》りつけたのである。

こうして田中内閣《たなかないかく》は総辞職《そうじしょく》し、浜口《はまぐち》雄幸《おさち》内閣《ないかく》が成立したが、この内閣《ないかく》に課せられたのは緊縮《きんしゅく》財政《ざいせい》と対中国外交の転換《てんかん》という、さらに重く厳《きび》しくなったものであった。金《きん》融恐慌《ゆうきょうこう》はどうやら収束《しゅうそく》したものの、経済《けいざい》全体の景気はいぜんとして悪く、安定していなかった。そこにもう一つ、十月二十四日の米国ウォール街の株式《かぶしき》取引所の大暴落《だいぼうらく》にともなう世界的恐慌《きょうこう》という容易《ようい》ならざる大事が襲《おそ》いかかってきた。

この世界的恐慌《きょうこう》のあおりをうけて、ロンドン海軍軍縮《ぐんしゅく》会議の開催《かいさい》という大問題が生起してくる。浜口内閣《はまぐちないかく》はいまや、対中国平和交渉《こうしょう》の推進《すいしん》と、軍縮《ぐんしゅく》条約《じょうやく》の締結《ていけつ》という二つの大問題に、その政策《せいさく》重心のすべてを傾《かたむ》けねばならない。そのどちらも軍部の喜《よろこ》ばない方針《ほうしん》である。陸軍中堅《ちゅうけん》が苛立《いらだ》てば、海軍中堅《ちゅうけん》もまた政府《せいふ》の方針《ほうしん》に白い眼《め》を向けるという状況《じょうきょう》下《か》の内閣《ないかく》の船出であったのである。

◆◆◆◆◆

◆小田急《おだきゅう》と銀座《ぎんざ》の柳《やなぎ》

さて、前項《ぜんこう》〈昭和三年〉をひきついで一世を風靡《ふうび》した「東京行進曲」の裏《うら》ばなしからはじめると、さすがに西条八十《さいじょうやそ》は詩人であるばかりではなく、天才的ともいっていい流行歌作詞者《さくししゃ》であるなと思わせられる。このごろの流行歌のように常套《じょうとう》的な言葉で涙腺《るいせん》だけを刺激《しげき》するような作詞《さくし》はしていない。時代の尖端《せんたん》すなわち昭和の初めのモダンな時代相を鋭敏《えいびん》な感受性《かんじゅせい》でキャッチしている。

一番は「銀座《ぎんざ》の柳《やなぎ》」と「ジャズ」と「リキュール」、そして「ダンサー」がでてくる。二番は「丸ビル」と「ラッシュアワー」、三番が「浅草《あさくさ》」に舞台《ぶたい》を移《うつ》して「地下鉄」に「バス」、四番が「新宿《しんじゅく》」で、すでにふれたように「シネマ」と「お茶」（喫茶店《きっさてん》）、そして「小田急《おだきゅう》」。いずれも昭和になって人気をよんでいたモダニズムを代表するものばかり。たとえば映画館《えいがかん》の数でいえば大正十五年に五四八であったものが、この年には一二三二と倍以上にふえている。もちろん、このころは映画《えいが》にあらず活動写真館といっていたが。

そして作曲が、西条《さいじょう》とのちのちまでいいコンビとなった中山晋平《なかやましんぺい》、歌ったのがソプラノ歌手佐藤千夜子《さとうちやこ》、これまたぴったりの甘《あま》い声で、四年五月にレコードが売りだされると、飛ぶように売れる。

すると、思いもかけず小田原《おだわら》急行鉄道から文句《もんく》がきた。社名を勝手にちぢめて呼《よ》ぶのはけしからん、それにこれではわが鉄道がまるで恋《こい》の逃避《とうひ》電車のようにみられるではないか、許《ゆる》しがたい。ビクターがムニャムニャと返事をごまかしているうちに、「東京行進曲」が全国的な大流行となり、略《りゃく》した社名のほうがむしろ全国的となっていく。鉄道会社は渋《しぶ》い顔をしながら内心ニヤリとしたにちがいない。それが証拠《しょうこ》に、しばらくたって正式社名を小田急《おだきゅう》と変えた、という風にかいている本がいまも多いが、これはウソ。何となれば、社名変更《へんこう》は昭和十六年であるから。でも、ニヤリとしたのは事実であろう。

それと「昔恋《こい》しい銀座《ぎんざ》の柳《やなぎ》」である。別に余計《よけい》なケチをつけるわけではないが、たしかに銀《ぎん》座《ざ》通りには明治十七年（一八八四）にはじめて柳《やなぎ》が植えられた。しかし大正十年（一九二一）に大拡張《だいかくちょう》のとき引っこぬかれて、そのあとに植えかえられたのはプラタナスの並木《なみき》であったはずである。それを復活《ふっかつ》させようとの意図があったかどうかわからないが、西条八十《さいじょうやそ》の「昔恋《こい》しい」を佐藤千夜子《さとうちやこ》が叙情的《じょじょうてき》に歌いあげた。そして大流行、となっては銀座《ぎんざ》の京新聯合会《れんごうかい》（のち銀座通《ぎんざどおり》連合会）としても無視《むし》できなくなる。「銀座《ぎんざ》の柳《やなぎ》」が復活《ふっかつ》したのは昭和七年のことなのである。

日本は言霊《ことだま》の国、といわれるが、げに歌謡《かよう》の恐《おそ》るべき威力《いりょく》のあることよ。

◆モガとモボとステッキガール

ここで不思議議と思えるのは、「東京行進曲」の浅草《あさくさ》に、カジノ・フォーリーが登場しないことである。本場パリのカジノ・ド・パリとフォリー・ベルジュールをあわせてもじった斬新《ざんしん》なネーミング。軽演劇《けいえんげき》に歌と踊《おど》りを加えて要するにいまのテレビのバラエティみたいな、いや、もっときちんと構成《こうせい》されたレビューとボードビルの楽しい舞台《ぶたい》。これを日本でもみせようというねらいで、喜劇《きげき》人が集って浅草《あさくさ》公園水族館の二階演芸場《えんげいじょう》で華々《はなばな》しく旗揚《はたあ》げした。当然歌の文《もん》句《く》にでてこないのがおかしいと思っていたら、残念、開場は七月十日、レコード発売のかなりあとである。これでは西条八十《さいじょうやそ》の目にとまるべくもなかった。

もっとも、まだ新人であったエノケンこと榎本健一《えのもとけんいち》がこのとき頭角をあらわしたことにはふれておかなければならない。コック姿《すがた》で魚を捕《と》えようとする水泳踊《おど》りが珍無類《ちんむるい》で大評判《だいひょうばん》。不世出の喜劇《きげき》王のデビューである。ただし興行的《こうぎょうてき》には失敗で二カ月でダメになる。つづくエノケン中心の第二次カジノ・フォーリーも最初は不入り。頭を悩《なや》ましていたら、ある日、突如《とつじょ》としてお客が入りだした。「金曜日に踊《おど》り子《こ》がズロースを落とす」という噂《うわさ》がまことしやかに流れだしたために。

びっくりした警察《けいさつ》は「マタ下三寸《すん》未満、あるいは肉色のズロースは使用すべからず」と禁令《きんれい》をだす。これがエロチックに思われて客足をよび、エノケンは一躍《いちやく》スターダムにのし上がったのである。それに川端康成《かわばたやすなり》が東京朝日新聞の夕刊《ゆうかん》に十二月から連載《れんさい》をはじめた小説『浅草紅団《あさくさべにだん》』もカジノの人気沸騰《ふっとう》に大いに貢献《こうけん》したといわれている。知識人《ちしきじん》や学生の間に「カジノを見る会」が結成され、金曜日には大挙して押《お》し寄《よ》せたとか。

わたくしもずいぶん後年になって、浅草《あさくさ》でエノケンの舞台《ぶたい》を観《み》たことがあり、有名になった「洒落《しゃれ》男」の歌を聴《き》いた覚えがある。独特《どくとく》のダミ声に、身ぶりもおかしいアクションをつけて、楽しく愉快《ゆかい》そうにエノケンが歌うのだが、田舎《いなか》からでてきた洒落《しゃれ》男が銀座《ぎんざ》の酒場の女にだまされて身ぐるみはがれて終る十番までを聴《き》き終ったとき、なぜか悲しくなったものであった。

〽俺《おれ》は村中で一番
　モボだと云《い》われた男
　己惚《うぬぼ》れのぼせて得意顔《とくいがお》
　東京は銀座《ぎんざ》へと来た

これが一番の歌詞《かし》、わたくしもたしかにいまでもこの一番だけは歌えるのである。

さて、ここにでてくる〝モボ〟なる言葉、ご存知《ぞんじ》の方も多かろうが、和製《わせい》英語モダンボーイの略語《りゃくご》である。たいしてモダンガールは〝モガ〟。昭和改元のすぐあとからいわれだしたらしい。昭和三年一月に修教社《しゅうきょうしゃ》書院から刊行《かんこう》された『近代新用語辞典』にはこうある。

「**モダーン・ガール**　近代式の女と云《い》う意味であるが、普通《ふつう》には断髪《だんぱつ》、洋装《ようそう》の女を多少軽侮《けいぶ》して云《い》う。単に『モガ』とも云《い》う。

モダーン・ボーイ　普通《ふつう》には西洋かぶれのハイカラ男を云《い》う」

ついでに、このモガとモボが肩《かた》で風を切って闊歩《かっぽ》していた赤煉瓦《あかれんが》の銀座《ぎんざ》通りには、この年にはステッキガールなるものもいたらしい。正体は新造語《しんぞうご》の名人の大宅壮一《おおやそういち》が空想してつくったものという。大宅《おおや》によれば、

「後に、一定料金をとって客と一緒《いっしょ》に銀座《ぎんざ》を散歩したり、映画《えいが》に行ったりする女のことで、（中略《ちゅうりゃく》）初めは軽い意味の女友達、主として中年男性《だんせい》のガールフレンドを意味したのである」（「放浪《ほうろう》交友記」）

ということであるが、円本《えんぽん》でふところの暖《あたた》かくなった文士《ぶんし》たちが、愛人とも秘書《ひしょ》ともつかぬモガをともなって、銀座《ぎんざ》のレストランやらカフェーで景気よく遊んでいた。若《わか》き日《ひ》の大宅《おおや》がやっかみ半分に、そのモガたちを散歩愛用のステッキに見立てたものであろう。

しかし、考えてみると、銀座《ぎんざ》や浅草《あさくさ》や新宿《しんじゆく》の盛《さか》り場《ば》をモダーンな女性《じょせい》と肩《かた》をならべて歩いても、まだ官憲《かんけん》に何も咎《とが》められなかったのであるな。大宅《おおや》も「これで十分意味の通じるだけの〝現象《げんしょう》〟があった」とたしかにかいている。それがこのあともう七、八年もたつと「非常時《ひじょうじ》にイチャイチャしとるとは何事だッ」と許《ゆる》されなくなるのである。そんなおっかない時代と違《ちが》って、モガ・モボ時代はまだまだ日本はやさしいときであったとわかる。

◆「大学は出たけれど」

流行語といえば、いま世にでている昭和の流行語辞典だの死語辞典の類をひらくと、かならずといっていいほど昭和初期の不景気時代を象徴《しようちよう》する言葉として「大学は出たけれど」にぶつかる。たしかに、この年の春の東大卒の就職率《しゆうしよくりつ》は三〇パーセントちょっと、と記録にある。然《しか》り、大学を出て学士様《がくし》になったけれどの世であったのである。それにしても、この言葉はだれがいちばんはじめにいいだしたものか気になった。正確《せいかく》には、どうやらこの年の九月に封切《ふうき》られた松竹映画《えいが》『大学は出たけれど』に発するようである。このころのショボくれたサラリーマン生活の哀歓《あいかん》を描《えが》いたもので、小津安二郎監督《おづやすじろうかんとく》が「小市民映画《えいが》の新境地をひらいた」作品であって、高田稔《たかだみのる》、田中絹代《たなかきぬよ》が名演《めいえん》のなかなかの秀作《しゆうさく》というが、わたくしは残念ながら今日まで観《み》たことがない。

でも、だれに教えられたのか忘《わす》れたが、そのあらすじは知っている。それを長々とかくと――、主人公の青年が大学を卒業したのに就職先《しゆうしよくさき》がなくて焦《あせ》っていた。ようやく何とか探《さが》しだして試験にも合格《ごうかく》したので喜《よろこ》んで、郷里《きようり》の母親に電報《でんぽう》を打つ。ところが勇んで出社してみると職《しよく》場《ば》は受付係。カッとなって辞表を叩《たた》きつけて下宿に帰ってみると、そこには上京してきた母と許嫁《いいなずけ》の娘《むすめ》が待っていた。大喜《おおよろこ》びする母に、まさかほんとうのことはいえない。翌朝《よくあさ》、出勤《しゆつきん》するふりをして家をでた。すっかり安心した母は郷里《きようり》に帰っていったが、許嫁《いいなずけ》はそのまま下宿に残った。青年はやむなく彼女《かのじょ》に事実を告白《こくはく》した。すると彼女《かのじょ》は健気《けなげ》にも「私《わたし》が働く」という。

その後しばらく青年はぶらぶらしているが、許嫁《いいなずけ》はせっせと働きにでる。ある日、悪友に美人のいるカフェーを見つけたからと誘《さそ》われていってみる。と、その美人とは、なんと許嫁《いいなずけ》ではないか。その夜、難詰《なんきつ》する彼《かれ》に許嫁《いいなずけ》が泣きながら訴《うった》えた。

「ほかにどうしたら私《わたし》たちは生活していけるの？」

青年は愕然《がくぜん》となる。世の中ばかり恨《うら》んでいた自分が悪かった、こうしてはいられないと、翌《よく》日《じつ》から新しい就職先探《しゅうしょくさきさが》しにとりかかる……。かくて全巻《ぜんかん》の終り。

いまからみれば何とも他愛《たあい》のないストーリーで、とても名画になるとは思えないが、当時の若者《わかもの》たちの共感をよぶところすこぶる大であったのである。内務省《ないむしょう》が発表した九月一日現在《げんざい》の失業者は二十六万八千六百人という数字をみれば、そのことは十分に察せられる。

それでまたまた〝恐慌《きょうこう》日本〟についてくり返すことになる。とにかく大正いらいの不景気は慢性的《まんせいてき》に助長され、進行をつづけてとめるべくもなかったのである。対外的にも輸出不振《ゆしゅつふしん》、輸《ゆ》入増《にゅうぞう》で国際収支《こくさいしゅうし》は悪化するいっぽう。当時の読売新聞に載《の》った川柳《せんりゅう》がよく的を射《い》ている。

春暖《しゅんだん》の候不景気へ卒業し　井窓《せいそう》
恩給《おんきゅう》と失業と来て鮎《あゆ》を釣《つ》り　一城

まさに学士《がくし》様にはなったものの、あっちもこっちも失業者ばかり、魚釣《さかなつ》りでもしているほかはない世の中である。ラジオは八月二十七日夜から、毎週火木の二日間に五分間だけだが、求人・求職《きゆうしよく》放送を流すようになる。

「JOAK、ただいまから職業《しよくぎよう》ニュースに移《うつ》ります。求人、千葉県××学校で馬丁《ばてい》二十名、年齢《ねんれい》十七歳《さい》から二十歳《さい》。住《す》み込《こ》み食事つき給料十九円五十銭《せん》。……」

とにかくものすごい就職難《しゆうしよくなん》で、八月四日の中外商業新報《しんぽう》（現《げん》日本経済《けいざい》新聞）は、「資本金《しほんきん》一千万円以上の大会社・銀行二百二十五社のうち大学卒を採用《さいよう》する社行は五割余《わりあまり》の百三十一で、その採用者《さいようしや》は七百四十五名。然《しか》るに希望者は六千三十九名である」と報《ほう》じている。ただただ、すさまじいばかり、というほかはない。

ところでこの年は、この「大学は云々《うんぬん》」という流行語とならんで、「緊縮《きんしゆく》」という経済《けいざい》用語が珍《めずら》しく流行語になっている。なじみのないお堅《かた》い言葉が流行した最初のものであろう。いいだしたのはときの首相《しゆしよう》浜口雄幸《はまぐちおさち》その人。そもそもが浜口内閣《はまぐちないかく》がかかげたスローガンであったのであるが、組閣《そかく》一カ月半たった八月二十七日夜、ラジオで首相《しゆしよう》が「全国民に訴《うつた》う」と題して演説《えんぜつ》した。そのとき、国民の胸《むね》にドーンと響《ひび》いてきて〝緊縮《きんしゆく》〟の二文字がくっきりと刻《きざ》まれたといえるようである。

「今日のままの不景気は底の知れない不景気であります。これに反して緊縮《きんしゆく》、節約、金解禁《きんかいきん》によるところの不景気は底を衝《つ》いたる不景気であります。前途《ぜんと》に皓々《こうこう》たる光明を望んでの一時的の不景気であります」

そうであるゆえに、政府《せいふ》も国民も台所を切りつめて緊縮《きんしゅく》生活をしましょう、と首相《しゅしょう》は精一《せいいっ》杯《ぱい》に声を張《は》りあげて訴《うった》える。さらに九月一日、ラジオは夜のゴールデンアワーに二時間余《あまり》の「緊縮《きんしゅく》」特集番組を組んで流した。そのなかで歌われたのが、作詞《さくし》西条八十《さいじょうやそ》、作曲中山晋平《なかやましんぺい》の黄金コンビの「緊縮小唄《きんしゅくこうた》」ときたもんである。

〽咲《さ》いた花でもしぼまにゃならぬ
　ここが財布《さいふ》の　あけた財布《さいふ》の締《し》めどころ
　　時世時節じゃ手をとって
　　緊縮《きんしゅく》しょや　緊縮《きんしゅく》しょ

いやいや、西条《さいじょう》・中山《なかやま》コンビの小唄《こうた》だけではなく、作詞《さくし》堀内敬三《ほりうちけいぞう》、作曲山田耕筰《やまだこうさく》の別の黄金コンビの「緊縮《きんしゅく》の歌」も同じ番組のなかで歌われたというが、歌詞《かし》は不明である。いずれにしても政府御用達《せいふごようたし》の歌であるから、緊縮《きんしゅく》の二文字がなんどかくり返されていたにちがいない。

こうして政府《せいふ》は首相《しゅしょう》を先頭に〝緊縮《きんしゅく》ブシ〟を高唱しつつ、率先遂行《そっせんすいこう》の範《はん》を示《しめ》して、その年の予算を当初より九千百万円減《へ》らしてみせる。さらに勢《いきお》いにのって十月初めごろ、官吏《かんり》の一割《わり》減俸《げんぽう》を閣議《かくぎ》で決定する。とたんに大騒動《おおそうどう》となった。まず判事《はんじ》、検事《けんじ》たちが猛反対《もうはんたい》。それにつづけと各省の官僚《かんりょう》諸氏《しょし》が立ち上がって突《つ》きあげる。「前途《ぜんと》に皓々《こうこう》たる光明」どころの話ではなく、せっかくの閣議《かくぎ》決定も撤回《てっかい》せざるをえなくなった。しかもその直後の十月二十四日にニューヨークで株式《かぶしき》の大暴落《だいぼうらく》が起きる。いわゆる「暗黒の木曜日」である。

日本の新聞はこれを重大事と思わなかったのか、期待可能性《かのうせい》を夢《ゆめ》みてかなり楽観的に報《ほう》じた。たとえば十月二十六日付の朝日新聞夕刊《ゆうかん》（二十五日夕刻《ゆうこく》配達）。

「久《ひさ》しく世界の金融界《きんゆうかい》を悩《なや》ましていたニューヨークの高金利もいよいよ平常《へいじょう》に復帰《ふっき》するであろうから、我《わ》が国《くに》も金の解禁《かいきん》を実行する上において非常《ひじょう》な便宜《べんぎ》を得《え》た訳《わけ》である」

たしかに浜口内閣《はまぐちないかく》は井上準之助《いのうえじゅんのすけ》蔵相《ぞうしょう》の指揮《しき》のもと、十一月二十一日、不景気の打開策《だかいさく》として金解禁《きんかいきん》の大蔵省令《おおくら》を公布《こうふ》、翌年《よくねん》の五年一月十一日から実施《じっし》、欧米《おうべい》の列強なみにするということになっていたのである。そのために内閣《ないかく》は準備《じゅんび》をととのえ、満々の自信をもって着々と歩を進めつつあった。ところがそこに世界大不況《だいふきょう》の幕開《まくあ》けともいえるアメリカでの株式《かぶしき》の大暴落《だいぼうらく》。字義《じぎ》どおり「嵐《あらし》の前に窓《まど》を開く」ことになったのである。

ただしこれはA面の、しかも翌《よく》五年の話であって、これ以上には立ち入らないことにする。

◆説教強盗《ごうとう》とツェッペリン

この年のB面を飾《かざ》る話題としては、やっぱり説教強盗《ごうとう》は欠かせない。なんでまた有名な物騒《ぶっそう》な話をわざわざ、という疑問《ぎもん》の声もあがろうが、貧富《ひんぷ》の差のでる不景気の世を象徴《しょうちょう》するような感がないでもないからである。犯人妻木松吉《はんにんつまきまつきち》（二十九歳《さい》）が狙《ねら》ったのはもっぱら富豪《ふごう》や名士《めいし》の邸宅《ていたく》。それと景気のいい小金持ち。猫《ねこ》なで声《ごえ》で縛《しば》った家人に長々と説教する。

「あなたの家は戸締《とじま》りが悪すぎる。ガラス戸だけでは不用心です。お金がいっぱいあるんだろうから、外灯《がいとう》もしっかり点《つ》けて、犬も飼《か》ったほうがいいと思うな」

「履物《はきもの》が乱雑《らんざつ》に脱《ぬ》いであるねェ。だらしがなさすぎるよ。お金持ちにはこんな家が多いが、きまって戸締《とじま》りが悪い、入りやすいとピンとくるんだね」

そして長々と居坐《いすわ》って冷蔵庫《れいぞうこ》からいろいろとりだして食事をすませ、一番電車が走るころ、悠々《ゆうゆう》と引きあげていく。そこからこの強盗《ごうとう》に〝説教強盗《ごうとう》〟と名がつけられた。「悪事は悠然《ゆうぜん》と働いてこそ光る」、これが彼《かれ》の座右銘《ざゆうめい》であったという。

活躍《かつやく》することすでに三年余《あまり》、百余件《よけん》の盗《ぬす》みをやらかしている。出版社《しゅっぱんしゃ》の平凡社《へいぼんしゃ》がこの年の一月十八日、たまりかねて「自首せよ」との勧告《かんこく》文を新聞に発表する。

「説教強盗《ごうとう》に告《つ》ぐ！　君の出没《しゅつぼつ》によって東京市民は一種の恐怖《きょうふ》病に襲《おそ》われている。君もまた現在《げんざい》の悪業《あくぎょう》が長くつづくものではあるまい。即時《そくじ》自首して出よ。この広告《こうこく》発表後一週間以内に自首すれば、実際《じっさい》君の言う如《ごと》く家族が困窮《こんきゅう》しておれば、実情調査《じつじょうちょうさ》の上、家族に一千円を進呈《しんてい》しよう。この企《くわだ》ての成行《なりゆき》は『平凡《へいぼん》』誌上《しじょう》にて発表す」

翌《よく》十九日は朝日新聞が二月十五日までに捕《とら》えた人に懸賞金《けんしょうきん》一千円の社告《しゃこく》をだす。

「金五百円也《なり》——直接捕縛《ちょくせつほばく》に当りし諸氏《しょし》。

金五百円也《なり》——右直接《ちょくせつ》功労者以外のもので同じく功労ありしもの。配分の方法は警視総監《けいしそうかん》に一任《いちにん》」

こんな広告《こうこく》やら社告《しゃこく》の霊験《れいげん》があったゆえとは思えないが、二月二十三日夕刻《ゆうこく》、たった二つの指紋《しもん》を頼《たよ》りに警視庁《けいしちょう》あげての必死の捜査《そうさ》によって、妻木松吉《つまきまつきち》は西巣鴨《にしすがも》にあった自宅《じたく》であっさり捕《つか》まった。捕《とら》えられた六畳間《じょうま》には、彼《かれ》自身のかいたという軸《じく》がかけられていた。

今日もまた鬼《おに》と仏《ほとけ》の二人づれ

山梨県生まれの左官職《さかんしょく》で、家の表札は近藤松吉《こんどうまつきち》となっていた。逮捕《たいほ》に当たった警官《けいかん》は警部《けいぶ》一人と刑事《けいじ》八人、朝日新聞は、期間を過《す》ぎていたがこの九人に五百円の懸賞金《けんしょうきん》を贈呈《ぞうてい》することにした。そして巷《ちまた》では川柳《せんりゅう》が一句《く》詠《よ》まれている。

五百円警官《けいかん》たちが分けて飲み

なお二年ほどで刑期《けいき》を終え、妻木《つまき》はその後とくに警察《けいさつ》の依頼《いらい》で「防犯《ぼうはん》の心得《こころえ》」を講演《こうえん》したことが何度かあった。「捕《とら》えられない秘訣《ひけつ》は、忍《しの》び入《い》る時と、出る時の服装《ふくそう》を変えることです。忍《しの》び入《い》るのは夕刻《ゆうこく》で、犬が外でまだ遊んでいるときです。犬が帰る前に忍《しの》び入《い》って隠《かく》れているのが大切です」とそんなことを喋《しゃべ》ったらしいが、どことなく呑気《のんき》なところのある時代である。

もう一つ、五年生まれのわたくしはまったく記憶《きおく》にないが、少しばかり年長の人に聞くと、子《こ》供《ども》のころに大興奮《だいこうふん》したのは「昭和四年の飛行船ツェッペリン伯号《はくごう》の飛来だったな。ツェッペリン焼きというお菓子《かし》もできたほどだったんだ」と自慢《じまん》げにいう。要するに「タイ焼き」の形が一時ツェッペリン型《がた》になったというのである。

第一次世界大戦で、ドイツの飛行船がロンドンを空襲《くうしゅう》し、ロンドン子の心胆《しんたん》を大いに寒《さむ》からしめたことは世界中に知《し》れ渡《わた》っている。この事実一つでわかるように、二十世紀《せいき》のはじめのころからドイツの飛行船は驚異《きょうい》の的であったのである。その上に改良されて最新型《さいしんがた》となったツェッペリン伯号《はくごう》が世界一周飛行の途中《とちゅう》、親善訪問《しんぜんほうもん》でくるというのであるから、これは日本中で大《おお》騒《さわ》ぎとなったのは当然のこと。なにしろ未来の航空機《こうくうき》は飛行機より飛行船と思われていたときである。

すなわち八月十五日午後にドイツを出発し、一万二千キロを九十九時間四十分という短時間で飛行して、日本上空に姿《すがた》をみせたのが八月十九日である。まず東京上空を旋回《せんかい》し、それから南下して横浜《よこはま》の上空を旋回《せんかい》し、ふたたび東京上空に戻《もど》って旋回《せんかい》してから、茨城県の霞《かすみ》ヶ《が》浦《うら》飛行場にゆったりと巨体《きよたい》を横たえる。

「千住《せんじゅ》大橋から上野《うえの》へかけては、珍風景《ちんふうけい》続出だ。煙突《えんとつ》のせん端《たん》の避雷針《ひらいしん》にぶら下っている男、孫に手を引かれて望遠鏡を手にする老婆《ろうば》、西郷《さいごう》さんの銅像《どうぞう》にかけ登ってお巡《まわ》りさんに叱《しか》られる青年、山《さん》内《ない》の樹上《じゅじょう》に猿《さる》のように登っている子供《こども》の群など、興奮《こうふん》の渦巻《うずまき》は随所《ずいしょ》に見られる。日本橋《にほんばし》から尾張《おわり》

霞ヶ浦をゆうゆうと飛ぶツェッペリン号（昭和４年８月）

町《ちよう》、丸の内一帯のビルディングの屋上という屋上に鈴《すず》なりの人の群だ」と、八月二十日付の東京日日新聞が報《ほう》ずれば、報知《ほうち》新聞も負けじと霞《かすみ》ケ浦《がうら》に着陸の様を伝える。

「船体は北東に向って霞《かすみ》ケ浦《がうら》にその影《かげ》を悠々《ゆうゆう》と映《うつ》し、北の林を西にあかね色の雲のたなびく筑波山《つくばさん》をバックに東にその船首を落下しはじめた。折しも夕陽《ゆうひ》一《ひと》きわ映《は》え、ゴンドラから頭四つのぞいている。（中略《ちゆうりやく》）初秋の満月は雲を破《やぶ》って出た。時に六時五分、頭はおもむろに下った。薄暮《はくぼ》迫《せま》った夕なぎに草も動かない。三十万の群集は熱狂《ねつきよう》して突進《とつしん》また突進《とつしん》、歓声《かんせい》また歓《かん》声《せい》、砂煙《すなけむり》もうもうとわき立つ。……」

全長二三五・五メートル、最大直径三〇・五メートル、エンジンは五三〇馬力五基《き》、時速一一〇キロ、重量五五トン、クルー定員四十名、乗客二十五人。その巨大《きよだい》さに日本人は目をむいた。

そこでこんな小話がはやった。「飛行船のガスの容量《ようりよう》は?」「十万五千立方メートルというな」「どのくらいの量か、見当がつかん」「人間五万人の放つガスと同じよ」「そいつぁ臭《くさ》くてたまらんな」

まさに「興奮《こうふん》のるつぼ」が毎日つづいていたのである。

第二話

赤い夕陽《ゆうひ》の曠野《こうや》・満洲《まんしゅう》

昭和五～七年

この章の

ポイント

一九三一（昭和六）年に起こった満洲《まんしゅう》事変という、日本が戦争への道に突《つ》きすすむ出来事が起こるなか、人びとの暮《く》らしはどのようなものだったのでしょうか。世界恐慌《きょうこう》でさらなる不況《ふきょう》が日本を覆《おお》いますが、満洲《まんしゅう》事変後の連戦連勝を祝う提灯《ちょうちん》行列や「爆《ばく》弾《だん》三勇士《ゆうし》」のブームなど、軍部こそが閉塞感《へいそくかん》を打破《だは》する存在《そんざい》と期待するような話題が目立ちます。翌年、五・一五事件《じけん》というクーデターを起こした青年将校《しょうこう》たちへの過剰《かじょう》な擁護論《ようごろん》も、そのあらわれだったといえます。

キーワード

ルンペン／エログロ・ナンセンス／のらくろ／明治は遠くなりにけり／娘《むすめ》の身売り／トーキー映画《えいが》／爆弾《ばくだん》三勇士《ゆうし》／坂田山《さかたやま》心中／昭和維新《いしん》の志士《しし》／開拓移民《かいたくいみん》／非常時《ひじょうじ》

昭和五年（一九三〇）

前年の四年十月のアメリカ・ウォール街の株価暴落《かぶかぼうらく》にはじまった世界大恐慌《だいきょうこう》の嵐《あらし》は、年が明けると予想をはるかに超《こ》えて荒々《あらあら》しく激《はげ》しく、日本帝国《ていこく》を揺《ゆ》さぶった。生《き》糸《いと》の最大輸出国《ゆしゅつこく》であったアメリカの不況《ふきょう》は、そのまま生糸《きいと》の売れ行きに響《ひび》いてくる。結果として生糸《きいと》の価格《かかく》の大暴落《だいぼうらく》。つづいて米《こめ》が暴落《ぼうらく》する。労働者の半数近くが、繊維《せんい》産業を中心とした女子労働者、そして農村の二、三男坊《ぼう》、というそのころの国の経済《けいざい》基盤《きばん》の根底がぐらつき、農産物全体の価格《かかく》の下落は深刻《しんこく》の一途《いっと》をたどっていく。

いざとなれば農村にゆけば何とかなる、と高をくくっていた都会の失業者は、いっぺんにその行き場を失った。失業者すなわち「ルンペン」は都会にあふれかえる。全国の工業地帯ではストライキが続発、東北の農村では昭和二年いらいの娘《むすめ》の身売りという悲劇《ひげき》が当たり前となった。当然のことながら左翼《さよく》運動はますます活潑《かっぱつ》化する。

ところが、そのときの浜口《はまぐち》雄《お》幸《さち》内閣《ないかく》はそれらにたいしては手の打ちようもなく、まったくの無策《むさく》といってよかった。いや、それどころではなく、一月からひらかれたロンドン海軍軍縮《ぐんしゅく》会議の調印をめぐって、政界《せいかい》には統帥権干犯《とうすいけんかんぱん》問題が突如浮上《とつじょふじょう》し、倒《とう》閣《かく》をめざす野党《やとう》の攻勢《こうせい》、政府《せいふ》も与党《よとう》もその対応《たいおう》に悪戦苦闘《あくせんくとう》するのみとなる。民草《たみくさ》の生《なり》業《わい》の苦しさをよそに、政界《せいかい》というところはいつでも権力《けんりょく》争いにうつつを抜《ぬ》かす、ということか。

それに加えて、それまで一枚岩《いちまいいわ》を誇《ほこ》っていた海軍部内が、対英米協調派《きょうちょうは》（条約《じょうやく》派《は》）と強硬派《きょうこうは》（艦隊派《かんたいは》）との真っ二つに割《わ》れて抗争《こうそう》した。つまり、もともと海軍部内には協調派《きょうちょうは》対強硬派《きょうこうは》という対英米戦略《せんりゃく》上の考え方の相違《そうい》があり、軍政《ぐんせい》対軍令との確執《かくしつ》がそれにからまったのであるが、この軍縮条約《ぐんしゅくじょうやく》調印をめぐってそれがあからさまに露呈《ろてい》し、激《はげ》しく衝突《しょうとつ》し、そして分裂《ぶんれつ》という結果を招《まね》いたことになる。

それにもまして〝統帥権独立《とうすいけんどくりつ》〟という、司馬遼太郎《しばりょうたろう》氏のいう「魔法《まほう》の杖《つえ》」がこれ以後は格段《かくだん》の威力《いりょく》を発揮《はっき》する時代がやってきたのである。それは「危機《きき》の時代」の開幕《かいまく》といいかえていいかもしれない。そして、それはつぎの「破局《はきょく》の時代」を呼《よ》びよせることになる前夜であったとも……。

◆◆◆◆◆

◆帝都復興祭《ていとふっこうさい》のバカ騒《さわ》ぎ

さて、当然のことながら第一話につづいて不景気の話となるのであるが、はじめに一発花火を揚《あ》げておくと、昭和五年の初頭を飾《かざ》るのは、三月二十四日から二十六日にかけて東京で行われた帝都復興祭《ていとふっこうさい》ということになる。関東大震災《だいしんさい》から七年、東京の復興《ふっこう》はめざましいものがあった。過去《かこ》の拙著《せっちょ》で何度かふれたことなので詳説《しょうせつ》はやめるが、隅田川《すみだがわ》にかかる六大橋は、この帝《てい》都復興《とふっこう》の大事業として新たに建造《けんぞう》されたものなのである。

六大橋とは川上から言問《こととい》（昭和三）、駒形《こまがた》（昭和二）、蔵前《くらまえ》（昭和二）、清洲《きよす》（昭和三）、永代《えいたい》（大正十五）、相生《あいおい》（大正十五）のそれぞれ。丸カッコのなかは竣工《しゅんこう》年である。じつは大正十一年（一九二二）のワシントン海軍軍縮条約《ぐんしゅくじょうやく》の調印で激越《げきえつ》をきわめた建艦《けんかん》競争が急停止《きゅうていし》、そのお蔭《かげ》で鉄鋼《てっこう》や鉄材そして職工《しょっこう》たちが多量に余《あま》ってしまった。そこへ大震災《だいしんさい》で東京壊滅《かいめつ》、橋がないために逃《に》げ道《みち》を奪《うば》われ、多数の死者をだしてしまう。ちょうどいい。橋を造《つく》れで、戦艦《せんかん》や空母のかわりに名もうるわしい橋がどんどん造船《ぞうせん》会社が主体となって隅田川《すみだがわ》に架《か》けられたのである。平和的利用とはまことに民衆《みんしゅう》のためになる。

六大橋ばかりではない。白鬚《しらひげ》橋も少し後の昭和六年に加わり、吾妻《あづま》橋も言問《こととい》橋や駒形《こまがた》橋の完工をまって改めて架《か》け直された。完成はこれも昭和六年。そして厩《うまや》橋は昭和四年。いや、こうした大橋ばかりではなく、東京市内の震災復興《しんさいふっこう》橋はなんと百十五橋を数える。大変な平和事業である。ただし、隅田川《すみだがわ》の右岸すなわち浅草《あさくさ》・日本橋《にほんばし》・築地《つきじ》側、要するに皇居《こうきょ》よりの地域《ちいき》に架《か》けられた橋五十七の約八〇パーセントが、見た目も美しい曲線美のアーチ橋。左岸すなわち向《むこう》島《じま》・両国《りょうごく》・深川《ふかがわ》側の三十七橋のうち七割《わり》は道路の延長《えんちょう》みたいなトラス橋なのである。これを幼《おさな》き日に知ったとき、こん畜生《ちくしょう》め、お上はわれら下町ッ子を差別し馬鹿にしたんだと、大いに地団駄《じだんだ》をふんだことであった。

それはともかく、二十六日の皇居前《こうきょまえ》広場での復興《ふっこう》祝典はものすごく盛大《せいだい》に催《もよお》されたらしい。

このときも昭和天皇《てんのう》が出席し、民草《たみくさ》の目にしっかりその姿《すがた》を焼き付ける。祝賀の体育大会が神宮外苑競技場《じんぐうがいえんきょうぎじょう》で同じ日に開催《かいさい》される。昼はデコレーションで装《よそお》われ、夜はイルミネーションで彩《いろど》られた花電車の行列が市中をひっきりなしに走った。そして提灯行列《ちょうちん》。

翌《よく》二十七日付の朝日新聞は社会面のほとんどを埋《う》めて、賑《にぎ》やかに祝賀の様を伝えている。「歓喜《かんき》の乱舞《らんぶ》の中に湧《わ》き立つ全帝都《ていと》。昨日の人出、実に二百万。素晴《すば》らしい復興《ふっこう》の首途《かどで》よ」「銀座街《ぎんざがい》を中心に殺人的《さつじんてき》な大群衆《だいぐんしゅう》。電車、自動車、バスも動かばこその人の波」

そして夜の景——。

「闇《やみ》もこげよと打ちふる提灯《ちょうちん》の海。夜景を彩《いろど》る花火に相和して、延々《えんえん》二万人の行列」

明日のことを憂《うれ》えるよりも、まずは今日の歓楽《かんらく》、底のほうは不況《ふきょう》で冷えきっているのに、いや、それゆえにかえって威勢《いせい》をつけてニギニギしく、ということであったのであろう。そして祭りが終ると、B面の話題はまたまた意気《いき》のあがらぬ暗い話に落ち着いてしまうのである。

◆流行語ルンペンをめぐって

いまはまったく使われなくなったけれども、「ルンペン」という言葉をご存知《ぞんじ》であろうか。ドイツ語で〝ボロ布《ぬの》〟の意。破《やぶ》れた帽子《ぼうし》に汚《よご》れて穴《あな》のあいた服、失業者の代名詞《だいめいし》である。このルンペンの悲惨《ひさん》がしきりに新聞紙面に載《の》っていた。そもそもは、朝日新聞に連載《れんさい》された小説「街の浮浪者《ルンペン》」の〝浮浪者《ふろうしゃ》〟に、作家下村千秋《しもむらちあき》がわざわざルンペンとルビを付したところに発して、それが流行語になった、とか。

歴史《れきし》年表をみると、この年の〝ルンペン〟は三十二万人、年間労働争議九百一件《けん》、参加人員七万九千八百二十九人とある。そして農村学童の欠食児童がおよそ二十万人。ともかく、ウォール街の株価大暴落《かぶかだいぼうらく》は一過性《いっかせい》の現象《げんしょう》とみていた楽観は吹《ふ》っ飛《と》んで、世界恐慌《きょうこう》となって日本に襲《おそ》ってきたのである。

ときの浜口雄幸内閣《はまぐちおさちないかく》は予定どおり一月十一日に金解禁《きんかいきん》の政策《せいさく》を実施《じっし》している。その準備《じゅんび》のための緊縮財政《きんしゅくざいせい》、国民節約運動は物価《ぶっか》を押《お》し下《さ》げる役割《やくわり》をはたすと同時に、不況《ふきょう》をもひき起こしかねない政策《せいさく》でもあったのである。そこに襲《おそ》ってきたのが世界恐慌《きょうこう》の嵐《あらし》である。三月の商品・株式《かぶしき》市場の暴落《ぼうらく》にはじまって、国内物価《ぶっか》はあれよあれよという間に下落していった。政府《せいふ》はそれにたいしては手の打ちようもなく、まったくの無策《むさく》といってよかった。

そのころのルンペンのおかれた状況《じょうきょう》がよくわかるので、かなりテンスが飛んでしまうが、九月三日付朝日新聞の社会面を引用する。見出しに「毎夜三十人ずつ、寺の境内《けいだい》に野宿／遊行《ゆぎょう》寺《じ》（藤沢《ふじさわ》）の麦飯一杯《いっぱい》の振舞《ふるまい》も、悲鳴をあげる繁盛《はんじょう》」とあって、

「職《しょく》を失ってその日の糧《かて》にも窮《きゅう》し、都会の生活から完全に見放された哀《あわ》れな失業者の群れが、郷里《きょうり》に帰るにも旅費《りょひ》がなく、とぼとぼと東海道を歩いて行く者が、今夏以来めっきりと殖《ふ》えてきた。中には妻《つま》や子供《こども》を連れて乞食《こじき》のごとく、道筋《みちすじ》の人家で食を貰《もら》いながら、長い旅を続けている者もあり、沿道《えんどう》の保土ケ谷《ほどがや》、戸塚《とつか》、藤沢《ふじさわ》等の警察署《けいさつしょ》では、これらの保護《ほご》に手を焼いている

始末《しまつ》で、多い日には五十人を超《こ》える位であるが、鎌倉《かまくら》郡川上村在郷《かわかみむらざいごう》軍人分会では、震災《しんさい》記念日の一日から一週間、同村旧《きゆう》東海道松並木《まつなみき》付近に、お粥《かゆ》の接待《せったい》所を設《もう》けて、温かい食事を与《あた》えている」

いやはや、長い引用になってしまったが、いわゆるルンペンの悲惨《ひさん》がよく理解《りかい》される記事といえるのではあるまいか。

そういえば、「ルンペン節」（作詞《さくし》柳 水巴《やなぎすいは》、作曲松平信博《まつだいらのぶひろ》）という歌があった。わたくしは歌えないけれども。

金がないとてくよくよするな
金があっても白髪《しらが》は生える
お金持でもお墓《はか》はひとつ
泣くも笑うも　五十年
ワッハッハ　ワッハッハ
スッカラカンの　空財布《からさいふ》
でもルンペン　のんきだね

話をもとに戻《もど》してこの年の四月、東京市民をびっくりさせる大ストライキがあった。東京市電・市バスの職員《しよくいん》一万三千人が、首切り反対・給与停止《きゆうよていし》および賞与減額《しようよげんがく》反対で、二十二日からストに入った。当時市電やバスの運転手は割合《わりあい》に給料もよく安定した職場《しよくば》とみられていたので、「殿様《とのさま》スト」とみる向きも多かったが、交通が途絶《とぜつ》して魚・肉や野菜の流通がとまり、一般《いっぱん》家庭の台所を直撃《ちょくげき》したことはたしか。なにしろ電気冷蔵庫《れいぞうこ》などなく、「今日はいいカツオがあるよ」などと魚屋さんが毎日毎日盤台《ばんだい》をかついで来てくれる、そんな時代である。それで年表には、スト破《やぶ》りあり右翼《うよく》の介入《かいにゅう》あり、何やかにやあったあと五日目にスト側は惨敗《ざんぱい》、とはっきり残されている。

そんな頼《たよ》りないストではあったが、当時さかんに歌われた愉快《ゆかい》な小唄《こうた》がある。これを「草津《くさつ》よいとこ一度はお出《い》で」の節でやってみるとスト気分がちょっと味わえる。

薫《かお》る新緑四月の二十日　ドッコイショ
市電争議だ　コーリャ　火蓋《ひぶた》切るよ
　　チョイナ〳〵
賞与《しょうよ》一割《わりお》惜しくはないが　ドッコイショ
カタリ取られりゃ　コーリャ　腹《はら》が立つよ
　　チョイナ〳〵

ただし、当局はかかる不埒《ふらち》な歌の流行を大目にはみてくれなかった。五月三十一日に禁止処《きんししょ》分《ぶん》が下る。遊び気分など許《ゆる》さないきびしい時代がすでに到来《とうらい》していたのである。

あまりにも余談《よだん》となるが、この発禁《はっきん》命令のでる十日前の五月二十一日、わたくしがオギャーとこの世に生をうけた日である。この日はとくに記すようなこともなく、和気清麻呂《わけのきよまろ》のデザイ

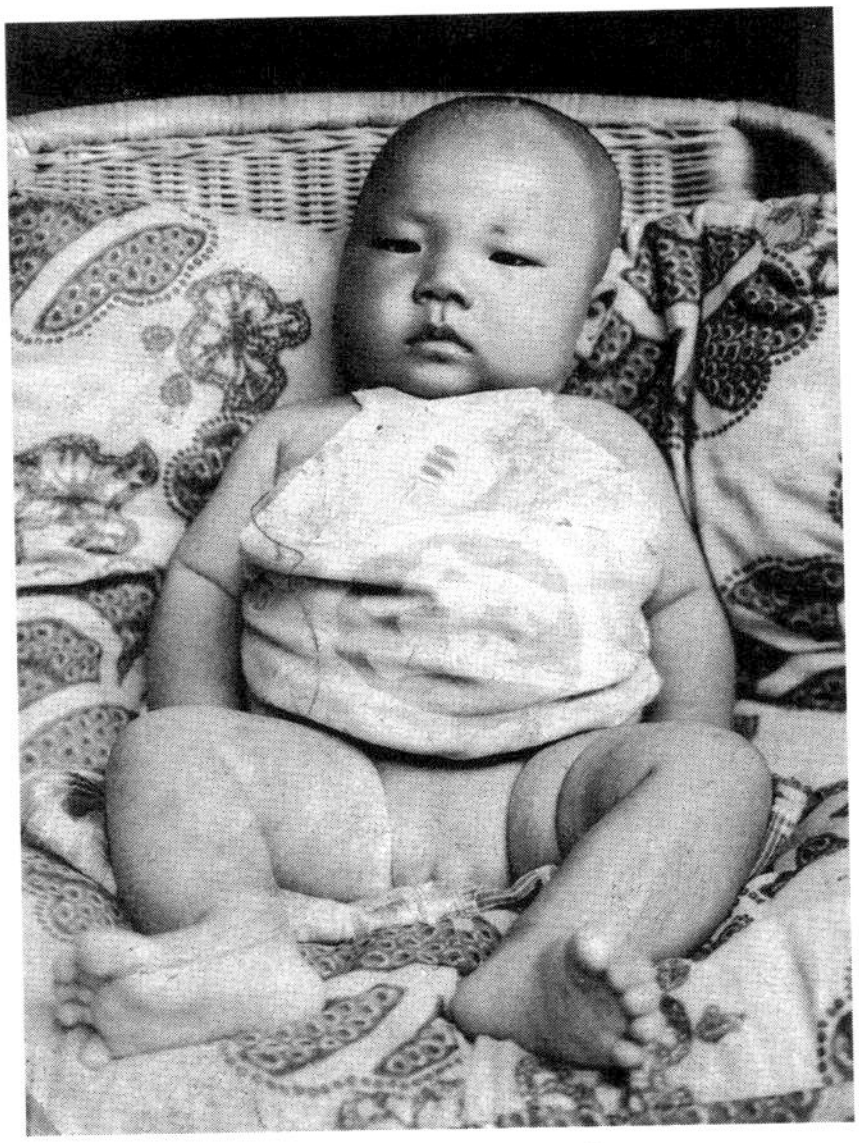
この年、著者オギャーと誕生

ンを表とする新十円札が発行されたぐらいのことしかない。が、前日にはかなり由々《ゆゆ》しきことが続発している。東海道線急行寝台《しんだい》列車の車内で、軍令部参謀《さんぼう》草刈《くさかり》英治《えいじ》少佐が割腹自殺《かっぷくじさつ》している。強硬《きょうこう》な艦隊派《かんたいは》の一人で、ロンドン軍縮条約《ぐんしゅくじょうやく》調印に反対し、責任者《せきにんしゃ》の財部彪《たからべたけし》海軍大臣（じつは十九日に辞任《じにん》しているが）を殺《さつ》害《がい》するつもりであったが、暗殺《あんさつ》成らず、悲憤《ひふん》の自裁《じさい》とみられている。艦隊派《かんたいは》の頭領《とうりょう》でもあった加藤寛治《かとうひろはる》軍令部長は財部《たからべ》にいい放《はな》った。

「彼《かれ》は実に純粋《じゅんすい》な立派《りっぱ》な男だった。とうとう軍縮《ぐんしゅく》の犠牲者《ぎせいしゃ》をだした」

もう一つ、法大教授《きょうじゅ》三木清《みききよし》、東大教授《きょうじゅ》山田盛太郎《やまだもりたろう》、同助教授《じょきょうじゅ》平野義太郎《ひらのよしたろう》が同じ日に検挙《けんきょ》されている。共産党《きょうさんとう》シンパ事件《じけん》とよばれている弾圧事件《だんあつじけん》のはしりといえるか。

ついでに二十日のルンペンに関係ある新聞記事の見出しを二つ。

「妻《つま》は病床《びょうしょう》に泣き、愛児は養育院送り、もらひ米の生活に、元小学教師《きょうし》の自笑《じしょう》」

「老母を抱《かか》へて、死か犯罪《はんざい》か、百万長者の家に生れて、没落《ぼつらく》から失業苦に男泣き」

もちろん、わたくしは百万長者家の生まれなんかではなく、生をうけたときの時代状況《じょうきょう》は、目出《めで》たいとはとてもいえない、いわば大嵐《おおあらし》のさなかであったようである。

◆農村の悲鳴をよそに

こうなるともう顰蹙《ひんしゅく》を買うのも承知《しょうち》で、この年の不況《ふきょう》ばなしをつづけてしまう。都会もさることながら、じつは大恐慌《だいきょうこう》の強烈《きょうれつ》な直撃《ちょくげき》はむしろ地方のほうに烈《はげ》しく襲《おそ》っていたのである。幸か不幸か、稲作《いなさく》は理想的な好天に恵《めぐ》まれて大豊作《だいほうさく》が予想されている。となると、米価《べいか》の低落はもう目にみえている。〝あまるものに原価《げんか》なし〟というが、まさに豊作飢饉《ほうさくききん》でアップアップ、農村を不況《ふきょう》のどん底へと叩《たた》きこんでしまった。

そうしたなかで、少々ユーモラスな事実をみつけた。笑っていられるときではないが、農村のおかれた実情《じつじょう》をよく物語っている。

「(愛知県宝飯《ほい》郡) 八幡村大字千両《やわたむらおおあざせんりょう》ではこのほど村民集会を開いて不況対策《ふきょうたいさく》につき協議の結果、村民は今後タバコ、酒をいっさい廃止《はいし》すること、ただし中毒《ちゅうどく》的のものにはタバコは刻《きざ》みに限《かぎ》り酒はごく少量を認《みと》め、理髪《りはつ》、結髪《けっぱつ》について全部同業者の手にかからず、いずれも自宅《じたく》において男は丸刈《まるが》り、女は束髪《そくはつ》にすることを申し合わせ実行している」(新愛知新聞　八月三十一日付)

酒やタバコをやめたぐらいでどのくらい不況《ふきょう》に対処《たいしょ》できるのかわからないが、そこまでしなければならないほど悲鳴をあげていた。

タバコにちょっとからんでもう一つ、七月八日付の埼玉新聞に載《の》った記事を。

恐慌の直撃は地方に。三池炭坑で賃金の支払いを待つ労働者たち

「今日《こんにち》、私《わたし》ども農民の生活は生か死か、助けるか殺《ころ》すかの岐路《きろ》に立つ、実に涙《なみだ》が滲《にじ》む苦難《くなん》時代です。汗水垂《あせみずた》らして作ったキャベツは50個《こ》でやっとタバコ〝敷島《しきしま》〟1箱〈18銭《せん》〉にしか当らず、カブは百把《わ》なければ〝バット〟（ゴールデンバット）ひとつ〈7銭《せん》〉買えません。繭《まゆ》は3貫《かん》、大麦は3俵《ぴょう》でたった10円です」

埼玉県の農村代表百余名《よめい》が農林省や各政党《せいとう》本部にその窮状《きゅうじょう》を訴《うった》えた陳情書《ちんじょうしょ》の一節である。これが東北地方になると、と一例にするのは相当に差別的であるがお許《ゆる》し願って、中心地の仙台《せんだい》での話である。前年の四年度でも学用品・被服《ひふく》などで市から補給《ほきゅう》をうけていた小学生は数千名に達していたが、さすがに昼食の補給《ほきゅう》をうけている学童はいなかった。ところが、この年になると、なんと、いっぺんに三百名余《あまり》の小学生が昼食の補給《ほきゅう》をうけるようになってしまったというのである。それで河北新報《かほくしんぽう》は七月二十二日付の記事で大いに歎《なげ》いている。

「大抵《たいてい》の家では、どんなに窮迫《きゆうはく》し、朝食や夕食は欠いても、いとしい自分の子供《こども》に学校で子《こ》供《ども》がみんな揃《そろ》って一緒《いっしょ》に食べる昼食だけは欠かせたくない、というのが普通《ふつう》の人情《にんじよう》だ。それがその昼食すら拵《こしら》えてくることが出来ないとあっては、家庭での欠食節食は莫大《ばくだい》の数に達するものと想像《そうぞう》される」

下々《しもじも》がこのように生活苦で喘《あえ》いでいるときであるというのに、上つ方は海軍軍縮《ぐんしゆく》条約《じようやく》にからめて「統帥権干犯《とうすいけんかんぱん》」問題で大騒《おおさわ》ぎしていたのである。情《なさ》けなくなるばかりと重ねていうほかはない。当事者の軍令部が、裏《うら》で倒閣《とうかく》をめざす野党《やとう》の政友会《せいゆうかい》と相当に深く結びついていたことは、いまは明らかになっている。当時の海軍次官山梨勝之進《やまなしかつのしん》中将《ちゆうじよう》の回想がある。

「海軍省及《およ》び軍令部において……（憲法論《けんぽうろん》など）興味《きようみ》もなければ研究したこともなかった」。ところが政党《せいとう》と結託《けったく》したために「賢《かしこ》い手合いが、この（統帥権《とうすいけん》）問題を倒閣《とうかく》のための跳躍《ちようやく》台とにらんだ。政友会《せいゆうかい》にはこのようなことにかけては海千山千の名人がそろっていた」（『歴史《れきし》と名将《めいしよう》』）

こうして政界《せいかい》がやっさもっさしているとき、いわば時代の監視役《かんしやく》であるメディアはどうしていたのか。これが気になってくる。そこで、と、朝日新聞ばかりを例とするのは恐縮《きようしゆく》ながら、「政治《せいじ》が軍事を統制《とうせい》せよ、軍事をして政治《せいじ》を統制《とうせい》せしむるな」（六月十九日付）とか、「空前の経済困難《けいざいこんなん》を打開する上に、軍費《ぐんぴ》の節約が絶対《ぜったい》必要なることは、今や国民の常識《じようしき》である」（八月一日付）と、軍縮《ぐんしゆく》調印に賛成《さんせい》し、軍刀《ぐんとう》の威圧《いあつ》など何するものかと軍部の政治介入《せいじかいにゆう》をきびしく批判《ひはん》している。朝日新聞のみならず、ほかの各紙においても同じ主張《しゅちょう》である。と、褒《ほ》めるそばから妙《みょう》な事実に突《つ》き当《あ》たって戸惑《とまど》ったりする。『西園寺公《さいおんじこう》と政局《せいきょく》』（原田熊雄《はらだくまお》）によると、かならずしもメディア全体がもうこのころから政府《せいふ》の軍縮方針《ぐんしゅくほうしん》を支持《しじ》していたわけではなく、海軍省の記者クラブ「黒潮会《こくちょうかい》」の気鋭《きえい》の記者たちは、「軍令部長に同情《どうじょう》をもついっぽう」であった、というのである。つまり艦隊派《かんたいは》や政友会《せいゆうかい》が壮語《そうご》する「統帥権干犯《とうすいけんかんぱん》」の主張《しゅちょう》の肩《かた》をもちはじめていた。世論《よろん》もそれにつられておもむろに変わりはじめていた。

そこで探偵《たんてい》してみれば、裏《うら》の事実を暗示《あんじ》するような文書が防衛《ぼうえい》研究所図書館にあるのを発見することができるのである。すなわち、政友会《せいゆうかい》の犬養毅《いぬかいつよし》や鳩山一郎《はとやまいちろう》たちが議会で政府《せいふ》を攻撃《こうげき》した直後の四月三十日、艦隊派《かんたいは》の主導者《しゅどうしゃ》の軍令部次長末次信正《すえつぐのぶまさ》少将《しょうしょう》が、黒潮会《こくちょうかい》の記者全員を赤坂《あかさか》の料亭《りょうてい》によんで（そして二次会でも）大接待《せったい》をしたという事実。そのときの出費《しゅっぴ》は軍事機密費《きみつひ》から工面して計六百八十六円四十五銭《せん》であったという。総理《そうり》大臣の月給八百円、小学校の教員の初任給《しょにんきゅう》四十五～五十五円のころのことである。ウヘーと思わず溜息《ためいき》のでてしまうのを抑《おさ》えられぬ話ではあるまいか。

◆ナンセンスな話たち

少しばかりB面の話から離《はな》れたのでもとへ戻《もど》すことにする。昭和五年の流行語番付の西の横綱《よこづな》がルンペンであるとすれば、東のそれはエログロ・ナンセンスということになろう。注をつけるまでもなく、エロはエロチックの略《りやく》で好色な、グロはグロテスクの略《りやく》で怪奇《かいき》な、ということ。この二つはすでに昭和改元の直後ぐらいからいわれていたが、この年になってこれにナンセンスがくっついて風俗《ふうぞく》あるいは時代の性格《せいかく》を象 徴《しようちよう》する流行語となった。ルンペンとエログロ・ナンセンス、この東西を飾《かざ》る二つの言葉は、どん底の不景気が生んだ双子《ふたご》といえる。

言語学者惣郷正明《そうごうまさあき》の説《と》くところによると、この年の八月十五日の閣議《かくぎ》で、非常識《ひじようしき》を意味するノンセンスがナンセンスと変わってモダン語化したことが、突然閣僚《とつぜんかくりよう》間で話題になったという笑わせる話がある。

江木翼《えぎたすく》鉄道大臣：――ナンセンス？　つまり、それは他愛《たあい》のない話ということなんですかな。

幣原喜重郎《しではらきじゆうろう》外務大臣《がいむ》：――いや、それよりは与太話《よたばなし》としたほうがいいのでは……。

すると浜口首相《はまぐちしゆしよう》が割《わ》って入った。

「ハハハハ、そのわけは簡単《かんたん》ですよ。いま話しているこんな場面が、すなわち、そのナンセンスということなんですな」

このナンセンスな時代をよくわからせてくれるようなことを、東京日日新聞がこの年の夏に大々的にやっている。ロバ、牛、豚《ぶた》それに山羊《やぎ》に富士《ふじ》登山をやらせた。そして「何時間何分で頂上《ちようじよう》につくだろうか」というクイズをだして読者から懸賞募集《けんしようぼしゆう》をしたところ、これが大当たり、新聞の部数がのびたという嘘《うそ》のようなほんとうの話である。

おかしいのは選手の名も公募《こうぼ》して、ロバは太郎《たろう》、牛がお花、豚《ぶた》が東吉《とんきち》と日出雄《ひでお》、山羊《やぎ》は不二子と名づけられた。スタートは七月二十日の午前四時。各選手に記者やカメラマンがついて、ガンバレ、ガンバレとさかんにハッパをかける。どうもバカバカしくて、いくらB面でもと筆が渋《しぶ》るが、ともかく結果だけかいておくと、一着が牛で八時間十分、二着がロバで八時間四十五分、三着が山羊《やぎ》で十八時間、豚《ぶた》は残念ながらトントンといかず二日がかりの二十九時間五十五分。くわしくかけばそれぞれの登る距離《きょり》が違《ちが》っていて、結果的にはロバが一着になったようであるが、そんなことはどうでもよく、これぞまさしく、おお、ナンセンス！　というばかりである。

　こうなると当然でてこなければならない人物がいる。前章でふれたかのエノケン、榎本健一《えのもとけんいち》である。これがいまや浅草《あさくさ》で大の人気者。このエノケンに、のちに一世を風靡《ふうび》することになる異色《いしょく》の喜劇《きげき》作家、若《わか》き日《ひ》の菊田一夫《きくたかずお》がこの年の暮《くれ》ごろからぴたりとより添《そ》った。二人して時代の空気に乗りに乗って、爆発的《ばくはってき》な大当たりをとったのが歌舞伎芝居《かぶきしばい》「仮名手本忠臣蔵《かなでほんちゅうしんぐら》」のパロディ「阿呆疑士迷々伝《あほうぎしめいめいでん》」である。旗一兵《はたいっぺい》『喜劇人回り舞台《きげきじんまわりぶたい》』がそのナンセンスに徹《てつ》した舞台《ぶたい》をこう紹介《しょうかい》してくれている。

「内匠頭《たくみのかみ》が安全剃刀《かみそり》で切腹《せっぷく》したり、山崎街道の定九郎《さだくろう》がゴルフ・パンツで現《あら》われる。それを勘平《かんぺい》が二つ玉ならぬ拳銃《けんじゅう》で射《う》つ。と思うと、六段《だん》目の勘平《かんぺい》はカルモチンで自殺《じさつ》し、赤穂《あこう》の城明渡《あけわた》しではエノケンの内蔵助《くらのすけ》が城門にペタリと貸家《かしや》札をぶらさげて、

『これでわれらは宿なしのルンペンになった。それもこれも主人が阿呆《あほう》だったんだから仕方が

ねえや』

と愚痴《ぐち》をこぼすという奇想天外《きそうてんがい》ぶりだった」

ところが、である。時代がいくら「馬鹿馬鹿しくてマジメにやってられない」ものであっても、当局は許《ゆる》してはくれなかった。公演終了《こうえんしゅうりょう》後、日本人のモラルの規範《きはん》ともいうべき「忠臣蔵《ちゅうしんぐら》」を茶化《ちゃか》すとは何事か、と警視庁《けいしちょう》は菊田一夫《きくたかずお》に出頭を命じる。散々に絞《しぼ》られた揚句《あげく》に始末書《しまつしょ》をかかされ、このいわば出世作を「二度と上演《じょうえん》しません」と約束させられて菊田《きくた》は釈放《しゃくほう》された。

◆「カフェー文化は西より」

ナンセンスのあとになったが、エログロのほうも外してはならないであろう。いずれにしたって、エログロ・ナンセンスとは農村の疲弊《ひへい》の上に咲《さ》いた都市文化の〝アダ花〟にすぎず、いずれ萎《しぼ》むのはわかっている。が、先が見えず世が不安であればあるほど妖《あや》しく、艶《あで》やかにエロチシズムは花ひらく。東京や大阪にあっては、カフェーとかダンスホールという形で。そしてそのさきがけとなるのは女給たち。そしてエロ・サーヴィス。

昔からある芸者遊びにはいろいろな手つづきが必要で、そうは簡単《かんたん》に遊べない。地方から来た人なんかはまごまごするだけ。そこへいくと、レストランと喫茶店《きっさてん》を兼《か》ね、いまでいうバーやクラブの役割《やくわり》もはたすカフェーは、ごくごく安直に遊ぶことができる。民衆《みんしゅう》の不況感《ふきょう》にたいする反動として、生まれるべくして生まれたものといえようか。まず大阪の新世界や戎橋筋《えびすばしすじ》あたりが先陣《せんじん》を切り、大そう繁昌《はんじよう》している「美人座《ざ》」が東京銀座《ぎんざ》一丁目に「光は東方より、カフェー文化は西より」と進出してきたのが五月三十一日。そして一週間後には、

「復興銀座《ふつこうぎんざ》の裏通《うらどお》りに雨後の筍《たけのこ》よりも繁《しげ》く町並《まちなみ》に続出してきたカフェーは、われもわれもと上方《かみがた》風を無条件《むじようけん》に取り入れて、妖《あや》しくも刺激的《しげきてき》な青赤黄の店内装飾《そうしよく》や、過剰《かじよう》な女給群の遊《ゆう》弋《よく》、百パーセントエロのサーヴィスぶり、狂躁《きようそう》的なジャズバンドやステージダンスの設備《せつび》などで、銀座《ぎんざ》ボーイの魂《たましい》を完全に把握《はあく》してしまった」（大阪朝日新聞　六月七日付）

という有様で、銀座《ぎんざ》の横丁はたちまちライオン、タイガー、サロン春、ルパン、サイセリア、ゴンドラなど、妖気《ようき》をふりまく赤い灯《ひ》、青い灯《ひ》の洪水《こうずい》と相なった。

　そしてまさに〝カフェーと道づれに〟といっていい、いろいろなガールが盛《さか》り場《ば》に出没《しゆつぼつ》する。六月十五日付の読売新聞夕刊《ゆうかん》には「一九三〇年『エロ時代』、現《あらわ》れたり尖端女性《せんたんじよせい》の新職業《しよくぎよう》」という見出しが躍《おど》っている。すなわち「その一、円《えん》タク・ガール」。当時のタクシーにはいつも客のためドアの開閉《かいへい》を担当《たんとう》する助手が乗っていた。その助手が女性《じよせい》で、客が乗ってくるとさっそく交渉《こうしよう》をはじめ、まとまればそのままタクシーはよろしき宿へと客を運んでくれる。「その二、キッス・ガール」、読売には「一回五十銭《せん》、口には消毒《しようどく》ガーゼ。ハマ〔横浜《よこはま》〕の公園に店開き」と報《ほう》じられているが、いくらか創作《そうさく》のようにも感じられるおかしさがある。

　そのほかワンサ・ガール、ガソリン・ガール、ボート・ガール、エンゲルス・ガール、ショ

ップ・ガールなどなど、数えきれないほどのガールが盛《さか》り場《ば》を闊歩《かっぽ》していたらしい。「何でもい、ガールとさえ言えば時代の尖端《せんたん》に立つものとして注目されるかの観があって、正にガール全盛《ぜんせい》時代ということが出来るであろう。もろもろのガール達が百花爛漫《らんまん》の春の趣《おもむき》を呈《てい》しているのが、一九三〇年の情景《じょうけい》である」（高田義一郎《たかたぎいちろう》「ガール全盛《ぜんせい》時代」「婦人画報《ふじんがほう》」二月号）

こうなると黙《だま》っていられないのが浅草《あさくさ》を先頭とする興行界《こうぎょうかい》やキャバレーである。レビュー、ダンスをはじめ、単なるお酌《しゃく》なんかにも強烈《きょうれつ》にエロを前面にだして、サァー、イラハイと客を呼《よ》ぶようになる。警視庁保安部《けいしちょうほあんぶ》にとってはゆゆしきこと、厳重《げんじゅう》に取《と》り締《し》まらねばならんと、十一月二十四日に九項目《こうもく》の詳細《しょうさい》な「エロ演芸取締規《とりしまりき》則《そく》」をあわててつくって、管内の各署《かくしょ》に通達《つうたつ》する。のちのちの参考のためにその一部を。

当時のキャバレーの裏口。女性の化粧も濃くなった（昭和６年）

（イ）ズロースは股下《またした》二寸《すん》未満のもの、及《およ》び肉色のものはこれを禁《きん》ずる。

（ロ）背部《はいぶ》は上体の二分の

一より以下を露出《ろしゅつ》せしめざること。
(ハ)胸腹部《きょうふくぶ》は乳房《ちぶさ》以下の部分を露出《ろしゅつ》せしめざること。
(ホ)片方《かたほう》の脚《あし》のみ股《また》まで肉体を露出《ろしゅつ》するがごときものはこれを禁《きん》ずる。
(ト)ダンス(例えばインディアン・ダンス、ハワイアン・ダンス等)にして腰《こし》を部分的に前後左右に振《ふ》る所作はこれを禁《きん》ずる。
(リ)日本服の踊《おど》りにおいて太ももを観客に現《あら》わすが如《ごと》き所作はこれを禁《きん》ずる。

いまどきと違《ちが》って、当時はこれで興行主《こうぎょうぬし》は悲鳴をあげた。「これでは不景気を乗り切れません」と当局へなにとぞ緩和《かんわ》のほどをと陳情《ちんじょう》した。が、当局はガンとして聞き入れなかった。

◆産児制限《せいげん》とエントツ男

わたくしの生まれたのは、このように猥雑《わいざつ》で、どことなくやけくそ半分のユーモラスな空気が巷《ちまた》にあった年であったようである。たしかに、不景気からは脱《だつ》してはおらず、満蒙《まんもう》問題解決《かいけつ》のために政治《せいじ》・軍事のほうではキナ臭《くさ》さが感じられだしてはいるが、ともあれ人を殺《ころ》したり人に殺《ころ》されたりの戦争のない、昭和史《しょうわし》の平和な時代の掉尾《ちょうび》を飾《かざ》る大らかなときであったことに間違《まちが》いはない。

高校生になってから知ったことではあるが、佐藤春夫《さとうはるお》の詩「さんま、さんま、さんま苦いか塩《しょ》つぱいか」で知られる谷崎潤一郎《たにざきじゅんいちろう》「細君譲渡事件《じょうとじけん》」のあったのも、この年の八月十八日のことであった。この日、谷崎《たにざき》は記者会見をひらき、妻《つま》の千代子《ちよこ》と離婚《りこん》し、千代子《ちよこ》が佐藤《さとう》のもとに再嫁《さいか》することに合意したことを発表する。師《し》と妻《つま》とその弟子《でし》三人の、錯綜《さくそう》した愛憎劇《あいぞうげき》を経《へ》たのちのこれが結論《けつろん》で、新聞はこれを「譲渡事件《じようとじけん》」として派手《はで》に報《ほう》じた。そんな小説家の私事《わたくしごと》が、天下の大事件《だいじけん》のごとく大見出しとなるゆったりとした時代であったのである。

「あはれ、秋風よ、情《こころ》あらば伝へてよ。……男ありて、今日の夕餉《ゆうげ》に、ひとりさんまを食《くら》ひて……」

人妻《ひとづま》への報《むく》われぬ愛がたしかにこの詩文に秘《ひ》められている。しかし世にはこれを「不倫《ふりん》」とみる人が多く、誤解《ごかい》と中傷《ちゆうしよう》で佐藤《さとう》と千代子《ちよこ》は深く傷《きず》つく。佐藤《さとう》にとっては、愛を貫《つらぬ》いたことが、詩のとおりに苦く塩《しよ》っぱいものとなった。エログロ・ナンセンス時代の純愛《じゆんあい》物語としてこれをかいたが、つまりそんな甘酸《あまず》っぱい風情《ふぜい》もいっぽうにある御代《みよ》であったともいえようか。

国勢調査《こくせいちようさ》（十月一日）の発表によれば、この年は日本の総人口《そうじんこう》が初めて六千万人台に乗ったとき、ということである。正確《せいかく》には朝鮮《ちようせん》・台湾《たいわん》・樺太《からふと》をふくめて九千三十九万六千四十三人で、うち内地（日本国土）が六千四百四十五万人、世帯数は一千二百七十万五千世帯であるという。

ところが、現実《げんじつ》は、何度もかくようであるけれども、農村危機《きき》が深刻化《しんこくか》し、不景気は加速して失業者は氾濫《はんらん》している。それなのに、赤ちゃんがぞくぞくとこの世に生まれでてきていた。それで、というわけであろう、日本で初めての産児制限《せいげん》のための相談所が東京でスタートときまったのが、この年なのである。

脱線《だっせん》した話になるが、二十一世紀《せいき》の日本を考えるとき、今日《こんにち》の少子化は深刻《しんこく》かつ早急《さっきゅう》の打開を要する大問題、と思うのである。そのまま国力の衰退《すいたい》を意味する。が、こればかりはわれら老齢者《ろうれいしゃ》には、憂国《ゆうこく》の言を吐《は》くのができることの精一杯《せいいっぱい》で、率先躬行《そっせんきゅうこう》とはまいらない。若《わか》き男女諸君《しょくん》の奮闘《ふんとう》努力をお願いするばかり。

そんな「赤ちゃんを産まない」時代からみると、産児制限《せいげん》とは夢《ゆめ》みたいな話ということになる。しかし、昭和五年当時は、狭《せま》い国土に総人口《そうじんこう》六千万とはただごとならずと、これが喫緊《きっきん》の問題になっていたのである。ちなみに、とにかく「産めよふやせよ」が国策《こくさく》となったのはずっとあとのことである。

そしてこの産まないための、本邦初《ほんぽうはつ》の相談所が芝《しば》公園五号地にひらいたのが二月一日、その規則《きそく》にいわく。

「不純《ふじゅん》な動機の相談依頼者《いらいしゃ》を絶対《ぜったい》に相手にしないために、現《げん》に三人以上の子女のあるものに限《かぎ》って相談に応《おう》ずることとす」

このきびしさ！　いまどきこうした相談所をひらいても、閑古鳥《かんこどり》が鳴くばかりならんか。

この年はこれで終る予定であったが、重要な（？）人物を忘《わす》れていることにいま気がついた。この年の労働争議の件数《けんすう》は前年の二倍近い二千二百八十件余《けんあまり》、こんなに数多い争議のなかで世間を驚《おどろ》かせ長く記憶《きおく》にとどめさせたのはこの人ひとり。田辺潔《たなべきよし》、二十七歳《さい》。

ときに十一月十六日。その二日前の十四日に浜口首相《はまぐちしゅしょう》が東京駅で、右翼《うよく》の佐郷屋留雄《さごやとめお》に撃《う》たれて重傷《じゅうしょう》（翌年《よくねん》八月死亡《しぼう》）を負《お》うという事件《じけん》が起こっている。こうした物情騒然《ぶつじょうそうぜん》たる世《せ》情《じょう》がはじまりだしたなかで、賃金《ちんぎん》カット、首切り反対を訴《うった》えて長く争議がつづいていた川崎《かわさき》市の富士瓦斯紡績川崎《ふじガスぼうせきかわさき》工場で、この日、突如《とつじょ》として、赤旗をもって四十五メートルの大煙突のてっぺんによじ登り、争議貫徹《かんてつ》を大声で叫《さけ》ぶ男が現《あらわ》れた。

新聞記者はこの突飛《とっぴ》な新戦術に打ってでた男の登場に大喜《おおよろこ》び、さっそく「エントツ男」と名づける。外電までもが「ミスター・チムニイ」と本国に報《ほう》じる。しかもこの男、だれが何といおうと下りてこようとはしなかった。「見物一万人雲集」と新聞が囃《はや》したてるから、連日見物人が押《お》し寄《よ》せ、屋台のオデン屋や焼ソバ屋がきて、まるでお祭りのような大騒《おおさわ》ぎとなった。結果的には、スルメ一束、酒一升《しょう》、ゴールデンバット十箱、それに飲料水、これで百三十時間二十二分の滞空《たいくう》記録を残し、組合側の要求をほとんど会

「エントツ男」は５日後、地上に帰還

社側に認《みと》めさせて、「エントツ男」は悠々《ゆうゆう》と下りてきた。

というのも、二十一日午後三時二十分過《す》ぎに、昭和天皇《てんのう》の乗ったお召《め》し列車が関西からの帰《き》途《と》に付近を通過《つうか》する。「上からの不敬《ふけい》はまかりならぬ。なんとか下ろせ」という当局の強い要請《ようせい》で、会社側が折れざるをえなかったというのである。地上に下り立ったときの田辺《たなべ》の一言は、「いやあ、寒かった」であったとか。

その後、第二、第三のエントツ男が出現《しゅつげん》したが、ヒーローになれるのは第一号だけ。あとはだれも見向きもしないし新聞にも載《の》らなかったが、子供《こども》たちの間ではしばらく「エントツ男ゴッコ」が行われていた。まだ赤《あか》ん坊《ぼう》のわたくしにはその記憶《きおく》はまったくない。

なお、田辺《たなべ》の最期《さいご》は悲劇的《ひげきてき》である。二年四カ月後に、横浜《よこはま》で死体として発見される。事故《じこ》による溺死《できし》とされたが、その死は特高警察《とっこうけいさつ》によるものと信じている人が、かなり長い間少なからず存在《そんざい》した。そして巷《ちまた》ではさかんにデカンショ節が大声で歌われた。

〽俺《おれ》らが怠《だる》けりゃ　世界は闇《やみ》よ　ヨイヨイ
　闇《やみ》に葬《ほうむ》れ資本主義《しほんしゅぎ》　ヨーイ〱デッカンショ

昭和六年（一九三一）

前項《ぜんこう》（昭和五年）でちょっとふれておいたが、五年十一月に起きた浜口首相《はまぐちしゅしょう》狙撃事《そげきじ》件《けん》は、政治史的《せいじし》にみれば、日本の政党政治《せいとうせいじ》の否定《ひてい》、軍閥政治《ぐんばつせいじ》の台頭へとつながる深刻《しんこく》な里程標《りていひょう》の一つであったのである。つまり、第一次大戦後の自由主義《しゅぎ》や社会主義《しゅぎ》の風潮《ふうちょう》の反動として、徐々《じょじょ》に芽生えてきた国家主義《しゅぎ》・愛国主義《しゅぎ》運動が、軍部と連絡《れんらく》しはじめたということになる。大震災《だいしんさい》いらいの不況《ふきょう》と軍縮《ぐんしゅく》によって、国力はますます衰退《すいたい》していく。国威《こくい》は落日の如《ごと》し。たいする政治《せいじ》の無能無策《むのうむさく》は眼《め》にあまる。民間右翼《うよく》にも、官僚《かんりょう》にも、軍隊内部にも、日を追って国家を立て直さねばならないという「革新《かくしん》」熱が高まっていく。

さらにまた、中国大陸では——蔣介石《しょうかいせき》の国民政府軍《せいふぐん》が圧倒的《あっとうてき》な武力《ぶりょく》を保持《ほじ》し、各地の軍閥勢力《ぐんばつせいりょく》を倒《たお》し、国家統一《とういつ》に向けての民族意識《いしき》は高まるいっぽうになっている。かの屈辱的《くつじょくてき》な「二十一カ条《じょう》要求」を廃棄《はいき》せしめ、もともとの条約《じょうやく》どおりに昭和九年までで関東州《かんとうしゅう》（大連《だいれん》・旅順《りょじゅん》）を取《と》り戻《もど》すことを、国民政府《せいふ》は日本に要求してきた。中国民衆《みんしゅう》はそれを支持《しじ》し、反日・排日《はいにち》の気運は昂揚《こうよう》し、日本人居留民《きょりゅうみん》との小衝突《しょうとつ》がいたるところでくり返されている。

このまま見過《みす》ごせば、満洲《まんしゅう》の権益確保《けんえきかくほ》も危殆《きたい》に瀕《ひん》せざるをえない。この「満蒙《まんもう》の危機《きき》」に直面して、一刻《いっこく》も早く国家改造《かいぞう》をしなければ間に合わなくなる。こうして「革新《かくしん》」の意思と熱気が強まるとともに、いざとなれば〝武力《ぶりょく》〟や〝暴力《ぼうりょく》〟によってそれを達成《たっせい》せねばならない、それが国防《こくぼう》のための〝大義《たいぎ》〟というものである、とそこまで革新《かくしん》軍人は思いつめ、焦燥《しょうそう》にかられていった。

とくに満洲《まんしゅう》の曠野《こうや》にあって、日本の政策《せいさく》を代行する形の関東軍《かんとうぐん》司令部の参謀《さんぼう》たちには、政府《せいふ》や軍中央部の無策《むさく》が我慢《がまん》ならなくなっていた。交渉《こうしょう》相手の満洲軍閥《まんしゅうぐんばつ》の頭《とう》領《りょう》の張学良《ちょうがくりょう》が「外交上の大問題は中央でやる。地方的な問題は自分がやる」と、むつかしい問題はすべて南京《なんきん》の国民政府《せいふ》のほうへ回そうとし、その無責任《むせきにん》さがいっそう関東軍参謀《かんとうぐんさんぼう》たちを激怒《げきど》させた。そして、その憤慨《ふんがい》のいきつくところ、張学良《ちょうがくりょう》にかえてより親日的な政権《せいけん》をつくるか、さもなければ満洲《まんしゅう》全土を軍事占拠《せんきょ》してしまうか、という二者いずれを択《えら》ぶかの結論《けつろん》にみちびかれていった。

そして昭和陸軍特有といっていい、動機を重んじ手段《しゅだん》の正邪《せいじゃ》を問わない精神構造《せいしんこうぞう》というものが、これに加勢《かせい》する。動機さえ純粋《じゅんすい》であれば（それも往々《おうおう》にして主観的に）、手段《しゅだん》と行動がかりに統帥《とうすい》を乱《みだ》し、武力《ぶりょく》をともなうものであったとしても正当化される、といった空気が中堅《ちゅうけん》クラスの陸軍将校《しょうこう》たちの間に瀰漫《びまん》していたのである。関東軍《かんとうぐん》のみならず陸軍中央（陸軍省と参謀《さんぼう》本部）においても。

こうして、大日本帝国《ていこく》を亡国《ぼうこく》へと転落させる長い戦争の端緒《たんしょ》となる、六年九月の満《まん》洲《しゅう》事変は起こるべくして起こったのである。

日本国民はその日まで、いや戦争がはじまった報《ほう》を耳にしても、まさかこの中国軍との小衝突《しょうとつ》が大戦争への導火線《どうかせん》に火をつけることになろうとは露《つゆ》思わなかった。しか

し帝国《ていこく》陸軍は確信《かくしん》していたのである。事件《じけん》前に、

「日本人は戦争が好きだから、事前にゴタゴタ理屈《りくつ》をならべるが、火蓋《ひぶた》を切ってしまえば、アトについてくる」

と予言した軍務《ぐんむ》局長小磯国昭少将《こいそくにあきしょうしょう》の豪語《ごうご》は適中《てきちゅう》した。戦争がはじまると、国民はいっぺんに集団催眠《しゅうだんさいみん》にかかったように熱烈《ねつれつ》に軍部を支持《しじ》するようになった。神社には必勝祈願《きがん》の参拝者《さんぱいしゃ》がきびすをつらねてつづき、血書《けっしょ》や血判《けっぱん》の手紙で南次郎《みなみじろう》陸軍大臣の机《つくえ》の上はいっぱいになったのである。

◆◆◆◆◆

◆「のらくろ」の登場

Ｂ面で昭和六年という年号を耳にすると、ただちにわが脳味噌《のうみそ》を刺激《しげき》してポッと浮《う》かんでくるヤツがいる。『のらくろ二等卒』（のち『のらくろ二等兵』と改題）というあの目の大きな、真ッ黒い、ワン公の漫画《まんが》である。

もちろん、この年の一月号から「少年倶楽部《くらぶ》」に連載《れんさい》されることとなった田河水泡《たがわすいほう》の漫画《まんが》を、まだ赤《あか》ん坊《ぼう》であったわたくしが愛読できるわけがない。でも、物ごころついて楽しめるようになっていらい、昭和十六年十月号で軍の圧力《あつりょく》もあって中絶《ちゅうぜつ》となるまで、へまばかりしながら、ひたむきに生きた本名〝野良犬黒吉《のらいぬくろきち》〟の「のらくろ」を欠かさず読みふけったのである。正確《せいかく》

にいって十年九カ月（一回休み）の長い連載《れんさい》で、回数にして百三十四回という。
猛犬《もうけん》連隊の衛門《えもん》をおとずれたのらくろは、衛兵《えいへい》に見とがめられ、「僕《ぼく》は、のら犬の黒つまり『のらくろ』というものであります」と答える。あとになって思えば、大不況《だいふきょう》という社会状《じょう》況《きょう》を背景《はいけい》に、ルンペンののら犬が軍隊に入る。タダ飯《めし》が食えるから、である。それと統帥権《とうすいけん》問題に端《たん》を発して「軍」というものの存在《そんざい》が社会的に注目されはじめたとき、ということもわかる。二等卒にはじまって、のらくろは大尉《たいい》まで進級し守備《しゅび》隊長となる。しかし、「なあに、あいつはいくら出世したって、オレより一つ年下なんだ」と、わたくしは少々偉《えら》ぶってこの連載漫《れんさいまん》画《が》に接《せっ》しつづけた記憶《きおく》がある。

ずいぶん後年になって、いっぺんメモをとりながら読み通したことがある。そこには約十一年間にわたる戦前昭和の食いものがでてくる、それはまた、当時のわれら悪ガキの食べものの歴史《れきし》になるのではないか、と気づいたからである。そして、それはまさしく図星であった。のらくろが軍曹《ぐんそう》時代の昭和九年一月号に、なべ焼うどんと豚饅頭《ぶたまんじゅう》がはじめてでてくる。〝特別上等豚饅頭《ぶたまんじゅう》〟の看板《かんばん》のかかった店で、これは美味《うま》いやとやっているところを、ブル連隊長にみつかり、「こんなぜいたくなものを食べてはいかん」とのらくろはポカリとやられている。この九年の日本は、満洲帝国《まんしゅうていこく》のラスト・エンペラー溥儀《ふぎ》の日本訪問《ほうもん》の予告《よこく》が新聞を賑《にぎ》やかしていた、ということで、満洲《まんしゅう》ブームのただ中であったのである。

漫画《まんが》に天ぷらとアイスクリームがでてくるのが昭和八年五月号。チョコレートとお汁粉《しるこ》が九年七月号。トンカツが十年十二月号。大福が十三年夏の増刊《ぞうかん》。十四年十月号に鶏《にわとり》の肉団子《にくだんご》、十五年新年号でキャラメル。まさしく川向こうのワンパクたちの、とびきりの御馳走《ごちそう》と歩《ほ》を一《いっ》にしている。

資料《しりょう》によれば、和洋を問わず、菓子《かし》の原料である砂糖《さとう》とバターの需給《じゅきゅう》が、ぐんと逼迫《ひっぱく》したのは十四年秋ごろより。東京市中で砂糖《さとう》が品切れとなり、レストランではバターがないため、西洋料理の味はガタ落ちとなった。翌《よく》十五年六月からは大都市では砂糖《さとう》が切符制《きっぷせい》、十月からは全国的に配給統制《とうせい》となる。この統制《とうせい》なくしては、われらが下町の路地裏《ろじうら》の駄菓子屋《だがしや》文化は、大《だい》資本《しほん》の近代化・量産化の力の前に、とっくに消し飛んでいたことであろう。戦時下という国家的危機《きき》が逆《ぎゃく》にわれらが駄菓子屋《だがしや》を救《すく》ったといえるのかもしれない。当時、「兵隊さんよありがとう」という軍歌を悪ガキは大声で歌っていたが、あるいは正しかったのか。

先走りに走りすぎた。のらくろの話であった。で、急いで戻《もど》ると、評論家《ひょうろんか》の小林秀雄《こばやしひでお》は、田河水泡《たがわすいほう》の義兄《ぎけい》にあたるが、その著書《ちょしょ》『考えるヒント』で、のらくろについてくわしくかいている。それを長すぎるほど引くことを許《ゆる》されたい。

「或《あ》る日、彼《かれ》〔田河《たがわ》〕は私《わたし》〔小林《こばやし》〕に、真面目な顔をして、こう述懐《じゅっかい》した。／『のらくろというのは、実は、兄貴《あにき》、ありゃ、みんな俺《おれ》の事を書いたものだ。』／私《わたし》は、一種の感動を受けて、目の覚める想《おも》いがした。彼《かれ》は、自分の生《お》い立《た》ちについて、私《わたし》に、くわしくは語った事もなし、こちらから聞いた事もなかったが、家庭にめぐまれぬ、苦労の多い、孤独《こどく》な少年期を過《す》ごした事は、知っていた。言ってみれば、小犬のように捨《す》てられて、拾われて育った男だ。／『のらくろ』というのん気な漫画《まんが》に、一種の哀愁《あいしゅう》が流れている事は、私《わたし》は前から感じていたが、彼《かれ》の言葉を聞く前には、この感じは形をとる事が出来なかった。まさに、そういう事であったであろう。そして、又《また》、恐《おそ》らく『のらくろ』に動かされ、『のらくろ』に親愛の情《じょう》を抱《いだ》いた子供《こども》達は、みなその事を直覚していただろう」

「週刊《しゅうかん》文春」編集者《へんしゅうしゃ》時代に、わたくしは当の田河水泡《たがわすいほう》から直接《ちょくせつ》に〝裏《うら》ばなし〟を聞いたことがある。小林《こばやし》のかく話とはちょっと違《ちが》うが、底のほうで微妙《びみょう》に相通じるものがあるようでもある。

「当時は雑誌《ざっし》を買える子供《こども》より、借りて読む子供《こども》のほうが圧倒的《あっとうてき》に多かった。その借りて読む子供《こども》たちに、劣等感《れっとうかん》をいだかせぬような内容《ないよう》の漫画《まんが》をかこうと思った。物のない子、家のない子たちまでが、優越感《ゆうえつかん》にひたることのできる性格《せいかく》の主人公——野良犬《のらいぬ》の黒吉《くろきち》つまり〝のらくろ〟はこうして誕生《たんじょう》したのですよ」

弱者への応援歌《おうえんか》。しくじりや大へまを持ち前の頓智《とんち》と勇気と努力で克服《こくふく》していく。毎日の苦しさを何とか愉快《ゆかい》なものへと変えてくれる。それが味わいたくて、「少年倶楽部《くらぶ》」の出るのを待ちわびて本屋さんへ走ったのであろう。そういえば、漫画家《まんがか》の加藤芳郎《かとうよしろう》（大正十四年生まれ）がこんな想《おも》い出《で》を語ってくれたのを思いだした。

「新しい本のにおいがプーンとしてね。夢中《むちゅう》でのらくろを読んでいると、本屋のおやじがハタキを持って追い出しにくる。ぼくの少年時代の想《おも》い出《で》は、本のにおいとハタキだね」

わたくしもそれに和していった。

「ぼくの場合は、ハタキに蠅叩《はえたた》きでしたね」

◆「明治は遠く……」

つづけて、昭和六年と聞けば、当然のことのように思《おも》い浮《う》かんでくることとなる。だれもがいちどは口誦《くちず》さんだことがあるであろう名句《めいく》の話である。

降《ふ》る雪や明治は遠くなりにけり

中村草田男《なかむらくさたお》の作である。

はじめ「雪は降《ふ》り」であったのを、後日「降《ふ》る雪や」にあえて直した。「降《ふ》る雪や」は切れ字というより、軽い詠嘆《えいたん》の感じ、つまり、いっさいの追憶《ついおく》も哀愁《あいしゅう》も蔽《おお》いつくしてシンシンと降《ふ》る雪なのである。やに万感《ばんかん》の思いがこめられている。名句《めいく》にはすべてを包みこむような深さと大きさがある。

「一九三一（昭和6）年一月、三〇歳《さい》のときのものです。母校の青山南町《あおやまみなみちょう》の青南《せいなん》小学校を、ある日、散歩がてらに訪《おとず》れました。実に二〇年ぶりの母校との再会《さいかい》です。寒い日でして、折から雪がふりだした。私《わたし》が在学《ざいがく》したのは明治の終わりごろで、紺《こん》がすりの着物に袴《はかま》の小学生でした。その姿《すがた》を思《おも》い浮《う》かべながら校庭を見つめていました。と、その夢《ゆめ》が一瞬《いっしゅん》にして破《やぶ》れました。校舎《こうしゃ》から走りだしてきた小学生は金ぼたんに黒外套《がいとう》。口をついて〈明治は遠くなりにけり〉の句《く》がでてきました」

草田男《くさたお》の述懐《じゅっかい》である。

そしてこの述懐《じゅっかい》はまことによくわかる。世の風俗《ふうぞく》の一変することのスピードの速さには、いや、時の経《た》つことは、いまはもっと加速して唖然《あぜん》とするばかり。ネットだのスマホだの、片《かた》カナ三文字がやっと頭に入ったのはついこの間のこと、と思っていたのに、いまはもう電子とやらを駆使《くし》できざるものは人に非《あら》ずのすさまじさ。活字による戦前昭和史《しょうわし》だけにうつつをぬかし、ケイタイすら持たぬ八十爺《じじ》いは「昭和も遠くなりにけり」どころの話ではなくなっている。草《くさ》田男《たお》さんよ、お主はまだ幸せ者だったんだよ、とひそかに呟《つぶや》いている。

そんな歎《なげ》きの阿呆陀羅経《あほだらきょう》はともかくとして、昭和と年号が変わってまだ間もないというのに、老若男女《ろうにゃくなんにょ》の別なくその風俗《ふうぞく》はまるきり一変した。明治生まれにはついていけない速さであったことは確《たし》かである。その過渡期《かとき》が五年と六年ではなかったか。そして、その変化の尖端《せんたん》に立ったのがモガ・モボにはじまるエログロ・ナンセンス。とくにいろいろなガールの出現《しゅつげん》。ガールのシンボルはそのヘアースタイル＝断髪《だんぱつ》である。そして洋装《ようそう》。引《ひ》き眉毛《まゆげ》、濃《こ》いルージュの化粧《けしょう》。

当時の川柳《せんりゅう》に曰《いわ》く。

マネキンの爪《つめ》まで女房《にょうぼう》見て帰り　茂丸《しげまる》

このマネキンは人形ではなく生きたガールである。念のため。となって、〝化粧《けしょう》近代化〟は家庭にこもる中年婦人《ふじん》にも及《およ》んでいく。やはり変化する美に勇敢《ゆうかん》なのは女性《じょせい》のほうである。前年夏から大阪で流行《はや》りだしたアッパッパが東京はもちろん全国的になっていく。風が吹《ふ》けば裾《すそ》がぱあっとひろがるその体裁《ていさい》から、だれいうとなく生まれた名称《めいしょう》で、いま風にいえばムームーとマタニティドレスを混《ま》ぜたもの。安くて涼《すず》しいという簡便《かんべん》さから、「実用は芸術《げいじゅつ》なり」とかでこの年の夏は長屋のおっかあにまで浸透《しんとう》した。とくに東京の下町では。男どもの「みっともない」なんて反対も何のそのである。

そこから飛びだしてきたのが「家庭争議」というこの年の流行語。いまは死語であまり耳にしないが、つい十年ほど前までは生きていた。もちろん「労働争議」から派生《はせい》した言葉である。とにかくこの年は各地で労働運動がやたら活潑《かっぱつ》で、三年には一〇二一件《けん》だった争議がこの年は二四五六件《けん》と二倍以上。不景気のどん底であったから当然で、ついでに食うや食わずで家庭内の雰囲気《ふんいき》もギスギスし、やたらと揉《も》めごとが起こった。それで「労働争議」を借用してつくられたのがこの言葉。造語《ぞうご》の主はかの大宅壮一《おおやそういち》であるらしい。歌人の川田順《かわだじゅん》との対談で大宅《おおや》は語っている。

「その頃《ころ》ぼくの家に『婦人公論《ふじんこうろん》』の記者が、毎日のように遊びに来てましてね。ぼくが〈近所の新居《にい》君の家でまた〝家庭争議〟がはじまった〉なんて言ったところから『婦人公論《ふじんこうろん》』の人が、その言葉はたいへん珍《めずら》しい言葉だから、一つわが『婦人公論《ふじんこうろん》』でもって『家庭争議号』というのを出そうということから、あの言葉が天下に流布《るふ》されるに至《いた》ったんです」

ついでに、この新居君《にい》とは文芸評論家《ひようろんか》で、戦後はたしか杉並区長《すぎなみくちよう》をやった新居格《にいいたる》のこと、モガ・モボはこの人の造語《ぞうご》ではなかったか。

ついでにもう一話。昭和になって、だんだんに女性《じよせい》が自信を得《え》て強くなってきたことは、もう確《たし》かな事実として認《みと》めるほかはない。そして時代の変化にはいち早くついていく。そのことを物語っているかのようなアンケートが六月二十四日付の国民新聞にあった。麹町区元園町《こうじまちもとぞのちよう》にある麹町《こうじまち》高等女学校のこの春の卒業生百五十人に、「理想の夫は？」という質問《しつもん》をだした。その答えである。

「▽丈《たけ》の高い健康体のスポーツに趣味《しゆみ》のある人。

▽酒や煙草《たばこ》は少しはよい。まじめすぎて融通《ゆうずう》のきかない人は嫌《きら》い。

▽おしゃれで着物など気にかける男は嫌《きら》い。

▽ブルジョアは嫌《きら》い。地位も名誉《めいよ》も好みません。

▽妻《つま》や子供《こども》のあらゆる質問《しつもん》に答えられる学問と教養のある人」

と、まあ、そこまではよろしい。さて、つぎの希望となると、当時の若《わか》い男性諸公《だんせいしよこう》は、とくに保守的《ほしゆてき》な諸公《しよこう》は、草田男《くさたお》ではないが、「明治は遠くなりにけり」と詠《えい》じたくなったのではありませんか。

「▽結婚《けつこん》してから妻《つま》が異性《いせい》と交際《こうさい》しても何もいわない程理解《ほどりかい》ある人」

そうなんだよなあ。まったくそのとおり。男ってやつは女よりも嫉妬《しつと》深《ぶか》く頑迷《がんめい》だからね。

◆官僚《かんりょう》の減俸《げんぽう》の断行《だんこう》

ところで、実のところはこんな笑い話ですまされるような時代ではなかったのである。いまの価格《かかく》に換算《かんさん》してもスゥーと頭に入ることではないので略《りゃく》するが、昭和六年はいまでいう実質《じっしつ》国民総生産《そうせいさん》（ＧＮＰ）は戦前昭和の最低であったのである。工業製品《せいひん》価格《かかく》指数も最低、農産物《ぶっ》価格《かかく》指数もどん底、輸出額《ゆしゅつがく》も最低、「農村の住民はほとんど糊口《ここう》に苦しみ、米を食するを得《え》ずして、アワ、ヒエ等を常食《じょうしょく》とするの状態《じょうたい》なり。漁村の窮乏《きゅうぼう》は山村に次ぎ甚《はなは》だしく、漁獲物《ぎょかくぶつ》の価格《かかく》低落、近年の天候不良による不漁等のため……（略《りゃく》）」（中村隆英《なかむらたかふさ》『昭和史《しょうわし》Ⅰ』）、どっちを向いても真ッ暗闇《くらやみ》の世の中である。東京の亀戸《かめいど》、玉の井などの私娼窟《ししょうくつ》の女たちは、ほとんどこのころは東北弁《とうほくべん》であったという話を、わたくしは長じて聞いたことがあった。

山形で開設された娘身売りの相談所（右）や東京の商店街の風景（左）からも恐慌のようすが見て取れる

もはやない袖《そで》は振《ふ》れぬと、政府《せいふ》は昭和四年いらい問題となっていた官吏《かんり》の減俸《げんぽう》案を閣議《かくぎ》で正式決定、天皇《てんのう》の裁可《さいか》を仰《あお》いでついに断行《だんこう》することとした。鉄道、司法、商工などの各省職員《しょくいん》がどんなに反対しようが万難《ばんなん》を排《はい》して六月一日から実施《じっし》すると発表。新聞もこれにエールを送った。大阪朝日新聞が社説で「鉄道官吏《かんり》が減俸《げんぽう》するなら覚悟《かくご》があるなど宣伝《せんでん》し、ストライキをほのめかす如《ごと》き言語道断《ごんごどうだん》である」（五月二十三日付）とやれば、東京朝日新聞も「減俸《げんぽう》はいま始まったことではない」とわざわざ連載《れんさい》で「時代様々の減俸史《げんぽうし》」をはじめて応援《おうえん》する。これらに煽《あお》られて全国町村会が政府支持《せいふしじ》をきめ、断々乎《だんだんこ》として実施《じっし》せよと決議文を突《つ》きつける。

かくて六月一日から予定どおり実施《じっし》となる。月給百円のものは五分（五円）、二百円のものは一割《わり》以上、月給千円以上の親任官《しんにんかん》は二割《わり》という割合《わりあい》。ちなみにかいておく。内閣統計局《ないかくとうけいきょく》の調査《ちょうさ》によると、六月現在《げんざい》の女子労働者の一日平均賃金《へいきんちんぎん》（諸手当《しょてあて》、賞与《しょうよ》も加え）は八十二銭《せん》。三十日休みなしにはたらいたとしても二十五円にもならない。官僚《かんりょう》ども（軍人官僚《かんりょう》も含《ふく》めて）がいかに高給をとっていたことか。それで減俸《げんぽう》反対のストライキをぶとうなどとは、新聞ではないが言語道断《ごんごどうだん》、何をぬかすか、聞いて呆《あき》れるというものである。

ついに不況《ふきょう》も官僚《かんりょう》に及《およ》んだとなって、ただちに音《ね》をあげたのがもっぱら官僚《かんりょう》ご愛用のタクシーである。もはや円《えん》タクの呼《よ》び名《な》に値《あたい》しないから、あの手この手の違反営業《いはんえいぎょう》で息をつないできたがそれもいまや限界《げんかい》である。大阪毎日新聞が報《ほう》じている。

「夜間にかぎり大阪では旧《きゅう》市内半円均一《きんいつ》である。東京ときたら酔漢《すいかん》七人鈴生《すずな》りになって尾張《おわり》

町界隈《ちょうかいわい》（銀座《ぎんざ》）から裏道《うらみち》を日本橋《にほんばし》まで、金二十銭《せん》でふっとばしたという最近の記録がある」（七月二十日付）

それで昭和六年版《ばん》の『モダン語漫画《まんが》辞典』（中山由五郎《なかやまよしごろう》著、田中比左良《たなかひさら》・河盛久夫《かわもりひさお》画）に、こんなことが載《の》っている。

「〈**テクシー**〉タクシーに似《に》せて作った語で、テクテク歩くことである。免許状《めんきょじょう》無しで操縦《そうじゅう》ができ、おまけにパンクの憂《うれ》いもないから便利なものだが、ただ草臥《くたび》れるのが玉《たま》に瑕《きず》だ」

じつは大正十一年刊《かん》『通人語辞典』にすでに生まれていた語であったという。それがまた不況《ふきょう》のどん底にあってよみがえったということなのか。

昭和改元いらいの不況《ふきょう》の困窮《こんきゅう》話がつづいて、いささか筆に飽《あ》きもきた。そこで話題をかえると、昭和六年にヒットした流行歌に古賀政男《こがまさお》作曲の「酒は涙《なみだ》か溜息《ためいき》か」とともに、「侍《さむらい》ニッポン」があった。歌ったのが徳山璉《とくやまたまき》。歌詞《かし》にある新納鶴千代《にいのうつるちよ》をほんとうはニイノウとするところを誤《あやま》ってシンノウと歌ったため、その後はシンノウとだれもが歌うようになったという。わたくしは珍《めずら》しく「人を斬《き》るのが侍《さむらい》ならば、恋《こい》の未練がなぜ斬《き》れぬ」と一番だけはきちんと歌えるし、そのときは正しく「ニイノウ鶴千代《つるちよ》にが笑い」とやることにしている。この徳山璉《とくやまたまき》はのちにトントントンカラリの「隣組《となりぐみ》」を歌った人。やがて戦時下のこの歌についてもかくことになるであろうから、早手回しにいまのうちにふれておく。昭和十七年に早逝《そうせい》、享年《きょうねん》三十八。

じつはかきたいのはニイノウの話ではなくて、いまカラオケなんかで歌われている「侍《さむらい》ニッポン」はだいたい四番までなんだそうで、それが怪《け》しからぬという内輪話。ほんとうは五、六、七番がすこぶるよろしいのだそうである。事情通《じじょうつう》に懇々《こんこん》と説《と》かれたことがある。

「こっちを歌っているのは徳山《とくやま》にあらず藤本二三吉姐《ふじもとふみきちねえ》さんで、〽恋《こい》と意気地《いくじ》の死骸《むくろ》の上に、降《ふ》るは昔の江戸《えど》の雪……なんていってね。ホロッとするよないい声なんだ。ところが、なぜ徳山《とくやま》の歌った四番までが流行《はや》って、あとが消えちゃったのか。男女差別のためなんかじゃない。じつは四番までがSPレコードのA面で、あとのほうはB面だったんだ。当時のレコード会社はA面だけを大々的に宣伝《せんでん》して売ったんだ。裏側《うらがわ》のB面を軽く見やがったんだな。二三吉姐《ふみきちねえ》さんはB面歌手なんかじゃなかったのにな。超不景気《ちょうふけいき》で就職《しゅうしょく》もできぬ当時の若《わか》ものが、安酒でまぎらわす心の憂《う》さを切々といい声で歌ってくれていたのにな」

といわれたってこっちは二番以下は珍紛漢紛《ちんぷんかんぷん》。さりとてB面なるものの切なさだけはわかった気になる。本書がB面ゆえにさっぱりということがないように、いまのうちに祈《いの》っておく。

◆満蒙《まんもう》はわが国の生命線《せいめいせん》

と、ここで話を唐突《とうとつ》ながらA面に転じてしまうことになる。昭和六年を象徴《しょうちょう》する流行語を主にかいてきたが、それらを圧《お》して第一というべきこれをやっぱり外すわけにはいかない。しかも時計の針《はり》を一挙《いっきょ》に戻《もど》してこの年の一月二十三日、第五十九衆議院《しゅうぎいん》本会議で山口県選出の代議士《だいぎし》松岡洋右《まつおかようすけ》が、野党政友会《やとうせいゆうかい》を代表する質問《しつもん》で初登壇《とうだん》する。その多岐《たき》にわたる外交質問《しつもん》のなかで、焦眉《しょうび》の急《きゅう》を告《つ》げる満蒙《まんもう》問題について滔々《とうとう》と説《と》いたのである。

「満蒙《まんもう》問題は、私《わたし》はこれはわが国の存亡《そんぼう》にかかわる問題であり、わが国民の生命線《せいめいせん》であると考えている。この満蒙《まんもう》の地においても、また幣原外相《しではらがいしょう》の絶対無為傍観主義《ぜったいむいぼうかんしゅぎ》が遺憾《いかん》なく徹底《てってい》されているように見えるのである」

これが新聞紙上に「満蒙生命線論《まんもうせいめいせんろん》」として大きくかかれると、前の年から日中の小衝突《しょうとつ》がくり返され何となくモヤモヤとしていた民衆《みんしゅう》の気分を妙《みょう》に刺激《しげき》した。

昭和二年から五年までの排日侮日《はいにちぶにち》の不法行為《こうい》の主なるものの当時の統計《とうけい》がある。権益侵害《けんえきしんがい》十件《けん》、不法抑留《よくりゅう》および没収《ぼっしゅう》三十三件《けん》、暴行傷害《ぼうこうしょうがい》三十一件《けん》、営業妨害《えいぎょうぼうがい》十五件《けん》、軍隊にたいする攻撃《こうげき》十八件《けん》、不当課税《かぜい》十六件《けん》、日本文化事業妨害《ぼうがい》十一件《けん》など。これが新聞で残らず報《ほう》ぜられていた。

さらに強硬派《きょうこうは》の代議士《だいぎし》森恪《もりつとむ》が、松岡演説《まつおかえんぜつ》をうけてぶちかました。

「二十億の国費《こくひ》、十万の同胞《どうほう》の血をあがなってロシアを駆逐《くちく》した満洲《まんしゅう》は、日本の生命線《せいめいせん》以外のなにものでもない」

この数字は日露《にちろ》戦争で使った軍費《ぐんぴ》、そして尊《とうと》い犠牲者《ぎせいしゃ》である。そうまでしてやっと手に入れた満洲《まんしゅう》の権益《けんえき》は、まさしく昭和日本が守りぬくべき生命線《せいめいせん》ではないのか。不景気だからといって、これを失ってなるものか。こうして「生命線《せいめいせん》」「二十億の国費《こくひ》」「十万の同胞《どうほう》の血」が国民感情《かんじょう》を一致《いっち》させるスローガンとなってしまった。

もともと生命線《せいめいせん》とは「当たるも八卦《はっけ》当たらぬも八卦《はっけ》」の手相見が使う言葉なのであるが、かくて国家存続《そんぞく》のために絶対《ぜったい》に守らねばならない一線と、あれよという間に昇格《しょうかく》したのである。目ざとい広告《こうこく》会社がさっそく飛びついた。

「咽喉《いんこう》は身体の生命線《せいめいせん》／咳《せき》や痰《たん》に龍角散《りゅうかくさん》」

「お肌《はだ》の生命線《せいめいせん》を守るレートクレーム」

いまになると、石川啄木《いしかわたくぼく》ではないがじっと掌《てのひら》をみて、おのれの手相の生命線《せいめいせん》の長さをたしかめるときぐらいしかこの言葉は思いつかないが、ほんとうに当時の民草《たみくさ》の情緒《じょうちょ》をはげしく揺《ゆ》すぶり、またたくまに流行語となっていったことには驚《おどろ》くほかはない。

『岩波国語辞典』第六版《ぱん》を引くと「生き抜《ぬ》くためには、そこを絶対《ぜったい》に守らなければならない、大切な所」というのが第一の解釈《かいしゃく》としてでてくる。つまり流行語となった背景《はいけい》に、どうにもならぬ生活の窮乏《きゅうぼう》、生きていくのがやっとの思いがあったから、といえようか。国防《こくぼう》の生命線《せいめいせん》も日常《にちじょう》生活の生命線《せいめいせん》も同じ思いであったのである。

その日本帝国《ていこく》が「生き抜《ぬ》くため」の、青森県の困窮《こんきゅう》ぶりの例がある。

「家庭貧窮《ひんきゅう》のため子女の前借（身売り）をした者は、一九三一年において二四二〇名（中《ちゅう》略《りゃく》）という数字があげられている。『これら子女の前借により目前の負債《ふさい》の重圧《じゅうあつ》を逃《のが》れんとする農家の苦境《くきょう》は真に想像《そうぞう》するに余《あま》りありというべし』。この種の事実は各県において共通である。（以下略《いかりゃく》）」（中村隆英《なかむらたかふさ》『昭和史《しょうわし》Ⅰ』）

この世情《せじよう》がつづいていってはとうてい生きのびるのもむつかしい。生命線《せいめいせん》が流行語となっていった理由は、これで十分に察せられるのではないか。

こうした大震災《だいしんさい》いらい消耗《しようもう》しフニャフニャになった国力をどうにかしないことには、国防《こくぼう》を完《まつと》うすることができない。焦慮《しようりよ》し苛立《いらだ》つ軍人たちが起《た》ち上《あ》がることを決意したのは、あるいは歴史《れきし》の必然ということになろうか。六年九月十八日午後十時半すぎ、南満洲《まんしゆう》鉄道の奉天《ほうてん》（現《げん》瀋陽《しんよう》）郊外《こうがい》の柳条湖《りゆうじようこ》付近の線路が爆破《ばくは》された。関東軍《かんとうぐん》司令部参謀《さんぼう》たちの謀略《ぼうりやく》によるものといまは明らかになっているが、これを張学良《ちようがくりよう》が指揮《しき》する中国軍が爆破《ばくは》したものとして、生命線《せいめいせん》を死守するために、すなわち自衛《じえい》のために、ただちに日本軍は行動を開始し北大営《ほくだいえい》の中国側本《ほん》営《えい》に攻撃《こうげき》をしかけた。満洲《まんしゆう》事変の勃発《ぼつぱつ》である。戦火はまたたく間に満洲《まんしゆう》全土に拡大《かくだい》していった。

◆工業技術《ぎじゆつ》の飛躍的発展《ひやくてきはつてん》

これをB面昭和史《しようわし》でみるとどうなるか。

「三宅坂《みやけざか》陸軍省の将校《しようこう》宿直室に深更《しんこう》二時五分——ヂーンとけたたましくうなった奉天特務機《ほうてんとくむ》関からの飛電——『日支衝突《につししようとつ》』の第一電から久《ひさ》しく表面活動をみなかった陸軍省・参謀《さんぼう》本部の動脈《どうみやく》が激動《げきどう》しはじめた」

「午前三時、早くも杉山《すぎやま》〔元《はじめ》〕陸軍次官、小磯《こいそ》〔国昭《くにあき》〕軍務《ぐんむ》局長、河村《かわむら》〔参郎《さぶろう》〕高級副官等が登庁《とうちよう》、同六時には南《みなみ》〔次郎《じろう》〕陸軍大臣も登庁《とうちよう》して、〔略《りやく》〕参謀《さんぼう》本部も金谷《かなや》〔範三《はんぞう》〕参謀《さんぼう》総長《そうちょう》以下総務《そうむ》部長、各部長等非常招集《ひじょうしょうしゅう》もあって、黎明頃《れいめいころ》から続々と駆《か》けつける」

「参謀《さんぼう》本部の玄関《げんかん》。日頃《ひごろ》おっかない表玄関《おもてげんかん》に今日は早朝から憲兵《けんぺい》十数名を配して物々しい警《けい》戒《かい》ぶり。『おい何処《どこ》へ行く』、外来者はいちいち誰何《すいか》する。参謀総長《さんぼうそうちょう》の参内《さんだい》〔天皇《てんのう》への報告《ほうこく》〕──そこへきた『わが軍奉天《ほうてん》城内に入る』の報《ほう》が廊下《ろうか》を飛ぶ。巨星《きょせい》──自動車──三宅坂《みやけざか》はごった返しだ」（報知《ほうち》新聞　九月二十日付）

この新聞報道《ほうどう》がそのまま信じられるとすると、まるで予期していたような杉山《すぎやま》次官や小磯《こいそ》局長の早い登庁《とうちょう》ではないか。このとき杉山《すぎやま》の私邸《してい》は井《い》の頭《かしら》線池《いけ》ノ上《うえ》駅の近く、いまわたくしの住んでいる家のすぐ裏手《うらて》にあったはず。いくら何でも早すぎる。関東軍《かんとうぐん》の計画を陸軍中央部はとうに承知《しょうち》していたと推理《すいり》することもできる。

そしてこのとき天皇《てんのう》は？　である。『昭和天皇《てんのう》実録』によると、侍従武官長《じじゅうぶかんちょう》奈良武次《ならたけじ》より、午前九時三十分に知らされている。ところが、その肝腎《かんじん》の武官長《ぶかんちょう》たるや『実録』には、

「奈良《なら》はこの日の朝、自宅《じたく》にて新聞号外によって事件《じけん》の発生を知り、奏上《そうじょう》の際《さい》には事件《じけん》が余《あま》り拡張《かくちょう》しないことを信じる旨《むね》を申し上げる」

という有様。天皇《てんのう》は完全に蚊帳《かや》の外。これほどの大事件《だいじけん》を新聞の号外を通じて知ったとは、昭和天皇《てんのう》はまことにお気《き》の毒《どく》であったというほかはない。

このA面的なB面ばなしをつづけると、このとき中国軍は何をしていたか。真珠湾《しんじゅわん》で奇襲《きしゅう》をくらったアメリカ太平洋艦隊《かんたい》の如《ごと》くに、関東軍《かんとうぐん》の戦力を見くびってのんびりとしていたのか。

否《いな》、そんなことはなかった。総指揮官《そうしきかん》の張学良《ちょうがくりょう》は主力を率《ひき》いて、中国北部で反乱《はんらん》を起こした石友三軍《せきゆうさんぐん》の討伐《とうばつ》に出かけ、張《ちょう》と連携《れんけい》を保《たも》つようになっていた中国本土の蔣介石《しょうかいせき》の国民党《こくみんとう》三十万の大軍は、本拠地《ほんきょち》南京《なんきん》を離《はな》れて毛沢東《もうたくとう》の共産党軍《きょうさんとうぐん》と、ついで反蔣介石《しょうかいせき》を明らかにした国民《こくみん》党広州派《とうこうしゅうは》を相手として激戦《げきせん》中であったのである。また、欧米《おうべい》列強はといえば、大恐慌対策《だいきょうこうたいさく》に追われ、アジアの紛争《ふんそう》に介入《かいにゅう》する意思も準備《じゅんび》もあろうはずはない、そう見越《みこ》して、関東軍《かんとうぐん》は、大きくいえば日本陸軍は、そのチャンスを巧《たく》みに活《い》かしたのである。いくら中心人物石原莞爾《いしはらかんじ》の頭脳《ずのう》が冴《さ》えていても、奉天《ほうてん》付近だけで二万、満洲《まんしゅう》全土では二十万余《あまり》の張学良《ちょうがくりょう》軍に勝てる道理がなかったはずの一万余《あまり》の関東軍《かんとうぐん》の攻撃《こうげき》が成功したわけは、そこにあったとみることができる。

日本軍の攻撃《こうげき》を知らされた張学良《ちょうがくりょう》は、時間的にも距離的《きょりてき》にも反撃《はんげき》は無理と考え、戦いを放《ほう》棄《き》した。そして南京《なんきん》の国民党《こくみんとう》に知らせ、国際連盟《こくさいれんめい》に提訴《ていそ》して戦う方針《ほうしん》をとる。国民党政府《こくみんとうせいふ》は連《れん》盟《めい》の非常任《ひじょうにん》理事国であったが、日本軍の侵略《しんりゃく》行動の非《ひ》を強く訴《うった》えることで国際輿論《こくさいよろん》を味方につけて、逆転《ぎゃくてん》を策《さく》することとしたのである。

いくら不況対策《ふきょうたいさく》で大童《おおわらわ》とはいえ、列強もこの中国から届《とど》いた悲鳴を無視《むし》できない。国際連《こくさいれん》盟《めい》の理事国も、法的に保障《ほしょう》された権益《けんえき》の地をはるかに逸脱《いつだつ》して進出していく日本軍の行動に、黙《だま》って眼《め》をつむっているわけにはいかない。侵略《しんりゃく》を許《ゆる》さずと抗議《こうぎ》の大合唱がはじまる。それに和したように、連盟《れんめい》外のアメリカのスチムソン国務《こくむ》長官がとくに大声でガンガン日本の非《ひ》をいいだす。若槻内閣《わかつきないかく》もさすがに馬耳東風《ばじとうふう》をきめこんでもおられず、十月一日には緊急閣議《きんきゅうかくぎ》。幣原《しではら》外相《がいしょう》が、「自衛《じえい》のためのところまでにとどめ、吉林《きつりん》や敦化《とんか》にまで出した兵を撤兵《てっぺい》させねば、世界輿論《よろん》は完全に日本にソッポを向く」とねばり腰《ごし》で説法すると、南陸相《みなみりくしょう》がうすら笑いを浮《う》かべていい放つ。

「いま撤兵《てっぺい》すれば軍事的に非常《ひじょう》な困難《こんなん》なことになってしまう。奉天《ほうてん》と吉林《きつりん》の抑《おさ》えが利《き》かなくなる。うるさくいうなら、国際連盟《こくさいれんめい》から日本が脱退《だったい》すればいいじゃないか」（『西園寺公《さいおんじ》と政《せい》局《きょく》』）

仰天《ぎょうてん》した若槻首相《わかつきしゅしょう》が、そんなことをしたら日本が孤立《こりつ》して、国家の不幸を招《まね》くリスクを諄々《じゅんじゅん》そして懇々《こんこん》として述《の》べたが、陸相《りくしょう》はどこ吹《ふ》く風《かぜ》と空《から》っとぼけて鼻毛を引っこぬいてプウと飛ばしている。

どうもA面的叙述《じょじゅつ》になりやすいので、ここでまたB面的推理《すいり》に戻《もど》すと、陸軍の強気の裏側《うらがわ》に、この年の九月一日の「世界最長の清水《しみず》トンネル開通」のニュースがあった、とわたくしは自己《じこ》流《りゅう》の読みをしている。

当時の新潟は、とくに長岡《ながおか》近辺は「米どころ」だけではなく、日本唯一《ゆいいつ》の石油の産地。この米と石油を東京へ早く運ぶために、これまで険阻《けんそ》な三国山脈《みくにさんみゃく》が大障害《だいしょうがい》となって連なっていた。それがループ線とやらの技術《ぎじゅつ》を開発することによって列車を高いところまで運び、その山脈《さんみゃく》の上のほうにトンネルを造《つく》る。それでも世界最長の大工事、それに成功する。こうして障壁《しょうへき》を見事に超《こ》えた。およそ世界一なるものがなかったこの国に、世界一の誇《ほこ》るべきものが誕生《たんじょう》、米も石油も楽々とそれまでの倍近くも早く東京に運べるようになった。

つまり、それほど日本の科学技術《ぎじゅつ》の質《しつ》が飛躍的《ひやくてき》に高くなっていた。そういえば、アメリカで発声映画《えいが》＝トーキーが部分的に試作されたのは昭和二年（一九二七）。そのトーキー本格映画《ほんかくえいが》が日本ではじめてつくられ上映《じょうえい》されたのもこの年の八月、松竹蒲田《かまた》作品『マダムと女房《にょうぼう》』からではないか。映画《えいが》が声や音をだすというので、これも天と地がひっくり返ったような大騒《おおさわ》ぎとなった。これは工業化の部類には入らないかもしれないが、いまのように肉の厚《あつ》いトンカツという名の食べものが登場したのが十月、東京上野《うえの》の楽天という店であったそうな。いや、まだある。国産の第一号旅客機《りょかくき》（乗客数六名）が完成したのもこの年である（十二月五日）。それに先だって羽田《はねだ》に飛行場なるものも完成している（八月三日）。ちなみに東京・大阪間の飛行機代は三十円、寝台《しんだい》特急上段《じょうだん》が八十銭《せん》のころである。要は、農民および都市の零細《れいさい》労働者を犠《ぎ》牲《せい》にして、昭和の日本は工業化、技術《ぎじゅつ》化を急速に進めてきているのである。それは〝闇雲《やみくも》に〟と形容詞《けいようし》をつけたくらいの速さで進められていた、といっていいのかもしれない。西欧《せいおう》列強が何十年何百年もかかってつくりあげてきた「近代」を、日本は短時日《たんじじつ》で築《きず》こうとし、そしていまそれは成功しつつあるのである。

陸軍も海軍も、いや海軍はとくに、その事実を承知《しょうち》していた、と観じてもいい。なぜなら、いくらか先走りの感があるかもしれないが、ここでかいてしまうと、海軍が世界にもない巨大《きょだい》な不沈戦艦大和《ふちんせんかんやまと》をすべて国産で造《つく》ろうとの夢想《むそう》ともいうべきアイデアをもったのは、このわずか二年後の昭和八年十月のことであった。

「近年の日本の産業、文化の長足の進歩と、満蒙《まんもう》の経営《けいえい》によって、状況《じょうきょう》は大きく異《こと》なり心配はなくなっている。無条約《じょうやく》時代に入ったならば、その後十年間に、パナマ運河《うんが》を通れぬような超大戦艦《ちょうたいせんかん》五隻《せき》を建造《けんぞう》、これを中心とする、日本の国情《こくじょう》に合った効率《こうりつ》のよい軍備《ぐんび》を充実《じゅうじつ》することによって、対米勝算は得《え》られるのである」

海軍の首脳《しゅのう》は、技術《ぎじゅつ》や産業や生活の発展《はってん》を見越《みこ》してそう信じこんだ。いまに通じる科学技術信仰《ぎじゅつしんこう》。関東軍《かんとうぐん》の満洲攻略《まんしゅうこうりゃく》と、陸軍中央の揺《ゆ》るがざる自信の基底《きてい》にはこの過信《かしん》がたしかに流れていたものとわたくしはみている。

◆頼《たの》もしい国民の意気《いき》

さらには忘《わす》れてはならないことがある。新聞各紙が雪崩《なだれ》をうつようにして陸軍の野望の応援《おうえん》団《だん》と化したことである。背後《はいご》から味方に鉄砲《てっぽう》を撃《う》つようなことは出来ぬと格好《かっこう》のいいことをいい、あれよという間にメディアは陸軍と同志《どうし》的関係になっていく。

その理由の一つにラジオの普及《ふきゅう》があったことは、すでに拙著《せっちょ》『昭和史《しょうわし》』(平凡社《へいぼんしゃ》、当シリーズ『戦争の時代』)でかいている。九月十九日午前六時半、ラジオ体操《たいそう》が中断《ちゅうだん》されて「臨時《りんじ》ニュースを申しあげます」と元気よく江木《えぎ》アナウンサーが事変の勃発《ぼっぱつ》を伝えた。これがラジオの臨時《りんじ》ニュースの第一号。新聞はこのラジオのスピードにかなわなかった。負けてなるかと号外につぐ号外で対抗《たいこう》しようとするが、号外の紙面を埋《う》めるために情報《じょうほう》をすべて陸軍の報道班《ほうどうはん》に頼《たの》みこむほかはない。勢《いきお》い陸軍の豪語《ごうご》のままに威勢《いせい》のいい記事をかくことになる。軍縮《ぐんしゅく》大いに賛成《さんせい》、対中国強硬論《きょうこうろん》反対、さらには満蒙放棄論《まんもうほうきろん》までぶって陸軍批判《ひはん》をつづけてきたこれまでの新聞の権威《けんい》も主張《しゅちょう》もどこへやら、陸軍のいうままに報《ほう》じる存在《そんざい》となる。ああ、こその雪いまいずこ。どの新聞も軍部支持《しじ》で社論《しゃろん》を統一《とういつ》し、多様性《たようせい》を失い、一つの論《ろん》にまとまり、「新聞の力」を自分から放棄《ほうき》した。

それに戦争は新聞経営《けいえい》には追い風となるのである。そのことは日露《にちろ》戦争での実体験で、新聞経営陣《けいえいじん》には骨身《ほねみ》にしみてわかっている。事実、満洲《まんしゅう》事変が勃発《ぼっぱつ》してからの新聞購読者《こうどくしゃ》数の伸《の》びはすさまじかった。別表で、朝日新聞の例を示《しめ》しておく。金融恐慌《きんゆうきょうこう》やら緊縮財政《きんしゅくざいせい》やらの影響《えいきょう》で激減《げきげん》していた部数が、事変のお蔭《かげ》で旧《きゅう》に復《ふく》するどころか驚異《きょうい》ともいえる部数増《ぞう》。もうこうなれば笛や太鼓《たいこ》で、行け行けドンドンとやるほかはない。「既得権擁護《きとくけんようご》」「聖戦完遂《せいせんかんすい》」「新満蒙《まんもう》の建設《けんせつ》」といった新スローガンがどんどん生まれていく。

この新聞とラジオの連続的な、勝利につぐ勝利の報道《ほうどう》に煽《あお》られて、国民もその気になっていく。その熱狂《ねっきょう》は日ましに高まっていく。満蒙《まんもう》は日本の生命線《せいめいせん》、この生命線《せいめいせん》を自衛《じえい》のための戦争でしっかり守りぬく。そしてその勝利を突破口《とっぱこう》

	昭和５年１月	昭和６年１月	昭和７年１月
東京朝日新聞	702,000	521,200	770,400
大阪朝日新聞	979,500	914,400	1,054,000

（単位は部）

に、昭和に入っていらいのもう行きづまりのような不況《ふきょう》を打開することができる。国民の間にはつらい緊張《きんちょう》ではなく、意気軒昂《いきけんこう》たる緊張《きんちょう》がみなぎったのである。事変後、一週間もたたないうちに、日本全国の各神社には必勝祈願《きがん》の参拝者《さんぱいしゃ》がどんどん押《お》し寄《よ》せ、憂国《ゆうこく》の志士《しし》や国士《こくし》からの血書《けっしょ》・血判《けっぱん》の手紙が、陸軍大臣の机《つくえ》の上に山と積まれた。

街には日露《にちろ》戦争中にできた軍歌がしきりに流れる。〽敵《てき》は幾《いく》万ありとても　すべて烏合《うごう》の勢《せい》なるぞ……子供《こども》の遊びも戦争ごっこが主たるものとなり、戦地の将兵《しょうへい》への慰問《いもん》ブームが日本中をまきこんだ。十一月十日でいったん募集《ぼしゅう》を締《し》めきったにもかかわらず応募《おうぼ》がその後もつづき、朝日新聞は連日慰問金応募者《いもんきんおうぼしゃ》の氏名を、金額《きんがく》・住所ともども発表しつづける。十二月十日には、応募《おうぼ》のあまりの白熱化に紙面が足らず氏名発表の遅《おく》れたことを陳謝《ちんしゃ》する。それでもいっこうに鎮静《ちんせい》せずに、十二月二十九日には三十五万円に達したのである。東京日日新聞もまた十二月二十四日に十七万円に達した旨《むね》を発表する。

戦後になって発表された小説などには、この時期の国民の生活は「発言を封《ふう》じられて、ふるえる胸《むね》を押《おさ》えたまま」とか、「つらい緊張《きんちょう》は、日本国民全体の中にあった」とか、ひどく窮屈《きゅうくつ》で、脅《おび》えきって、ただ黙《だま》って推移《すいい》を見守るしかなかったようにかかれたりしているのがある。さて、どんなものか。むしろ、右翼《うよく》の論客《ろんかく》とされていた文芸評論家《ひょうろんか》杉山平助《すぎやまへいすけ》がかいている報告《ほうこく》のほうが正しいとしたい、との思いがある。

「本来賑《にぎや》かなもの好きな民衆《みんしゅう》はこれまでメーデーの行進にさえただ何となく喝采《かっさい》をおくって

いたが、この時クルリと背中《せなか》をめぐらして、満洲《まんしゅう》問題の成行《なりゆき》に熱狂《ねっきょう》した。驚破《すわ》こそ帝国主義《ていこくしゅぎ》的侵略《てきしんりゃく》戦争というような紋切型《もんきりがた》の批難《ひなん》や、インテリゲンチャの冷静傍観《ぼうかん》などは、その民衆《みんしゅう》の熱狂《ねっきょう》の声に消されてその圧力《あつりょく》を失って行った」（『文芸五十年史《ねんし》』）

そしてたしかな事実として、事変後には一時面白《おもしろ》いように売れたマルクス『資本論《しほんろん》』はまったく売れなくなり、プロレタリア文学も本屋の棚《たな》からいっせいに姿《すがた》を消した。かわりに「『戦いはこれからだ』類の軍事文学書がグッと頭を高めた」（大阪朝日新聞　七年一月十九日付）というのである。国民の気持ちはかなり戦闘的《せんとうてき》になっていた。

「文藝春秋《ぶんげいしゅんじゅう》」十一月号は「この事変をどう思うか」というアンケート特集を組み、名もなき人びとの投稿《とうこう》を載《の》せている。その十一名のうちから三名の意見を。

原浦蔵《はらうらぞう》（理髪業《りはつぎょう》）　今度の日支衝突事件《にっししょうとつじけん》は、おだやかに済《す》まさずにふたたびこのような問題を起こさないように、正義《せいぎ》に強い日本人や日本魂《たましい》の大なるを、卑怯《ひきょう》なる支那《しな》人を、二度日本人に手向かい出来ぬようにひどくとっちめてやりたいと思って居《お》ります。

沢柳猛雄《さわやなぎたけお》（実業家）「是《ぜ》」なりと信じます。その理由は、一、日本民族自治権《じちけん》のため。二、三千万の満蒙在住中華人民幸福《まんもうざいじゅうちゅうかじんみんこうふく》のため。三、東洋、世界平和を脅《おびや》かす禍根《かこん》を絶《た》つため。で、わが国はさらに進んでこの問題のためには国運を賭《と》しても極力頑張《がんば》るべきことを、強く中外に宣言《せんげん》すべきである。

松沢保《まつざわたもつ》（下宿業）　私《わたし》の下宿には学生さんがたくさんおいでになりますが、みんな幣原外《しではらがい》相《しょう》を非難《ひなん》しておられます。私《わたし》も外相《がいしょう》の行動は悪いと思います。日本国民全体が幣原外相《しではらがいしょう》の無能《むのう》のために、世界に誤解《ごかい》されつつあることを悲しく思っております。

こうした国民の圧倒的《あっとうてき》な支持《しじ》をうけて、南陸相《みなみりくしょう》は新聞記者を集めて喜色満面《きしょくまんめん》に語った。

「日本国民の意気《いき》はいまだ衰《おとろ》えぬ。まことに頼《たの》もしいものがある。この全国民の応援《おうえん》があればこそ、満洲《まんしゅう》の曠野《こうや》で戦う軍人がよくその本分を果たし得《う》るのである」

エログロ・ナンセンスの昭和史《しょうわし》はここから様相を一変しはじめる。軍事国家へとはっきりと舵《かじ》を切り、世は一気に戦時下日本となっていく。貧困《ひんこん》が戦争を呼《よ》びこんだ。平常時《へいじょうじ》が非常時《ひじょうじ》になるのはほんとうに一瞬《いっしゅん》の間といっていいのかもしれない。詩人の宮沢賢治《みやざわけんじ》がその代表作といってもいい「雨ニモマケズ」の詩を、自分用の小さな手帳に十ページにわたってかきつけたのは、この年の十一月三日。南陸相《みなみりくしょう》の新聞記者への豪語《ごうご》とほとんど時を同じくしている。賢《けん》治《じ》は九月に発熱し、肺炎《はいえん》でたくさんの血を吐《は》いた。長く病床《びょうしょう》につくことになり、寝《ね》ながら、人に見せるためではなく、自分だけのためめの願いとしてこの詩をしるした。

雨ニモマケズ
風ニモマケズ
雪ニモ夏ノ暑サニモマケヌ
丈夫《じょうぶ》ナカラダヲモチ
……………

まわりには貧困《ひんこん》にあえぎ苦しむ人ばかりなのに、なぜかこの国は戦争をはじめた。それを憂《うれ》えた賢治《けんじ》は……と、そう勝手な解釈《かいしゃく》をすると、この詩はそれゆえにの賢治《けんじ》の願いなのだと読めなくもない。それはいくら何でも深読みにすぎると思う人でも、

サムサノナツハオロオロアルキ

のこの一行には、間違《まちが》いなく賢治《けんじ》が直面したこの年の日本の現実《げんじつ》があることを肯《うべな》わないわけにはいかないであろう。この年、東北は大凶作《だいきょうさく》であった。農業技師《ぎし》としての彼《かれ》は、風雨をついてあっちの田、こっちの田と奔走《ほんそう》して身体を痛《いた》めてしまったのである。「丈夫《じょうぶ》ナカラダヲモチ」には、たしかに彼《かれ》の祈《いの》りがある。

◆◆◆◆◆

昭和七年（一九三二）

満洲《まんしゅう》事変は拡大《かくだい》するが、日本軍は連戦連勝。これに日本国内では勝利に沸《わ》いて連日のように提灯《ちょうちん》行列や旗行列がつづいた。しかし中国本土では反日・排日《はいにち》の動きがいちだんと火に油をそそがれたように燃《も》え上《あ》がり、日本人と中国人の小競《こぜ》り合《あ》いがくり返され、国際輿論《こくさいよろん》もまた日本の強引《ごういん》なやり方に厳《きび》しく当たるようになっていく。

そうしたなかで、抗日《こうにち》運動のもっとも熾烈《しれつ》であった国際《こくさい》都市上海《しゃんはい》で、日本人僧侶殺傷《そうりよさっしょう》事件《じけん》が起こった。じつはこれも勢《いきお》いに乗じた日本軍人の仕組んだものであった。

結果、一月二十八日夜、上海《しゃんはい》は一挙《いっきょ》に戦火の街となった。第一次上海《しゃんはい》事変である。世界中の視線《しせん》がそこにそそがれ、それを利用するかのように、関東軍《かんとうぐん》は全満洲攻略《まんしゅうこうりゃく》のための作戦を開始する。

上海《しゃんはい》事変は天皇《てんのう》の強い指示《しじ》もあり三月三日に停戦《ていせん》に漕《こ》ぎつけたが、満洲《まんしゅう》の曠野《こうや》では日本陸軍は先手を打つように新国家建設《けんせつ》を目指して活潑《かっぱつ》に動き、三月一日には「満《まん》洲《しゅう》国建国宣言《せんげん》」が世界に発表される。さらに九日には、宣統帝溥儀《せんとうていふぎ》を執政《しっせい》に推戴《すいたい》する就任式《しゅうにんしき》と、建国式とが挙行される。満洲《まんしゅう》国の誕生《たんじょう》である。満洲《まんしゅう》の現状調査《げんじょうちょうさ》のため、東京に到着《とうちゃく》していた国際連盟《こくさいれんめい》からのリットン調査団《ちょうさだん》は、この素早《すばや》く進められた事態《じたい》に驚愕《きょうがく》した。「王道楽土」「五族協和」を唱《うた》っているが、この新しい国家は所《しょ》詮《せん》は日本帝国《ていこく》の傀儡《かいらい》国家にすぎないのではないかと、列強はいっそう警戒《けいかい》の眼《め》を光らせるだけとなった。

そして、日本国内に視線《しせん》を移《うつ》せば、好転の兆《きざ》しはあったが、国民は不況《ふきょう》に喘《あえ》いでいた。とくに農村の疲弊《ひへい》は極端《きょくたん》にまで及《およ》んで、一朝一夕《いっちょういっせき》に立ち直るものでもなかった。そうしたなかで、満洲《まんしゅう》国建国宣言《せんげん》をはさんで、二月、三月と右翼《うよく》「血盟団《けつめいだん》」による暗《あん》殺事件《さつじけん》（前蔵相井上準《ぞうしょういのうえじゅん》之《の》助《すけ》、三井合名会社理事長団琢磨《だんたくま》射殺《しゃさつ》）が相つぎ、五月には首相犬養毅《しゅしょういぬかいつよし》が陸海軍青年将校《しょうこう》の手で白昼に暗殺《あんさつ》された（五・一五事件《じけん》）。これらは国家的貧窮《ひんきゅう》にその因《いん》をもつといっていい事件《じけん》である。史的《してき》には、これらの事件《じけん》は政党《せいとう》政治《せいじ》の息の根を止めたばかりではなく、暴力《ぼうりょく》が支配《しはい》する恐怖《きょうふ》時代の幕開《まくあ》けともなったといわれる。

しかし、こうした暗い事件《じけん》の続発に新聞は強く批判《ひはん》することもなく、輿論《よろん》もまたせいぜい〝条件付《じょうけんつ》き〟批判程度《ひはんていど》にとどまっていた。これに軍部および民間右翼《うよく》らはさらに力づけられていく。重苦しい時代へと、日本はこのころから一歩一歩、恐《おそ》る恐《おそ》る足を踏《ふ》み入《い》れていった。けれども歴史《れきし》のなかに生きていた当時の人びとは、こうした年表的解説《かいせつ》どおりに明々白々として事態《じたい》を認識《にんしき》していたわけではない。政治的《せいじてき》・軍事的な進行だけが、生きている人びとの日々の「現実《げんじつ》」ではなかったのである。

たとえば、上海《しゃんはい》事変での爆弾《ばくだん》三勇士《ゆうし》の「作られた美談」が一種のブームとなって、国民の心を揺《ゆ》さぶっている。ジャーナリズムは争ってとりあげ、歌に映画《えいが》に仕立てられ、そこから愛国心の讃美《さんび》、軍礼讃《らいさん》、軍国主義肯定《しゅぎこうてい》の輿論《よろん》が沸《わ》き起《お》こっていく。いまから思えば、エッ、まさかといった国民的熱狂《ねっきょう》が巷《ちまた》に渦巻《うずま》いた。そして、それは平和を望む人たちの穏《おだ》やかな声を潰《つぶ》して、字義《じぎ》どおり一世を風靡《ふうび》していったのである。

◆◆◆◆◆

◆爆弾《ばくだん》三勇士《ゆうし》ブーム

で、その爆弾《ばくだん》三勇士《ゆうし》から話をはじめると——二月二十二日早朝、上海《しゃんはい》の廟行鎮《びょうこうちん》に張《は》りめぐらされた中国軍の鉄条網《てつじょうもう》を爆破《ばくは》するため、久留米《くるめ》工兵第十八大隊の江下武二《えしたたけじ》、北川丞《きたがわすすむ》、作江《さくえ》伊之助《いのすけ》の一等兵三人が、あらかじめ点火した爆薬筒《ばくやくとう》を抱《だ》いてそこに飛びこみ、壮烈《そうれつ》な戦死をとげた——という「軍国美談」のこと。これを各新聞は大々的に報《ほう》じた。

たとえば二十四日の朝日新聞の見出し。

「吾身《わが》は木葉微塵《こっぱみじん》
三工兵点火せる爆弾《ばくだん》を抱《いだ》き
鉄条網《てつじょうもう》へ躍《おど》り込《こ》む」

そしてその内容《ないよう》のごく一部。

「わが工兵隊の工兵三名は（略《りゃく》）爆死《ばくし》して皇軍《こうぐん》のために報《ほう》ずべく、自《みずか》ら死を志願《しがん》し出たので、工兵隊長もその悲壮《ひそう》なる決心を涙《なみだ》ながらに『では国のため死んでくれ』と許《ゆる》したので、右三人は今生《こんじょう》の別れを隊長始め戦友等に告《つ》げ身体一ぱいに爆弾《ばくだん》を巻《ま》きつけ点火して『帝国万歳《ていこくばんざい》』を叫《さけ》びつつ飛《とび》だして行き、深さ四メートルの鉄条網《てつじょうもう》に向って飛込《とびこ》んで直《ただち》に壮烈無比《そうれつむひ》なる戦死を遂《と》げた」

そのほかの新聞は略《りゃく》することにするが、いずれも似《に》たりよったり、いや、それ以上のハッタリで、「壮烈《そうれつ》言語に絶《ぜっ》した行為《こうい》」で「全軍の士気《しき》に影響《えいきょう》するところ甚大《じんだい》」という荒木貞夫《あらきさだお》陸相《りくしょう》の談話をそえた紙面もある。さらに「遺族《いぞく》を衣食で苦しめるな」と新聞社が競《きそ》って義捐金《ぎえんきん》を呼《よ》びかける。これがまた「一日で二千五百円、陸軍始まっての新記録」となった。東京日日と大阪毎日新聞社が読者による「爆弾《ばくだん》三勇士《ゆうし》の歌」を募集《ぼしゅう》したところ、集まるわ集まるわ、八万四千余編《よへん》にのぼった。そして当選作は、なんと与謝野鉄幹《よさのてっかん》の作るところの軍歌、ときて、読者を唖《あ》然《ぜん》とさせる。

廟行鎮《びょうこうちん》の敵《てき》の陣《じん》
我《われ》の友隊《ゆうたい》すでに攻《せ》む
折から凍《こお》る二月《きさらぎ》の
二十二日の午前五時

これが一番で、延々《えんえん》と十番まである。もちろんわたくしは歌えないが、これが歌える人はすべて「お歳《とし》がわかりますなあ」と笑われるであろう。作曲は陸軍戸山《とやま》学校軍楽隊。かくて三勇《ゆう》士《し》ブームが巻《ま》き起《お》こり、軍礼讃《らいさん》の空気はたしかに本物となっていった。軍もこれに乗っかり、戦意昂揚《こうよう》に大いに利用することとなる。

そして三月になると、七本もの三勇士《ゆうし》の映画《えいが》がつくられ、公開となる。芝居《しばい》も気張《きば》ってあとにつづく。「目下慶応《けいおう》病院に入院中の六代目菊五郎《きくごろう》が羽左衛門《うざえもん》とともに、六日初日で『爆弾《ばくだん》三勇士《ゆうし》』劇《げき》を上演《じょうえん》することになったほか、明治座《めいじざ》の新派《しんぱ》もこれを上演《じょうえん》することに決定、花柳《はなやぎ》〔章太郎《しょうたろう》〕、梅島《うめじま》〔昇《のぼる》〕、藤村《ふじむら》〔秀夫《ひでお》〕の三幹部《かんぶ》が三勇士《ゆうし》に扮《ふん》し、井上正夫《いのうえまさお》が植田《うえだ》○団長《だんちょう》として働くという」（東京朝日新聞　三月三日付）

しかも、これらがすべて大入りというすさまじさ。何ぞ負けていられるものか、と浅草《あさくさ》の興《こう》行街《ぎょう》もハッスルする。曾我廼家五九郎一座《そがのやごくろういちざ》から、カジノ・フォーリー、玉木座《たまきざ》レビュー以下の小さな劇場《げきじょう》でも、「廟行鎮《びょうこうちん》の敵《てき》の陣《じん》」の音楽を響《ひび》かせて客をよんだ。

いやいや、川端康成《かわばたやすなり》の短編《たんぺん》小説『浅草の九官鳥』のなかにも登場してくる。

「（浅草《あさくさ》松屋の）七階、隅田《すみだ》公園の若《わか》い桜《さくら》がほころびる頃《ころ》、もう五月人形を陳列《ちんれつ》していて、今年の新しい武者《むしゃ》人形は、爆弾《ばくだん》三勇士《ゆうし》」

　こうなると不景気の鬱憤《うっぷん》ばらしとしか思えなくなってくるが、どんな深刻《しんこく》な衝撃《しょうげき》も熱狂《ねっきょう》もたちまちに賑《にぎ》やかに風俗《ふうぞく》化してしまうのが、あるいは日本人のお家芸としか思えなくなってくるところもある。とすると、目くじら立ててミリタリズム礼讃《らいさん》の空気が奔流《ほんりゅう》の如《ごと》くになんてかくことは、チャンチャラおかしい世迷《よま》いごとであるのかもしれない。世の動きは礼讃《らいさん》どころかミリタリズムそのものとなっていった。

　いまも当時の熱狂《ねっきょう》の名残《なご》りを見ることはできる。靖国《やすくに》神社の大灯籠《とうろう》の台座《だいざ》のレリーフの一枚《いちまい》に、たしかに爆弾《ばくだん》三勇士《ゆうし》が健在《けんざい》である。ほかに、港区愛宕《あたご》二丁目の青松寺《せいしょうじ》に、その昔には三勇《ゆう》士《し》の銅像《どうぞう》がたしかに存在《そんざい》したのである（子供《こども》のころ眺《なが》めにいった覚えがある）が、いまはなぜか一勇士《ゆうし》だけになって、寂《さび》しそうに空《くう》をみつめている。と聞いたことがあるが、残念ながら確《かく》認《にん》をしていない。ついでにいえば、この青松寺《せいしょうじ》には、拙著《せっちょ》『日本のいちばん長い日』（文春文庫）で最後まで終戦に反対、宮城占拠《きゅうじょうせんきょ》を企《くわだ》てたが失敗、自決《じけつ》した四人の陸軍将校《しょうこう》を祀《まつ》った「国体護持《こくたいごじ》・孤忠留魂之碑《こちゅうりゅうこんのひ》」もあると教えられたが、右の次第《しだい》でこれも確《たし》かめてはいない。

◆お歯黒どぶバラバラ事件《じけん》

ここで突然《とつぜん》、いかにもB面という名の自由奔放《じゆうほんぽう》さを利し、途中《とちゅう》の時間をけし飛ばして、十月一日の話題となる。この日、東京市は隣接《りんせつ》五郡八十二町村を合併《がっぺい》し二十区を新設《しんせつ》した。すでにあった十五区（麹町《こうじまち》、神田《かんだ》、日本橋《にほんばし》、京橋《きょうばし》、芝《しば》、麻布《あざぶ》、赤坂《あかさか》、四谷《よつや》、牛込《うしごめ》、小石川《こいしかわ》、本郷《ほんごう》、下谷《したや》、浅草《あさくさ》、本所《ほんじょ》、深川《ふかがわ》）と合わせていまや東京市は三十五区の大都市となる。人口五百五十一万三千四百八十二人、世界第二位。日比谷公会堂《ひびやこうかいどう》で大東京市実現《じつげん》祝賀会が開催《かいさい》され、祝賀の花電車がまた市中を隈《くま》なく走った。

うるさくなろうが、新たに加わった各区をかくと、品川《しながわ》、目黒《めぐろ》、荏原《えばら》、大森《おおもり》、蒲田《かまた》、世田谷《せたがや》、渋谷《しぶや》、淀橋《よどばし》、中野《なかの》、杉並《すぎなみ》、豊島《としま》、荒川《あらかわ》、滝野川《たきのがわ》、王子《おうじ》、板橋《いたばし》、足立《あだち》、城東《じょうとう》、葛飾《かつしか》、江戸川《えどがわ》、そしてわたくしが生まれ育っているところの向島《むこうじま》。昭和二年の章ですでにふれたように、昭和五年に生まれたとき、残念ながら、わたくしは東京府南葛飾郡《みなみかつしかぐん》吾嬬町《あづままち》字《あざ》大畑《おおはた》、東京府下生まれの田舎者《いなかもの》であった。それが数え年三つで東京市民になれたわけで、それでお生まれは？　と問われれば、向島《むこうじま》と答える。それが嬉《うれ》しいので新設《しんせつ》の区名をすべて記してみたが、読者のなかには同じようにそっと欣喜《きんき》した方もおられることであろう。が、ちかごろは向島《むこうじま》区といってもわからない若《わか》ものがいる。隅田川《すみだがわ》の向こう側、と説明すると、

「何だ、墨田《すみだ》区じゃないですか」

と、アッケラカンといわれて鼻白むことが多い。残念なことである。そもそも向島《むこうじま》という地名は、浅草《あさくさ》側からみて隅田川《すみだがわ》の向こうという意味で、江戸《えど》時代からの由緒《ゆいしょ》ある呼《よ》び名《な》なんである。夢香洲《むこうしゅう》とか向洲とか美しくかかれた「山媚水明《さんびすいめい》」の地でもあった。

そして、もちろん自分では歌えないが、おぼろげに覚えている〝大東京の歌〟(「東京市歌」)がある。東京市民になれた喜《よろこ》びから、少し長じてから教えられたが歌うことはできない。でも歌詞《かし》の最初のところは何となく思いだせる。

紫《むらさき》匂《にお》いし武蔵《むさし》の野辺《のべ》に

日本の文化の華《はな》咲《さ》き乱《みだ》れ

……………

歌うことはまったくダメながら、いい歌ではなかったか、と辛《かろ》うじて思いだせる。小学校唱歌にあったのではなかったかな。

さて、その南葛飾郡《みなみかつしかぐん》が東京市に編入《へんにゅう》される直前の三月七日、同郡寺島村《てらじまむら》でバラバラ事件《じけん》が起こった。とまともに書くと何の興趣《きょうしゅ》もないが、被害者《ひがいしゃ》の発見されたところが、当時二千人の売春婦《ばいしゅんふ》がいて「ちょいと、そこへいくお兄さん」と甘《あま》ったるい声のかかる私娼窟《ししょうくつ》玉の井、その入口の通称《つうしょう》お歯黒どぶ。どす黒く濁《にご》った水面にメタンガスの泡《あわ》とともにポッカリ浮《う》かんだのが首、手足のない胴体《どうたい》の上部と下部のバラバラの死体。いまの殺伐《さつばつ》とした時代は、子供《こども》までが同級生を殺《ころ》してバラバラに刻《きざ》むおどろおどろしさで、バラバラ事件《じけん》といっても仰天《ぎょうてん》することもないが、当時の日本人はまだ優《やさ》しくて残忍《ざんにん》なことをする者は少なかった。そしてまた場所が場所だけに気味悪くも猟奇的《りょうきてき》、ということで、この玉の井お歯黒どぶの事件《じけん》は、昭和一ケタ史《し》のなかで特筆される大事件《だいじけん》となった。おそらく明治以後、はじめてのバラバラ事件《じけん》ではなかったか。

被害者《ひがいしゃ》は三十がらみの男とわかるだけで、どこのだれとも判明《はんめい》しない。被害者《ひがいしゃ》の身元不明では捜査《そうさ》は難航《なんこう》、迷宮《めいきゅう》入りかとも思われた。そこで新聞・雑誌《ざっし》が競《きそ》って探偵《たんてい》小説（いまの推理《すいり》小説）作家を総動員《そうどういん》して、いろいろ探偵《たんてい》、いや、推理《すいり》させた。検事《けんじ》出身の浜尾四郎《はまおしろう》、本職《ほんしょく》が医学博士《はかせ》の正木不如丘《まさきふじょきゅう》、森下雨村《もりしたうそん》、牧逸馬《まきいつま》（林不忘《はやしふぼう》の別名）、そして大御所《おおごしょ》の江戸川乱歩《えどがわらんぽ》。これがまた話題となって事件《じけん》の噂《うわさ》は東京府下から市中へと広まっていく。

ずいぶんのちに、読売新聞記者であった戸川猪佐武《とがわいさむ》に乱歩《らんぽ》大先生はこうこぼしたそうである。

「浜尾《はまお》君などは、バラバラ事件《じけん》の現場《げんば》にも行ったようだが、ぼくは人嫌《ひとぎら》いで、推理《すいり》をことわったんだ。それに身体の休養、エネルギーの蓄積《ちくせき》を考えて、三月十六日に一年間休筆宣言《せんげん》の挨拶《あいさつ》状《じょう》さえ出したくらいだった。それを毎日の記者が『乱歩《らんぽ》はバラバラ事件《じけん》に直面して、自分の猟奇的《りょうきてき》作品に嫌気《いやけ》づいて、ペンを折った』と勝手に書きおった。読売新聞には、ひどい投書がきたね。『バラバラ事件《じけん》の犯人《はんにん》は江戸川乱歩《えどがわらんぽ》である。小説を書かなくなったのがその証拠《しょうこ》』と言うのだ。ありゃ笑い話だったね」

犯人《はんにん》は、警察《けいさつ》の苦心してつくったモンタージュ写真が役立って、十月十九日になって逮捕《たいほ》されるが、その自白で腕《うで》や足は本郷《ほんごう》の東京大学工学部の空家同然の旧土木《きゅうどぼく》教室から発見された。結局は不況《ふきょう》のどん底にもがいている貧《まず》しい人びとがつくりだした悲劇《ひげき》であった。朝日新聞が犯《はん》人逮捕《にんたいほ》をすっぱ抜《ぬ》いて、だした号外がまた大人気をよんだ。朝日の記者が警察署《けいさつしょ》のトイレの大きいほうに入っていると、二人の巡査《じゅんさ》がきて記者がいるとは知らず並《なら》んでやりながら喋《しゃべ》り合ったのを聞きこんだ、まったくウンがついていたスクープであったそうな。

ところで、なぜこんな巷《ちまた》の事件《じけん》を力をこめてかいたのか。つまりわたくしの生まれたところのごく近くの怪事件《かいじけん》であったせいか、おやじどのが幼《おさな》いころのわたくしにしばしば、ほんとうに力をこめて一部始終を語るのを常《つね》としたからである。バラバラ事件《じけん》という見出しをつけたのは朝日新聞で、日日新聞は八ツ切り事件《じけん》、たしか国民新聞はコマ切れ殺人《さつじん》だったと思うな、そんなことも語った。そしてお終《しま》いにいうことはきまっていた。

「坊《ぼう》も、大きくなったら現場《げんば》を見せに連れていってやるからな」

しかし、わたくしがその怪《あや》しげな脂粉《しふん》の巷《ちまた》に見学に行ける年齢《ねんれい》に達したころは、もう戦時下日本になっていてかなわぬ親子の夢《ゆめ》となっていた。

◆「天国に結ぶ恋《こい》」

このバラバラ事件《じけん》の捜査《そうさ》進まずで、銭湯《せんとう》や床屋《とこや》での噂《うわさ》ばなしも下火になりはじめていた五月に、昭和史《しょうわし》の事件《じけん》でいまも語《かた》り継《つ》がれている「坂田山《さかたやま》心中」が起こり、世間の耳目《じもく》を聳動《しょうどう》した。と独《ひと》りよがりで「語《かた》り継《つ》がれている」とかいても、さっぱり何のことかわからない読者もいまの時代にはおられるであろう。しかし、流行歌「天国に結ぶ恋《こい》」の事件《じけん》、とすれば、ああ聞いたことがあると納得《なっとく》される方がふえるのではないか。それも「今宵《こよい》名残《なご》りの　三日月も　消えて淋《さび》しき　相模灘《さがみなだ》」という歌いだしの文句《もんく》より、もっとも歌われた三番の歌詞《かし》。

ふたりの恋《こい》は　清かった
神様だけが　御存知《ごぞんじ》よ
死んで楽しい　天国で
あなたの妻《つま》に　なりますわ

この純情《じゅんじょう》可憐《かれん》そのものの歌詞《かし》なら、歌えないまでも一度や二度は耳にし、あるいは眼《め》にした方があるのではないかと思われる。

当時は柳水巴《やなぎすいは》の作詞《さくし》となっていた。いまはこれが西条八十《さいじょうやそ》の変名であったと明らかにされている。早大教授《きょうじゅ》の肩書《かたがき》をもつ本名では、さすがに「ふたりの恋《こい》は清かった」と甘《あま》ったるい文句《もんく》はかけなかったのか。それとも、満洲《まんしゅう》国建設《けんせつ》をめぐって国連からの調査団《ちょうさだん》来日という厳《きび》しい時局に国家が直面しているとき、死ぬほど愛し合いながら純情《じゅんじょう》な若《わか》い男女が清浄《せいじょう》のままで世を去った、などというロマンスを謳歌《おうか》できる気持ちに教授《きょうじゅ》としてはなれなかったのか。

と説明してもまだ珍紛漢紛《ちんぷんかんぷん》という読者のために、毎日新聞社編《へん》『最新昭和史《しょうわし》事典』を引くこととする。

「五月十日朝、神奈川県大磯町《おおいそまち》の共同墓地《ぼち》から前夜仮埋葬《かりまいそう》された心中死体のうち若《わか》い女性《じょせい》の遺体《いたい》が盗《ぬす》まれたが、翌朝《よくあさ》近くの船小屋で発見された。慶大生調所五郎《けいだいせいちょうしょごろう》（24）と静岡県の資産《しさん》家《か》の娘《むすめ》湯山八重子《ゆやまやえこ》（22）が結婚《けっこん》に反対され、坂田山《さかたやま》の松林で心中したもので、女性《じょせい》は清純《せいじゅん》な身体のままだった。犯人《はんにん》は火葬人夫《かそうにんぷ》で埋葬《まいそう》作業をした仲間から『美女だった』と聞き、興味《きょうみ》をそそられ発掘《はっくつ》したという。『東京日日新聞』は『天国に結ぶ恋《こい》』との見出しで報道《ほうどう》、松竹蒲田《かまた》が映画化《えいがか》、『二人の恋《こい》は清かった……』という主題歌が大流行した」

事件《じけん》の全容《ぜんよう》は右で十分であろう。が、ミソは戦前の慣例《かんれい》で心中者を検屍《けんし》した警察《けいさつ》が、女は「処女《しょじょ》だった」と発表したこと、しかも墓《はか》があばかれてその美しい女性《じょせい》の遺体《いたい》が消えてしまった。さらには、再発見《さいはっけん》されたとき彼女《かのじょ》は〝全裸《ぜんら》〟で船小屋の砂《すな》の中に埋《う》められてあったというのである。新聞はいまのエロ週刊誌《しゅうかんし》も顔負けする見出しで報《ほう》じた。「おぼろ月夜に物凄《ものすご》い死体愛《あい》撫《ぶ》／砂上《さじょう》に匍《は》う女の黒髪《くろかみ》」ときては、映画《えいが》も指をくわえてはいられない。五所平之助監督《ごしょへいのすけかんとく》、竹《たけ》内良一《うちりょういち》・川崎弘子《かわさきひろこ》主演《しゅえん》でただちに撮影《さつえい》開始で、製作《せいさく》日数十二日、事件《じけん》の一カ月後には封切《ふうき》りでこれが大ヒット、主題歌「天国に結ぶ恋《こい》」は当時の日本人で歌わぬものなし。川崎弘子《かわさきひろこ》の回想がある。

「映画《えいが》のラストシーンは、二人が手をつないで坂田山《さかたやま》の山道を登ってゆく姿《すがた》でした。今ならもっと濃厚《のうこう》に撮《と》ったのでしょうが、検閲《けんえつ》がきびしい時代でしたからね。でも、清純《せいじゅん》さは出ました」

ところが映画《えいが》はしばらくして上映禁止《じょうえいきんし》となってしまう。「天国に結ぶ恋《こい》」を歌いながら坂田《さかた》山《やま》で心中したり自殺《じさつ》するものがふえたからである。この年だけで二十組の心中があったという。ただならぬ時局なのに、心中沙汰《ざた》とは何事か、というわけである。

流行というもの、人びとの熱狂《ねっきょう》というものの不可解《ふかかい》さはいつの時代でも変わらない。数年つづきの不景気で先行き不安の上に、満洲事変《まんしゅう》にはじまる軍靴《ぐんか》の音の高まり、国際《こくさい》社会からの孤《こ》立化《りっか》の恐《おそ》れ、血盟団《けつめいだん》によるテロ事件《じけん》、そしてときの首相《しゅしょう》が軍人によって暗殺《あんさつ》されるという五・一五事件《じけん》もあって、世はギスギスするいっぽうである。そうしたときに人はややもすると感傷《かんしょう》過敏《かびん》になるのであろうか。清く美しくはかないものに憧《あこが》れ、すがりたいと思うのであろうか。

ところで、ここで一つ、坂田山《さかたやま》心中の裏話《うらばなし》を明かしておきたい。わたくしがまだ編集者《へんしゅうしゃ》であったころ、この事件《じけん》のヒロイン湯山八重子《ゆやまやえこ》の実の姉さん（井手《いで》ちゑさんといった）を尋《たず》ねあて、無理に原稿《げんこう》をお願いしたことがある。わたくしが編集《へんしゅう》した古い雑誌《ざっし》にそれは残っている。

心中の顚末が世間を騒然とさせた八重子さんの遺影

そこからいくつか知られざる秘話《ひわ》を。

「警察《けいさつ》では、心中事件《じけん》の恥《はじ》をかくすために湯山《ゆやま》家が、八重子《やえこ》の遺体《いたい》を隠《かく》したのではないかと疑《うたが》っていました。無遠慮《ぶえんりょ》な新聞記者は私《わたし》の家へ押《お》しかけてきて、奥《おく》の部屋や押入《おしい》れを見せろというのですよ。まるで犯人《はんにん》あつかいでした」

「この事件《じけん》では、湯山《ゆやま》家と私《わたし》が純情《じゅんじょう》な二人に無理解《むりかい》で、結婚許《けっこんゆる》さずと頑固《がんこ》だったため起こったのだと報道《ほうどう》され、世間の非難《ひなん》を浴びることとなったわけです。でも、ほんとうは八重子《やえこ》は身体が弱くて結婚《けっこん》に自信がなく心から悩《なや》んでいたのです。世の中はそうとは知りません。それで映画《えいが》がつくられ、気になった私《わたし》たちは試写会へでかけてみました。思ったとおり、八重子《やえこ》は悲恋《ひれん》のヒロインで家族にいじめられている。私《わたし》は本名で登場し、邪険《じゃけん》な姉の役が演《えん》じられていましたね。街をあるけば人にうしろ指をさされ、脅迫《きょうはく》や中傷《ちゅうしょう》の手紙がつぎつぎに舞《ま》いこむ。宗教《しゅうきょう》の勧誘《かんゆう》までありましたよ」

「八重子《やえこ》は葬儀《そうぎ》のあと、遺骨《いこつ》の花嫁《はなよめ》となって調所《ちょうしょ》家へ嫁《か》しました。多磨墓地《たまぼち》の墓石《はかいし》には『調《ちょう》所五郎《しょごろう》　妻八重子之墓《つまやえこのはか》』とあります。お葬式《そうしき》が八重子《やえこ》の結婚式《けっこんしき》になったのです」

暗い経済状態《けいざいじょうたい》、日々の貧《まず》しさ、聞こえるのは軍靴《ぐんか》やサーベルの音、荒々《あらあら》しい吐息《といき》、不安や閉《へい》塞感《そくかん》が強まると、人は何かに煽動《せんどう》され、事実を確認《かくにん》することもなく、攻撃的《こうげきてき》になるものか。しかも匿名《とくめい》で。それは時代状況《じょうきょう》がどう変わっていようと同じらしい。しかも往々《おうおう》にして攻撃的《こうげきてき》な人びとというのはなぜか過剰《かじょう》な自己愛《じこあい》をもち、自分が正しいと信じきり、幸福そうな人が我《が》慢《まん》のならぬ羨望型《せんぼうがた》の人が多いように思えてならない。

井手《いで》さんの回想のお終《しま》いはこうである。

「先年、私《わたし》は子供《こども》や孫たちとバスを借り切って静岡へ旅行したことがあるんです。バスが大《おお》磯《いそ》にさしかかると、なにも知らない女の車掌《しゃしょう》さんが坂田山《さかたやま》を指さしながら、例の唄《うた》をうたい、八重子《やえこ》と五郎《ごろう》さんの悲恋《ひれん》物語を説明してくれました。そのなかでも、やはり私《わたし》たちは悪役としてあつかわれていました。汚名《おめい》はいつまでも消えませんねえ」

◆昭和維新《いしん》の志士《しし》たちか

同じ五月、ということでA面の大事件《だいじけん》というべき五・一五事件《じけん》に特別にふれるわけではない。いわゆる〝空気〟で動く世情《せじょう》ないし国民感情《かんじょう》という観点からみると、坂田山《さかたやま》心中事件《じけん》以上にこの大事件《だいじけん》後の輿論《よろん》というものの動きが、その後の国家の歩みに大影響《だいえいきょう》を与《あた》えている。そのことをB面的にとりあげてみたい。

五・一五事件《じけん》とは、陸海軍革新将校《かくしんしょうこう》のひき起こしたテロリズムである。海軍側が中尉《ちゅうい》古賀《こが》清志《きよし》、同三上卓《みかみたく》ら六人、陸軍側が士官候補生《しかんこうほせい》後藤映範《ごとうえいはん》ら十二人、民間から愛郷塾《あいきょうじゅく》塾長橘孝三郎《たちばなこうざぶろう》、神武会《じんむ》会頭大川周明《おおかわしゅうめい》らの愛郷塾《あいきょうじゅく》塾生《じゅくせい》を中心とする農民別働隊十人。その背後《はいご》には愛郷塾《あいきょうじゅく》塾長橘孝三郎、神武会会頭大川周明らの右翼指導者《うよくしどうしゃ》がいた。彼《かれ》らは首相官邸《しゅしょうかんてい》、内大臣官邸《かんてい》、政友会《せいゆうかい》本部、警視庁《けいしちょう》などを襲撃《しゅうげき》し、別働隊が変電所を襲《おそ》って東京を暗黒にし、戒厳令《かいげんれい》を施行《しこう》させて軍部政府《せいふ》をつくり、国家改造《かいぞう》の端《たん》緒《しょ》をひらこうとした。つまりテロリズムによって破壊的《はかいてき》な衝撃《しょうげき》をひき起こし、維新政府《いしんせいふ》をつくる、自分たちは昭和維新《いしん》の捨《す》て石《いし》となる、そこに目的をおいた。

それゆえに、とするのは弁護《べんご》的ないい方になるが、青年将校《しょうこう》たちの純粋《じゅんすい》さ、純潔《じゅんけつ》的・志士《しし》的気概《きがい》が世の多くの同情《どうじょう》をよぶという奇妙《きみょう》なことになった。忠義《ちゅうぎ》と憂国《ゆうこく》の名においてなされる世直しに、人びとは大いに共感したのである。三上卓《みかみたく》が作成した「日本国民に檄《げき》す」と題する檄文《げきぶん》が、当時の一般民衆《いっぱんみんしゅう》の世情《せじょう》認識《にんしき》であったといえようか。

「日本国民よ！　刻下《こっか》の祖国《そこく》日本を直視《ちょくし》せよ。何処《どこ》に皇国《こうこく》日本の姿《すがた》ありや。政権《せいけん》、党利《とうり》に盲《めし》いたる政党《せいとう》と、之《これ》に結託《けったく》し民衆《みんしゅう》の膏血《こうけつ》を搾《しぼ》る財閥《ざいばつ》と、更《さら》に之《これ》を擁護《ようご》して圧制《あっせい》日に長ずる官《かん》憲《けん》と、軟弱《なんじゃく》外交と、堕落《だらく》せる教育、腐敗《ふはい》せる軍部と、悪化せる思想と、塗炭《とたん》に苦しむ農民、労働者階級と、而《しこう》して群拠《ぐんきょ》する口舌《こうぜつ》の徒《と》と！　日本は今や斯《か》くの如《ごと》き錯綜《さくそう》せる堕落《だらく》の淵《ふち》に既《すで》に死なんとしている。／革新《かくしん》の時機《じき》！　今にして立たずんば日本は亡滅《ぼうめつ》せんのみ。（以下略《いかりゃく》）」

そうした日本のやりきれなく、どうにもならぬ現状《げんじょう》が、暗殺者《あんさつしゃ》たちを、〝純情《じゅんじょう》〟〝純真《じゅんしん》〟な昭和維新《いしん》の志士《しし》としてまつりあげた。それがいまになると不思議としかいいようがないが、当時の日本人の多くの心のうちには、重臣や政治家《せいじか》や財閥《ざいばつ》にたいして漠然《ばくぜん》とした不信と疑惑《ぎわく》があって、この連中にある種の〝天誅《てんちゅう》〟が下るのを期待する思いがあったのであろう。それもつまりは新聞や雑誌《ざっし》の否定的《ひていてき》な論調《ろんちょう》に誘導《ゆうどう》されたものであったといえようが。

さらには陸海軍のトップにあるものたちの〝犯人《はんにん》〟擁護《ようご》の弁《べん》が、それを煽《あお》る結果となった。ときの海軍大臣大角岑生《おおすみみねお》大将《たいしょう》はいう。

「何が彼《かれ》ら純情《じゅんじょう》の青年をしてこの誤《あやま》りをなすに至《いた》らしめたかを考えるとき、粛然《しゅくぜん》として三思すべきである」

また「軍神東郷《ぐんしんとうごう》」といわれる海軍の至宝《しほう》にして長老の東郷平八郎元帥《とうごうへいはちろうげんすい》は、

「この士官《しかん》たちの志《こころざし》は十分にわかっているから、彼《かれ》らの志《こころざし》を国民に知らせると同時に、足りないところはお前たちが援助《えんじょ》してやってくれ」

と海軍軍人たちにいった。

さらには陸軍大臣荒木貞夫《あらきさだお》大将《たいしょう》は談話の形式で新聞発表された声明で、遵法《じゅんぽう》の精神《せいしん》で彼《かれ》らを罰《ばっ》すべしといいながら、その動機の純粋《じゅんすい》さを強調してこういった。

「これら純真《じゅんしん》なる青年がかくの如《ごと》き挙措《きょそ》に出《い》でたその心情《しんじょう》について考えてみれば涙《なみだ》なきを得《え》ない。名誉《めいよ》のためとか利欲《りよく》のためとか、または売国的行為《こうい》ではない。真にこれが皇国《こうこく》のためになると信じてやったのである。故《ゆえ》に本件《ほんけん》を処理《しょり》する上に単に小乗的な観念をもって事務的《じむてき》に片《かた》づけるようなことをしてはならないのである」

こうして国民的同情心《どうじょうしん》は不可思議《ふかしぎ》なくらい盛《も》り上《あ》がった。軍法《ぐんぽう》会議の判決《はんけつ》の近づいたころ、陸相《りくしょう》のもとに小指九本をそえた減刑嘆願書《げんけいたんがんしょ》が小包郵便《ゆうびん》で送られてきた。日本全国からは三十五万七千人を超《こ》える減刑嘆願《げんけいたんがん》の名簿《めいぼ》が、法廷《ほうてい》につみあげられた。なかには裁判長《さいばんちょう》あてに「どうぞこの判決《はんけつ》によって真の大和魂《やまとだましい》のあるところを国民に知らせてやって下さい」という中年婦人《ふじん》の手紙もあった。

とにかく異常《いじょう》な同情《どうじょう》の高まりである。「動機が純粋《じゅんすい》なら白昼、一国の首相《しゅしょう》を問答無用で殺《ころ》してもいいのか」というごく素朴《そぼく》な人道的な質問《しつもん》など押《お》しつぶされる。くり返しになるかもしれないが、満洲《まんしゅう》事変、上海《しゃんはい》事変と新聞に煽《あお》られた勇壮《ゆうそう》なる軍事行動がつづき、何となく貧《まず》しく鬱陶《うっとう》しい現状《げんじょう》を打破《だは》してくれる存在《そんざい》として、一般《いっぱん》国民の軍部に寄《よ》せる信頼《しんらい》と期待が背後《はいご》にあったからといえるであろう。被告《ひこく》の軍人たちは時流に抗《こう》したテロリストなんかではなくなっていたのである。

そう思うと満洲《まんしゅう》事変いらい、日本は戦時下となったといえるのかもしれない。召集令状《しょうしゅうれいじょう》の赤紙がしきりに舞《ま》いこんでくる。戦死者の無言の遺骨《いこつ》が帰国してくる。そのなかで思いもかけぬ事件《じけん》が起こった。大阪の井上清一中尉《いのうえせいいちちゅうい》に赤紙が届《とど》けられたとき、夫に心残りをさせないためにと、彼《かれ》の妻《つま》がみずから命を絶《た》った。この行為《こうい》が軍国主婦《しゅふ》の鑑《かがみ》ともてはやされたのである。

井上中尉《いのうえちゅうい》と親類筋《しんるいすじ》にあった大阪港区の安田《やすだ》せい（金属《きんぞく》部品工場主の妻《つま》）が、この事実に感激《かんげき》し、友人や近所の婦人《ふじん》たちに呼《よ》びかけ、お国の役に立つための女だけの会の結成をよびかけた。この年の三月十八日のこと。これが国防婦人会《こくぼうふじんかい》の発足《ほっそく》なのである。それがこの年の三月十八日のこと。着物で白いかっぽう着にたすきがけの女性《じょせい》四十名近くが、新聞記者を前にさかんに気勢《きせい》をあげる。

「銃後《じゅうご》の守りは私《わたし》たちの手で」

それが会の目的である。そのために出征兵士《しゅっせいへいし》の見送りや慰問《いもん》をすすんでやることになる。喜《よろこ》んだのは軍部である。女性《じょせい》のほうから積極的に戦争協力に挺身《ていしん》し、さらに五・一五事件《じけん》の減刑《げんけい》運動をするというのであるから。

会はどんどん大きくなる。関西ばかりでなく東京にも進出、十月二十七日に関東本部発会式。十二月十三日には大日本国防婦人会《こくぼうふじんかい》へと発展《はってん》する。やがて会員も七百万人を超《こ》えるようになる。恐《おそ》るべし、女性《じょせい》の力。

ところでこのときの昭和天皇《てんのう》である。『昭和天皇実録《てんのうじつろく》』には、暗殺《あんさつ》された犬養首相《いぬかいしゅしょう》のことを悼《いた》む言葉もなく淡々《たんたん》と何事もなかったように記されている。四年後に起こる二・二六事件《じけん》のときにみせる熱の入った天皇《てんのう》の姿《すがた》とは対照的である。ただ面白《おもしろ》いと思われるのは、二・二六事件《じけん》後の昭和十一年七月に、こんなことを侍従武官長《じじゅうぶかんちょう》にもらしている。

「五・一五事件《じけん》の処理不徹底《しょりふてってい》がさらに二・二六事件《じけん》を引き起こした」

六日の菖蒲《あやめ》、十日の菊《きく》とはまさにこのことをいうのであろう。

◆開拓移民《かいたくいみん》の第一弾《だん》

なんどもいうが、時流は大きく変わりつつあった。ただしそれは決して急湍奔流《きゅうたんほんりゅう》となって人びとを押《お》し流《なが》すようなものではない。いまからすれば、雪だるま式に危機《きき》をふくらませ破綻《はたん》したプロセスは急激《きゅうげき》に、かともみえるが、はじめは決して単線的ではなく、静かにひたひたと、いつの間にか、といった眼《め》にみえない形で変わっていった。政治《せいじ》・外交・経済《けいざい》のみならず、われわれの日常《にちじょう》の生活様式のこまごまにはじまって価値観《かちかん》といった精神《せいしん》の部分に至《いた》るまで、それはわからぬままに変わっていた。その時代を生きるとはそういうものではないかと思う。決して時流や風潮《ふうちょう》に流されているつもりはなくて、いつか流されていた。

それを危《あや》ぶむ声がまったくなかったわけではない。たとえば、当時小学生であった作家庄野《しょうの》潤三《じゅんぞう》の作文がある。これがすばらしい。

「号外には大きな字で『犬養首相遂《いぬかいしゅしょうつい》に死去す。怪漢《かいかん》に狙撃《そげき》され』。『またか』と僕《ぼく》は思った。浜口首相《はまぐちしゅしょう》、井上蔵相《いのうえぞうしょう》が殺《ころ》されて間もないのに、世の中は実に危《あぶ》なくなったな――と思う。一人の者が大それた考えを起こすために国の重要人物がドンドン倒《たお》れて行く。(中略《ちゅうりゃく》)こんなに人殺《ひとごろ》しをしたり、けんかをしたりする世の中となったことを僕《ぼく》は大へん残念に思う」(大阪毎日新聞　五月十八日付)

子供《こども》の、それこそ純真《じゅんしん》な眼《め》には人殺《ひとごろ》しをしたり、他国と喧嘩《けんか》したりの世情《せじょう》の危険《きけん》な動きがみえていたのであろう。しかしその素直《すなお》な芽を残らずつみとってしまう動きがもうすぐそこにきていたのである。

とにかく当時の日本人は長年つづく不景気と先行きの不安に飽《あ》き飽《あ》きしていた。どういう形であれ現状打破《げんじょうだは》を待望しつづけているのである。「政党政治《せいとうせいじ》は腐敗《ふはい》しきっている」「官僚《かんりょう》は無為無策《むいむさく》である」「財閥《ざいばつ》は暴利《ぼうり》をただむさぼるだけ」という巷《ちまた》に瀰漫《びまん》している理屈《りくつ》は、それ自体はあまりに短絡的《たんらくてき》で、不正確《ふせいかく》な認識《にんしき》であったであろう、にもかかわらず、感情的《かんじょうてき》・情緒的《じょうちょてき》に民衆《みんしゅう》にはすんなりそれらがうけいれられていた。そしてそうした〝改革《かいかく》〟待望の眼《め》からみると、軍部は頼《たの》もしく、そしてその強い力で連戦連勝して建設《けんせつ》した新国家・満洲《まんしゅう》国こそが、現状打《げんじょうだ》破《は》の突破口《とっぱこう》になるかもしれないと人びとの眼《め》には映《うつ》ったのである。赤い夕陽《ゆうひ》の曠野《こうや》にこそ国家発展《はってん》の夢《ゆめ》がある。五族協和・王道楽土のスローガンがまた力強くこよなく美しい理想と思われる。

八月二十五日、外相内田康哉《がいしょううちだこうさい》が議会で、欧米《おうべい》列強すべてが満洲《まんしゅう》国を国家として承認《しょうにん》しなかろうが、日本は断々乎《だんだんこ》として承認《しょうにん》すると堂々《どうどう》といいきった。

「いわゆる挙国一致《きょこくいっち》、国を焦土《しょうど》にしてもこの主張《しゅちょう》を徹《てつ》することにおいては、一歩も譲《ゆず》らないという決心をもっているといわねばならぬ」

この「焦土《しょうど》外交」の決意に国民はエールを送った。それに応《こた》えて、日本政府《せいふ》が満洲《まんしゅう》国を承《しょう》認《にん》したのが九月十五日である。それと一緒《いっしょ》に、日本の既得権益《きとくけんえき》の尊重《そんちょう》と日本軍の満洲駐屯《まんしゅうちゅうとん》の条約《じょうやく》を満洲国政府《まんしゅうこくせいふ》と締結《ていけつ》した。日本人の熱い視線《しせん》が自然に満洲《まんしゅう》へと注がれる。

その理想の大地・満洲《まんしゅう》への武装開拓移民《ぶそうかいたくいみん》の第一陣《じん》が日本を出発するのが十月三日。「移民《いみん》後に後《うし》ろ髪《がみ》を引かれるような者は、思うように活躍《かつやく》ができぬゆえ、当初は係累《けいるい》のない者を送る」ということで選ばれた四百二十三名である。

「一行は各県別で十一小隊四個《こ》中隊で、カーキ色の制服《せいふく》に巻《まき》ゲートル、リュックサックを背《せ》負《お》い軍人同様の凜々《りり》しい姿《すがた》、市川《いちかわ》中佐は腰《こし》に関《せき》の孫六《まごろく》の業物《わざもの》を仕込《しこ》んだ軍刀《ぐんとう》を帯びてこの大《たい》任《にん》に勇躍《ゆうやく》している。小隊長以下はほとんど独身者《どくしんしゃ》ばかりだと口には言うが、若《わか》い婦人《ふじん》に『その

うち呼《よ》び寄《よ》せるよ』と朗《ほが》らかな情景《じょうけい》をみせる」（東京朝日新聞　十月四日付）

十月十四日、満洲《まんしゅう》北部のチャムス着。その夜、彼《かれ》らを迎《むか》えたのは反日ゲリラの襲撃《しゅうげき》であった。そして彼《かれ》らは、先住の中国人四百人を一人五円で立《た》ち退《の》かせたあとの土地に、強引《ごういん》に住みついた。のちの「弥栄村開拓団《いやさかむらかいたくだん》」である。

この満洲《まんしゅう》国をめぐって、承認《しょうにん》をするどころか国際輿論《こくさいよろん》はさらにきびしくなった。新国家は要するに日本の傀儡《かいらい》国家にすぎず、日本は全面的に手を引くべきであるとする声が高まっている。十月一日、リットン調査団《ちょうさだん》の報告《ほうこく》がでる。このときの日本の新聞の反応《はんのう》はすさまじかった。「錯覚《さっかく》、曲弁《きょくべん》、認識《にんしき》不足」（朝日）、「夢《ゆめ》を説《と》く報告書《ほうこくしょ》——誇大妄想《こだいもうそう》も甚《はなは》だし」（毎日）、「よし〔葦〕のずい〔髄〕から天覗《のぞ》き」（読売）、「非礼誣瀆《ひれいぶとく》なる調査報告《ちょうさほうこく》」（報知《ほうち》）。これでは国民がわが国が国際《こくさい》社会に寄《よ》ってたかってぶっ叩《たた》かれて、生命線《せいめいせん》を扼殺《やくさつ》されると思いこんでも仕方がなかったであろう。

さらに新聞は十二月十九日付で共同宣言《せんげん》（全国百三十二社連盟《れんめい》）を発表し、何とか国際《こくさい》社会の理解《りかい》を得《え》ようと四苦八苦しているときの斎藤実内閣《さいとうまことないかく》の尻《しり》を叩《たた》く。

「国際連盟《こくさいれんめい》の諸国《しょこく》中には、今尚満洲《いまなおまんしゅう》の現実《げんじつ》に関する研究を欠き、従《したが》って東洋平和の随一《ずいいち》の方途《ほうと》を認識《にんしき》しないものがある。（略《りゃく》）苟《いやし》くも満洲《まんしゅう》国の厳然《げんぜん》たる存在《そんざい》を危《あや》うくするが如《ごと》き解決《かいけつ》案《あん》は、たとい如何《いか》なる事情《じじょう》、如何《いか》なる背景《はいけい》に於《お》て提起《ていき》さるるを問わず、断《だん》じて受諾《じゅだく》すべきものに非《あら》ざることを、日本言論《げんろん》機関の名に於《お》て茲《ここ》に明確《めいかく》に声明するものである」

探偵《たんてい》としてはこれをかき写しているだけでもガックリしてしまう。これでは、安易《あんい》な妥協《だきょう》を断乎拒否《だんこきょひ》せよ、国連なんかクソくらえと思え、脱退《だったい》あるのみ、と新聞が政府《せいふ》に要求しているにひとしいではないか。そして新聞によって導《みちび》かれる当時の日本の輿論《よろん》が、ほとんど国際連盟脱《こくさいれんめいだっ》退《たい》への強硬論《きょうこうろん》で固まってしまうことになるのは、これもまた眼《め》に見えている。

◆非常時《ひじょうじ》ならざる非常事《ひじょうじ》

昭和五年生まれのわたくしなんか、物ごころついたときから、すでに「非常時《ひじょうじ》」のなかにいたような気がしている。いまは非常時《ひじょうじ》なんだからといい聞かされて、ずっと我慢《がまん》を強《し》いられていた。

非常時《ひじょうじ》とはそも何なるか。国家の危機《きき》、重大な時機《じき》にちがいないが、いまから観ずれば因果《いんが》はめぐっていわば自業自得《じごうじとく》にひとし。いや、自己責任《じこせきにん》というべきか。六年の満洲《まんしゅう》事変にはじまって、七年の上海《しゃんはい》事変、血盟団事件《けつめいだんじけん》、満洲《まんしゅう》国の強引《ごういん》な建設《けんせつ》、五・一五事件《じけん》、国連脱退《だったい》で孤立《こりつ》化《か》へと、日本帝国《ていこく》は軍事大国化への坂道をひたすら走りぬけた。民草《たみくさ》はそれについていった。

そしてまた、この七年の国家予算は、過去《かこ》の最高であった三年の十八億一千四百万円を上回った十九億四千三百万円（うち満洲《まんしゅう》事変関係は二億七千八百二十一万円）。そしてこの年十一月に編成《へんせい》された八年度予算はさらにはね上がって二十二億三千八百万円という巨額《きょがく》になる。新聞は「日本はじまって以来の非常時《ひじょうじ》大予算」と報《ほう》じた。とにかくものすごい額《がく》である。

これが「非常時《ひじょうじ》」という言葉が流行する端緒《たんしょ》であったらしい。目ざとい陸軍報道班《ほうどうはん》や官僚《かんりょう》どもはさっそく「非常時《ひじょうじ》」とさかんに吼《ほ》えだした。つまり非常時《ひじょうじ》日本は昭和七年からスタートしたことになる。そして小学校教育にも徹底《てってい》した軍事教育を導入《どうにゅう》していこうとする動きに連結していく。文部省が「青年学校」の設立《せつりつ》を計画しはじめるより先に、広島市観音町《かんおんまち》第二高等小学校では、この年の終りにはすでに全国小学校初の非常時《ひじょうじ》軍事教練が行われていた。

まだ小学校入学によほど遠いわたくしは教練にはとりあえずはセーフであったし、まわりには非常時《ひじょうじ》の声ばかりとかいたのは、少々お先走りの気味があったようでもある。中央や山の手あたりと違《ちが》って、そこは隅田川《すみだがわ》の向こう側、下町気風がまだのんびり横溢《おういつ》していた。そこでさっぱり非常時《ひじょうじ》らしくない話となるのであるが、わたくしの母は売れッ子の産婆《さんば》さんで、「先生、もう生まれちまいまさ」と真夜中に叩《たた》き起《お》こされて眠《ねむ》い眼《め》をこすりこすり飛び出していくことが多かった。発展途上《はってんとじょう》の向島《むこうじま》は産めよ殖《ふ》やせよであったのかもしれない。「どうして赤《あか》ん坊《ぼう》って夜中に生まれるのかなあ」と悪ガキになりかかりのわたくしの質問《しつもん》に、母はうるさそうに「潮《しお》の満干《まんかん》によるんだよ。いま満潮《まんちょう》なんだろうよ」と答えていた。

そんな母あてによくあやしげな裸女《らじょ》の絵つきの薬だかの広告《こうこく》が郵送《ゆうそう》されてきた。それにこんなことがかかれていた。

「形小さく中味たっぷり／お外出にお旅行にピクニックにお芝居《しばい》に／忘《わす》れることのできない○○綿《めん》です」

いったい、これ何なのかな、と女体《にょたい》をためつすがめつ眺《なが》めているのをひったくって、母は男みたいな底ごもった声で叱《しか》った。

「お前なんかには関係ないもんだよ」

いま考えれば女性《じょせい》の生理用の綿《めん》の広告《こうこく》であったのである。と、思えば、「堕胎《だたい》の公認《こうにん》は女子の幸福か？　処女《しょじょ》・非処女《ひしょじょ》の鑑別法《かんべつほう》」という雑誌《ざっし》の広告《こうこく》が載《の》っていたのを先ごろ見つけた。これが雑誌論文《ざっしろんぶん》（？）の見出しであったのである。誌名《しめい》をみて思わずニヤリとした。昭和七年六月号の「婦人公論《ふじんこうろん》」。ハハーン、こんなことが主要テーマになっていたんであるな。

もう一つ、およそ国家非常時《ひじょうじ》と縁《えん》もゆかりもない非常時《ひじょうじ》の話。「和服の際《さい》も、女性《じょせい》はズロース着用のこと」という町内の盆踊《ぼんおど》り大会などの当時のチラシを古本なんかで見つけたりする。年表（平凡社版《へいぼんしゃばん》）をみると、この年の十二月十六日、歳末《さいまつ》大売り出し中の日本橋白木屋《にほんばししろきや》（のち東《とう》急《きゅう》百貨店、現在《げんざい》はコレド日本橋《にほんばし》）に大火事があり、そのあとにこの種の注意書きが出回ったというのである。消防車《しょうぼうしゃ》三十三台、梯子車《はしごしゃ》三台、消防士《しょうぼうし》三百人余《あまり》がかけつけ、近衛《このえ》三連隊の一個《こ》中隊と軍用機七機が出動、結果として女店員十四名が死亡《しぼう》、重軽傷者《じゅうけいしょう》百数十人を出す、というから、ある意味では、これこそがまさに非常事《ひじょうじ》。

さて、これら気《き》の毒《どく》にも亡《な》くなった女店員たちは、だれもが和服でつとめていた。火事となって救命《きゅうめい》ロープにつかまって脱出《だっしゅつ》しようとしたとき、煙火《えんか》の勢《いきお》いで着物の裾《すそ》が煽《あお》られまくれるのを押《お》さえようとしてつい片手《かたて》を離《はな》した、そのために墜落《ついらく》——ということで気《き》の毒《どく》な事故《じこ》となったというのである。彼女《かのじよ》たちはズロースをはいていれば死ななくてもすんだのに……。

これで以後、「ズロースをはけ」が自然に流行語になり、白木屋《しろきや》では女店員はズロースをはくことが義務《ぎむ》となったとか。ズロースをめぐってこんな駄《だ》ジャレ話が語りつがれた。

「『天国に結ぶ恋《こい》』の彼女《かのじよ》はズロースをはいていたのだろうか」

「はいていなかったに決まっているよ」

「ヘェー、なぜわかる?」

「美人はくめい（薄命《はくめい》）」

念のためにかくが、八重子《やえこ》さんはちゃんと和服の下にズロースをつけていたという。彼女《かのじよ》がミッションスクールに通い、寄宿舎《きしゆくしや》生活もしたという経歴《けいれき》があったためなのである。

非常時《ひじようじ》にふさわしからざるムダ話ともみえるであろうが、軍国化への道を急ぐ日本にもまだそれくらいののんびりしたムードが民衆《みんしゆう》生活の間には漂《ただよ》っていた、そのことがいいたかったのである。

第三話

束《つか》の間《ま》の穏《おだ》やかな日々

昭和八〜十年

この章の

ポイント

満洲《まんしゅう》事変後の対中政策《せいさく》に対して世界から非難《ひなん》をうけ、一九三三（昭和八）年、日本は国際連盟《こくさいれんめい》を脱退《だったい》し、世界から孤立《こりつ》しはじめます。しかし新聞報道《ほうどう》は「日本は国際的《こくさいてき》被害者《ひがいしゃ》」という論調《ろんちょう》でした。国際的《こくさいてき》な緊張《きんちょう》が高まる一方、国内の話題は和《なご》やかなものが目立っていました。世間を賑《にぎ》わせた松竹歌劇団《かげきだん》の踊《おど》り子《こ》による「桃色《ももいろ》スト」はその雰囲気《ふんいき》を伝えるものですが、直後に実施《じっし》された「防空大演習《ぼうくうだいえんしゅう》」は、国民の非常時《ひじょうじ》意識《いしき》を高めたいという軍部の魂胆《こんたん》が透《す》けて見えるものといえます。

キーワード

三原山《みはらやま》で自殺《じさつ》ブーム／国際的被害者《こくさいてきひがいしゃ》／国定教科書の全面的改訂《かいてい》／桃色《ももいろ》スト／防空大演習《ぼうくうだいえんしゅう》／三大列強／忠犬《ちゅうけん》ハチ公の銅像《どうぞう》／パパ・ママ論争《ろんそう》／東北の大凶作《だいきょうさく》／ネオン制限《せいげん》

昭和八年（一九三三）

この年の元旦《がんたん》、満洲《まんしゅう》と中国の国境線《こっきょうせん》にある山海関《さんかいかん》付近（熱河《ねっか》省）で日中両軍が武力衝突《ぶりょくしょうとつ》した。これを日本軍は熱河《ねっか》作戦と称《しょう》した。それでなくとも前年十月のリットン調査団《ちょうさだん》の正式報告《ほうこく》が発表されていらい、混迷《こんめい》をつづけている日本外交をあざ笑うかのような軍事的一大事である。

日本国内には、いかなる外交的困難《こんなん》があろうとも直進するのみ、という関東軍《かんとうぐん》をバックアップするように、うるさく掣肘《せいちゅう》してくる国際連盟《こくさいれんめい》よりもはや脱退《だったい》せよの輿論《よろん》が日を追って高まっていった。新聞論説《ろんせつ》も声を揃《そろ》えて「断乎連盟脱退《だんこれんめいだったい》」「脱退《だったい》せば軍縮《ぐんしゅく》全権《ぜんけん》も引揚《ひきあげ》よ」と矢つぎ早に明快《めいかい》にして強硬《きょうこう》な発言をつづける。

こうなっては穏健《おんけん》な斎藤実内閣《さいとうまことないかく》もあえて危険《きけん》な道と承知《しょうち》していても踏《ふ》み切《き》らざるを得《え》ない。三月二十七日、日本政府《せいふ》は国際連盟《こくさいれんめい》にたいして正式に脱退《だったい》を通告《つうこく》し、脱退《だったい》に関する天皇《てんのう》の詔勅《しょうちょく》が発布《はっぷ》された。日本は「栄光ある孤立《こりつ》」の道を選択《せんたく》したのである。

しかし、国民心理の底部においてはどうであったであろうか。この国際的《こくさいてき》孤立《こりつ》が先行きに何をもたらすかという不安は、どうしても消せずに沈澱《ちんでん》していくのである。まだつづいている経済《けいざい》不況《ふきょう》と、ぐんぐんと濃厚《のうこう》化してきた軍国主義的《しゅぎてき》風潮《ふうちょう》と、社会的沈鬱《ちんうつ》は互《たが》いに作用しあってかもしだされていったといえる。

軍国主義《しゅぎ》化はあに軍部だけの意思によるものではなかった。一月の大塚金之助《おおつかきんのすけ》、河《かわ》上肇《かみはじめ》といった経済《けいざい》学者の検挙《けんきょ》、二月の赤化《せっか》小学校教員事件《じけん》、さらにはプロレタリア作家小林多喜二《こばやしたきじ》の拷問《ごうもん》による死、それらは政府《せいふ》の社会主義弾圧《しゅぎだんあつ》の政策《せいさく》に深くかかわっている。これらはかならずしも大きく報道《ほうどう》されず、国民はある意味ではわれ関せずとし対岸の火事視《し》していられた。が、七月にかけての京都大学の滝川幸辰《たきかわゆきとき》教授《きょうじゅ》の辞職騒《じしょくそう》動《どう》に発するいわゆる「滝川事件《たきかわじけん》」は、全国の大学の学生たちも支援《しえん》に立ち上がる大騒《おおそう》動《どう》となり、新聞もこれを大きく報《ほう》じることになる。

まさしく平時ではなく、それはいまや「非常時《ひじょうじ》」という時代の変化の急奔《きゅうほん》を感じさせる事件《じけん》となった。学問や思想の自由、大学の自治は、そうした国家非常時《ひじょうじ》にあっては二の次のものであり、すべては国家の要請《ようせい》に従《したが》わねばならないのである。つぎには〝自由主義《しゅぎ》〟そのものが標的になるのは眼《め》に見えていた。国民が意識《いしき》せぬうちに「破局《はきょく》の時代」の幕《まく》があけはじめていたのである。

それを象徴《しょうちょう》するかのように、日本ジャーナリズム史《し》を飾《かざ》る八月の桐生悠々《きりゅうゆうゆう》の「関東防空大演習《ぼうくうだいえんしゅう》を嗤《わら》う」事件《じけん》が起こる。この論評《ろんぴょう》が物議をかもした話は、戦後になってから知《し》れ渡《わた》ることになったが、当時にあっても軍部の怒《いか》りに同調して、在郷《ざいごう》軍人同《どう》志会《しかい》や右翼《うよく》が信濃《しなの》毎日新聞社に押《お》しかけ、執拗《しつよう》な抗議《こうぎ》をくり返す。ついには大々的な不買運動を起こし、結果は新聞社の敗北となり、桐生《きりゅう》は三カ月後には三十年の記者生活に別れを告げ《つ》ねばならなくなる。

その一方で、防空演習《ぼうくうえんしゅう》は大いに非常時意識《ひじょうじいしき》を国民に植えつけるのに役立ったと、軍部は自画自讃《じさん》した。軍部のめざす軍事国家への道は、いわばお祭り騒《さわ》ぎの景気づけのうちに着々と手を打たれていたのである。それに乗せられるようにして、国民感情《かんじょう》はだんだんに苛立《いらだ》ち荒々《あらあら》しくなっていった。

◆◆◆◆◆

◆三原山《みはらやま》での自殺《じさつ》ブーム

と、A面的にはそのようにかいてもかならずしも誤《あやま》りではないが、昭和八年となれば前年暮《くれ》から全国に流行した小唄勝太郎《こうたかつたろう》の〽ハァー……の一声からB面ははじめなければならないであろう。長田幹彦《ながたみきひこ》作詞《さくし》・佐々木俊一《ささきしゅんいち》作曲「島の娘《むすめ》」である。このレコードは前年十二月二十日ビクターから発売、三カ月で三十五万枚《まい》が売れる。〽ハァー島で育てば娘《むすめ》十六恋《こい》ごころ……と音痴《おんち》のわたくしもいい気持ちで歌える。勝太郎《かつたろう》は別の歌でもハァと歌いだすことが多かったので、ハァ小唄《こうた》といわれるほどポピュラーになる。とにかく透《す》きとおるようにいい声であった。「島の娘《むすめ》よりベートーヴェンの方が好きだと言う人がいたら、その人は日本人でなくドイツ人である」

と東京朝日新聞がもてはやしたのもムベなるかな、とかいたら笑われるであろうが。

ところが、まさかこの流行歌が伊豆大島《いずおおしま》へと誘《さそ》ったわけでもあるまいが、前年の坂田山《さかたやま》につづいて、この年は突然《とつぜん》のように伊豆大島《いずおおしま》の三原山噴火口《みはらやまふんかこう》が投身自殺《じさつ》の名所となったのである。そのきっかけとなった奇妙《きみょう》な事件《じけん》がまず人を驚《おどろ》かせる。

年が明けたばかりの一月九日、三原山《みはらやま》の頂上《ちょうじょう》に立つ二人の女学生がいた。実践《じっせん》女学校の真《ま》許三枝子《もとみえこ》と富田昌子《とみたまさこ》である。病弱な三枝子《みえこ》は世をはかなんで火口に身を投じた。死を見送った昌子《まさこ》は沈黙《ちんもく》を守った。一カ月ほどたって、同じ学校の松本貴代子《まつもときよこ》がやはり三原山《みはらやま》で自殺《じさつ》、またしても富田昌子《とみたまさこ》が立ち会った。

これが公《おおやけ》に知《し》れ渡《わた》ったとき、新聞は「学友の噴火口《ふんかこう》投身を、奇怪《きかい》！　二度も道案内、三原《みはら》山《やま》に死を誘《さそ》う女」などとかきたてた。新聞によって「死の案内人」「変質者《へんしつしゃ》」のレッテルをはられた昌子《まさこ》は、ひどいノイローゼになり間もなく死んだ。病死とも自殺《じさつ》ともいわれた。

三原山《みはらやま》の自殺《じさつ》は、前年には自殺《じさつ》九名、未遂《みすい》三十名であったのに、これ以後、一月から三月までの間に自殺者《じさつしゃ》三十二名、未遂《みすい》六十七名にのぼる。この年一年間では男八百四名、女百四十名という恐《おそ》ろしい数になった。大島警察署《おおしまけいさつしょ》は妙《みょう》なブームに直面して手が回らなくて、警視庁《けいしちょう》にSOSを発し、応援《おうえん》を求めねばならなかったという。

さっそくこのブームに目をつける新聞社もあった。時事新報社《しんぽうしゃ》で、なんと企画《きかく》したのが防毒《ぼうどく》マスクと防熱《ぼうねつ》用被服《ひふく》で身をかためた記者二人による火口探険《たんけん》。負けてなるかと読売新聞がワイヤーロープを用いてゴンドラを降下《こうか》させる、たっぷり金をかけた探険《たんけん》を実施《じっし》する。五月二十九日、ゴンドラを約二百六十四メートルまで火口に降《お》ろして、見事に成功と大きく報道《ほうどう》する。こうした新聞のセンセーショナルな記事がよんだ、いわばつくられた自殺《じさつ》ブームであったのであろうか。

それとも、社会不安、沈鬱《ちんうつ》な社会状況《じょうきょう》、それらが多くの人びとを三原山《みはらやま》火口へと招《まね》いたのか。

たしかにこの年が明けたころの世情《せじょう》は、なんともやりきれないほど暗くなっていたようである。満洲《まんしゅう》国建国は日本の植民地《しょくみんち》化にすぎぬと国際連盟《こくさいれんめい》で各国から非難《ひなん》され、「承認《しょうにん》することはできない」と突《つ》っぱねられた。松岡洋右全権《まつおかようすけぜんけん》がそれならばと大見得《おおみえ》きって「連盟脱退《れんめいだったい》」を宣《せん》言《げん》してジュネーブを去ることになったのは二月二十四日。その数日前、すなわち二月二十日には作家小林多喜二《こばやしたきじ》の逮捕《たいほ》、そしてその日に虐殺《ぎゃくさつ》があった。多喜二《たきじ》は享年《きょうねん》二十九。

作家佐多稲子《さたいねこ》は『私《わたくし》の東京地図』のなかでかいている。

「久《ひさ》しぶりに、しかし変った姿《すがた》で自分の部屋に帰ってきた小林多喜二《こばやしたきじ》は、私《わたし》たちのシャツを脱《ぬ》がす下から、胸《むね》も両股《りょうまた》も全体紫色《むらさきいろ》に血のにじんでしまった苦痛《くつう》のあとを、私《わたし》たちの目と電灯の下にさらした」

築地署《つきじしょ》の発表は、心臓《しんぞう》マヒのため死亡《しぼう》、というものであったが、遺骸《いがい》は三つの病院から解剖《かいぼう》をこばまれた。

佐多稲子《さたいねこ》はさらにそのさきのことにもふれている。

「小林《こばやし》の家に集るものは、全く逆《ぎやく》に警察《けいさつ》に検束《けんそく》されてゆき、葬式《そうしき》にさえ私《わたし》たちは加わることが出来なかった」

このため杉並署《すぎなみしょ》の留置場《りゅうちじょう》はいっぱいとなり、剣道場《けんどうじょう》まで検挙者《けんきょしゃ》であふれた。大正末期から昭和へ、あれほど盛《さか》んであったプロレタリア文学運動は、小林《こばやし》を失って崩壊《ほうかい》の一途《いっと》をたどる。

志賀直哉《しがなおや》は二十四日、多喜二《たきじ》の母小林《こばやし》せき宛《あ》てに手紙を送った。

「御令息様《ごれいそく》死去の趣《おもむ》き新聞にて承知《しょうち》誠《まこと》に悲しく感じました。前途《ぜんと》ある作家としても実に惜《おし》く、又《また》お会いした事は一度でありますが人間として親しい感じを持って居《お》ります。不自然なる御死《おんし》の様子を考えアンタンたる気持になりました。(後略《こうりやく》)」

こうして心ある人びとには暗澹《あんたん》たる思いを抱《いだ》くほかはない、ひどい時代が足音もなく到来《とうらい》していたのである。当局による左翼的《さよくてき》な思想をもつものへの弾圧《だんあつ》、拷問《ごうもん》は、もう珍《めずら》しいことではなかった。共産党《きょうさんとう》中央委員岩田義道《いわたよしみち》も、前年の十一月三日、苛酷《かこく》な拷問《ごうもん》によって三十五歳《さい》で殺《ころ》されている。あに多喜二《たきじ》のみならんや、であった。

ちなみに国際連盟《こくさいれんめい》から脱退《だったい》した国をあげておく。ドイツ、パラグアイ、エルサルバドル、チリ、ベネズエラ、イタリア、ニカラグア、グアテマラ、コスタリカ、ブラジル、ウルグアイ。どうでもいいことながら、昭和十五年(一九四〇)現在《げんざい》では連盟加盟国《れんめいかめいこく》五十五であった。

◆満洲《まんしゅう》国の成立

Ｂ面の話をかいているつもりでも、いつの間にかＡ面の話題へと力が入ってしまう。われながら困惑《こんわく》するのであるが、世情《せじょう》そのものもじつはどう判断《はんだん》していいか戸惑《とまど》ってしまうところがある。たとえば、三月二十七日の国際連盟脱退《こくさいれんめいだったい》の日本政府《せいふ》通告《つうこく》後の国民感情《かんじょう》についてである。新聞によって一方的かつ確信的《かくしんてき》に吹《ふ》きこまれ、国際的被害者《こくさいてきひがいしゃ》なのに〝加害者〟として非難《ひなん》されていると信じていた。さきにかいた脱退《だったい》国の名も、トップにかいたドイツですら九年十月で一年先のこと。あとの国はずっとあとのことで、強烈《きょうれつ》な孤立《こりつ》感と強烈《きょうれつ》な危機《きき》感と、それにともなう排外的《はいがいてき》な感情《かんじょう》は国民をひとしく不安がらせていった、とかきたいところなのであるが、正直な話、そう一概《いちがい》にはいえないところがある。歴史《れきし》は一色描《か》きではすまされないのである。

民衆《みんしゅう》はそんなせっぱつまった、崖《がけ》っぷちに立つような思いなどしていなかった。そうかいたほうが正しいとも思える。それを証明《しょうめい》するような四月十七日付読売新聞の記事を長々と引くことにする。

「サクラ開く今日こそ都人待望のお花見休日、花曇《はなぐも》りの空も『曇《くも》り時々晴れ』の天気予報《よほう》に力を得《え》て市内外の桜《さくら》名所に浮《う》かれ出す花見客無慮《むりょ》二百万、潮干《しおひ》、摘草《つみくさ》、ピクニックから一夜泊《どま》りの温泉客《おんせんきゃく》の新記録で、大東京の屋根の下空《から》ッポの状態《じょうたい》である。

飛鳥山《あすかやま》。全山を埋《う》める人正午四万、これ以上殖《ふ》えたら身動きも出来ないと悲鳴をあげながらのお花見だ。軍人の服装《ふくそう》から張学良《ちょうがくりょう》に扮《ふん》したものまで飛び出してここに時代の反映《はんえい》がある。
上野《うえの》公園。博覧会《はくらんかい》十万人。動物園二万人。さすがに家族連れが多く和《なご》やかな気が漲《みなぎ》っている。ネンネした動物が見たいという坊《ぼ》っちゃん嬢《じょう》ちゃんのために動物園では夜間九時まで延《えん》長《ちょう》した。
向島《むこうじま》。俗《ぞく》な花見じゃありません。瓢《ふくべ》をさげて観賞《かんしょう》するのです。この風流花見客正午にて五千。（以下略《いかりゃく》）」

つまり時代の風とはそういうものかもしれない。平々凡々《へいへいぼんぼん》に生きる民草《たみくさ》の春は、桜《さくら》が咲《さ》けばおのずから浮《う》かれでる。国家の歩みがどっちに向かって踏《ふ》みだそうと、同時代に生きる国民の日々というものは、ほとんど関係なしに和《なご》やかに穏《おだ》やかにつづいていく。じつはそこに歴史《れきし》というものの恐《おそ》ろしさがあるのであるが、いつの時代であっても気づいたときは遅《おそ》すぎる。こんなはずではなかった、とほとんどの人びとは後悔《こうかい》するのであるが、それはいつであっても結果がでてしまってからである。

満洲《まんしゅう》国が成立して、国民はひとしく大いなる歴史的偉業《れきしてきいぎょう》と胸《むね》を張《は》る。軍はたしかに五族協和の満洲《まんしゅう》という幻想《げんそう》を与《あた》えてくれた。満洲《まんしゅう》には無限《むげん》の発展《はってん》の機会がある。しかし、抗日《こうにち》ゲリラ勢力《せいりょく》の関東軍《かんとうぐん》にたいする休みなき攻撃《こうげき》には変わりがなかった。危機《きき》や困難《こんなん》が乗《の》り越《こ》えられ、さあと解消《かいしょう》されたわけではない。軍部はこのゲリラ的攻撃《こうげき》をしてくる中国軍を匪賊《ひぞく》とよんで討《とう》伐《ばつ》作戦をつづけていた。小さいとはいえ血を流す戦闘《せんとう》はつづけられている。その討伐《とうばつ》戦をうたった八木沼丈夫《やぎぬまたけお》作詞《さくし》の「討匪行《とうひこう》」がつくられる。当時は作曲は関東軍参謀《かんとうぐんさんぼう》となっていたが、なんとこれは藤原義江《ふじわらよしえ》の作曲。この低音の魅力的《みりょくてき》な歌手は自分の作曲した歌を二月にレコードに吹《ふ》き込《こ》んで出し、驚《おどろ》くほど大ヒットした。

どこまでつづくぬかるみぞ
三日二夜を食もなく
雨ふりしぶく鉄兜《てつかぶと》

どこか悲しみを秘《ひ》めているこの歌が愛唱されたのは、国民感情《かんじょう》のなかにふっきれない重たいものがあったからである。くり返すが、満洲国《まんしゅう》は「五族協和」「王道楽土」のすばらしいところと宣伝《せんでん》されていたが、実情《じつじょう》はまさしく歌の文句《もんく》そのまま。にもかかわらず、いっぽうでは民《たみ》草《くさ》は、その宣伝《せんでん》に煽《あお》られて、失業者や耕地《こうち》をもたない農民、あるいは一旗あげようとするもの、それらがぞくぞくと海を渡《わた》って満洲《まんしゅう》へ移《うつ》っていくのである。

それで池内了《いけうちさとる》氏の説を借りながら、B面らしくない講釈《こうしゃく》をもう少しつづけると、人間には生まれながらにして楽観的な気分が備《そな》えられているのではないか、と思えてくる。何か前途《ぜんと》に暗い不吉《ふきつ》なものを感じ警告《けいこく》されていても、金儲《かねもう》けができると「当分は大丈夫《だいじょうぶ》」と思いこむ。楽しくていいニュースは積極的にとりこむが、悪いニュースにはあまり関心を払《はら》わない、注意を向けない、というよりも消極的にうけとめやがてこれを拒否《きょひ》する。どうやら人間の脳《のう》の働きは未来を明るく想像《そうぞう》したときにもっとも活潑《かっぱつ》化するようなのである。

そして同じように考える仲間に出会うと、たがいに同調し合い、それが一つになって集団化《しゅうだんか》する。するとその外側にいたものまでが、集団《しゅうだん》からの無言の圧力《あつりょく》をうけ、反撥《はんぱつ》するよりそれに合わせようとする。そのほうが生きるために楽であるからである。揚句《あげく》は、無意識《むいしき》のうちにそれまでの自分のもつ価値観《かちかん》を変化させ、集団《しゅうだん》の意見と同調し一体化していってしまう。

つまり、この楽観性《せい》と同調性《せい》とが危険《きけん》なのである、と池内《いけうち》氏はいうのである。

たしかに昭和八、九年ごろの偏狭《へんきょう》な国粋主義《こくすいしゅぎ》、軍国主義《しゅぎ》への静かではあるが、急速な国民感《かん》情《じょう》の変容《へんよう》を考えると、こんな風な同調性《せい》と楽観性《せい》とが結びつき、集団的《しゅうだんてき》に、かつ主観的に日本のあり方を正しいものと夢《ゆめ》みてしまう、といっていいような気になってくる。それはいまの日本についても同じことがいえる。

池内《いけうち》氏はいう（「UP」二〇〇四年十一月号、東京大学出版会《しゅっぱんかい》）。

「こうなるともはや疑《うたが》うという精神《せいしん》を失い、共倒《ともだお》れまで行き着いてしまう。これはバブルのみでなく、原発の安全神話に人々が同調していく思考回路にも共通している。確《たし》かに、楽観的になると人を信用しやすく、人を信用するとより楽観的になるという、いかにも健全で微笑《ほほえ》ましい人間関係が築《きず》けるのだが、そこに危険性《きけんせい》が潜《ひそ》んでいるのだ」

たしかに時代の流れそのものには不安と緊張《きんちょう》があった。それに相違《そうい》ない。そしてその前の、まさしく「嵐《あらし》」の前の、束《つか》の間《ま》の平穏《へいおん》が景気が上向きになりだした昭和八年ごろにあったのである。民草《たみくさ》は国策《こくさく》がどんどんおかしくなっているのには気づこうとはしない、いや、気づきたくなかったのか。それがどうしてなのかを理解《りかい》することはむつかしい。いや、表面的にはともかく、不気味《ぶきみ》に大きくなる暗雲に、人びとは恐《おそ》れ戦《おのの》きつつも、「いや、まだ十分に時間がある」と思いたがっていたゆえの平穏《へいおん》であったのであろう。

◆サクラガサイタ

そしてこれも〝暗雲〟の一つに加えてしまうのは、いくら何でもどうかとの思いがあるが、この年の四月一日から国定教科書の全面的改訂《かいてい》が断行《だんこう》された。その「小学校国語読本」がいわゆる「サクラ読本」。第一頁《ページ》が「サイタサイタ　サクラガサイタ」ではじまる昭和一ケタ世代の教科書である。

わたくしがこの教科書を手にとるのはこの四、五年先であるが、高学年になったときの教科は、通信簿《つうしんぼ》によると「修身《しゅうしん》」「国語」「算術《さんじゅつ》」「国史《こくし》」「地理」「理科」「図画」「唱歌」「体操《たいそう》」「手工《しゅこう》」「操行《そうこう》」で、女子にはこれに「裁縫《さいほう》」が加わっていたと思う。さらに国語は「読方《よみかた》」「綴方《つづりかた》」「書方《かきかた》」にわかれ、算術《さんじゅつ》は「筆算」「珠算《しゅざん》」にわかれていたのではなかったか。そして成績《せいせき》は甲《こう》・乙《おつ》・丙《へい》・丁《てい》で示《しめ》され、「全甲《こう》」は優等生《ゆうとうせい》ということになる。

悪ガキどもは通信簿《つうしんぼ》をもらうとコソコソと教室の隅《すみ》でいい合った。「オイ、お前、シャミセンはいくつあった？」「三つ」「何だ、俺《おれ》より一つ多いじゃないか」。シャミセンとは甲《こう》のこと。乙《おつ》はオシドリといった。「俺《おれ》、操行《そうこう》がヘイタイだ」とはもちろん丙《へい》で、わたくしは残念ながら操行《そうこう》はヘイタイにもならず、小学校五年生まで丁《てい》のオタマジャクシで通し、おやじはそれをみて「ウム、お主《ぬし》は豪《ごう》の者だなア」とほめてくれた。

教育学者の唐沢富太郎《からさわとみたろう》の戦後の評《ひょう》によると、「この時代からはっきりと、教育目的は『臣民の道』の教化と、軍事における『忠君愛国《ちゅうくん》』の精神《せいしん》の鼓吹《こすい》にあることを示《しめ》した。そしてこの教科書は、従来《じゅうらい》の国家主義的《しゅぎてき》な教育にいっそう深い哲学的基礎《てつがくてききそ》を与《あた》えて（中略《ちゅうりゃく》）『肇国《ちょうこく》』の精神《せいしん》が唱導《しょうどう》され、神国観念が強調されているのである」ということになる。

つまり、教育における軍国主義《しゅぎ》化はここにはじまると。なるほど、サクラのあとに「コイコイ　シロ　コイ」と人間に従順《じゅうじゅん》な犬がでてきて、そのつぎが「ススメススメ　ヘイタイススメ」と一年坊主《ぼうず》は教わる。「忠君《ちゅうくん》愛国」の鼓吹《こすい》は徹底《てってい》しているといえばいえる。

それより問題とされるのは「修身《しゅうしん》」であったろうか。巻《かん》五つまり五年生のその教科書。

「我《わ》が国《くに》は、皇室《こうしつ》を中心として、全国が一つの大きな家族のやうになって栄えて来ました。御《ご》代々《だいだい》の天皇《てんのう》は、臣民を子のやうにおいつくしみになり、臣民は、祖先《そせん》以来、天皇《てんのう》に対し、忠君《ちゅうくん》愛国の道をつくしました。世界に国はたくさんありますが、我《わ》が大日本帝国《ていこく》のやうに、万世一系《ばんせいいっけい》の天皇《てんのう》をいただき、皇室《こうしつ》と臣民とが一体となってゐる国は外にありません。

我等《われら》は、かやうにありがたい国に生まれ、かやうに尊《とうと》い皇室《こうしつ》をいただいてゐて、又《また》かやうな美風をのこした臣民の子孫でありますから、あっぱれよい日本人となって、皇運《こううん》を扶翼《ふよく》し奉《たてまつ》り、我《わ》が国《くに》を益々盛《ますますさかん》にしなければなりません」（仮名遣《かなづか》い原文のまま）

これまでの教科書のように、国際《こくさい》社会人としての国民性《こくみんせい》の向上をはかろうとすることなく、外来思想を排撃《はいげき》し、皇国《こうこく》臣民として忠君《ちゅうくん》愛国の精神《せいしん》の強調があるのみ、と、まあ戦後は悪評《あくひょう》紛々《ふんぷん》たる教科書なのであるが、われら昭和一ケタっ子には困《こま》ったことに、それだけにひどく懐《なつ》かしくもある。それに何よりカラーがふんだんに使われ美しかった。作家菊池寛《きくちかん》も朝日新聞に国語教科書論《ろん》を寄《よ》せて、色刷りになったのは喜《よろこ》ばしい、これまでは一番高くて、一番汚《きたな》くて、一番つまらないものが教科書であったのに、と褒《ほ》めている。そうではあるけれど、挿絵《さしえ》に描《えが》かれた子供《こども》たちがきちんとした洋服を着ているのが、下町の悪ガキには少々気に食わなかったが。

この教科書は、昭和十五年まで使われた。寿命《じゅみょう》は短かったが、影響力《えいきょうりょく》は目茶苦茶《めちゃくちゃ》に大きかった。五、六年後には、まさに権力者《けんりょくしゃ》の目論見《もくろみ》どおりの忠節《ちゅうせつ》なる日本臣民がぞくぞく生まれだしていた。それにつけても、日本の明日のためにも教科書は大事なものと思う。

◆「桃色《ももいろ》スト」と防空演習《ぼうくうえんしゅう》

くり返しになるが、ともかくも昭和八年は「非常時《ひじょうじ》日本」という流行語がしきりにいわれた年なのである。日本帝国《ていこく》は国際連盟《こくさいれんめい》を脱退《だったい》し、日比谷公会堂《ひびやこうかいどう》で帰朝報告《ほうこく》をする松岡洋右《まつおかようすけ》全権《ぜんけん》の甲高《かんだか》い声が、「日本はこれから名誉《めいよ》ある孤立《こりつ》を守っていくのだ」とラジオから流れでた年。あるいは左翼主義者《さよくしゅぎしゃ》への逮捕《たいほ》が国民の眼《め》の前でつぎつぎに行われた年なのである。国民の多くはそうした世情《せじょう》の急変に一抹《いちまつ》の不安感を隠《かく》しきれなかったのではないか。ある意味では庶民《しょみん》の鋭《するど》い生活感覚が、そこに危険《きけん》な何かを感じとっていたのではないか。

　と思うのであるが、どうもB面的にはそうとばかりはいえないようなのである。なにしろ妙《みょう》なストライキ騒《さわ》ぎで東京中が沸《わ》きに沸《わ》いていたからである。六月十五日、世界広しといえども〝少女歌劇《かげき》〟は日本にしかない、その東京松竹歌劇団《かげきだん》のうら若《わか》き踊《おど》り子《こ》百数十人が「首切り減《げん》給《きゅう》反対」「衛生設備《えいせいせつび》の完備《かんび》」など二十八項目《こうもく》の待遇改善《たいぐうかいぜん》要求をかかげ、ストライキに突入《とつにゅう》した。新聞は連日その闘争《とうそう》を報道《ほうどう》、しかもこれを「桃色《ももいろ》スト」と銘打《めいう》って華々《はなばな》しく報《ほう》じたから、いやでも民衆《みんしゅう》はこの成り行き如何《いか》に注目せざるを得《え》なくなる。

　そしてその輝《かがや》ける闘争《とうそう》委員長が水《みず》の江瀧子《えたきこ》（ターキー）、ときに十九歳《さい》。この踊《おど》り子《こ》は、それまで男役はカツラをかぶっていたのに、髪《かみ》をショート・カットにし、シルクハットにタキシードで登場、世間をアッといわせ、〝男装《だんそう》の麗人《れいじん》〟と騒《さわ》がれたこともある。いわば時代の尖端《せんたん》をゆく女性《じょせい》、ときたから「非常時《ひじょうじ》日本」どこ吹《ふ》く風《かぜ》とスト人気はうなぎ登り。

　翌《よく》十六日、浅草《あさくさ》公園六区で働く全従業員《ぜんじゅうぎょういん》が闘争支持《とうそうしじ》を声明。二十五日、大阪松竹座《ざ》のレビューガールもこれに呼応《こおう》してストに入る。彼女《かのじょ》らは会社側の圧力《あつりょく》をうけ、二十七日に高野山《こうやさん》に籠城《ろうじょう》。東京では松竹側の城戸四郎専務《きどしろうせんむ》がもう一人のスター津阪《つさか》オリエら数人の切りくずしに成功するが、ターキー以下の争議団《そうぎだん》の結束はいっそう強まり、百二十九人が東京脱出《だっしゅつ》に成功、湯河原温泉《ゆがわらおんせん》にたて籠《こも》った。このかんにターキーら四十六人が検挙《けんきょ》されるが、こうなってはファンも「彼女《かのじょ》たちを助けろ」と立ち上がって、抗議団《こうぎだん》がいくつも松竹に殺到《さっとう》する。会社側はもう譲歩《じょうほ》するほかはなくなった。
かいていて楽しくもあり、ちょっぴり阿呆《あほ》らしくもあるが、結末だけを記しておくと、七月八日、高野山《こうやさん》の老師《ろうし》の斡旋《あっせん》もあって大阪のストは手打ち式、さながらこれに呼応《こおう》したように、東京は十五日に会社側が白旗をあげ全面解決《かいけつ》となる。東でも西でも女たちの堂々《どうどう》のねばり勝ちである。そして十九日に浅草《あさくさ》の並木《なみき》クラブで盛大《せいだい》に「松竹レビューガール争議団解団式《そうぎだんかいだんしき》」がひらかれ、新聞はまたこれを大きく報《ほう》じた。

ところで、いくらかは珍《めずら》しいことはいえ、なんで少女歌劇《かげき》のストを熱をこめてかいているのか、と疑《うたが》う向きもあるいはあるかもしれない。そこには若干《じゃっかん》の秘《ひ》めたる魂胆《こんたん》がないわけではない。じつは、非常時《ひじょうじ》という流行語に乗じて、口をひらけば「皇道《こうどう》」「皇道実践《こうどうじっせん》」を連呼《れんこ》する荒木貞夫《あらきさだお》陸相《りくしょう》を先頭に立て、国民に非常時意識《ひじょうじいしき》を徹底《てってい》させ昂揚《こうよう》をはからんと、軍部が大計画を実現《じつげん》した。すなわちソ連を仮想敵国《かそうてきこく》にした防空大演習《ぼうくうだいえんしゅう》で、それを少し長々とかかねばならないから。しかも演習《えんしゅう》はこの「桃色《ももいろ》スト」騒動《そうどう》の直後に実施《じっし》されたのである。そこには軍部の若干《じゃっかん》の魂胆《こんたん》があったと思わないわけにはいかないではないか。つまりムザムザと「桃色《ももいろ》スト」の勝利をそのまま見過《みす》ごしているわけにはいかぬ。いまはそんな時代ではない、ピリッと引《ひ》き締《し》めねばならないと、上に立つものたちは思ったに違《ちが》いないのである。

作家永井荷風《ながいかふう》の日記『断腸亭日乗《だんちょうていにちじょう》』を引くのがきわめてわかりやすい。

「此夜《このよ》九時より十一時迄《まで》銀座通《ぎんざどおり》京橋《きょうばし》区一帯防空演習《ぼうくうえんしゅう》のため灯火を消す。カッフェーは灯火

消滅《しょうめつ》のころいずこも大いに繁昌《はんじょう》したりと云《い》う」（七月二十五日）

にはじまって、二十七日深川《ふかがわ》地区、二十八日赤坂《あかさか》氷川町《ひかわちょう》辺《あたり》、八月二日に荷風《かふう》の住居《じゅうきょ》のある麻布市兵衛町《あざぶいちべえちょう》と防空小演習《ぼうくうしょうえんしゅう》の記載《きさい》があって、いよいよ八月九日の本格的《ほんかくてき》な関東地方防空《ぼうくう》大演習《だいえんしゅう》となる。

「大東京を中心に半径一五〇キロの想定区域内《くいきない》には、高射砲《こうしゃほう》隊、聴音機《ちょうおんき》の堅固《けんご》な陣地《じんち》が構築《こうちく》されたほか、丸の内防空《ぼうくう》の大任《たいにん》を命じられた高射砲《こうしゃほう》第〇連隊は、宮城《きゅうじょう》、坂下門《さかしたもん》前広場を占領《せんりょう》、カムフラージュものものしく七サンチ野戦高射砲《こうしゃほう》を中空に開いた」（東京日日新聞）

そのほか防護団《ぼうごだん》や救護班《きゅうごはん》や配給班《はん》など、軍部が指導《しどう》する民間の組織《そしき》が東京市内のいたるところに陣立《じんだ》てを完了《かんりょう》する。桃色《ももいろ》ストの余韻《よいん》など吹《ふ》き飛《と》ばさんばかりに。

また、永井荷風《ながいかふう》の日記にもどる。

「八月九日。晴。始めてつくつく法師《ぼうし》の啼《な》くを聞く。この夜東京全市防空演習《ぼうくうえんしゅう》のため灯火を消す」

この日の演習《えんしゅう》を天皇《てんのう》も市ケ谷《いちがや》の陸軍士官《しかん》学校でご覧《らん》になっていることも、同日の東京日日新聞がいささか大仰《おおぎょう》に伝えている。

さらに永井荷風《ながいかふう》の日記。「八月十日。晴。終日飛行機砲声殷々《ほうせいいんいん》たり。此夜《この》も灯火を点ずる事能《あた》わざれば薄暮《はくぼ》家を出《い》で銀座風月堂《ぎんざふうげつどう》にて晩餐《ばんさん》を食し金春《こんぱる》新道のキュペル喫茶店《きっさてん》に憩《いこ》う。防空演習《ぼうくうえんしゅう》を見むとて銀座通《ぎんざどおり》の表裏《ひょうり》いずこも人出おびただしく、在郷《ざいごう》軍人青年団《せいねんだん》その他野次馬《やじうま》いずれもお祭騒《さわ》ぎの景気なり。此夜《この》初更《しょこう》の頃《ころ》より空晴れ二十日頃《ころ》の片割月《かたわれづき》静に暗黒の街を照したり」。

最後の一行の、片割月《かたわれづき》はじつによく効《き》いている。なんて感想はともかく、軍事国家への布石《ふせき》は、荷風《かふう》が嗤《わら》う「お祭騒《さわ》ぎの景気」のうちに着々と打たれていたのである。これを信濃《しなの》毎日新聞の主筆桐生悠々《きりゅうゆうゆう》が軍部の弾圧《だんあつ》を恐《おそ》れず真っ向から批判《ひはん》して物議をかもした話は、すでにかいておいたとおりである。

◆ソレ、ヨイヨイヨイ

そしてその夏――。もとを正せば「丸の内音頭《おんど》」というのがあったそうである。日比谷《ひびや》公園内のレストラン松本楼《まつもとろう》の主人が朝風呂《あさぶろ》のなかで、田舎《いなか》で盛《さか》んの盆踊《ぼんおど》りが東京でもできないものか、とふと思いついた。それでさっそく西条八十《さいじょうやそ》に相談をもちかけた。で、でき上がったのが、

〽ハァ、踊《おど》りおどるなら、丸うなって踊《おど》れ、ヨイヨイ……、の「丸の内音頭《おんど》」。

ところが、これに目をつけたのがぬけ目のないレコード会社ビクターで、もっと大々的な、東京中をまきこむ音頭《おんど》へと発展的《はってんてき》に改作はできないものか、となって、ここにでき上がったのが有名な「東京音頭《おんど》」なのである。

「ハァ、踊《おど》りおどるなら……」ではじまって、「ヤーットナー、ソレ、ヨイヨイヨイ」の一大狂騒曲《きょうそうきょく》。この年の夏に、それは突如《とつじょ》として、大爆発的《だいばくはつてき》に流行していく。防空大演習《ぼうくうだいえんしゅう》の終った東京はもちろん、全国津々浦々《つつうらうら》の盆踊《ぼんおど》りの櫓《やぐら》の上から、「チョイと東京音頭《おんど》ヨイヨイ」の甘《あま》っ

たるい小唄勝太郎《こうたかつたろう》の美声が聞こえてきたのである。

東京では日比谷《ひびや》公園で一週間ぶっ通しで、ヤーットナーとなった。皇居《こうきょ》近くでドンドコ、ドンドコとやられては天皇陛下《てんのうへいか》が睡眠《すいみん》不足になると、警察《けいさつ》当局はなかなか許可《きょか》しなかったが、「不《ふ》況《きょう》で沈滞《ちんたい》気味の市民の士気昂揚《しきこうよう》のために、ナニトゾ」という大義名分《たいぎめいぶん》のほうが勝ちをしめた。

それでソレ、ヨイヨイヨイとなった。満三歳《さい》のわたくしも踊《おど》った覚えがある。

とにかく日本中の神社や寺の境内《けいだい》、公園、空地という空地で、陽《ひ》の傾《かたむ》くころから深夜にいたるまで、ドドンガドンと大太鼓《おおだいこ》が響《ひび》き、人波が大きな輪をいくつもつくって狂《くる》ったように手足を動かしていたのであるから、いま思えばびっくりするばかり。ピッピッピッと笛を吹《ふ》いて交通整理に当たったお巡《まわ》りさんの手が、いつの間にか踊《おど》りの振《ふ》りになっていたほどなのである。

作家安岡章太郎《やすおかしょうたろう》は『僕《ぼく》の昭和史《しょうわし》』で往時《おうじ》を回想している。

「住宅街《じゅうたくがい》のあっちこっちで太鼓《たいこ》の音とともに、スリ切れかかったレコードが『ヤーットナー、ソレ、ヨイヨイヨイ』と、黄色い声をうるさくガナリ立てるのがきこえてくると、私《わたし》はいいようのないイラ立たしさに捉《とら》われた。――この非常時《ひじょうじ》に、何がヤーットナーソレなんだ」

また、当時の新聞にこんな批評《ひひょう》をかく人もいた。長いけれど貴重《きちょう》な意見と思うので。

「ある人はこの流行の事をいって、徳川の末期には『ええぢゃないかええぢゃないか云々《うんぬん》』の卑俗《ひぞく》歌が流行した事を引合に出した。現在《げんざい》が末期であることは動かせないという。そういう時に一時民衆《みんしゅう》はナンセンスと卑俗《ひぞく》に趨《はし》るという。大なる変動を漠然《ばくぜん》と予想しつつも民衆《みんしゅう》の大部分はそうしたものから凡《およ》そ遠い処《ところ》に心を置こうとする。大部分の民衆《みんしゅう》にとってはこの住み難《にく》い不合理な社会がどうする事もできないからだという。だから……東京音頭《おんど》はほんとうは恐《おそ》るべきであるかも知れない。東京音頭《おんど》で踊《おど》っているうちはまだ安心だろうけれども」（村瀬透《むらせとおる》「世相風景」、中外商業新報《しんぽう》　十一月二十二日付）

　まったく、そのとおり。社会的不安やら緊張《きんちょう》をほぐすためには、お祭りがいちばん。それはいつの世でも変わらない。例によって「歴史《れきし》」は民衆《みんしゅう》の理解《りかい》を超《こ》えて動いている。ヤーットナー、ソレと踊《おど》って唄《うた》って、ゆえ知らぬ不安を忘《わす》れるしか、術《すべ》がなかった。国家は、またそれを利用することで人心を一つにまとめ、上手に挙国一致体制《きょこくいっちたいせい》をつくっていく。

　というのも、この年の夏はいっぽうで、ある種異様《いよう》ともいえる熱気に包まれていたからである。前年に起きた「一人一殺《さつ》」の血盟団事件《けつめいだんじけん》と五・一五事件《じけん》の公判《こうはん》が相ついではじまっていたのである。とくに五・一五事件《じけん》は、報道規制《ほうどうきせい》が解《と》けていたから、新聞には連日のようにその裁《さい》判《ばん》記事が載《の》るようになった。それも被告《ひこく》たちの行動に至《いた》った胸《むね》のうちを代弁《だいべん》し、その主張《しゅちょう》や行動を支持《しじ》するかのような報道《ほうどう》ぶり。お蔭《かげ》というか、被告《ひこく》への同情《どうじょう》は高まり、減刑嘆願《げんけいたんがん》運動はあれよあれよというまに一種の大衆《たいしゅう》運動となっていた。それこそヤーットナー、ソレ、ヨイヨイヨイであった。

　さっそく「東京音頭《おんど》」の替《か》え歌《うた》の「五・一五音頭《おんど》」が街の無名詩人によってつくられる。これがまた、ひそかに流行していた。

〽踊《おど》りおどるなら五・一五おどり　ヨイヨイ
踊《おど》りや日本《やまと》の　踊《おど》りや大和《やまと》の夜が明ける
ヨイトナー、ソレ、ヨイヨイヨイ
〽花は桜木《さくらぎ》　男は三上《みかみ》　ヨイヨイ
男惚《ぼ》れする山岸《やまぎし》　問答無用の心意気《こころいき》
ヨイトナー、ソレ、ヨイヨイヨイ

犯人《はんにん》の三上卓《みかみたく》と山岸宏《やまぎしひろし》を讃美《さんび》するなんてとんでもないと、当局も、さすがに放っておくわけにもいかず、十月二十日に禁止《きんし》命令を出した。が、さて、どこまで効力《こうりょく》があったことか。煽《あお》りを食って殺《ころ》された犬養毅《いぬかいつよし》首相《しゅしょう》の孫の道子《みちこ》は、学校で「正義《せいぎ》の軍人にやられたんだから、お前は非国民《ひこくみん》の孫だ」といわれ、ほんとうに嫌《いや》な思いをしつづけたという。わたくしが道子《みちこ》さんから直接《ちょくせつ》に聞いた述懐《じゅっかい》である。

それと、これはどちらかといえばA面の話となるが、皇道右翼《こうどううよく》の慶応《けいおう》大学予科教授《きょうじゅ》の蓑田胸《みのだむね》喜《き》を中心とする原理日本社が、自由主義的《じゆうぎてき》な学者に「反国体《こくたい》＝アカ＝非国民《ひこくみん》」のレッテルを貼《は》って、言論《げんろん》による誹謗攻撃《ひぼうこうげき》を強めていくのが、この年の夏から秋にかけてである。「司法赤化《せっか》事《じ》件《けん》と帝大《ていだい》赤化《せっか》教授《きょうじゅ》」というパンフレットをほうぼうに配り、東大の美濃部達吉《みのべたつきち》、牧野英一《まきのえいいち》、末《すえ》弘厳太郎《ひろいずたろう》らがその槍玉《やりだま》にあがった。軍部と結びついたこの右翼《うよく》思想が、非常時《ひじょうじ》日本の名のもとに、おもむろに猛威《もうい》をふるいだしたのであるが、国民はそんなことに気づくことなく、ヤーットナー、ソレとやっていた。

◆鳴った鳴った、サイレン

この年はわたくしはまだ満で三歳《さい》、盆踊《ぼんおど》りのほかの記憶《きおく》に残っていることがあるはずはない。のであるが、妙《みよう》に忘《わす》れられない話も二つ三つはある。そのなかで、のちになって調べて詳細《しようさい》が判明《はんめい》したことに、映画《えいが》『キング・コング』が第一にある。この年の九月九日、東京で封切《ふうき》られた（大阪は九月一日）。たしかにこのとき観《み》たのか、ずっとあとで観《み》たものなのかはっきりしないが、とにかく初めて観《み》たときには仰天《ぎようてん》した覚えだけはある。天地にとどろくものすごい咆《ほう》哮《こう》とともに、巨大《きよだい》なゴリラが密林《みつりん》の奥深《おくふか》くから現《あらわ》れる。しかも怪物《かいぶつ》の最期《さいご》は美女を抱《だ》いて、眼《め》も眩《くら》むほど高いエンパイア・ステート・ビルのてっぺんに登り、複葉《ふくよう》の飛行機に撃《う》ち落とされるのである。下町生まれの悪ガキも肝《きも》を潰《つぶ》しつつも、哀《あわ》れなるかなとキング・コングにえらく同情《どうじよう》を寄《よ》せた。しかもそれからしばらくは、両手で胸《むね》をぽかぽかと叩《たた》いて、「ウォー」と叫《さけ》び、キング・コングの真似《まね》ばかりして、大人たちに呆《あき》れられたものであった。

もう一つ、これはあまりにも下らない余談《よだん》中の余談《よだん》ということになるが、馬の大群が逃走《とうそう》し深夜の東京が大騒《おおさわ》ぎになった話が脳味噌《のうみそ》にこびりついて離《はな》れないでいる。これも調べてみたら、妄想《もうそう》ではなかったことがわかった。この年の十月三十一日午前二時、城東区《じようとう》（現江東区《げんこうとう》）小名《おな》木川《ぎがわ》貨物駅から千葉県下の演習場《えんしゆうじよう》に運ばれる近衛騎兵《このえきへい》連隊の軍馬五十頭のうち十九頭が、積みこみの作業中に汽笛の音に驚《おどろ》いて逃走《とうそう》するという大騒動《おおそうどう》が起こったのである。下町から銀座《ぎんざ》方面まで四散した馬は猛然《もうぜん》と暴走《ぼうそう》、各警察《けいさつ》が総出《そうで》の大捕物劇《おおとりものげき》が展開《てんかい》された。まだ幼児《ようじ》であったわたくしまでが起こされて、寝《ね》ぼけ眼《まなこ》でいざというときに備《そな》えたように覚えている。とにかく本所向島《ほんじょむこうじま》方面に三頭が狂《くる》ったように向かったというのである。ずいぶんのちにおやじが一杯機嫌《いっぱいきげん》で耳にタコができるほど一席ぶつのを常《つね》としたものであった。

「こっちへ来た、いやあっちへ行ったと、夜中だっていうのに大騒《おおさわ》ぎじゃった。たかが馬三頭というなかれ、あっちは何しろ戦場へ行く馬だから殺気立《さっきだ》っている。蹴殺《けころ》されでもしたら丸損《まるぞん》だからな。それでこっちも殺気立《さっきだ》ったものよ」

結局は向島《むこうじま》のほうへはやってくることなく、三頭は隅田川《すみだがわ》ぞいに疾走《しっそう》してきて吾妻《あづま》橋を渡《わた》って浅草《あさくさ》方面へ。一頭は橋を渡《わた》ったところで捕《つか》まり、一頭は雷門《かみなりもん》の交番前で、最後の一頭は三《さん》間町《げんちょう》交番前でとり押《お》さえられたという。そして午前六時ごろまでに全部が小名木川《おなぎがわ》駅に連れ戻《もど》され、午前十一時の列車でおとなしく運ばれていった。

ただそれだけの話であるが、少年になったころのわたくしは、軍馬、軍犬、軍鳩《ぐんきゅう》と、ものもいえぬ動物たちもまた戦争に動員されて〝戦死〟する運命にあることを知り、ひどくこれら日本の動物たちに同情《どうじょう》を寄《よ》せたものであった。ただし、「お前たち、日本の青少年も一旦緩急《いったんかんきゅう》あらば義勇《ぎゆう》公に奉《ほう》じて……」などという軍国大人の説教をまともに聞く耳はもたなかったが。

そしてこれは昭和史《しょうわし》を勉強するようになってから知ったことであるが、この年の十一月二十二日、古典『源氏《げんじ》物語』の上演《じようえん》が新宿《しんじゆく》の新歌舞伎座《かぶきざ》初日を目前に、警視庁《けいしちよう》が「待った」をかけたというではないか。巷《ちまた》でヤーットナー、ヨイヨイと浮《う》かれている裏《うら》では、ほとんどの民草《たみくさ》には縁《えん》なきことながら、そんな当局の厳重取締《げんじゆうとりしま》りがはじまっていたのである。

坪内逍遥《つぼうちしようよう》、藤村作《ふじむらつくる》の両博士《はかせ》が顧問《こもん》で、光源氏《ひかるげんじ》に坂東蓑助《ばんどうみのすけ》（のち三津五郎《みつごろう》）、ほか演技陣《えんぎじん》も豪華《ごうか》キャスト、紫式部《むらさきしきぶ》学会後援《こうえん》の六幕《まく》十七場の大舞台《おおぶたい》も、当局からみれば「光源氏《ひかるげんじ》を中心にした人たちの姦通《かんつう》など、徹頭徹尾《てつとうてつび》、非常時《ひじようじ》日本にふさわしからぬ恋愛《れんあい》物語に終始し、風紀《ふうき》上大いに害がある」ということになる。藤村博士《ふじむらはかせ》が抗議《こうぎ》して、

「どこがいけないか指摘《してき》してほしい。直すなり削《けず》るなりするゆえに」

といえどもダメの一点張《いってんば》り。さらに新居格《にいいたる》、小松清《こまつきよし》、藤森成吉《ふじもりせいきち》らが抗議《こうぎ》したが、てんで受けつけてもらえない。また観客も抗議《こうぎ》の形として、払《はら》い戻《もど》しとなった前売りの入場料の寄付《きふ》を申し出たりしたが、そんなことは知ったことではないとはねつける。要は、非常時《ひじようじ》には古典文化などどうでもいい、というお話であったのである。

およそ昭和八年はそんな年であったのであるが、その掉尾《ちようび》を飾《かざ》るのが十二月二十三日の国民こぞってのお祝い。かくまでもない皇太子殿下《こうたいしでんか》（現明仁天皇《げんあきひとてんのう》）のご誕生《たんじよう》。拙著《せつちよ》『聖断《せいだん》』（ＰＨＰ文庫）でわたくしはこうかいた。

「ご産殿《さんでん》の見届《みとど》け役は鈴木《すずき》〈貫太郎《かんたろう》〉侍従長《じじゆうちよう》である。

待つ間もなく、『皇太子《こうたいし》さま誕生《たんじよう》』との第一報《ぽう》が入り、天皇《てんのう》は、喜《よろこ》びにわく侍従《じじゆう》たちの詰《つ》

めている常侍官候所《じょうじかんこうしょ》まで、その姿《すがた》をみせた。そこへ喜色満面《きしょくまんめん》の鈴木侍従長《すずきじじゅうちょう》が飛ぶように駈《か》けてきていた。
『ただいま親王《しんのう》さま誕生《たんじょう》あそばされましたぞ』
『そうか、たしかに男の子か』
天皇《てんのう》は、めったにないことだが、念を押《お》した。謹厳《きんげん》そのものの侍従長《じじゅうちょう》は、大声で答えた。
『ハッ、たしかに男子のおしるしを拝《はい》しました』
どっと侍従《じじゅう》たちが笑い、天皇《てんのう》もにっこり笑った」
そして東京市民はこの知らせをうけると大喜《おおよろこ》びとなり、宮城《きゅうじょう》前広場は旗行列の人波で埋《う》めつくされた。三つ年長のわたくしは物ごころついてから、このときにつくられた皇太子誕生《こうたいしたんじょう》の歌をあらためて教えられ、後《おく》れ馳《ば》せながら現天皇《げんてんのう》のご誕生《たんじょう》を祝った。ところが、不忠《ふちゅう》の臣（？）であるわたくしは、どうもその歌をうろ覚えで頭に入れてしまったようで、いまも唱《うた》いだしを「夜明けだ、夜明けに」とやり、物知りから「違《ちが》うぞ、日の出だ、日の出に、が正しい歌《か》詞《し》だぞ」とやられた。さらにそのあとを、
〽鳴った　鳴った　サイレン
サイレン　サイレン
とつづけたら、またどやされた。サイレンが一声なら皇女《おうじょ》、二声なら皇太子《こうたいし》と、あらかじめ発表されていたので、「サイレン　サイレン」ではなく、「ポー、ポーと唱《うた》うのが正しいんだ」

と訂《ただ》された。こうなると頭が混乱《こんらん》して、どっちが正しいのかわからない。作詞《さくし》の北原白秋《きたはらはくしゅう》先生をあの世からよびだして教えていただきたいと思うばかりである。といっても、じつはいま唱《うた》えるのはその唱《うた》いだしの二行だけなのであるから、わざわざ白秋《はくしゅう》先生にご迷惑《めいわく》をかけるほどのことでもない。申しわけないと、むしろお詫《わ》びすべきなのかもしれない。

◆◆◆◆◆

昭和九年（一九三四）

世の注目をあつめていた満洲《まんしゅう》国は、この年の三月一日、執政溥儀《しっせいふぎ》が皇帝《こうてい》に即位《そくい》し、元号を康徳《こうとく》と改めて満洲帝国《まんしゅうていこく》としてあらためて世界に名乗り出た。しかし、新国家として国際的《こくさいてき》に認《みと》めたものはわずかな国だけである。国際連盟《こくさいれんめい》の主要列強はすべてソッポを向いた。日本帝国《ていこく》はいっそう孤立化《こりつか》を深めたが、とにもかくにもこの新国家を育成していかねばならない。

結果として、これを作りあげた陸軍省、国家対国家の仕事をになう外務省《がいむしょう》、さらに開拓民《かいたくみん》などの責任《せきにん》を負わなければならない拓務省《たくむしょう》とが、その主導権《しゅどうけん》をめぐっての暗闘《あんとう》をくりひろげることとなる。だが、つまりは陸軍が強引《ごういん》な政治力《せいじりょく》を発揮《はっき》して勝ちを制《せい》した。押《お》しつまった十二月二十六日に対満機構改革《きこうかいかく》のための事務局《じむきょく》が新たに設置《せっち》され、林銑十郎《はやしせんじゅうろう》陸軍大臣が総裁《そうさい》を兼任《けんにん》することとなる。つまりは陸軍の満洲独占《まんしゅうどくせん》の支《し》配体制《はいたいせい》がここに確立《かくりつ》した。こうして自信をえた陸軍の政治《せいじ》への進出は、これを典型的《てんけいてき》な一例として顕著《けんちょ》になり、この年から「そこ退《の》け、そこ退《の》け」の軍国への堂々《どうどう》たる闊《かつ》歩《ぽ》がはじまったといってもよかろうか。

とはいえ、外からは強固な一枚岩《いちまいいわ》としかみえなかった陸軍であるが、じつはこの年の夏ごろからいわゆる統制派《とうせいは》と皇道派《こうどうは》とに二分され、熾烈《しれつ》な内部抗争《こうそう》が展開《てんかい》されていたのである。勝敗は不明であったものの、何となく統制派《とうせいは》時代がくるのではないかと予想されはじめたとき、海軍内部でも軍縮《ぐんしゅく》条約《じょうやく》をめぐって条約締結派《じょうやくていけつは》（条約派《じょうやくは》）と条約反対派《じょうやくはんたいは》（艦隊派《かんたいは》）が隠微《いんび》な抗争《こうそう》をつづけ、どうやらこっちはその決着がついたのである。すなわち、条約派《じょうやくは》の主だった提督《ていとく》たちが、強硬派《きょうこうは》のかついだ長老の伏見《ふしみの》宮《みや》と東郷平八郎《とうごうへいはちろう》の両元帥《げんすい》の威名《いめい》のもとに、つぎつぎに首を切られ、海軍を去っていった。そしてこの年の十二月、日本海軍はワシントン軍縮《ぐんしゅく》条約《じょうやく》の廃棄《はいき》を米英仏《べいえいふつ》に通告《つうこく》する。開明的であるはずの海軍もまた孤立化《こりつか》の道を選択《せんたく》したといえる。

満洲《まんしゅう》事変、上海《しゃんはい》事変、さらに熱河《ねっか》作戦とつづいた戦火もおさまって、この昭和九年という年は、国民にとってはまことに穏《おだ》やかともみえるときであった。駐日《ちゅうにち》アメリカ大使ジョセフ・C・グルーがその日記『滞日《たいにち》十年』にかくように、「嵐《あらし》の前の平穏《へいおん》」そのものといえた。日本の支配層《しはいそう》のなかにも「新しい軍事冒険《ぼうけん》に出る前に、すでに獲《かく》得《とく》した権益《けんえき》を確固《かっこ》たるものにするほうが大事」と考え「現状《げんじょう》の継続《けいぞく》」でいこうとする空気が主であった、とグルーは観測《かんそく》していたらしい。「情勢《じょうせい》は穏健派《おんけんは》の顕著《けんちょ》な勝利であり、日本を正気の道に戻《もど》すことができるのではないか」ともかいている。

はたして現実《げんじつ》はどうであったであろうか。

◆◆◆◆◆

◆三大列強の一つ

元気のいい話からはじめる。小林一三《こばやしいちぞう》という卓抜《たくばつ》した興行主《こうぎょうぬし》と白井鐵造《しらいてつぞう》という天才的な演出家《えんしゅっか》でつくりあげた世界でも稀《まれ》なレビューが、東京に乗りこんできたのが、この年の元旦《がんたん》のことである。東京宝塚劇場《たからづかげきじょう》の柿落《こけらおと》しが『花詩集』。のちの大スター葦原邦子《あしはらくにこ》が回想している。「華《はな》やかによそおった元日の招待日《しょうたいび》の客席は、関西の宝塚《たからづか》では考えられない豪華《ごうか》さ」で、「黒紋《もん》つきの着物に袴姿《はかますがた》で、私《わたし》は下手《しもて》の花道に並《なら》んで」ただ眼《め》を見張《みは》るばかりであった、と（『わが青春の宝塚《たからづか》』）。

この一劇場《げきじょう》の華《はな》やかさが物語るように、昭和恐慌《きょうこう》もおさまって、日本の景気は右肩上《みぎかたあ》がりになりはじめていた。経済《けいざい》問題について語るのは得意《とくい》ではないし、読者の信頼《しんらい》も薄《うす》いであろうから、中村隆英《なかむらたかふさ》東大名誉教授《めいよきょうじゅ》の『昭和史《しょうわし》』をちょっと長く引用すると、

「一九三二年から三六年までの五年あまりの間に、日本の産業はめざましい転換《てんかん》をなしとげた。まず低為替《かわせ》による輸出《ゆしゅつ》の増加《ぞうか》が、ついで重化学工業を中心とする大規模《だいきぼ》な設備投資《せつびとうし》が、軍事《ぐんじ》

費《ひ》と農村救済事業費《きゅうさいじぎょうひ》とともに需要《じゅよう》を創出《そうしゅつ》し、しかも高橋《たかはし》〔是清《これきよ》〕財政《ざいせい》下の低金利政策《せいさく》が作用して、諸産業《しょさんぎょう》は急激《きゅうげき》な成長のきっかけをつかんだからである。とくに、鉄鋼《てっこう》、機械、電気機械、化学工業は、一方では軍需《ぐんじゅ》、他方では設備投資《せつびとうし》と建設投資《けんせつとうし》に支《ささ》えられて急激《きゅうげき》な発展《はってん》をとげた」

ということなのである。

なるほど、A面つまり学問的には右のような説明になるのであろう。これをちょっと落としてB面の話でいくと、いちばん具体的にわかるのは、官営八幡製鉄所《かんえいやはたせいてつしょ》を中心にしてものすごくでっかい製鉄《せいてつ》会社がこの国にはじめてできたのがこの年の一月二十九日。釜石《かまいし》、輪西《わにし》、三菱《みつびし》、九州、富士《ふじ》の五製鉄《せいてつ》会社を合併《がっぺい》して、ここに日本製鉄株式《せいてつかぶしき》会社が設立《せつりつ》された。資本金《しほんきん》三億四千六百万円。この製鉄大合併《せいてつだいがっぺい》は国家の、とくに軍部の要請《ようせい》するところでもあったであろう。

そのほか化学工業を中心とする「新興財閥《しんこうざいばつ》」もあとにつづく。日本産業（日産）、日本窯業《ようぎょう》（日窯《よう》）、昭和肥料《ひりょう》（昭和電工）、日本曹達《そーだ》（日曹《そう》）エトセトラ。中島知久平《なかじまちくへい》の中島《なかじま》飛行機が設《せつ》立《りつ》されたのもこのころ。

お蔭《かげ》で、この年の後半には軍需《ぐんじゅ》インフレとなって、一般民衆《いっぱんみんしゅう》もだんだんに潤《うるお》ってきた。個《こ》人《じん》工場は大増築《だいぞうちく》をはじめ、いろいろな仕事の熟練工《じゅくれんこう》は引っぱりだこで、なかで景気のいいのは機械工業の職工《しょっこう》たち。熟練工《じゅくれんこう》の最低日給が二円であったのが四円から五円とうなぎ登りで、残業手当てがたいていこの二倍から三倍というから、百円の給料の職工《しょっこう》は百五十円の手当てを貰《もら》っていることになる。とにかく威勢《いせい》がいい。「ソレ、ヨイヨイヨイ」と景気がまことによろしい。

いまは余《あま》りみなくなったが、昔は新規《しんき》開店のお店の宣伝《せんでん》にチンドン屋が街をねり歩いていた。鉦《かね》に太鼓《たいこ》に三味線《しゃみせん》、クラリネットにアコーディオンなど五人一組となって街から街へ。その稼《かせ》ぎは？

「女ならたいてい二円五十銭《せん》くらい。顔がよければもっと取る。女でクラリネットができれば三円五十銭《せん》から四円。ところが男はよくて二円なんだからね。男は助かりませんや」（東京朝日新聞　九月十五日付）

あんみつ十三銭《せん》、コーヒー一杯《いっぱい》十五銭《せん》、かけそば十銭《せん》のころの話である。

国民はひとしく胸《むね》を張《は》りだした。いまや日本は世界の五大強国の一つで、さらにそのなかの三大列強の一つである。そもそも五大強国とは英米仏伊《えいべいふつい》そして日本、三大列強とは日英米なのであると。たしかに、この年ぐらいから急激《きゅうげき》に国力は上向きになっていた。昭和六年の項《こう》で、戦争で新聞は儲《もう》かるとかいたかと思うが、戦争で各種の産業もまた莫大《ばくだい》な利益《りえき》をうむことができる、いまでいう国民総生産《そうせいさん》（ＧＮＰ）もそのパーセンテージをあげはじめた。世界各国のなかで、いちばん早くウォール街の大暴落《だいぼうらく》の影響《えいきょう》から脱《だっ》することができたのが、わが国であったといってもいいかと思う。

その証《あか》しに、といってはいいすぎかもしれない、いや、そうではあるまい。明るくなった世相を、それは間違《まちが》いなく反映《はんえい》していたように思う。またまた「音頭《おんど》」なんである。前年の「東京音頭《おんど》」につづいてこの年は「さくら音頭《おんど》」の競作ときた。しかも、コロムビアは松竹とタイアップ、ビクターは日活とタイアップ、そこへまた、ポリドール、キング、テイチクといった各レコード会社も加わって、総力《そうりょく》をあげてヤットサノサと音頭《おんど》の大合戦が展開《てんかい》された。さあ、景気がよくなった、景気よく歌え歌え、である。ビクターは小唄勝太郎《こうたかつたろう》と徳山璉《とくやまたまき》、コロムビアは柳橋《やなぎばし》芸者の歌丸《うたまる》と富勇《とみゆう》、ポリドールが東海林太郎《しょうじたろう》に喜代三《きよぞう》、〆香《しめか》、小花《こはな》の四人、キングが美《み》ち奴《やっこ》と東海林太郎《しょうじたろう》。いやはや、各社の血眼《ちまなこ》の競争ぶりにはあらためて仰天《ぎょうてん》するばかり。

結果はビクターの圧勝《あっしょう》！

〽ハァー　咲《さ》いた咲《さ》いたよ　弥生《やよい》の空に　ヤットサノサ
さくらパッと咲《さ》いた　咲《さ》いた咲《さ》いた咲《さ》いたパッと咲《さ》いた

と、なんの奇《き》もない呆《あき》れるばかりの歌詞《かし》。ただもう恐《おそ》れ入《い》りました、と頭を下げるほかはない。世はともかくも浮《う》かれだした。当時の川柳《せんりゅう》もそれに合わせた。

太平の花の音頭《おんど》に浮《う》かれ出《だ》し

ただしわたくしは「さくら音頭《おんど》」は歌えないから、浮《う》かれて楽しくかいているわけではない。

◆活動写真館とハチ公

人の心というものは景気がよくなりだすと落ち着いてくる。それが原理原則《げんそく》であることはいつの時代であっても変わりない。落ち着くとより楽観的になるから、どうやら住みやすい世となって未来を楽観視《し》するようになる。戦火もどうやらおさまったし、新国家満洲《まんしゅう》もつくったし、この国はもう大丈夫《だいじょうぶ》という気になって、こうして民衆《みんしゅう》は浮《う》かれに浮《う》かれだす。

まさか二年後に二・二六事件《じけん》、さらにその翌年《よくねん》に日中戦争が起こるなどと予測《よそく》しているものはいなかった。「そりゃ明日のことは明日のことよ」との思いはあったであろうが、とにかくいまは「世はなべて事もなし」と浮《う》かれた。それであるから、この年は七月に斎藤実内閣《さいとうまことないかく》が総辞《そうじ》職《しょく》に追《お》い込《こ》まれた帝人事件《ていじんじけん》のほかには、A面的にはこれとすぐ思いだせる事件《じけん》のなかった年、ということになる。念のためにかいておくが、この帝国人造絹糸株式会社《ていこくじんぞうきぬいとかぶしき》（すなわち帝人《ていじん》）の株《かぶ》をめぐる贈収賄事件《ぞうしゅうわいじけん》は、いまになると「空中楼閣《くうちゅうろうかく》」の倒閣《とうかく》のための陰謀事件《いんぼうじけん》と明らかになっている。ではあったが、当時は戦前最大の疑獄事件《ぎごくじけん》といわれ、新聞には「鳩山《はとやま》君葬《とむら》ひの辞」だの「三土《みつち》・黒田《くろだ》君自決《じけつ》せよ」だのといった大見出しの刺戟《しげき》的・罵倒《ばとう》的な字が躍《おど》っていた。

そんな世の浮《う》かれに乗って、というのは少々おかしいかもしれないが、当時満四歳《さい》のわたくしはやたらと活動写真館に連れていってもらったような気がしている。いまでいう映画館《えいがかん》。輸《ゆ》入《にゅう》されていた洋画はオール・トーキーであったが、日本映画《えいが》のほうは記録によれば作られる映《えい》画《が》本数の一七パーセント程度《ていど》しかオール・トーキー化されていなかった。その弁士《べんし》つきの活動写真を近所の活動写真館に観《み》にいった記憶《きおく》がたしかにある。東成館と南龍《なんりゅう》館と橘《たちばな》館であった。ベルが鳴って、ジンタが弦《げん》の音合わせをする。館内が暗くなり、きまったように「天然の美」

がスローテンポで奏《かな》でられる。いよいよ活動のはじまりである。演台《えんだい》にランプがついて、紋付《もんつき》袴姿《はかますがた》の弁士《べんし》が登場する。いっせいに拍手《はくしゅ》が……。

「東山三十六峰《ぽう》、草木も眠《ねむ》る京洛《きょうらく》の巷《ちまた》、たちまち起こる剣戟《けんげき》のひびき」

ただし、この弁士《べんし》の名調子は当時わたくしが耳にしたものにあらず。この年に封切《ふうき》られた代表作一覧《いちらん》を検《けん》してみれば、五所平之助《ごしょへいのすけ》『生きとし生けるもの』、小津安二郎《おづやすじろう》『浮草物語《うきくさものがたり》』、木村《きむら》荘十二《そとじ》『只野凡児《ただのぼんじ》人生勉強』、島津保次郎《しまづやすじろう》『隣《となり》の八重《やえ》ちゃん』とほとんど満四歳《さい》とは縁《えん》なき作品ばかり。ただ一つ、伊丹万作《いたみまんさく》『忠臣蔵《ちゅうしんぐら》』が大河内伝次郎《おおこうちでんじろう》、鈴木伝明《すずきでんめい》、夏川静江《なつかわしずえ》、山田五十《やまだいす》鈴《ず》らの出演《しゅつえん》であった。あるいは、と思うが、たしかに観《み》た、という記憶《きおく》なんかこれっぽっちもないが。

なんだ、夢物語《ゆめものがたり》かよ、と軽蔑《けいべつ》されそうであるが、こうした活動写真を子供《こども》がじつによく観《み》にいったのはたしかなのである。統計《とうけい》にもある。観客数のなかで子供《こども》は二五パーセントとあるし、浅草《あさくさ》六区の日曜日の活動写真館では三人に一人が子供《こども》であったという。

余計《よけい》な強調はともかくとして、夢物語《ゆめものがたり》でも想像《そうぞう》でもなく、しっかりとした記憶《きおく》に残っている事実が一つある。渋谷《しぶや》の忠犬《ちゅうけん》ハチ公の銅像《どうぞう》をわざわざ向島《むこうじま》からわたくしは撫《な》でにいったのである。このときのことをその昔に「昭和『こぼれ話』と日本人」と題して偉《えら》そうに語ったことがあった。それをそっくり引用することにする。

「私《わたし》は四歳《さい》の腕白坊主《わんぱくぼうず》でしたが、よく覚えているのが、『夏は涼《すず》しく冬は暖《あたた》か』が売り物の地下鉄に乗って浅草《あさくさ》から新橋《しんばし》まで行き、そこで国電に乗りかえて渋谷《しぶや》まで、忠犬《ちゅうけん》ハチ公の銅像《どうぞう》を見にいったこと。昭和九年四月に初代銅像《どうぞう》が出来たということで、完成披露《ひろう》の除幕式《じょまくしき》の様子が新聞に載《の》りました。それで東京中の少年たちの話題になった。

だから私《わたし》も大人にせがんで、わざわざいったんでしょうね。銅像《どうぞう》のすぐ脇《わき》に本物のハチ公がチョコンと前足を揃《そろ》えて座《すわ》っていました。私《わたし》がカステラをやったらパクンと食べて……やたら大きく感じられたなあ。彼《かれ》の本名はハチ号だということや、翌《よく》十年の三月に十三歳《さい》で死んだということも記憶《きおく》にあります」

ちなみに東京地下鉄が新橋《しんばし》までのびて、浅草《あさくさ》―新橋《しんばし》間が開通したのはこの年の六月二十一日のことであった。

忠犬ハチ公の銅像が渋谷駅前に建てられた昭和９年、著者は見に出かけて足を撫でた記憶がある

それと、ハチ公が死んだときの東京日日新聞の昭和十年三月十三日付の記事も引用しておくこととする。ハチ公人気がどれほどのものかがよくわかる。

「花環《はなわ》二五、生花二〇

〇、手紙、電報《でんぽう》一八〇通、短冊《たんざく》一五枚《まい》、色紙三枚《まい》、書六枚《まい》、学童の綴方《つづりかた》二〇、清酒四斗樽《とたる》一本、四日間のお賽銭《さいせん》二〇〇余円《よえん》という豪勢《ごうせい》さであった」

そのほか付近の商店ではハチ公せんべい、ハチ公そば、ハチ公焼鳥、ハチ公丼《どん》などを売りだして……草葉の陰《かげ》でハチ公は眼《め》をパチクリしたことであろう。

◆パパ・ママ論争《ろんそう》

わたくしより年配の、山本七平《やまもとしちへい》、安岡章太郎《やすおかしようたろう》といった作家やエッセイストの回想記などを読むと、ほぼ共通しているのは、人びとが最も明るい顔をしていたのは昭和九年から十年にかけてであった、ということになる。まだ幼《おさな》すぎたわたくしの記憶《きおく》はせいぜい忠犬《ちゆうけん》ハチ公ぐらいであるが、すでに少年ないし青春前期を迎《むか》えている人たちにはしっかりと想《おも》いだされる楽しいことがいろいろとあったらしい。

まずはエロ。エロのカフェーがぐんと下火になり、かわりに喫茶店《きつさてん》とかミルクホールとかが盛《さか》り場《ば》に登場し、あまり余裕《よゆう》のない学生たちを喜《よろこ》ばせるようになった。明治、森永《もりなが》などのチェーン店が結構《けつこう》オアシスの役をはたし、一杯《いつぱい》のミルクコーヒーを飲みながらの閑談《かんだん》が、若《わか》ものはもちろんのこと、どんどん一般的《いつぱんてき》になっていった。

四月二日付の都《みやこ》新聞（現《げん》東京新聞）がこう報《ほう》じている。

「カフェーの穴倉《あなぐら》然たるボックスより硝子《がらす》張《ば》りの明朗《めいろう》な喫茶店《きつさてん》を喜《よろこ》び、エロ万能主義《しゆぎ》より高《こう》尚《しょう》なサービスに心を惹《ひ》かれ、第一に会計の少ないこと、チップのかさばらないことがお客たちを何より安心させて、ミス喫茶《きっさ》の方へお客は傾《かたむ》いていくのである」

そこで働く〝ミス喫茶《きっさ》〟の女性《じょせい》たちも、みんなパーマネントをかけるようになっていたことも特筆しておいたほうがいいであろう。じつは国産パーマネントの機械が発明されたのはこの年なのである。それまではすべて輸入品《ゆにゅうひん》で、非常《ひじょう》に高価《こうか》であった。それで備《そな》えつけている美《び》容院《よういん》は全国でも数えるほどしかない。そこに山野千枝子《やまのちえこ》が中心となって国産機械の製作《せいさく》に苦心《くしん》惨憺《さんたん》、ようやく第一号を生みだし、山野《やまの》のジャストリー社につづいて、メーカーがぞくぞく出《しゅつ》現《げん》したのがこの年という。

とにかく女性《じょせい》が美しくなるというのは、自然と世の中を明るくし、安らかにする。まことに天下泰平《たいへい》で結構《けっこう》な話であるが、いきおい有閑《ゆうかん》ガールなる新種族を生みだすことにもなった。フラッパー（おてんば）でもモガでもない、学校を出たが仕事につかない、インテリでスマートで、生活に汲々《きゅうきゅう》としていない若《わか》き女性《じょせい》たち。これがただ何となく銀座《ぎんざ》をブラつくだけ。

東京日日新聞がわざわざ彼女《かのじょ》たちを紙面で紹介《しょうかい》する労をとっている。

「A嬢《じょう》―しづ子さん、女子学院出の廿二歳《にじゅうにさい》。入社試験で東宝専属女優《とうほうせんぞくじょゆう》になったが、三日でやめた早業《はやわざ》、ビクター文芸部に転身してレコード歌手志望《しぼう》、声楽とタップと日本舞踊《ぶよう》を習っている。（中略《ちゅうりゃく》）C嬢《じょう》―廿四歳《にじゅうよんさい》、山脇《やまわき》高女出。ソシアル・ダンスの教師《きょうし》をしていたという。他人に縛《しば》られない、何か自分で切《き》り廻《まわ》してやる仕事がしたいという」（四月十九日付）

そんな彼女《かのじょ》たちの間だけでひそかに交《か》わされている隠語《いんご》もついでに紹介《しょうかい》すると――、
●反抗《はんこう》できない＝やりきれぬ、あきれちゃった、敗《ま》けた。
●笑っちゃえ＝品物を失敬《しっけい》する、問題にしない、約束を無視《むし》する。
彼女《かのじょ》たちの恋愛《れんあい》・結婚観《けっこんかん》は、といえば、「恋愛《れんあい》は恋愛《れんあい》、結婚《けっこん》は結婚《けっこん》、恋愛《れんあい》したからって結婚《けっこん》するのが幸福とは思わない」なのであるそうで、いまどきの女性《じょせい》たちと変わらないか。なるほど、そうなるといまどきの女性《じょせい》たちはみんな昭和九年ごろには有閑《ゆうかん》ガールとよばれていたことになる。

話題を変えて、もう一度、東京日日新聞を引く。見出しは「自動車洪水《こうずい》・全市の混乱《こんらん》」。
「……各方面から二重橋《にじゅうばし》前広場の大道路を抜《ぬ》ける自動車は実に三万二五〇五台、二重橋《にじゅうばし》前の丁字交叉点《ていじこうさてん》で二万七〇八〇台。現在《げんざい》警視庁《けいしちょう》管下の自動車総数《そうすう》約二万八〇〇〇台だから、市内、郡部の全自動車が一日一回通らねばならぬ勘定《かんじょう》になる。（中略《ちゅうりゃく》）トラックが通らないでもこれほどの交通量を占《し》め、その激甚《げきじん》ぶりを如実《にょじつ》に物語っている」
いまとくらべれば何のこともない数字ながら、日本がたしかに戦争景気で大そうな不況《ふきょう》から脱《だつ》しつつあったことがよくわかる。

四海波静かに、世は泰平《たいへい》の話題をもう一つ拾うと、ときの文部大臣松田源治《まつだげんじ》のまことに突飛《とっぴ》な発言がある。八月二十九日、いまや家庭でパパ・ママという言葉がはやっていることについて、新聞記者に語ったというのである。

「日本人はちゃんと日本語を使って、お父さん・お母さんといわねばいかん。またはお父さま・お母さまだ。舌足《したた》らずのパパ・ママを使うのは、そもそも日本古代よりの孝行《こうこう》の道の廃《すた》れるもととなる」

これが新聞にでて、近くパパ・ママ禁止令《きんしれい》が発表されるという噂《うわさ》が広まった。がぜん論争《ろんそう》が捲《ま》き起《お》こった。家庭内の呼称《こしょう》まで文相《ぶんしょう》の権限《けんげん》は及《およ》ばぬ。いや、文相《ぶんしょう》には日本の孝道発展《こうどうはってん》の責任《せきにん》がある、と喧々囂々《けんけんごうごう》。もっともわれら東京の下町の悪ガキどもはトオチャン・カアチャンであり、少し長じると、おやじとおふくろ。山の手のお坊《ぼ》っちゃま君たちがパパ・ママなんてほざくと、ヘドがでそうになったから、この論争《ろんそう》には関係なかったが。

それにしても、なんとも平和にして程度《ていど》があまり高くない時代の感がしきりなんであるが。などと毒《どく》づくのは下町育ちのひがみが入っているかもしれない。

◆明るい話題の背後《はいご》で

ものをかくというのは妙《みょう》なもので、いささかなりとも明るい話題をならべていると、筆もいつかのんびりとした調子になる。これまでのように国民的窮乏《きゅうぼう》をつづけて説《と》いていると悲壮味《ひそうみ》をましてくるが、この昭和九年の安穏《あんのん》無事の世の諸相《しょそう》を語っていると、とくに意識《いしき》しないのについつい楽観的になって、暗い話を忘《わす》れそうになる。それで慌《あわ》ててかくことになる。

じつは、この年は東北地方を中心に、悲劇的《ひげきてき》な凶作《きょうさく》に見舞《みま》われた年であったのである。米の

凶作による飢餓で大根をかじる岩手の子供たち（昭和９年）

予想収穫高《しゅうかくだか》は凶作《きょうさく》であった前年にくらべてもさらに一割《わり》六分の減収《げんしゅう》で、大正二年（一九一三）につぐ大凶作《だいきょうさく》と、十一月三日の東京朝日新聞が報《ほう》じていた。「栄養価《えいようか》ゼロでも食べねばならぬ。草木に露《つゆ》をつなぐこの世の地獄《じごく》冷寒地」と、同じ日の紙面は東北地方の現状《げんじょう》を伝えている。

当然のことに、また昭和六年同様に娘《むすめ》の身売りがはじまっていた。出稼《でかせ》ぎは五万八千人、その多くは芸者や娼婦《しょうふ》、女給になった。悪周旋《しゅうせん》屋にだまされ、女給は十五円、娼婦《しょうふ》は五十円という金で売られたという。

●木の実と草の根を食ひ飯食はぬ人らは黒き糞《ふん》たれにけり

●貧《まず》しさはきはまりつひに歳《とし》ごろの娘《むすめ》ことごとく売られし村あり

山形出身の歌人結城哀草果《ゆうきあいそうか》の歌である。悲惨《ひさん》はまだつづいていた。

景気がよくなった、といっても、昭和史《しょうわし》の原点の一つにしばしばの飢饉《ききん》のあったことはやっぱり否定《ひてい》できない。この貧《まず》しい農村出身の兵に多く接《せっ》することのあった陸軍の青年将校《しょうこう》が、これを国家存亡《そんぼう》にかかわる重大事と切々としてその身に感じていたのである。そしてそれが二・二六事件《じけん》へ、いや、やがては国民総力《そうりょく》をあげての大戦争へとつながる導火線《どうかせん》になったこと、いささか早すぎるがやはり知っておく必要がある。ただし、それがすべてではないが。

　ところが、都会のミルクホールや喫茶店《きっさてん》で一休みし、少々生活的に余裕《よゆう》のでてきた人びとは、そんな身に迫《せま》るようなことを話題にはかならずしものせていなかったのである。当時の民衆《みんしゅう》は、いまよりも政治《せいじ》や経済《けいざい》や社会に関心がなかった。というより、ちょっと豊《ゆた》かになったとはいえ、明日の保証《ほしょう》はまだ不確実《ふかくじつ》、やっぱりあまり身近でない話題はすぐ消えていってしまう。

　なぜなら、情報《じょうほう》がそれほど早くかつ詳細《しょうさい》にひろがることはなかったし、それに都市と地方との距離《きょり》感はいまとまったく違《ちが》う。なるほど、この年の十二月一日に殉職者《じゅんしょくしゃ》六十七名もだした難工事《なんこうじ》の丹那《たんな》トンネルが貫通《かんつう》し、東海道線が御殿場《ごてんば》を回らずに熱海《あたみ》から沼津《ぬまづ》へ直通して走るようになった。それでも特急「つばめ」は東京—大阪間が八時間もかかったのである。ましてや東京から青森まで行こうとすれば、いまのニューヨーク直行便の飛行機より時間がかかった時代である。

　それに電話。いまのように日本じゅうどこでも即時《そくじ》通話という時代と違《ちが》って、このころは他府県にかける電話はそれぞれの電話局を通して、交換台経由《こうかんだいけいゆ》でつないでもらうのに、早くて二、三時間、遅《おそ》ければ半日近くかかった。情報《じょうほう》の伝達のスピードがまったく違《ちが》うのである。

ミルクホールの老若男女《ろうにゃくなんにょ》の客たちが、昭和史《しょうわし》を彩《いろど》るこの年のさまざまな事件《じけん》、一月の共《きょう》産党《さんとう》リンチ事件《じけん》、三月の時事新報《しんぽう》社長の武藤山治《むとうさんじ》射殺事件《しゃさつじけん》、五月の〝海軍の神様〟東郷平八郎《とうごうへいはちろう》元帥《げんすい》の死去、九月の室戸《むろと》台風、十一月の満鉄の特急「あじあ」号の運転開始などを新聞が報《ほう》じても、ホー、そうかいと一時は話題にしても、すぐに忘《わす》れていってしまう。つまりは直接《ちょくせつ》のいまの生活との距離《きょり》があまりにも遠いゆえ、それも当然のことであったといえる。それに東北の飢饉《ききん》はいわば毎年のこと、だからといって自然災害《さいがい》はどうにもならず、さして重大視《じゅうだいし》するに及《およ》ばずといった空気が世を支配《しはい》してもいた。それが青年将校《しょうこう》たちには我慢《がまん》ならなかった。

たしかにいまになると、ミルクホールの客たちが真剣《しんけん》に憂《うれ》えなければならない重大事も、たしかに官報《かんぽう》や新聞で報《ほう》ぜられていたのである。くわしくかくのはB面から大きく逸脱《いつだつ》することとなるし、A面的概観《がいかん》をこの章のはじめにかいている。でも、やっぱり外すべきではないと思うので、年表式にただ何事が起こったかだけをならべる。

「八月六日、陸軍省、在満機構改革《ざいまんきこうかいかく》原案を発表。二十日、拓務省《たくむしょう》の原案を発表。九月十二日、在満機構改革《ざいまんきこうかいかく》をめぐり陸軍省・拓務省《たくむしょう》の対立により、関東省《かんとうしょう》全職員総辞職《そうじしょく》を決議。十四日、閣議《かくぎ》、在満機構改革案《ざいまんきこうかいかくあん》を承認《しょうにん》。十月七日、拓務省《たくむしょう》の全員、改革案《かいかくあん》反対の具申《ぐしん》書を提出《ていしゅつ》。十二月二十六日、対満事務局官制公布《じむきょくかんせいこうふ》。陸相《りくしょう》林銑十郎《はやしせんじゅうろう》が総裁《そうさい》を兼任《けんにん》。これにより在満機構改《ざいまんきこうかい》革《かく》問題終結する」

要するに、陸軍が軍刀《ぐんとう》をガチャガチャと鳴らして、横車を押《お》し通《とお》したという話なのである。

新国家の満洲帝国《まんしゆうていこく》とまともにつき合うのは外務省《がいむしよう》の仕事、関東州《かんとうしゆう》（大連《だいれん》・旅順《りよじゆん》）をあらためて満洲帝国《まんしゆうていこく》から租借《そしやく》するのであるからそれは拓務省《たくむしよう》や大蔵省《おおくらしよう》の仕事。それらをすべて実質的《じつしつてき》に陸軍が統括《とうかつ》することとなると、満洲《まんしゆう》は「陸軍の領土《りようど》」のようになってしまう。それで拓務《たくむ》・外務《がいむ》・大蔵《おおくら》三省の役人が「それはいかん、いままでどおりわれわれの仕事に」と反対したのである。しかし陸軍は一歩も譲《ゆず》る気はない。ついに「関東省《かんとうしよう》全職員〈右の三省の役人〉総辞職《そうじしよく》」となる。およそ日本近代史《きんだいし》はじまっていらいの奇想天外《きそうてんがい》の大騒動《おおそうどう》。でも、陸軍は断乎《だんこ》として引かなかった。そして見事に勝利をおさめた。

いまになると「軍の横暴《おうぼう》」とか「陸軍の横車《よこぐるま》」とかあっさりという。そのそもそもはこのときにはじまったのではなかったか。そう判断《はんだん》したくなってくる。その陸軍の陸軍省新聞班《はん》が軍事啓蒙《けいもう》のためにつくったパンフレット「国防《こくぼう》の本義《ほんぎ》と其《その》強化の提唱《ていしよう》」が一般《いつぱん》に配布《はいふ》されたのが十月一日。このことについてもちょっとふれておく。要は、第一次世界大戦の教訓から、これからの国防《こくぼう》を考えるとき、あらゆる物的資源《しげん》、人的資源《しげん》、その全総力《ぜんそうりよく》をあげて戦争に奉仕《ほうし》させねばならぬ、と恐《おそ》れげもなく宣言《せんげん》したのである。

「たたかいは創造《そうぞう》の父、文化の母である」

という文句《もんく》はいまでは有名であるが、当時はどうであったか。パンフレットのお終《しま》いに私製《しせい》はがきがついていて、それに意見をかいて陸軍省に送付できるようになっていた。今日にいう「民意を問う」という当時にあっては異例《いれい》の形をとっていたが、さて、意見をかいてだした人がいたかどうか。おそらくほとんどいなかったのが実情《じつじょう》であろう。

景気がちょっと上向きになると、民草《たみくさ》はまずは一安心と「日本の明日」に大いに期待をかける。そんなときミルクホールで天下国家を論《ろん》ずるよりも、万事《ばんじ》はお上《かみ》にお任《まか》せ、もっぱら自分たちの生活への関心で話は大いに盛《も》り上《あ》がるものである。

昭和十年（一九三五）

この年は大いなる転換点《てんかんてん》となった年であったといえる。八年、九年とつづくやや陰《かげ》にこもった軍部の政治《せいじ》台頭の動きが、いよいよ表面化し、意図的に思想つまり言論《げんろん》への圧迫《あっぱく》という形で強化されていく。いいかえれば、天皇《てんのう》をして現人神《あらひとがみ》に祀《まつ》りあげる大いなる動きがはじまった年といったらいいか。

その踏《ふ》みだされた第一歩が天皇機関説《てんのうきかんせつ》問題であった。二月十八日、貴族院《きぞくいん》議員の菊池武夫《きくちたけお》が本会議場で東大教授美濃部達吉《きょうじゅみのべたつきち》の憲法《けんぽう》学説を「これは国体《こくたい》を破壊《はかい》する思想である」と攻撃《こうげき》したのがはじまりである。はたしてその裏《うら》にどんな策謀《さくぼう》が練られていたものか、いまになればさまざまな資料《しりょう》でそれは明らかになっている。

そしてこの問題は思想・学問の問題であり、歴史観《れきしかん》への問いかけであり、言論《げんろん》の自由の問題であった。しかし、何ということか、美濃部《みのべ》学説を公《おおやけ》の場で弁護《べんご》し、学問・思想の尊厳《そんげん》を守ろうとする動きは、学界はもちろん、新聞をはじめ雑誌《ざっし》などの言《げん》論界《ろんかい》にはそれほど強くなく、いや、ほとんどみられなかった。強硬《きょうこう》にして熱狂的《ねっきょうてき》な精神論《せいしんろん》の前には冷静な言論《げんろん》などは相手にされるべくもない。

まさしく容易《ようい》ならざる時代が到来《とうらい》していたのである。思想的には、もはや宗教《しゅうきょう》、いや、カルトとしかいいようのない〝天皇神聖説《てんのうしんせいせつ》〟が主流となり、現人神《あらひとがみ》として天皇《てんのう》の神聖《しんせい》にあこがれることが日本の正義《せいぎ》なのである。巷《ちまた》には政党政治《せいとうせいじ》の堕落《だらく》がいわれ、国体明徴《こくたいめいちょう》・挙国一致《きょこくいっち》の神がかり旋風《せんぷう》が吹《ふ》きまくりはじめる。目的のため手段《しゅだん》を選ばなくなる。穏健《おんけん》自由主義《しゅぎ》はいまやガタガタとなり沈黙《ちんもく》を守らざるをえなくなった。

こうして政財官界《せいざいかんかい》や言論界《げんろんかい》が、天皇機関説《てんのうきかんせつ》問題と国体明徴《こくたいめいちょう》運動で大揺《おおゆ》れに揺《ゆ》れているとき、陸軍部内で突然《とつぜん》の流血事件《じけん》が起き、さらに世を震撼《しんかん》した。八月十二日の白昼に、軍の中枢《ちゅうすう》にあった軍務《ぐんむ》局長永田鉄山少将《ながたてつざんしょうしょう》が刺殺《しさつ》されたのである。しかも犯人《はんにん》の相沢三郎《あいざわさぶろう》中佐は憲兵《けんぺい》に検束《けんそく》されたとき、何も悪びれることなくこういい放《はな》った。

「伊勢大神《いせのおおかみ》が相沢《あいざわ》の身体を一時借りて天誅《てんちゅう》を下し給《たも》うたので、俺《おれ》の責任《せきにん》ではない」

その報告《ほうこく》をうけたとき元老西園寺公望《げんろうさいおんじきんもち》は、眉《まゆ》をくもらせていった。

「日本だけはロシアやドイツがふんだ道を通らないで行けるかと思うとったが、こんなことがしばしば起こると、結局はやはり同じ道を通らなあきまへんかなあ」

その予感は当たった、いや、予感を消し飛ばす革命的大事件《かくめいてきだいじけん》が、十一年が明けると

すぐに起こった。国のあり方を土台から揺《ゆ》さぶり動かすことになった二・二六事件《じけん》が

それである。

◆あなたと呼《よ》べば

天皇機関説《てんのうきかんせつ》における罵詈雑言《ばりぞうごん》といい、国体明徴《こくたいめいちょう》運動の圧力《あつりょく》といい、永田鉄山暗殺《ながたてつざんあんさつ》といい、たしかに昭和史《しょうわし》は政治的《せいじてき》そして軍事的に、それ以上に思想的に、急速に転換《てんかん》しつつあった。左翼勢力《さよくせいりょく》は相つぐ弾圧《だんあつ》もあって潰滅寸前《かいめつすんぜん》。日本共産党《きょうさんとう》の非合法《ひごうほう》機関紙であった「赤旗」は十年一月二十日号をもって終刊《しゅうかん》となった。メーデーもこの年は右派《うは》と左派《さは》にわかれて二カ所でどうやら行われたが、動員された労働者はわずか六千人。そして、この年かぎりでメーデーは（戦後に復活《ふっかつ》するまで）行われなくなった。

であるからといって、われら一般民衆《いっぱんみんしゅう》の生活がいっぺんに危機的《ききてき》に変容《へんよう》したといいたいわけではない。大正デモクラシー的な気分というか、昭和改元いらいの自由主義的《しゅぎてき》な風潮《ふうちょう》というか、それはまだ残っており、昭和十年はむしろまだまだ平穏《へいおん》な年であったといったほうがいい。思いもかけないような好景気の到来《とうらい》で、生活は楽になった、それで大いに民草《たみくさ》は享楽的《きょうらくてき》になりはじめていた、とするのが正しい見方なのである。

やや苦手な経済《けいざい》の話となるが、資料《しりょう》でみればそれは一目瞭然《いちもくりょうぜん》となる。経済企画庁《けいざいきかくちょう》（現内閣《げんないかく》

府）編《へん》『日本の経済統計《けいざいとうけい》（上）』によって、昭和四〜六年の平均と昭和十〜十二年の平均《へいきん》との生産の発展《はってん》ぶりをくらべてみれば、鋼材《こうざい》は二・四三倍、船舶《せんぱく》は二・〇二倍、電力は一・七五倍とどれもほぼ二倍になり、工作機械の製造《せいぞう》台数になると十倍を超《こ》えている。つまり鉄鋼《てっこう》、機械、化学工業などの諸産業《しょさんぎょう》は急激《きゅうげき》な成長ぶりを示《しめ》しはじめていたのである。

これをB面的にわかりやすくすれば、われらの家庭にラジオや蓄音機《ちくおんき》がどんどん入ってきた、ということになる。たとえば年表でみても、流行歌の数が、この年からぐんぐんふえだしてくる。なんとなれば、レコード会社がこの年にはなんと呆《あき》れるほど設立《せつりつ》されていたからである。すでにあったものも含《ふく》めれば、ビクター、コロムビア、ポリドール、キング、ニットー、パーロホン、テイチク、タイヘイ、オーゴン、ツル、アサヒ、コロナ、ミリオン、ショーチク、ゼーオー、テレビ、国鉄、エジソン、日本グラモフォン、フタミ。まあ、これも何かの参考になると思ってかいてみたが、とくに意味があるわけではない。

そしてそれに煽《あお》られたわけではないが、街にはしゃれた喫茶店《きっさてん》が激増《げきぞう》しはじめ、少々みみっちいミルクホールがあれよという間に姿《すがた》を消していく。この年の東京の喫茶店《きっさてん》は一万五千軒《けん》を超《こ》え、そのなかにはジャズ喫茶《きっさ》とかクラシック音楽喫茶《きっさ》なんかも登場したという。戦前、戦中の民草《たみくさ》がもっとも豊《ゆた》かになった最盛期《さいせいき》がこの年であったといわれている。

とにかく十銭《せん》とか十五銭《せん》のごく安い値段《ねだん》で、ちょっと高級な応接間《おうせつま》ムードにひたれるところが、大受けに受けたのである。しかもやさしい女給さんが応対《おうたい》してくれる。彼女《かのじょ》たちはすれっからしではなく、どことなくういういしくて良家の子女のような服装《ふくそう》をしている。そしてコーヒーや紅茶《こうちゃ》はモダーンな飲みものと思われていた。

さらにいい雰囲気《ふんいき》を盛《も》りたてる電気蓄音機《ちくおんき》から流れる軽音楽や恋《こい》の流行歌。芸術的香気《げいじゅつてきこうき》に酔《よ》ったような気分になれる。レコード会社はそれに乗った。持ちつ持たれつで、時代の風はふんわかとし陽気になっていった。

そしてそんな少しばかりの好景気で調子に乗った時代の空気のなかで、サトウハチロー作詞《さくし》、古賀政男《こがまさお》作曲の甘《あま》いメロディ「二人は若《わか》い」がウヘェーと溜息《ためいき》がつきたくなるほど大流行したのである。

〽あなたと呼《よ》べば　あなたと答える
　山のこだまの　うれしさよ
「あなた」「なんだい」
　空は青空　二人は若《わか》い

これはわたくしでも節回しもきちんと歌える。ある意味では当時の東京人の、赤《あか》ん坊《ぼう》をのぞく全老若男女《ろうにやくなんによ》が歌えるのではないか。「東京音頭《おんど》」とならんで、どこを歩いていても耳に入るといった歌であったから。それくらいラジオが普及《ふきゆう》したということにもなる。

そしてさらに推理《すいり》を深めれば、「あなたと呼《よ》べばあなたと答える」という最初の一行が、若《わか》い女性《じよせい》たちにアピールしたのではないか、と思われてならない。当時の日本にあっては、夫は妻《つま》を「お前」とよび、妻《つま》は夫を「あなた」という。あるいは下町では「あんた」。これが明治いらいの男尊女卑《だんそんじょひ》の家庭の伝統的《でんとうてき》な言葉遣《ことばづか》いであった。この差別を許《ゆる》せないことと常々《つねづね》思っている女性《じょせい》たちが、サトウハチローの甘《あま》いムードの掛《か》け合《あ》いに拍手《はくしゅ》を送ったとしても、決して不思議なことではないのではないか。

◆お産婆《さんば》さん

そういえば、わが家でもおやじはおふくろを「お前」「貴様《きさま》」「チヱ」としか呼《よ》んだことはなかった。前にもふれたと思うが、わが母は「産婆《さんば》」という職業《しょくぎょう》をもち、わが父母は当時では珍《めずら》しい共稼《ともかせ》ぎ夫婦《ふうふ》であった。しかも、おふくろは腕《うで》がよかったらしく、近所では〝名〟のつく産婆《さんば》さんとよばれ尊敬《そんけい》されてもいた。そうであっても、家では「お前」ときには「貴様《きさま》」であって、「あなたと答える」なんて雰囲気《ふんいき》はなく、せっせと二人とも忙《いそが》しく働いていた。

ところで、その産婆《さんば》という言葉はそもそもおかしいのではないか、という論議《ろんぎ》がこの年になってもち上がって、大そうな話題となったらしい。産婆《さんば》さんには若《わか》い人もいるのであるから、呼《よ》び方《かた》を考え直すべきではないかと。

その声に押《お》されて全国産婆《さんば》協会が全国的にはかったら、西日本とくに関西では「助産婦《じょさんぷ》」がいいという声が圧倒的《あっとうてき》であった。ところが関東派《は》がこれに反対したというからおかしい。なぜなら関東では産婆《さんば》の助手のことを助産婆《じょさんば》とよんでいるから、産婆《さんば》が助産婦《じょさんぷ》となったら、助手は助助産婦《じょじょさんぷ》とよぶことになる。紛《まぎ》らわしいしややこしいから、いっそ「産師《し》」としたらよかろう。そんな関東派《は》の提言《ていげん》に関西派《は》が猛反対《もうはんたい》。産師《し》は産死に通じて縁起《えんぎ》が悪すぎるではないか。まことに新しい名を産むことはむつかしいことのようで、結局、助産婦《じょさんぷ》も産師《し》も流産となって、もとの産婆《さんば》に落ち着いたという。

わがおふくろは「お産婆《さんば》さん」とよばれることに何の違和感《いわかん》ももっていなかったようだし、二人いた若《わか》い見習いの女性《じょせい》も「助産婆《じょさんば》さん」といわれると明るく「はーい」と答えていた。そして玄関脇《げんかんわき》には「半藤《はんどう》産院」という大きめの看板《かんばん》が立てられていた。

なんでかかる私事《わたくしごと》を麗々《れいれい》しくかいたのか、というと、そんな産婆《さんば》改名の論争《ろんそう》が新聞にも何回か載るようなやや呑気《のんき》な世相であったことの証明《しょうめい》ともなると思うし、それと昭和十年十月一日に国勢調査《こくせいちょうさ》が行われ、朝鮮《ちょうせん》・台湾《たいわん》をのぞく日本人は七千万に達しようとしていたことにふれたかったからである。

昭和五年の話のところで産児制限《せいげん》の声のあがったことをかいたが、あれから五年にして一千万人も人口がふえたことになる。つまりは国力回復《かいふく》につれて、日本人の赤ちゃんは制限《せいげん》のかけ声をよそに衰《おとろ》えることなくふえつづけていたことになる。その勢《いきお》いの趨《おもむ》くところ人口の流出先としての満洲《まんしゅう》の重要性《じゅうようせい》がいっそう注目されていく。当時の歌の文句《もんく》にいう「狭《せま》い日本にゃ住み飽《あ》きた」、いざ、新天地へ、である。それで陸軍は……。

と、またA面の話題へと脱線《だっせん》しようとするところを踏《ふ》みとどまって、産婆《さんば》の話へと戻《もど》すと、その七千万の日本人の当時の平均寿命《へいきんじゅみょう》は、男四十四・八歳《さい》、女四十六・五歳《さい》と発表された。いまと同じで女性《じょせい》のほうが高いのであるが、満洲《まんしゅう》事変から熱河《ねっか》作戦まで戦闘《せんとう》がつづいて、若《わか》ものたちの戦死者・戦病死者がでたので、もっと差がついてもおかしくない。なのに平均寿命《へいきんじゅみょう》はそれほどの差がない。じつは当時の女性《じょせい》には「産褥熱《さんじょくねつ》で死亡《しぼう》」という場合が多かったからなのである。産褥熱《さんじょくねつ》という言葉はいまはほぼ死語同様となっているが、当時は病院で出産のケースはほとんどなく、まず赤ちゃんはみな自宅《じたく》出産。そこでお産は「女性《じょせい》の大役」といわれていた。そこに町内の産婆《さんば》さんのこの上なく大切な出番があったのである。

わがおふくろが名産婆《さんば》としてまことに多忙《たぼう》をきわめていたことがこれでわかってもらえようか。このために、二歳《さい》下の弟（俊郎《としろう》）、四歳《さい》下の妹（亨子《きょうこ》）、七歳《さい》下の弟（智三郎《ともさぶろう》）と三人の弟妹《ていまい》が、二つか三つのころにつぎつぎに亡《な》くなった。みんな肺炎《はいえん》による死であった。冬の真夜中におふくろは呼《よ》びだされて産婦《さんぷ》のもとに駆《か》けつけていく。大酒呑《の》みのおやじはわが幼《おさ》な子《ご》が寒い夜に蒲団《ふとん》からはみだして寝《ね》ていようが知ったことではなく、轟々《ごうごう》と鼾《いびき》をかいて眠《ねむ》っている。ぺ

肺炎で亡くした弟たちと妹の分まで親孝行すべく（？）たくましく、わんぱくに育ちつつあった著者。５歳頃

ニシリンなどの特効薬《とっこう》のなかった時代、赤《あか》ん坊《ぼう》はいわばイチコロであったというほかはない。それであとはきまって大喧嘩《おおげんか》。

「他人様《ひとさま》の子を助けるために、テメエの子を殺《ころ》してお前は平気なのか。センセイ様が聞いて呆《あき》れらあ。クソッ、貴様《きさま》、いい加減《かげん》にしろい」

「何をいってるんだよ。テメエが大酒くらって前後不覚で寝《ね》てることを棚《たな》にあげて……。自分こそ少しは反省したらどうだろうね」

といった具合で、わが家ではたしかに「お前」「貴様《きさま》」という言葉がやたらに飛びかっていた。こうして、まったくの余談《よだん》で終始した話になるが、出だしの文章と整合したところでこの項《こう》を終えることができてホッとしている。なお、おふくろが産院の看板《かんばん》をおろしたのは昭和十三年、智三郎《ともさぶろう》の亡《な》くなったあとであった。しぶとくひとり生きのびてきたわたくしは小学校二年生になっていた。

◆ネオン禁止令《きんしれい》

いまさら産婆《さんば》の名称論争《めいしょうろんそう》でもあるまいに、と思われるほどギスギスしたものではなかった世相話をつづけると、この年の六月、東京にネオンサインがふえすぎて、いくら何でも栄耀栄華《えいようえいが》にすぎるのではないかと、当局が取締《とりしま》りにのりだしたというちょっと贅沢《ぜいたく》な話がある。国民新聞が報《ほう》じている。

「強烈《きようれつ》な刺激《しげき》を追う都会人、これに迎合《げいごう》する光の近代感覚ネオンサインは最近ヂャンヂャンふえて、カフェーのデコレーション、売薬、飲料水の広告《こうこく》などなど――ここ数年後には大東京は『ネオンの海』と化そうとしている。警視庁保安部《けいしちようほあんぶ》ではこの傾向《けいこう》に非常《ひじよう》に悩《なや》まされているが、こんどいよいよ新たな取締規制《とりしまりきせい》を設《もう》けることになり、目下内務省《ないむしよう》とも折衝《せつしよう》中で、種々調査《ちようさ》研究を進めている……（略《りやく》）」（六月二十八日付）

　これにいちばん敏感《びんかん》に反応《はんのう》したのが銀座《ぎんざ》であったらしい。大正時代からはじまり近来ますます繁昌《はんじよう》ぶりを示《しめ》している夜店が、こんなことで客足が鈍《にぶ》ったら一大事。夜店を冷やかしながらの銀ブラが活気をとり戻《もど》してきているのに当局は何を考えておるか。夜店だけではない、ライオン、タイガー、クロネコ、サロン春、アカダマなどのカフェーが〝ネオン追放許《ゆる》さじ〟と総《そう》蹶起《けつき》。とんだチャンチャンバラバラがはじまった。

　結果は、当然のことながら当局側が一歩も二歩も譲《ゆず》ることとなる。「帝都唯一《ていとゆいいつ》の美観地区である丸ノ内一帯」は「ネオンのない都市美、元通りのスマートな丸ノ内に還元《かんげん》すべし」、そしてまた「省線有楽町《ゆうらくちよう》ガードから駅付近一帯」は、銀座浅草《ぎんざあさくさ》などにも負けないほど「装飾用《そうしよくよう》、広告《こうこく》用《よう》のネオンがヂャンヂャン燃《も》えている」ゆえに自粛《じしゆく》するようにということで決着する。

　その有楽町《ゆうらくちよう》駅のすぐそばにあった日劇《にちげき》を、小林一三《こばやしいちぞう》を総帥《そうすい》とあおぐ東宝《とうほう》が吸収合併《きゆうしゆうがつぺい》したのが、この年の十二月一日。いまはなつかしい日劇《にちげき》ダンシングチームが第一回公演《こうえん》「ジャズとダンス」で、ダンサーが舞台《ぶたい》いっぱいにならんで形がよくて綺麗《きれい》で長い脚《あし》を高々とあげたのは翌《よく》十一年一月であるが、これが豊《ゆた》かになりはじめた民衆《みんしゅう》に大歓迎《だいかんげい》された。初代支配人秦豊吉《しはいにんはたとよきち》の陣頭指揮《じんとうしき》で「一人のスターでなく、チームそのものがスター」という精神《せいしん》が、ニューヨーク・ブロードウェイの群舞《ぐんぶ》のロケットガールの引きうつしとか何とか批評《ひひょう》されたが、そんなことと関係なく綺麗《きれい》な女の長い脚《あし》が人びとのハートをコチンと打って揺《ゆ》さぶったのである。

豊《ゆた》かになりはじめた、といまかいたが、たしかな証《あか》しとして東京に人びとがどんどん地方から集まりだしていた。東京にアパートが急造《きゅうぞう》されたのもこの年からである。資料《しりょう》では、この年には約二千棟《とう》のアパートを数え、集まってきた独身《どくしん》サラリーマン、職業婦人《しょくぎょうふじん》、学生など約五万人が住んでいたという。そして一世帯あたりの平均月収《へいきんげっしゅう》は、サラリーマンで百二円六十九銭《せん》、労働者で九十三円四十五銭《せん》であった。公務員《こうむいん》の初任給《しょにんきゅう》が七十五円、大工の手間賃《てまちん》が一日二円のときである。

となると、自然と月賦販売《げっぷはんばい》という新商法がいよいよ盛《さか》んとなる。はじまりは昭和五年であったというが、これが生活の潤《うるお》いのために欠かせないとなったのは九年から十年にかけて、景気がたしかに上向きになったころからである。東京朝日新聞が報《ほう》じている。

「月賦販売《げっぷはんばい》は年々増加《ぞうか》し、中流以下の人でこれを利用していないものは極《きわ》めて少なかろうと思われる。実際《じっさい》、頭から足のさきまで月賦《げっぷ》でかためているというのが、いまの中流階級以下の生活ではないか」（十一月八日付）

かくまでもないが、契約者《けいやくしゃ》のほとんど全部がサラリーマン。わが家ではまったく耳にしたこともない言葉であった。要は、昭和日本の都市のほとんどが質量《しつりよう》ともにサラリーマン社会になりつつあったからにほかならない。

もう一つ、当時の川柳《せんりゆう》にある。

繁昌《はんじよう》をエレベーターでたてにみせ

意味するところは、ビルが高層化《こうそうか》しはじめたということで、たとえば、大阪・御堂筋《みどうすじ》にそごう百貨店が竣工《しゆんこう》したのが九月二十八日。地上八階、地下三階の百貨店が十月一日に華々《はなばな》しくオープンする。そして、この年になって自動扉《とびら》式エレベーターが普及《ふきゆう》して、デパートはすべてこれになった。そごうはもちろん最新式で、下から順に、各階ごとに華《はな》やかな商品の陳列《ちんれつ》が見えるようになった。人びとは大喜《おおよろこ》びして昇《のぼ》ったり降《お》りたりしていたのである。

◆「革新《かくしん》」という名の政治勢力《せいじせいりよく》

民衆《みんしゆう》の明るくなった様子を追っていくと、それにつられて、筆の流れもついつい楽天的になったが、やっぱり「軍縮《ぐんしゆく》」で小さくなっていた軍部、それに通じる官僚《かんりよう》や右翼《うよく》が、いつしか「革新《かくしん》」を提唱《ていしよう》する強力な政治勢力《せいじせいりよく》になっていたことにもふれておかなければならない。くり返して念のためにかいておくが、「革新《かくしん》」を唱えるのは軍部だけでなく、官僚《かんりよう》や経済界《けいざいかい》などの主流となっていたのである。そして彼等《かれら》はひとしく対外的には強硬派《きようこうは》であった。そして国粋主義《こくすいしゆ》的《ぎてき》であった。しかもその変化の勢《いきお》いたるや急で、歴史《れきし》とはつくづくと知らぬ間にある部分が極大化するものと思わせられる。しかもそうした水面下で起こっているおっかない変化に、民《たみ》草《くさ》の多くは気づかない。急激《きゅうげき》な国粋《こくすい》化が表面化するのは、すでに積もり積もって飽和《ほうわ》しきったあとになる。そのときには止めることはとてもむつかしくなっている。

一つは天皇機関説《てんのうきかんせつ》問題をめぐって、とくに注目したいことについて。おのれの憲法《けんぽう》学説をめぐって美濃部達吉《みのべたつきち》は、議会で糾弾《きゅうだん》され、それに反論《はんろん》すると同時に、検察庁《けんさつちょう》に出頭し取調べにも応《おう》じなければならなかった。四月七日、深夜に検察庁《けんさつちょう》から出てきた美濃部《みのべ》は記者団《きしゃだん》に語った。

「私《わたし》が学説を変えるなどということは絶対《ぜったい》にあり得《え》ない」

結果として、政府《せいふ》は二日後の九日に閣議《かくぎ》で『逐条憲法精義《ちくじょうけんぽうせいぎ》』など美濃部《みのべ》の三つの著作《ちょさく》を出《しゅっ》版法違反《ぱんほういはん》で発売禁止《きんし》とすることを決定する。これに関連して東京朝日新聞は十日付夕刊《ゆうかん》で「不《ふ》敬罪《けいざい》の告発《こくはつ》は不起訴《ふきそ》に決定す」と報《ほう》じた。著作《ちょさく》は発禁《はっきん》とされたが、皇室《こうしつ》にたいする不敬罪《ふけいざい》は適《てき》用《よう》されなかったので、このこと自体はいくらか早手回しかもしれないが誤報《ごほう》とはならない。しかし、そのことが機関説排撃論者《きかんせつはいげきろんしゃ》をカンカンに怒《おこ》らせてしまった。

十六日、機関説《きかんせつ》に反対する「国体擁護《こくたいようご》連合会」の約七十名が抗議《こうぎ》のため東京朝日の本社を訪《おとず》れた。その怒声《どせい》もすさまじく主張《しゅちょう》するところは三カ条《じょう》である。①八日付紙面で明治天皇《てんのう》の御製《ぎょせい》を誤《あやま》って引用している。②十四日付紙面で「大元帥陛下《だいげんすいへいか》」とすべきところ「陛下《へいか》」が脱落《だつらく》していた。③同日付の「満洲《まんしゅう》国皇帝《こうてい》」の記事で「陛下《へいか》」とすべきところを「殿下《でんか》」と誤《あやま》っていた。これ以上の不敬《ふけい》はないではないか、貴様《きさま》たちはこれをどう陳謝《ちんしゃ》するつもりかッ、という

〝江戸《えど》の仇《かたき》は長崎で〟的な抗議《こうぎ》であった。この三項目《こうもく》は内務省《ないむしょう》警保局《けいほきょく》保安課《ほあんか》の資料《しりょう》「特高《とっこう》月報《げっぽう》　昭和十年四月分」にそっくり記されていることでもある。

そしてその日、銀座《ぎんざ》の三越《みつこし》、美松《みまつ》の両デパートの屋上から、ビラが大量にまかれた。

「機関説《きかんせつ》ヲ曲庇《きょくひ》スル不逞《ふてい》東京朝日新聞ヲ撲滅《ぼくめつ》セヨ　東京朝日新聞撲滅同盟《ぼくめつどうめい》」

曲庇《きょくひ》とは事実を曲げて解釈《かいしゃく》し擁護《ようご》することである。

ついでにかいておくと、天皇《てんのう》・皇后《こうごう》のお写真「御真影《ごしんえい》」を飾《かざ》っている家がどんどんふえたのもこのころからであった。また、家庭内で「天皇《てんのう》」とか「今上陛下《きんじょうへいか》」といった言葉がかわされることがなくなったのも、やはりこのころ。まさかわが家だけではなかったと思う。民草《たみくさ》にとってはいつか「雲の上のお方」となりつつあったのではないか。

八月の相沢《あいざわ》事件《じけん》についても、少しふれておくと、当時の新聞を注意して検《けん》してみると、永田《ながた》鉄山少将《てつざんしょうしょう》は午前九時四十分ごろ「重傷《じゅうしょう》を負わしめ」られて、「午後四時卒去せり」ということになっている。この間、じつに六時間余《あまり》。一緒《いっしょ》にいて重傷《じゅうしょう》を負った東京憲兵隊長《けんぺいたいちょう》の新見《にいみ》英夫《ひでお》大佐は病院に運ばれたと新聞に記されているが、永田少将《ながたしょうしょう》は入院したとも、またどこで死んだかもかかれていない。とすると、六時間余《あまり》も瀕死《ひんし》の傷《きず》を負ったまま軍務《ぐんむ》局長室に横たわっていたことになる。

そして犯人《はんにん》は「某中佐《ぼうちゅうさ》」とのみ。何者なるかさっぱりわからない。これまた奇妙《きみょう》といえば奇妙《きみょう》。もちろん、犯行《はんこう》理由などが明らかにされるべくもない。

いまになれば、永田少将《ながたしょうしょう》は即死《そくし》であり、六時間余《あまり》は叙位叙勲《じょいじょくん》と進級のご沙汰《さた》のための手続きにかかった時間、そして犯人《はんにん》は相沢三郎《あいざわさぶろう》中佐と判明《はんめい》している。また、作家中山義秀《なかやまぎしゅう》の随想《ずいそう》に、いとも面白《おもしろ》いことが記されているのに、開いた口がふさがらなくなる。

永田《ながた》は逃《に》げようとして隣《となり》に通じるドアを一所懸命押《いっしょけんめいお》したら、相沢《あいざわ》に追いつかれて刺《さ》し殺《ころ》されてしまった。ちなみにこのドアは引っぱればよかったらしい……。永田《ながた》を殺《ころ》したのち相沢《あいざわ》が外へ出てきて「部屋に帽子《ぼうし》を忘《わす》れてきた」といったら、参謀《さんぼう》本部の部員がわざわざ取りにいって恭《うやうや》しく渡《わた》したのであるという。

これを見ていたのが篠田《しのだ》という憲兵伍長《けんぺいごちょう》で、この人が中山義秀《なかやまぎしゅう》が成田《なりた》中学校教師《きょうし》をしていたときの教え子。それで、ある日、そのかつての教え子が義秀《ぎしゅう》さんを訪《たず》ねてきてしみじみと語ったという。

「上官を殺《ころ》した犯人《はんにん》をただちに取《と》り押《お》さえることもせず、まるでよくやったといわんばかりに丁寧《ていねい》に扱《あつか》い、その上帽子《ぼうし》をわざわざ取りに行ってやるなんて、陸軍はまったくおかしい。やってられないと思いました」(『二つの生涯《しょうがい》』)

義秀《ぎしゅう》はこれには啞然《あぜん》としたという。

事実はこれだけではない。憲兵隊《けんぺいたい》の取調べで「賞罰《しょうばつ》」を聞かれたとき、相沢《あいざわ》は胸《むね》を張《は》って答えたという。

「今回の(賞《しょう》)は、まだであります」

永田少将《ながたしょうしょう》を斬殺《ざんさつ》することによって「勲章《くんしょう》」か何かもらえるとでも思っていたのであろうか。どう考えても正気の人間の言葉にあらず。もう陸軍内部は相当変なもの、カルト的になっていたということなのであろう。

余談《よだん》ながら、相沢事件《あいざわじけん》から十日ほどたった八月二十三日から、吉川英治《よしかわえいじ》の『宮本武蔵《みやもとむさし》』の連載《れんさい》が朝日新聞紙上にはじまった。民衆《みんしゅう》の関心はたちまち『宮本武蔵《みやもとむさし》』のほうへ向いてしまった。自己《じこ》を鍛《きた》えつつ高みに昇《のぼ》っていく武蔵《むさし》に、読者は自然と寄《よ》りそっていった。いまになると、国民がおのれを鍛《きた》え、強国たらんとする時代の空気に合っていた小説という気がしないでもない。これはまた、柄《がら》にもない余計《よけい》な文学論《ぶんがくろん》ということになるか。

ともあれ、危機《きき》を予知することもなく、多くの民草《たみくさ》は時代の急激《きゅうげき》な変化に無関心のまま、ただ時の勢《いきお》いに押《お》し流《なが》されはじめた。

第四話

大いなる転回のとき

昭和十一年

この章の

ポイント

一九三六（昭和十一）年、二・二六事件《じけん》が起こります。軍部による〝テロ〟の恐怖《きょうふ》は、日本を軍国主義《しゅぎ》への道に大きく転回させますが、事件《じけん》当日に現場《げんば》に居合《いあ》わせた庶民《しょみん》の感情《かんじょう》は、どちらかというと見物気分の楽観的なものだったようです。一方でこの年を境《さかい》として、巷《ちまた》の雰囲気《ふんいき》は統制《とうせい》下の軍事国家へと変貌《へんぼう》していきます。この重苦しい空気を打ち消すように、マスコミは「阿部定事件《あべさだじけん》」や「立ち小便裁判《さいばん》」などの話題をセンセーショナルに報道《ほうどう》しました。

キーワード

プロ野球初の公式戦／二・二六事件《じけん》／秩父宮《ちちぶのみや》待望論《ろん》／戒厳令《かいげんれい》／料亭《りょうてい》「幸楽」の女将《おかみ》／大日本帝国《ていこく》／阿部定事件《あべさだじけん》／立ち小便裁判《さいばん》／ベルリン・オリンピック／広田弘毅内閣《ひろたこうきないかく》

昭和十一年（一九三六）

前夜からの大雪で、東京は一面の銀世界となった。その雪を踏《ふ》んで完全武装《ぶそう》の陸軍部隊約千四百人が、都心占拠《せんきょ》、重臣暗殺《あんさつ》による反乱《クーデタ》を起こした。この年の二月二十六日午前五時、いわゆる二・二六事件《じけん》である。

兵を率《ひき》いるのは陸軍大尉《たいい》野中四郎《のなかしろう》、安藤輝三《あんどうてるぞう》以下の青年将校《しょうこう》二十二名。内大臣斎《さい》藤実《とうまこと》、教育総監《そうかん》渡辺錠太郎《わたなべじょうたろう》は即死《そくし》、蔵相《ぞうしょう》高橋是清《たかはしこれきよ》は重傷《じゅうしょう》のち死亡《しぼう》。侍従長《じじゅうちょう》鈴《すず》木貫太郎《きかんたろう》は重傷《じゅうしょう》。首相《しゅしょう》岡田啓介《おかだけいすけ》は義弟《ぎてい》松尾伝蔵《まつおでんぞう》大佐の身代りの死で奇蹟《きせき》的に命びろいをした。

この大事件《だいじけん》にさいして内閣《ないかく》は無力、陸軍首脳《しゅのう》はなす所を知らず右往左往《うおうさおう》した。彼《かれ》らを決起部隊として、ひたすらなだめようとした。ひとり毅然《きぜん》として「反乱軍《はんらんぐん》」とよび、討伐《とうばつ》を命じたのは昭和天皇《てんのう》である。『昭和天皇《てんのう》実録』が記載《きさい》している天皇《てんのう》の言葉と態《たい》度《ど》はこのようなものであった。

「自らが最も信頼《しんらい》する老臣を殺傷《さっしょう》することは真綿《まわた》にて我《わ》が首を絞《し》めるに等しい行為《こうい》である」

「〈反乱軍将校《はんらんぐんしょうこう》の〉自決《じけつ》に際《さい》して勅旨《ちょくし》を賜《たま》わりたい旨《むね》の申し出があったことにつき、言上《ごんじょう》を受けられる。これに対し、非常《ひじょう》な御不満《ごふまん》を示《しめ》され御叱責《ごしっせき》になる」

この天皇《てんのう》の怒《いか》りとゆるがぬ意志《いし》のもとに事件《じけん》は四日間で終った。いや、ほんとうは終ってはいなかったのである。事件《じけん》が巻《ま》き起《お》こした〝テロ〟という恐怖《きょうふ》をテコにして、このあと政《せい》・財《ざい》・官・言論《げんろん》の各界を陰《かげ》に陽《ひ》に脅迫《きょうはく》しつつ、軍事国家への道を軍部は強引《ごういん》に押《お》しひらいていった。二・二六は死せず長く生き残ったといえる。

では、その後の一年間は？ についてであるが、端的《たんてき》に記せば事件後《じけん》に成立した広《ひろ》田弘毅内閣《たこうきないかく》がとった政策《せいさく》がまことにまずかったと結論《けつろん》づけるほかはない。五月十八日、軍部大臣現役武官制《げんえきぶかんせい》を復活《ふっかつ》させた。これは陸軍の思《おも》う壺《つぼ》にはまったことに気づかぬ愚《おろ》かな決定であった。これが第一で、つぎに八月七日、陸海軍部と協議してこれからの日本のあり方を決定づける「国策《こくさく》ノ基準《きじゅん》」を策定《さくてい》した。「外交国防相俟《こくぼうあいま》って東亜《とうあ》大陸における帝国《ていこく》の地歩を確保《かくほ》するとともに、南方海洋に進出発展《はってん》する」。すなわち「南北併進《へいしん》」である。何と無謀《むぼう》か、とこれも評《ひょう》するほかはない。そして最後に、その年の冬に入ろうとする十一月二十五日、陸軍の革新派《かくしんは》と、外務省《がいむしょう》の親ナチス・反英米的な革新《かくしん》グループの主導《しゅどう》のままに日独防共協定《にちどくぼうきょう》を締結《ていけつ》する。このことを聞いたとき元老西《げんろうさい》園寺公望《おんじきんもち》は「結局、ヒトラーに利用されるばかりで、何にも得《え》るところはない」と嘆《なげ》いたという。

その上に、この年が終ろうとするとき、蔣介石《しょうかいせき》が部下の張学良《ちょうがくりょう》によって軟禁《なんきん》されるという歴史《れきし》を転換《てんかん》させるような事件《じけん》が中国で起きた。十二月十二日のことで、西安《せいあん》事件《じけん》とよばれる。共産党《きょうさんとう》の周恩来《しゅうおんらい》が登場し仲介《ちゅうかい》に入り、日本の中国侵略《しんりゃく》にたいし抗日《こうにち》の共同戦線樹立《じゅりつ》を呼《よ》びかけ、蔣介石《しょうかいせき》がこれを受諾《じゅだく》、無事解放《かいほう》となって事件《じけん》は幕《まく》を下ろした。これによって「国共合作」していざとなれば日本と戦う、日本にとっては由々《ゆゆ》しいこととなったのである。

しかし、当時の日本はこの事件《じけん》をあまり重大視《じゅうだいし》しなかった。蔣介石《しょうかいせき》と毛沢東《もうたくとう》が手を結び合うなどということのあろうはずはない、すぐに手を切る、そう信じきって対中国強硬政策《きょうこうせいさく》をとりつづけたのである。

◆◆◆◆◆

◆プロ野球初の公式戦

そもそも歴史《れきし》という非情《ひじょう》にして皮肉な時の流れというものは、決してその時代に生きる民草《たみくさ》によくわかるように素顔《すがお》をそのままに見せてくれるようなことはしない。いつの世でもそうである。何か起きそうな気配すらも感ぜぬまま民草《たみくさ》は、悠々閑々《ゆうゆうかんかん》と時代の風にふかれてのんびりと、あるいはときに大きく揺《ゆ》れ動《うご》くだけ、そういうものなのである。

この年が明けた一月五日、例年のごとく読売新聞社主催《しゅさい》の箱根《はこね》駅伝（第十七回）が行われ、日本大学が二年連続の、二回目の優勝《ゆうしょう》を飾《かざ》っている。十日からは両国国技館《りょうごくこくぎかん》で大相撲《おおずもう》初場所の初日が幕《まく》をあけ、連日「満員御礼《おんれい》」で二十日千秋楽、横綱玉錦《よこづなたまにしき》が全勝優勝《ゆうしょう》。

そしてその二十日、東京の治安を守る大元締《おおもとじ》めの警視庁《けいしちょう》は、牛車《ぎっしゃ》・荷車《にぐるま》・リヤカーの時代からすでに「自動車の時代」へと東京も移《うつ》っていることに気づき、緊急《きんきゅう》の場合の「一一九番」を設定《せってい》することを決定している。それまで交通事故《じこ》による死とか重傷《じゅうしょう》などは、まず考えられないことであったのであるが、この前年ごろから東京府の年間事故《じこ》は約二万件《けん》、うち死者は約四千人に達していた。その多くは自動車事故《じこ》によるものである。これにいかに対処《たいしょ》すべきかが、警視庁《けいしちょう》にとっては喫緊《きっきん》の治安の課題であったのである。

そこで消防《しょうぼう》部に救急車《きゅうきゅうしゃ》六台を用意し、救急《きゅうきゅう》病院百七十三を指定、そして救急呼《きゅうきゅうよ》び出《だ》し電話《でんわ》を一一九番、とすることとした。

念のためにかいておくが、だんだんに力を増強《ぞうきょう》してくる右翼団体《うよくだんたい》や、いまのところ鳴りをひそめているが、何を策《さく》しているかわからぬ左翼団体《さよくだんたい》などに備《そな》えて、いついかなる場合でも即時《そくじ》出動できる屈強《くっきょう》の警官隊《けいかんたい》の用意と訓練を、警視庁《けいしちょう》はおろそかにしているわけではなかった。今日にいう機動隊で、これに「新選組」という名をつけていた。事実、二・二六で、反乱《はんらん》部隊千四百名のうち四百名の兵を、作戦計画者たちは警視庁《けいしちょう》にさし向けている。新選組を一気に無力化すべく、それだけの兵力が必要と考えたと、のちの軍事裁判《さいばん》で首謀者《しゅぼうしゃ》の何人かが証言《しょうげん》している。かくのごとく警視庁《けいしちょう》に新選組ありはよく知られていたのである。ただし、その新選組にしてからが当日は無抵抗《むていこう》で武装解除《ぶそうかいじょ》されている。それくらい軍事クーデタの情報《じょうほう》にうとかった。警視庁《けいしちょう》も民草《たみくさ》と同レベルにあったということになる。

まったく世はなべてコトもなしであったなと、ちょっとくわしい歴史《れきし》年表やら新聞の縮刷版《しゅくさつばん》をひろげてみると、ただただ感服させられる。反乱事件《はんらんじけん》直前のいくらでも気楽な出来事を抽出《ちゅうしゅつ》できるが、ここではプロ野球史上《しじょう》、とくに記念すべき二月九日の公式戦の記録をあげておこう。

０００３０００００—３
２３００００２３０—10

右が東京巨人軍《きょじんぐん》、つまり負けた方、左が名古屋金鯱《きんこ》軍。場所は名古屋市郊外《こうがい》の鳴海《なるみ》球場。予定では二月一日から三日間三連戦するはずであったが、雪のため延期《えんき》することになったのである。

記録を調べてみると、金鯱《きんこ》軍の、軟式《なんしき》野球出身の左腕《さわん》投手内藤幸三《ないとうこうぞう》の剛速球《ごうそっきゅう》とするどいドロップが、冴《さ》えに冴《さ》えて、巨人《きょじん》軍は八安打したものの散発。いっぽう金鯱《きんこ》軍は青柴憲一《あおしばけんいち》、沢村栄《さわむらえい》治《じ》、畑福俊英《はたふくとしひで》の三投手に集中打を浴びせ、ヒット七本なれどすべてが有効打《ゆうこうだ》であったらしい。

それはとにかく、これが本邦初《ほんぽうはつ》のプロ野球公式戦第一戦のスコアである。

わたくしは巨人嫌《きょじんぎら》いなれど、公平を期してかいておくと、翌日《よくじつ》の第二戦は8対3、十一日の決勝戦は4対2といずれもジャイアンツの勝ち。決勝戦では沢村《さわむら》の快投《かいとう》に「金鯱《きんこ》軍もきりきり舞《ま》い」をしたという。

当時の川柳《せんりゅう》に「ラジオ今日3対3に腕《うで》を組み　周魚」という作があるから、プロ野球の実《じつ》況《きょう》放送もやがてはじまったのであろう。

そして二月二十日に第十九回衆《しゅう》議院《ぎいん》議員総選挙《そうせんきょ》。権力層《けんりょくそう》の予想を裏切《うらぎ》って、社会大衆党《たいしゅうとう》から立候補《りっこうほ》した合法左翼《さよく》の加藤勘十《かとうかんじゅう》が全国最高点で当選している。のみならず、吹《ふ》けば飛ぶような存在《そんざい》であったこの党《とう》から十八名もの当選者がでた。しかも保守《ほしゅ》の大物で〝腕《うで》の喜三郎《きさぶろう》〟といわれた鈴木喜三郎《すずききさぶろう》が落選という大番狂《おおばんくる》わせ。世の中の空気が何となく「革新《かくしん》」に大きな期待をかけている。それが歴然《れきぜん》としてきたことがわかる。

なお余談《よだん》になるが、この「革新《かくしん》」という言葉に一言加えておくと、昭和九年の軍事啓蒙《けいもう》のためのいわゆる〝陸軍パンフレット〟が国民に示《しめ》されていらい、革新将校《かくしんしょうこう》の存在《そんざい》なるものがつとに知れるようになってきた。そして、そのひとり池田純久《いけだすみひさ》元中将が「われわれは優秀《ゆうしゅう》な官僚《かんりょう》と手を結ぶ必要に迫《せま》られた。ここにいわゆる革新官僚《かくしんかんりょう》が生まれてきたわけである。内務省《ないむしょう》をはじめ各省にわたって、革新《かくしん》に熱意ある官僚《かんりょう》の協力をわれわれは求めることにしたのである。ここに軍官一致《いっち》の現状《げんじょう》打破《だは》への強力なグループが形成され、新国防国家建設《けんせつ》の構想《こうそう》が広く国民に訴《うった》えられるようになっていく。国民のなかにも共鳴するものが、がぜん強大になっていった。岸信介《きしのぶすけ》、和田博雄《わだひろお》……」とわたくしの取材にはっきりと答えてくれたことが想《おも》いだされる。

ただし、かりにそうだとしても、明日に何が起こるか、まさか、その革新《かくしん》を口にする若《わか》い陸軍将校《しょうこう》たちが大動乱《だいどうらん》を起こすなんて、同時代の人たちは予知することができないもの、ということははじめにかいたとおり。

そういえば、いまになるとこんな〝妙《みょう》な〞と思える話もある。

作家堀田善衛《ほったよしえ》の小説『若《わか》き日《ひ》の詩人たちの肖像《しょうぞう》』は、慶応《けいおう》大学受験のために生まれて初めて金沢《かなざわ》から上京した主人公が、九段《くだん》の軍人会館（現九段《げんくだん》会館）で、ラヴェルの「ボレロ」のオーケストラを聴《き》くところからはじまっている。それがなんと二・二六事件《じけん》の前夜で、全身が震《ふる》えるほどの感動を覚えた、と堀田《ほった》はのちにわたくしに語っている。それとベートーヴェンの「第五交響楽《こうきょうがく》」。その翌日《よくじつ》に事件《じけん》が起き、九段《くだん》のそこは戒厳《かいげん》司令部になり、有名な「兵に告《つ》ぐ」の放送が流されるという、まさに劇的《げきてき》な場所になるのであるが、もちろん、それらしい気配はこれっぽっちもなかったのであろう。

では、まったく事前にクーデタ情報《じょうほう》をつかんでいたものが、民草《たみくさ》のなかになかったのか。となると、あながちそうとばかりいえないようである。麻布《あざぶ》の歩兵第三連隊が二月十日ごろに首《しゅ》相官邸《しょうかんてい》や警視庁《けいしちょう》付近で夜間訓練をした。二十日すぎに一部の青年将校《しょうこう》が東京朝日新聞社に見学と称《しょう》して訪《おとず》れ、屋上であたりの写真撮影《さつえい》をした。そうしたいくつかの怪《あや》しげな情報《じょうほう》、それに加えての外部の忠告《ちゅうこく》やらから、朝日新聞の編集《へんしゅう》局長美土路昌一《みどろますいち》はある種の予感を抱《いだ》いたようなのである。戦後の回想になるが、美土路《みどろ》が語っている。

「二・二六事件《じけん》の一カ月前ころ、右翼《うよく》で一匹狼《いっぴきおおかみ》の津田《つだ》という男がある日やってきて『何か軍の方で大きな計画をしているようだ。西田税《にしだみつぎ》や北一輝《きたいっき》が軍の提供《ていきょう》したキャデラックに乗って飛び回っている。計画の中には朝日の襲撃《しゅうげき》も入っているようだから気をつけなさい』という。

一応《いちおう》、緒方《おがた》〈竹虎《たけとら》・主筆〉にも話したが、緒方《おがた》は笑って取り合わなかった。二月二十四、五日頃《ごろ》、津田《つだ》がまた来て『大分、切迫《せっぱく》してきたようです。お知らせしておきます』という。早速《さっそく》、野村秀雄《むらひでお》政治《せいじ》部長に『ひとつ調べて欲《ほ》しい』と頼《たの》んだが、『警保《けいほ》局長が大本教《おおもときょう》の調査《ちょうさ》で京都に行っていて明日戻《もど》るので、それから調べます』と言ってきた。その直後に事件《じけん》が起こった」（『朝日新聞社史《し》　大正・昭和戦前編《せんぜんへん》』）

折悪《おりあ》しく、といったほうがいいのであろう。前年十二月に大本教《おおもときょう》の教主出口王仁三郎《でぐちおにさぶろう》が不敬《ふけい》罪《ざい》・治安維持法違反《ちあんいじほういはん》で検挙《けんきょ》され、いわゆる大本教事件《おおもときょうじけん》のあった真ッ最中。警察《けいさつ》も新聞社も、あっちもこっちもそのことに忙殺《ぼうさつ》されざるを得《え》なかったのである。大事件《だいじけん》とは、皮肉にも、そんなときに勃発《ぼっぱつ》するものなのである。

◆事件《じけん》の四日間・その1

この年の二月は、それにしても雪が東京によく降《ふ》った。二月四日に東京は「四十九年ぶりの大吹雪《おおふぶき》」に襲《おそ》われたと、各新聞が報《ほう》じている。省線電車（現《げん》JR）は二、三時間おきに徐行《じょこう》していたが午後十時には完全運休、市内電車もバスもタクシーも夕方ごろには雪の中に釘《くぎ》づけとなる。こうなるともう動きがとれない。

「ネオンの街銀座《ぎんざ》も暗黒化し、劇場《げきじょう》・映画館《えいがかん》は閉場《へいじょう》となっても観客は去らず、結局、歌舞伎座《かぶきざ》へ三百人、日比谷映画劇場《ひびやえいがげきじょう》に東宝《とうほう》、日劇《にちげき》、有楽座《ゆうらくざ》などの従業員《じゅうぎょういん》七十名とお客さん千二

青年将校たちの未曾有のクーデタ、二・二六事件は雪に覆われた都心で起こった

百人が収容《しゅうよう》され、たきだしの握《にぎ》り飯《めし》に腹《はら》を満たした」（東京朝日新聞二月五日付）

東京は雪の下に沈《しず》みこんでしまった。そのなかで反乱《はんらん》の計画は着々と練られていたのである。

そしてこの四日の豪雪《ごうせつ》につづいて、七日にも、八日にも雪が舞《ま》った。中旬《ちゅうじゅん》にも雪もやいの日がつづき、二十三日から二十四日、ふたたび豪《ごう》雪《せつ》。二十五日にも降《ふ》った。この日、銀世界の吹上御苑《ふきあげぎょえん》で、天皇《てんのう》は久《ひさ》しぶりにスキーにうち興《きょう》じた。

事件《じけん》はその翌日《よくじつ》の黎明《れいめい》に起こったのである。

しかし、A面としての二・二六事《じ》件《けん》については、字義《じぎ》どおり汗牛充《かんぎゅうじゅう》棟《とう》、読むに難儀《なんぎ》をきわめるほど史料《しりょう》がある。さりとてA面をすべて省略《しょうりゃく》して、B面にかぎってこの四日間をかくことはきわめてむつかしい。それに、じつは、わたくしは拙著《せっちょ》『荷風《かふう》さんの昭和』（ちくま文庫）ですでにB面的な話題について調べられるだけ調べてかいてしまっている。あらためてかいても二番煎《せん》じになるのが落ちである。しかし空《から》っぽですますというわけにもいかない。どうせ二番煎《せん》じになるならば、前にかいたことの一部をそのまま引いたほうがいいかと思い、お許《ゆる》しいただいて引用することとしたい。もちろん、それで万事《ばんじ》すませるわけではなく、新情報《じょうほう》も追加することとして――。さて、事件《じけん》が起こった。

「（事件《じけん》が起きても国民のほとんどは知るべくもなかった）ただ、なかには敏感《びんかん》なものもいて、午前九時五分、第一回の経済市況《けいざいしきょう》の放送で、『今日は株式《かぶしき》市場は臨時《りんじ》休止しましたから、放送はございません』とアナウンスが流れたとき、何か起きたのではないかと悟《さと》った、という。もっとも、それはごく一部。ほとんどの人はその朝、いつものように勤《つと》めに出た。街にはタクシーも走っていた。

そして、人びとは、駅々でものものしい服装《ふくそう》の警官《けいかん》が立つのに驚《おどろ》かされ、都心では、血相を変えた銃剣《じゅうけん》の兵が各所にたむろしているのにぶつかったり、鉄条網《てつじょうもう》の張《は》られつつあるのを目《もく》撃《げき》したりした。

ふたたび降《ふ》りはじめた雪のなかで、やがて巷《ちまた》にはさまざまな噂《うわさ》が静かに流れはじめる。噂《うわさ》の一つに、秩父宮殿下《ちちぶのみやでんか》が軍隊を率《ひき》いて応援《おうえん》にくるというのがあった。こうなると内乱《ないらん》である。

あわてて東京から脱出《だっしゅつ》していった人びとがいた。

哲学者《てつがくしゃ》三木清《みききよし》がそのひとり、危難《きなん》の身に及《およ》ぶのを恐《おそ》れて、新橋《しんばし》駅から倉皇《そうこう》として三重県へ旅立っていった。随筆家高田保《ずいひつかたかたたもつ》も夫人に『あなたは厄年《やくどし》だし、弥次馬《やじうま》で危険《きけん》だから』とせきたてられるようにして、熱海《あたみ》に避難《ひなん》させられている。また東京を離《はな》れないまでも、王子製紙《せいし》の藤原《ふじわら》銀次郎《ぎんじろう》のように市内のあそこ、ここと自動車で乗りまわし、本社にときどき電話をいれては情《じょう》報《ほう》を確認《かくにん》していたひともいた。三井総本家《そうほんけ》の池田成彬《いけだしげあき》も一日中雲がくれして、連絡杜絶《れんらくとぜつ》。ほかにも本宅《ほんたく》に気兼《きが》ねも遠慮《えんりょ》もなく、妾宅《しょうたく》にしけこむ政財《せいざい》界人も多かった」

ここにかかれていない要人たちの避難騒《ひなんさわ》ぎで一つあげれば、元老西園寺公望《げんろうさいおんじきんもち》の逃避行《とうひこう》がいちばん大仰《おおぎょう》なことになるかもしれない。静岡県興津《おきつ》の坐漁荘《ざぎょそう》に隠棲《いんせい》していた元老《げんろう》自身が、事件《じけん》を知ったのはその朝午前六時半ごろ、木戸幸一《きどこういち》からの急報《きゅうほう》電話によった。しかも木戸《きど》は緊急避《きんきゅうひ》難《なん》を強く要望したらしい。さっそく側近のものがどこか辺鄙《へんぴ》な地へ移《うつ》る準備《じゅんび》をはじめたが、西《さい》園寺《おんじ》はその案をはねつけていった。

「通信や交通不便な所へいって、もし畏《かしこ》き辺《あた》りより御用《ごよう》のあったときはどうするのだ」

そこで……あとは『西園寺公爵警備沿革史《さいおんじこうしゃくけいびえんかくし》』より引用するのがいい。

「時間の推移許《すいいゆる》さずとて午前七時十五分頃《ごろ》、公〔西園寺《さいおんじ》〕は折柄雪模様《おりからゆきもよう》の寒さの中を、いつものハンチングに二重廻《まわ》し、ラクダの襟巻《えりまき》を巻《ま》いて竹杖《たけづえ》をもち、中川秘書《なかがわひしょ》、女中頭お綾《あや》さん、吉村警備主任《よしむらけいびしゅにん》に援《たす》けられて、静第一〇一号自家用自動車に乗車、警備《けいび》自動車三台に守られフルスピードで東海道を驀進《ばくしん》、新聞社の監視《かんし》を避《さ》けつつ静岡城内、警察《けいさつ》部長官舎《かんしゃ》に一先《ひとま》ず入られた」

こうして避難《ひなん》も警察《けいさつ》の総力《そうりょく》をあげての大名行列となるところは、さすが元老《げんろう》、と感嘆《かんたん》するほかはない。このあと夜になって静岡県知事公舎《こうしゃ》に移《うつ》って一夜を明かし、ご本人の「どうせ死ぬなら居間《いま》で死ぬほうがよいから帰邸《きてい》したい」という希《のぞ》みもあって、二十七日午後四時ごろ坐漁《ざぎょ》荘《そう》に帰っている。当局としては、万一のことがあってはならじと、いざというときのため海上脱出《だつしゅつ》計画案を練り、清水《しみず》水上署《しょ》の警備《けいび》船《せん》美保《みほ》丸を邸《やしき》の裏《うら》海岸二百メートルのところに待機させた。東京では状況《じょうきょう》は一気に好転しつつあるとき、通信機関は途絶《とぜつ》しているので流言《りゅうげん》蜚語《ひご》が飛《と》び交《か》ってなお物情《ぶつじょう》騒然《そうぜん》、とにかく興津《おきつ》では大変な騒《さわ》ぎがつづいていた。

流言《りゅうげん》蜚語《ひご》といえば、地方ばかりではなく、東京のほうがより盛《さか》んにここかしこで紊《みだ》れ飛んでいた。わたくしはまだ数えて六つ、それにいるところが場末の向島《むこうじま》、ほとんど記憶《きおく》がないのであるが、おやじに「今日は一日外に出るな」ときつく足止めを食ったことだけは覚えている。そして折から降《ふ》りだした雪と一緒《いっしょ》に、大人たちが顔を寄《よ》せ合《あ》ってひそひそやっているのを何事かいなと眺《なが》めていた。長じておやじに当時囁《ささや》かれていた噂《うわさ》話《ばなし》を訊《き》きただしたとき、おやじはあっさりといった。

「秩父宮《ちちぶのみや》さまが天皇陛下《てんのうへいか》と代わる、というのがいちばんの重大な話であったな。つまり反乱事《はんらんじ》件《けん》の黒幕《くろまく》は秩父宮《ちちぶのみや》さまだ、っていうことさ。完全なデマだったらしいけどな」

さらには昭和史《しようわし》に首を突《つ》っこんでからすぐに、二・二六事件《じけん》のちょっと前のころの秩父宮《ちちぶのみや》の人気が無闇《むやみ》に高かったことを知って大そう驚《おどろ》かされた。北原白秋《きたはらはくしゆう》の「秩父《ちちぶ》の宮《みや》さま」という童謡《どうよう》のあることも知った。

　強い兵隊　三聯隊《れんたい》　三聯隊《れんたい》
赤い軍帽《ぐんぼう》で　軍帽《ぐんぼう》で　軍帽《ぐんぼう》で
ターラララッタ　タッタッタッ
お進みなるよ
指揮《しき》刀ふって　真っ先きかけて
士官《しかん》の宮《みや》さま　秩父《ちちぶ》の宮《みや》さま
みんなの宮《みや》さま　タラララッタッタッタ

この「強い兵隊」の歩兵第三連隊が反乱軍《はんらんぐん》の主力であったことはかくまでもない。ただし、この何年か前につくられた童謡《どうよう》が事件《じけん》の真ッ只中《ただなか》にも歌われていたかどうか、まったくわからない。ただ、おやじの言を俟《ま》つまでもなく、秩父宮《ちちぶのみや》待望論《ろん》が人びとの噂《うわさ》の中心にあった、あえていえば事件《じけん》そのものにひそかなる民草《たみくさ》の大いなる期待があったと、そういってもいいような気がしないでもない。ただし事件《じけん》後は、秩父宮《ちちぶのみや》の童謡《どうよう》がもはや陽気なリズムで歌われるものでなくなっていったのである。

◆事件《じけん》の四日間・その2

もういっぺん拙著《せっちょ》の文章を長々と引く。

「とにかく正確《せいかく》な情報《じょうほう》がないのである。ラジオは一言も喋《しゃべ》らない。新聞社は一様に頭をかかえているだけ。内務省《ないむしょう》から〝新聞記事差しとめ〟の通達がきている以上、事件《じけん》のことは一行も活字にすることはできない。やむなくこの日の夕刊《ゆうかん》はなんの変哲《へんてつ》もない紙面をつくらざるをえない。『憎《にく》くやまた雪、お台所に響《ひび》く、青物も生魚もピンと二、三割値上《わりねあ》げ』が社会面のトップを飾《かざ》った。

こうしてデマはいろいろとかけめぐったものの、それをまともに聞くものもなく、夕方近くなっても、なんとなく東京市内は落ち着いていた。夕刻《ゆうこく》六時、内幸町《うちさいわいちょう》大阪商船ビル地下のレインボー・グリルで、新進作家寺崎浩《てらざきひろし》と、徳田秋聲《とくだしゅうせい》の長女清子《きよこ》との結婚披露宴《けっこんひろうえん》がひらかれた。雪と非常事態《ひじょうじたい》で懸念《けねん》されたが、案に相違《そうい》して友人多数が出席した。河上徹太郎《かわかみてつたろう》、丹羽文雄《にわふみお》、阿部知二《あべともじ》、吉屋信子《よしやのぶこ》、田辺茂一《たなべもいち》、永井龍男《ながいたつお》、宮田重雄《みやたしげお》、中島健蔵《なかじまけんぞう》エトセトラ。みんな一様にモーニングを着こんでいた。

かれらは時間待ちをしながら、事件《じけん》について、それぞれが知りえた情報《じょうほう》を、ひそひそと互《たが》いに交換《こうかん》した。現在《げんざい》、着剣《ちゃっけん》して警備《けいび》についている兵は、蹶起《けっき》部隊かただの兵か、いっさい不明であるのが、だれにも不気味《ぶきみ》に思えた。

定刻《ていこく》が来たのになかなか宴《うたげ》ははじまらない。すっかり待ちくたびれてしまった舟橋聖一《ふなはしせいいち》に、友人の一人が突然《とつぜん》声を大にして『お前たち行動主義者《しゅぎしゃ》は殺《ころ》されるぞ！』とおどかした。当時ファシズム反対の人民戦線運動を提唱《ていしょう》していた舟橋《ふなはし》は苦笑《くしょう》しながらも、その顔は真ッ赤になり、たちまちに青ざめて真ッ白になった。

式が遅《おく》れているのは媒酌人《ばいしゃくにん》の菊池寛《きくちかん》がいまだ到着《とうちゃく》しないためである。時が時だけにと、だれもが辛抱《しんぼう》して待ちつづけていたが、ついに現《あら》われなかった。急拠《きゅうきょ》、月下氷人の代役は佐佐木《ささき》茂索《もさく》がつとめて、間もなく式典も宴《うたげ》もとどこおりなく終り、新夫婦《ふうふ》は予定通り熱海《あたみ》へ新婚《しんこん》旅行に旅立った。列車は平常《へいじょう》どおり動いていたのである」

二十六日のその日、このように省線（現《げん》ＪＲ）は時刻表《じこくひょう》どおりに動いていたが、帝劇《ていげき》も日比《ひび》谷劇場《やげきじょう》も、新宿《しんじゅく》や浅草《あさくさ》六区の映画館《えいがかん》も、午後六時には閉館《へいかん》となって正面の重い鎧戸《よろいど》を下ろしてしまった。銀座《ぎんざ》大通りの百貨店もこれにならって店を閉《と》じる。カフェーもバーも喫茶店《きっさてん》も森閑《しんかん》としてしまい、銀ブラ人士《じんし》もなく雪にぬれた舗道《ほどう》がやたらに広く眺《なが》められたという。

そしていつもなら欠かすことなく銀座《ぎんざ》にいくわれらが永井荷風《ながいかふう》も、この日ばかりは麻布《あざぶ》の家から一歩も動こうとはしなかった。『断腸亭日乗《だんちょうていにちじょう》』を引く。

「ラジオの放送も中止せらるべしと報《ほう》ず。余《よ》が家のほとりは唯降《ただふ》りしきる雪に埋《うも》れ、平日よりも物音なく、豆腐屋《とうふや》のラッパの声のみ物哀《ものあわ》れに聞るのみ。市中騒擾《そうじょう》の光景を見に行きたくは思えど、降雪《こうせつ》と寒気とをおそれ門を出《い》でず。風呂焚《ふろた》きて浴す」

最後の一行などのんびりしていておかしいが、どうせならひと奮発《ふんぱつ》して出かけてほしかったと、いらざる注文もだしたくなる。

こうして二十六日の大東京の夜が寂然《じゃくねん》として闇《やみ》の底に沈《しず》んでいったとき、皇居《こうきょ》のお濠端《ほりばた》だけがやたらと賑《にぎ》わっていたらしい。奇《き》っ怪《かい》とも思われることを東京日日新聞の記者がかいている。

「いつもこの〔銀座《ぎんざ》の〕プロムナードを闊歩《かっぽ》した人波がこの夜だけは日比谷《ひびや》のお濠端《ほりばた》を埋《う》めているのだ。丸の内のビジネス・センターは巨大《きょだい》なビルディングの谷底に眠《ねむ》っているが、二、三町も離《はな》れぬお濠端《ほりばた》を行く人、人、人、足、足、足は静と動と、死と生との最も鮮明《せんめい》なコントラストだ。この尋常《じんじょう》ならぬ散歩者の姿《すがた》も更《ふ》けるに従《したが》って消えて行き、警備令《けいびれい》下の帝都《ていと》は深沈《しんちん》として静かに更《ふ》けて行った」（二月二十七日付）

この情景《じょうけい》はのちの代の想像《そうぞう》では描《えが》けない。現場《げんば》をみた記者だけがかけるものと思われる。それにしても荷風《かふう》ではないが「降雪《こうせつ》と寒気」のひどい夜、ほかより風も強いであろうに何を好んでお濠端《ほりばた》を散歩するのか。多くの人びとが、時代がガラガラと転換《てんかん》していく予感というか不安というか、落ち着いてはいられない何かを感じていたのであろうか。もちろん、コトを起こした軍部が情報《じょうほう》をすべて封《ふう》じたゆえに何事が起こっているのかわからないのであるが、それならばなぜお濠端《ほりばた》なのか。右するも左するも事件《じけん》の中心に天皇《てんのう》がいる……後世のわれわれの知《し》り得《え》たことをその時点で察知できたとは!? まさか、と思うほかはないのであるが。

◆事件《じけん》の四日間・その3

そして翌《よく》二十七日が明けると、戒厳令《かいげんれい》が夜のうちに布告《ふこく》されたにもかかわらず、市民生活はもう平常《へいじょう》の活気をとり戻《もど》している。このアッケラカンさがあるいは日本人なのかもしれないが、劇場《げきじょう》が開き、映画館《えいがかん》がまた客の呼《よ》びこみをはじめた。有楽座《ゆうらくざ》は水谷八重子《みずたにやえこ》の『母なればこそ』、新橋演舞場《しんばしえんぶじょう》は松竹少女歌劇《かげき》の『東京踊《おど》り』、宝塚劇場《たからづかげきじょう》では星組の『バービィ』などなど。帝《てい》劇《げき》はこの日が封切《ふうき》りでジュリアン・デュヴィヴィエ監督《かんとく》の『白き処女地《しょじょち》』が公開される。フランス映画《えいが》がどんどん輸入《ゆにゅう》されてくるのはこのころからであった。『地の果てを行く』『ミモザ館』『幽霊《ゆうれい》西へ行く』など、あるいはしっかり記憶《きおく》にとどめている人も多いかもしれない。

こうして解決《かいけつ》の道を模索《もさく》中の、建設《けんせつ》中の新議事堂《ぎじどう》をかこむ赤坂《あかさか》、麹町《こうじまち》の中心部では、なお危《き》機的状況《きてきじょうきょう》がつづいているのに、もう二十七日以降《いこう》の三日間、銀座《ぎんざ》、新宿《しんじゅく》、浅草《あさくさ》など盛《さか》り場《ば》はもちろん周辺部での東京の表情《ひょうじょう》は奇妙《きみょう》なくらい平常《へいじょう》に戻《もど》っていた。何事か一大事が起こっているが、結局は何事も起こってはいない、という楽観にほとんどの人はとらわれていた。

反乱軍《はんらんぐん》が本拠《ほんきょ》にしていた赤坂《あかさか》の料亭《りょうてい》「幸楽」の女将福田《おかみふくだ》らくの、吹《ふ》き出《だ》さずにはいられない回想が、そうした庶民感情《しょみんかんじょう》を代表しているようである。政治評論家《せいじひょうろんか》の戸川猪佐武《とがわいさむ》が彼女《かのじょ》から聞きとった話である。

「あの朝、中橋中尉《なかはしちゅうい》にいわれ、お酒を四樽《たる》、ニギリ飯をたくさん首相官邸《しゅしょうかんてい》に届《とど》けました。な

反乱軍が本拠としていた赤坂の料亭「幸楽」の前に集まった行動部隊

にかめでたいことでもあるのか……としか思いませんでした。七時ごろ軍曹《ぐんそう》がきて、百畳《じょう》広間と食事の用意を言いました。間もなく景気のいい進軍ラッパが聞こえ兵隊がきて、うちの前で坂井直《さかいなおし》中尉《ちゅうい》が演説《えんぜつ》しました。

二十七日の朝、北一輝《きたいっき》が支《し》那《な》服を着たさっそうたるスタイルで現《あら》われ、激励《げきれい》の演説《えんぜつ》をしましたっけ。

二十八日、サラシ木綿《もめん》の白鉢巻《はちまき》、白ダスキが全員に配られ、冷や酒の乾杯《かんぱい》、首相官《しゅしょうかん》邸《てい》や陸相官邸《りくしょうかんてい》からニギリ飯の催促《さいそく》がどんどんありました。

二十九日、まだ夜の明けない三時ごろ、ウチの不寝番《ふしんばん》が『たいへんです。人ッ子一人いませんよ』と、駆《か》け込《こ》んできました。お隣《とな》りの山王《さんのう》ホテルに集結したのです。庭のお地蔵《じぞう》さんの前に、遺書《いしょ》がありました」

とくに、おかしいのはつぎのくだりである。

「あとの話になりますが、困《こま》ったのはお勘定《かんじょう》です。五千円弱なんですが、麻布《あざぶ》の歩兵三連隊に行くと、頭ごなしに怒鳴《どな》られました。近衛《このえ》三連隊でも相手にしてくれません。二た月ほどたって、赤坂《あかさか》の憲兵隊《けんぺいたい》から呼《よ》び出《だ》しがあったので、喜《よろこ》び勇《いさ》んで出かけたところ、『なんと思ってあちこち請求書《せいきゅうしょ》を持ち歩くのか。逆賊《ぎゃくぞく》に味方したのだから、本来なら手がうしろに回るところだぞ！』と叱《しか》られました」（『素顔《すがお》の昭和　戦前』）

福田女将《ふくだおかみ》にはおよそ当事者の意識《いしき》はなく、いわば大スペクタクルの見物人ぐらいの気持ちでこの事件《じけん》に対していたようである。もっとも商売根性《こんじょう》は忘《わす》れてはいないが。いや、女将《おかみ》ばかりを責《せ》めてはいられまい。二十七日以後は東京市民の大方《おおかた》もまた見物人に徹《てっ》した。そしていわゆる知識層《ちしきそう》となれば、口当たりのいい批評家《ひひょうか》、さもなければ政治的音痴《せいじてきおんち》たらんとしていた、そう断《だん》じてもいいかと思う。我不関焉《われかんせず》がいちばんなのである。荷風《かふう》『断腸亭日乗《だんちょうていにちじょう》』の二十七日の項《こう》にある。

「虎《とら》の門《もん》あたりの商店平日は夜十時前に戸を閉《とざ》すに今宵《こよい》は人出賑《にぎやか》なるため皆《みな》灯火を点じたれば金毘羅《こんぴら》の縁日《えんにち》の如《ごと》し」

さもありなんと肯《うべな》うばかりなのである。

二十九日、皇軍《こうぐん》相撃の危機《きき》をふくみつつ、天皇《てんのう》の強い意思のもとに、事件《じけん》は決起部隊の帰隊をもってあっという間に終熄《しゅうそく》した。この日の朝、戒厳《かいげん》司令部は香椎浩平《かしいこうへい》司令官の名において「市民心得《こころえ》」なるものを新聞号外で急いで民草《たみくさ》に発表する。これがすこぶる間が抜《ぬ》けていておかしいので全文を引いておく。

「本二十九日麹町《こうじまち》区南部附近《ふきん》において多少の危険《きけん》が起るかも知れぬが、その他の地域内《ちいきない》は危険《きけん》のおそれなしと判断《はんだん》される。市民は戒厳令《かいげんれい》下の軍隊に信頼《しんらい》し、沈着《ちんちゃく》冷静よく司令部の指導《しどう》に服し、特にその注意を厳守《げんしゅ》せよ。

一、別に示《しめ》す時機《じき》まで外出を見合せ自宅《じたく》に在《あ》って特に火災予防《かさいよぼう》に注意せよ。

二、特別に命令のあった地域《ちいき》の外、避難《ひなん》してはならぬ。

三、適時正確《てきじせいかく》な情況《じょうきょう》や指示《しじ》をラジオその他により伝達するを以《もっ》て、流言蜚語《りゅうげんひご》に迷《まど》はず常《つね》にこれらに注意せよ」

しかし、現実《げんじつ》には午後二時には反乱《はんらん》部隊はすべて原隊に帰っている。階級章をもぎとられ武《ぶ》装解除《そうかいじょ》された青年将校《しょうこう》をのせ、代々木宇田川町《よよぎうだがわちょう》の陸軍衛戍刑務所《えいじゅけいむしょ》に向かう護送車《ごそうしゃ》が、青山《あおやま》付近を通るころ、陽《ひ》は落ちてあたりはすっかり暗くなっていた。民草《たみくさ》が心得《こころえ》の条《じょう》を守ろうにもその必要はすでになくなっていた。荷風《かふう》の日記にも「四時過《す》ぎより市中一帯通行自由となる」と明確《めいかく》に記されている。

ところで、東京の状況《じょうきょう》を中心に四日間をかいてきたが、このときそのほかの地方都市はどうであったのか。これはいままであまりふれられていない。A面ではそれはいわば当然のことであったが、B面となると丸っきり目をつぶったままというわけにもいくまい。それでその代表として二月二十八日付の京都日出新聞（現《げん》京都新聞）の記事の一部を引いておきたい。

「（事件《じけん》のことは）二十七日早暁《そうぎょう》までに京都府民に知らされたが、懸念《けねん》するがごときことは全然なく、いたって平穏《へいおん》で、街を走る新聞号外の鈴《すず》の音もなく、各官庁、銀行、会社はもちろん、市内の各学校も規定《きてい》の授業《じゅぎょう》を開始す。市電、市バス、円《えん》タクその他の交通機関も正常《せいじょう》。新京極《しんきょうごく》から四条《しじょう》、河原町《かわらまち》通りの繁華街《はんかがい》から京都駅前その他の中心地帯などは前日にもました活気を見せている」

多分そうであったであろうと思うとおりで、写しているのも愚《おろ》かという気がしてくる。また、商業の都大阪では、レコード屋四百五十名が集まって、侃侃諤諤《かんかんがくがく》の議論《ぎろん》をしてこれからは「正価《せいか》厳守《げんしゅ》」でいこうと妙《みょう》な決議をしたのが二十七日。そしてデパート結婚式《けっこんしき》の先鞭《せんべん》をつけた大阪髙島屋《たかしまや》が「ソロバンにあわないから」と式場閉鎖《へいさ》を公表したのが二十九日。そんな記録が残されている。いかにもモウカリマッカの大阪らしい、「君側《くんそく》の奸《かん》」だの「昭和維新《いしん》」だのという言葉とはまったく縁《えん》もゆかりもない話題ばかりがならんでいる。

◆事件《じけん》後の陸海軍部

事件《じけん》は終って暦《こよみ》は三月になった。疾風怒濤《しっぷうどとう》の世であっても、うるわしい春はおもむろに訪《おとず》れる。東大法学部教授《きょうじゅ》の南原繁《なんばらしげる》が春を迎《むか》える歌をいくつも詠《えい》じている。

●朝の光さし来て庭の椎《しい》の木の雪すべり落つ木の葉さやげり

●音立ててストーブの湯はたぎちをり三月の陽《ひ》は斜《ななめ》に射《さ》せり

寒気はややゆるんだが、東京市民の日常《にちじょう》を厳《きび》しく監視《かんし》し制約《せいやく》する戒厳令《かいげんれい》はまだ解《と》かれていない。三月九日、広田弘毅《ひろたこうき》を首相《しゅしょう》とする新内閣《ないかく》が成立、首相《しゅしょう》が声明を発した。「庶政《しょせい》一新」でいくと。何か事件《じけん》が起こったあとはきまって「人心一新」がいわれ、「みそぎ」がとなえられる。政治《せいじ》の世界は昔もいまもあまり変わってはいない。

ところが——、四月十二日の歌人斎藤茂吉《さいとうもきち》の日記。

「今朝六時半突如《とつじょ》トシテ赤坂憲兵《あかさかけんぺい》分隊カラ三名来リテ、茂太《しげた》ノ部屋ト僕《ぼく》ノ部屋ノ家サガシヲシタ。引出マデアケテ私信《ししん》マデ細々ト読ミ、茂太《しげた》ノ部屋ノモ何デモアザイテ、写真機二《ふた》ツト種板トカ帳面等《など》イロイロ持ツテ行キ、茂太《しげた》ガ明日入学試験デ大切ナ日ダカラト云《い》フニモ係《かかわ》ラズ連レテ行ツテシマツタ。コレガ陛下《へいか》ノ忠良《ちゅうりょう》ナル臣民ニ対スル仕打デアルカ」

茂吉《もきち》の長男、のちの精神科医《せいしんかい》の斎藤茂太《さいとうしげた》が中学生ごろ、憲兵隊《けんぺいたい》に連行された事実を語る一節である。茂太《しげた》は飛行機好きで、そのため軍の機密《きみつ》にふれる新鋭《しんえい》機の写真などをもっているとの疑《うたが》いがかけられたのである。戒厳令下《かいげんれい》ゆえかもしれないが、のちにいう〝憲兵政治《けんぺいせいじ》〟のはしりが、もうこのときからはじまっている。

つまりは鬱陶《うっとう》しい時代の訪《おとず》れなのである。もう一例をあげれば四月十九日、新聞を読んだ人はちょっと妙《みょう》な感じを抱《いだ》いた。外務省《がいむしょう》が思いもかけないことをおごそかに発表したのである。詔書《しょうしょ》、公文書などのなかでこれまで日本国、大日本国、日本帝国《ていこく》、大日本帝国《ていこく》などまちまちに呼称《こしょう》されてきたが、本日（十八日）より「外交文書には大日本帝国《ていこく》で統一《とういつ》し、実施《じっし》する」。また、皇帝《こうてい》と天皇《てんのう》とが混用《こんよう》されてきたが、「大日本帝国天皇《ていこくてんのう》」に統一《とういつ》する、と国民に突如《とつじょ》として知らしめたのである。

国際連盟《こくさいれんめい》を脱退《だったい》していらい世界の孤児《こじ》となったが、今後は威厳《いげん》と権威《けんい》にみちた重々しい国名で、列強との交渉《こうしょう》にあたる、という決意を内外に示《しめ》したのであろう。単なる言葉の問題にとどまらず、ウラに国民意識《いしき》の転換《てんかん》への要請《ようせい》が意図されていた。民草《たみくさ》よ、いつまでも屈従《くつじゅう》的国民であるなかれ、胸《むね》を大きく張《は》れ、帝国《ていこく》国民たれと。そしてそれは図に当たった。そのあとの暦日《れきじつ》を丁寧《ていねい》にたどってみれば、日本人はたしかに、その渦中《かちゅう》にいるものはわからないままに、夜郎《やろう》自大《じだい》へとなっていったようなのである。もちろん、朝昼晩《あさひるばん》の表面的な個人《こじん》の営《いとな》みではどうという変化はなかったかもしれない。が、時代の空気という大きなワクでとらえてみると、この年を境《さかい》として、それ以前とそれ以後とでは、同じ昭和とは思えないほどの変質《へんしつ》と変貌《へんぼう》をとげていったとみることができそうなのである。

たとえば海軍は、ワシントン軍縮《ぐんしゅく》条約《じょうやく》をすでに脱退《だったい》し（九年）、さらにこの年の一月にロンドン軍縮《ぐんしゅく》条約《じょうやく》からも脱退《だったい》を関係国に声明している。世界列強を相手どっての、苛烈《かれつ》な建艦《けんかん》競争に身を投じる決意を固めた。大正十一年（一九二二）いらいつづけてきた「建艦《けんかん》すれど戦わず」の、海軍が育んできた思想はかなぐり捨《す》てられ、「仮想敵国《かそうてきこく》」でしかなかったアメリカが、いまや真性敵国《しんせいてきこく》として、太平洋の向こうから巨大《きょだい》な姿《すがた》を現《あら》わしはじめたのである。そのためにもパナマ運河《うんが》が通れなくてもかまわぬ巨大戦艦《きょだいせんかん》を数隻建造《すうせきけんぞう》しなければならない。前年の十年からはじめられた「大和《やまと》」型戦艦《がたせんかん》の設計《せっけい》は着々と完成に向けてその歩を強めている。
その煽《あお》りをうけて広田内閣《ひろたないかく》は、巨額《きょがく》の軍事・国防《こくぼう》予算を捻出《ねんしゅつ》する要に迫《せま》られ、「増税《ぞうぜい》と低金利政策《せいさく》の断行《だんこう》」を声明する。さらに、いざとなったときに大艦隊《だいかんたい》を動かすための大きなエネルギーは？　それへの目配りも十全なものでなければならない。政府《せいふ》が審議会《しんぎかい》による重なる討議《とうぎ》をへて「燃料政策実施要綱《ねんりょうせいさくじっしようこう》」を決めたのがこの年の七月。自給自足の促進《そくしん》、商工省の外局として燃料《ねんりょう》局の新設《しんせつ》など、いくつかの重要なエネルギー需給《じゅきゅう》のための政策《せいさく》を決めたが、なんといっても目玉となったのが人造《じんぞう》石油七カ年計画。

これがうまくいけば七年後には需給《じゅきゅう》の約五〇パーセントが自給でまかなえる。そうなれば唯《ゆい》一《いっ》といってもいい石油の輸入先《ゆにゅうさき》であるアメリカの支配《しはい》下から脱《だっ》することができるではないか、と対米英強硬《きょうこう》派《は》で固めつつある海軍指導層《しどうそう》はひそかに胸《むね》を張《は》った。しかし、歴史的《れきしてき》事実としては、五年後の十六年（一九四一）八月、アメリカの全面的石油禁輸《きんゆ》で、この人造《じんぞう》石油七カ年計画は画餅《がへい》に帰した。それが南方へ石油を求めて軍事行動を起こし、戦端《せんたん》の引き金を引く直接《ちょくせつ》の要因《よういん》となったことはかくまでもない。

それよりも陸軍である。よくいわれているように、二・二六事件《じけん》後の陸軍はくり返し〝粛軍《しゅくぐん》〟の実行を約束した。手はじめに、三月四日の新聞が「陸軍の七大将引責現役引退《たいしょういんせきげんえきいんたい》を申し出て、粛軍《しゅくぐん》の達成を期す」と報《ほう》じたように、過去《かこ》において統制派《とうせいは》・皇道派《こうどうは》の首脳《しゅのう》として印象《いんしょう》を強めていた十人いたなかの七人の大将《たいしょう》を、つぎつぎに退陣《たいじん》させた。そのいっぽうで、陸軍中央部は事件《じけん》の有力な原因《げんいん》は政治《せいじ》の腐敗《ふはい》にある、という主張《しゅちょう》を強力に押《お》したて、広田弘毅《ひろたこうき》を首相《しゅしょう》とする後継内閣《こうけいないかく》にきびしい注文をつけ、国防費《こくぼうひ》予算の大幅増額《おおはばぞうがく》を強請《きょうせい》するなど、傲岸不遜《ごうがんふそん》さを発揮《はっき》しはじめるのである。クーデタの恐怖《きょうふ》をテコにして。

ともかく皇道派《こうどうは》という邪魔《じゃま》ものを排除《はいじょ》した陸軍は、粛軍《しゅくぐん》人事を免《まぬが》れた三人のうちの一人である凡庸《ぼんよう》な寺内寿一大将《てらうちひさいちたいしょう》を陸軍大臣としてかつぎ、彼《かれ》を補佐《ほさ》する統制派《とうせいは》の幕僚《ばくりょう》グループが思うがままに動ける組織《そしき》をつくる。そして自分たちの主張《しゅちょう》を強引《ごういん》に国策《こくさく》として成立させていく団結《だんけつ》の集団《しゅうだん》となっていった。

それというのも、陸軍大学校優等《ゆうとう》卒業生を中心とする幕僚《ばくりょう》グループは口では粛軍《しゅくぐん》をとなえつつも、本心のところでは事件《じけん》後のいまが国家革新《かくしん》の実をあげる好機《こうき》とみたからである。皇道派《こうどうは》青年将校《しょうこう》の決起を否《いな》としたのは、彼《かれ》らが兵力を僭用《せんよう》し統帥権《とうすいけん》を踏《ふ》みにじったゆえにすぎず、行動の真意まで否《いな》としたものでは決してない。青年将校《しょうこう》らの国家改革《かいかく》の熱情《ねつじょう》はこれを是《ぜ》とし、粛清《しゆくせい》を単なる粛清《しゆくせい》で終らせることなく、この機をとらえこの国をよりいっそうの軍事大国への道に踏《ふ》み切《き》らせることこそが粛軍《しゆくぐん》の実をあげることになると、幕僚《ばくりよう》グループは考える。

この陸軍の主張《しゆちよう》ならびに行動にたいして、広田首相《ひろたしゆしよう》はもちろんのこと、元老西園寺《げんろうさいおんじ》や牧野《まきの》伸顕《のぶあき》らの重臣が有効《ゆうこう》な反撃《はんげき》をくわだてた証拠《しようこ》は、いくら探《さが》してもみつからない。テロの恐怖《きようふ》が彼《かれ》らの心を凍《こお》らせ、足をすくませていたというほかはない。軍中央部は文字どおり二・二六事件《じけん》の恐怖《きようふ》をテコに、たくみに政治《せいじ》の表面へと躍《おど》りでることに成功しつつあるのである。五月の軍部大臣現役武官制《げんえきぶかんせい》、八月の「国策ノ基準《こくさくきじゆん》」の決定、そして十一月の日独防共協定《にちどくぼうきよう》の締結《ていけつ》……かりに、それが「軍部の無謀《むぼう》な行動を批判《ひはん》し、あるいは善導《ぜんどう》していく」広田《ひろた》の信念によるためのものであったにせよ、陸軍に押《お》し切《き》られた決定であったことは否定《ひてい》できないのではないか。

◆阿部定事件《あべさだじけん》

中学生斎藤茂太《さいとうしげた》クンの憲兵隊拘引《けんぺいたいこういん》の話からはじめて、鬱陶《うつとう》しい時代の到来《とうらい》をかくつもりが、なぜかA面的なほうへ話題がそれてしまった。またまた急ぎB面に戻《もど》らなければならない。さて、その鬱陶《うつとう》しい世であるが、その年のメーデーは禁止《きんし》、渡辺《わたなべ》はま子の歌った流行歌「忘《わす》れちゃいやヨ」も、歌い方が「娼婦《しようふ》の嬌態《きようたい》を眼前《がんぜん》に見るごとき官能的《かんのうてき》歌唱である」と発売禁止《きんし》。戒厳令《かいげんれい》下の第六十九議会が五月一日から開かれたが、議事堂《ぎじどう》をとりまく四方の角かどには警官《けいかん》が立ち、通行人を厳重《げんじゅう》にとり調べ、かたわらに着剣《ちゃっけん》した銃《じゅう》をもつ兵隊がいかめしく目を光らせていた。銃剣《じゅうけん》に囲《かこ》まれて日本の政治《せいじ》が議せられねばならなかったのである。そのせいで、とはいえないが、このときさまざまな論議《ろんぎ》があったのち、成立した目玉の法案が「不穏《ふおん》文書臨時《りんじ》取締法《とりしまりほう》」ときた。

もともと不穏《ふおん》文書とか怪文書《かいぶんしょ》が巷《ちまた》に氾濫《はんらん》するのは、言論《げんろん》の取締《とりしま》りが苛酷《かこく》にすぎるところから出発したものなのではないか。とくに軍部を批判《ひはん》するようなその種の文書の多いのは、軍部に対する言論《げんろん》が強圧《きょうあつ》をもって封殺《ふうさつ》されていることを、もっともよく証明《しょうめい》する。なのに違反者《いはんしゃ》には重刑《じゅうけい》をもってさらに弾圧《だんあつ》しようという。しかし、悪法なりとみる正気にして冷静な声は、このころから極端《きょくたん》に低く小さく少なくなっていたのが、悲しむべき現実《げんじつ》であった。

鬱陶《うっとう》しい世を詠《うた》った歌人近藤芳美《こんどうよしみ》の若《わか》き日《ひ》の歌がある。

●連行されし友の一人は郷里《きょうり》にて西鶴《さいかく》の伏字《ふせじ》おこし居《い》るとぞ

●酒に酔《よ》へば新しき世を言ひ合へど白じらしさははや意識《いしき》せり

飲めど酔《よ》わぬ白々しき時代を物語っている。

この間にも、反乱《はんらん》を起こした第一連隊、第三連隊の兵たちはつぎつぎに、満洲《まんしゅう》に送られていった。そうしたある日、新宿《しんじゅく》のムーラン・ルージュで踊《おど》り子《こ》が舞台狭《ぶたいせま》しと踊《おど》っている真ッ最中、突然《とつぜん》立ち上がって「明日待子《あしたまつこ》バンザイ」を三唱した兵士《へいし》数人がいた。彼《かれ》らは今生の名残《なご》りにと、かねて憧《あこが》れていた明日待子《あしたまつこ》への自分たちの気持ちを万歳《ばんざい》に託《たく》して叫《さけ》んだのである。一瞬《いっしゅん》、客席も、楽士《がくし》席もシーンとなり、踊《おど》り子《こ》は踊《おど》りをやめた。それから万雷《ばんらい》の拍手《はくしゅ》。明日待子《あしたまつこ》はムーランのスターであった。

そんな暗いムードを打《う》ち破《やぶ》るかのように、思いもかけぬ事件《じけん》が起こった。五月十八日、荒川《あらかわ》区《く》尾久町《おぐまち》の三業地内の待合「まさき」で、四十歳《さい》ぐらいの男が蒲団《ふとん》のなかで惨殺《ざんさつ》されているのが発見される。死体は細ヒモで首をしめられ、左太モモには血文字で定吉《さだきち》二人（男の名が石田《いしだ》吉蔵《きちぞう》）とかかれ、急所が切りとられていた。これぞ有名な阿部定事件《あべさだじけん》、といったって知らない人がいまはふえている。あれからなんと八十年……。

そもそもこの事件《じけん》が社会的になったのは、殺人行為《さつじんこうい》そのものではなく、その直後からのマスコミの鉦《かね》や太鼓《たいこ》を叩《たた》いての狂奔《きょうほん》ぶりにあった。戦後すぐに阿部定《あべさだ》と「オール讀物《よみもの》」誌上《しじょう》で対談した坂口安吾《さかぐちあんご》さんがその点をするどく衝《つ》いている。

「まったくあれぐらい大紙面をつかってデカデカと煽情《せんじょう》的に書きたてられた事件《じけん》は、私《わたし》の知る限《かぎ》りなかった。（略《りゃく》）当時は、お定《さだ》さんの事件《じけん》でもなければやりきれないような、圧《お》しつぶされたファッショ入門時代であった。お定《さだ》さんも亦《また》、ファッショ時代のおかげで、反動的に煽《せん》情《じょう》的に騒《さわ》ぎたてられすぎたギセイ者であったかも知れない」

まったく安吾《あんご》さんのいうとおりで、当時の報道《ほうどう》のすさまじさ。たとえば東京朝日新聞。

十九日朝刊《ちょうかん》——社会面トップ五段抜《だんぬ》きの大見出し。「尾久紅燈《おぐこうとう》街に怪奇殺人《かいきさつじん》、旧《きゅう》主人の惨《ざん》死体《したい》に血字を切刻《きりきざ》んで、美人女中姿《すがた》を消す。待合に流連《いつづけ》の果て」。

二十日朝刊《ちょうかん》——社会面トップ四段抜《だんぬ》き。足どりの地図入り。「いづこに彷徨《さまよ》ふ？　妖婦《ようふ》〝血文字の定《さだ》〟、情報刻々到《じょうほうこっこくいた》り検察陣緊張《けんさつじんきんちょう》、紅燈《こうとう》街の猟奇殺人《りょうきさつじん》、巧《たくみ》に捜査網《そうさもう》を潜《もぐ》る」。という調子。これは他紙もおんなじ。戒厳令《かいげんれい》下の報道制限《ほうどうせいげん》の鬱憤《うっぷん》をいまぞ晴らさんとするかのように、新聞はセンセーショナルにこの事件《じけん》を報《ほう》じた。この日、チャップリンとフランスの詩人ジャン・コクトーが来日したが、二人の芸術家《げいじゅつか》がタバになってかかっても、お定《さだ》人気にはかなわなかった。

当時朝日の政治《せいじ》部長であった細川隆元《ほそかわたかもと》氏からその当時の話をくわしく聞いたことがある。

「あんなけばけばしい編集《へんしゅう》をしたのは、朝日新聞はじまって以来のことかな。いちばん問題となったのは、切り取られた例のものさ、男のあれよ。これをどう表現《ひょうげん》するか。局部とか急所とかすべきという論《ろん》と、直接表現《ちょくせつひょうげん》を避《さ》けたほうがよいという論《ろん》とがあって、大論戦《だいろんせん》となったが、こっちは慎重論《しんちょうろん》が勝って、〝下腹部《かふくぶ》〟という新語がうまれたんだよな。ハハハハ……」

なるほど、朝日新聞には、下腹部《かふくぶ》とある。ちなみに東京日日はいかならん、と検《けん》したら、こっちは〝局所〟とあった。こちらでも頭をかかえたらしく、編集局《へんしゅうきょく》内に懸賞募集《けんしょうぼしゅう》が貼《は》りだされ、局部と急所の間をゆくような局所が採用《さいよう》されたものであるという。

事件《じけん》は、二十日午後五時半にお定《さだ》が高輪《たかなわ》の旅館で逮捕《たいほ》され、あっさり解決《かいけつ》した。高輪署《たかなわしょ》の捜《そう》査《さ》課長が一物をどうしたかと聞くと、お定《さだ》は帯の間からハトロン紙包をとり出し、それもチラッと見せただけですぐ大事そうにしまい込《こ》んでしまった。当時なじみの薄《うす》かったハトロン紙がこれで一躍《いちやく》有名になった。

◆立ち小便裁判《さいばん》と銃殺《じゅうさつ》

そして暑い夏が訪《おとず》れる。「六月二十五日」と題のある東大南原教授《なんばらきょうじゅ》の歌。

・戒厳令《かいげんれい》いまだも解《と》けず夏となりぬ何がなされてゐるにやあらむ

たしかに何かが歴史《れきし》の裏側《うらがわ》で徐々《じょじょ》に進行していたのである。明らかなのは自由主義《しゅぎ》の排撃《はいげき》がいまや軍の総意《そうい》となったこと。さらに民草《たみくさ》にもその影響《えいきょう》が及《およ》んでいく。自由主義《しゅぎ》の何たるかを知らぬままに、「利己主義《りこしゅぎ》と同じ」ぐらいに勘違《かんちが》えて、声高《こわだか》に撃滅《げきめつ》を叫《さけ》ぶその声は、天皇陛下万歳《てんのうへいかばんざい》の斉唱《せいしょう》と同じ力を示《しめ》しはじめていった。

そんな動きとは別にいっぽうで民草《たみくさ》は、しばらくは時代の暗さを忘《わす》れたいかのように、阿部定事件《あべさだじけん》を話題にのせていた。川柳《せんりゅう》や小ばなしもつぎつぎに作られ、日本全国をまたたく間に苦笑《くしょう》と哄笑《こうしょう》とがつつみこんだ。

・現代《げんだい》のサロメ小さな首を切り

・それとばかり刑事《けいじ》せがれに鉄兜《てつかぶと》

・お定《さだ》は逃《に》げるとき何をもっていたか？

　胸《むね》に一物、手に荷物

・お定《さだ》はどこへ逃《に》げたのだろう？

それは地上の涯《は》てさ（痴情《ちじょう》の果て）

・出所したら、どうするだろう？

そりゃ電車の車掌《しゃしょう》よ、チンチン、切ります。

そして他愛《たあい》のない小ばなしは二・二六事件《じけん》にまで及《およ》んだ。

・事件《じけん》を聞いて天皇陛下《てんのうへいか》がよろめき給《たま》い、侍従《じじゅう》色を失ってこれを支《か》う。陛下《へいか》のたまわく、「朕《ちん》は重心(重臣)を失えり」と。

・事件《じけん》のとき高橋是清蔵相《たかはしこれきよぞうしょう》は風呂《ふろ》に入っていた。銃声《じゅうせい》を聞いて裸《はだか》で飛びだした。護衛《ごえい》の警《けい》官《かん》が浴衣《ゆかた》をもって追いかけながら叫《さけ》んだ、「コレ着ヨ、コレ着ヨ」。

まさに、当局の監視《かんし》の眼《め》がきびしくなり、一日一日と言論《げんろん》の自由が失われ暗澹《あんたん》としはじめた時代、であるから国民はこんな小ばなしをひそひそとやり合って笑って楽しんだのである。とにかく一時の明るい話題として。

そんなとき、また一時の笑いのタネとなるような事件《じけん》が、いや事件《じけん》ともいえない事件《じけん》が起こった。七月四日の諸新聞《しょしんぶん》の夕刊《ゆうかん》（日付は五日）に載《の》った、東京帝大《ていだい》法学部の一学生が正式裁判《さいばん》に訴《うった》えて見事に勝訴《しょうそ》した、という記事がそれである。これが何と本邦初《ほんぽうはつ》の立ち小便裁判《さいばん》であったという。

ことの経緯《けいい》はこうである。「間違《まちが》いなくこやつは往来《おうらい》で立ち小便をしたのであります」という罪状《ざいじょう》で蔵前署《くらまえしょ》の巡査《じゅんさ》に咎《とが》められ、金一円の科料に処《しょ》せられたことを不服として、くだんの学生が「身に覚えのないこと」と裁判所《さいばんしょ》に訴《うった》えでたのである。巡査《じゅんさ》が主張《しゅちょう》するところの、法的根拠《こんきょ》はそもいずこにあるや。すなわち警察犯処罰《けいさつはんしょばつ》令なるものが当時あって、その一項《こう》に「街路ニ於《おい》テ屎尿《しにょう》ヲ為《な》シ又《また》ハ為《な》サシメタル者」は処罰《しょばつ》されるというのである。為《な》サシメタル者というのに首を傾《かし》げる方もあろうが、幼児《ようじ》を抱《だ》きかかえてトートトトとやるあれである。

かくて俄然《がぜん》、この裁判《さいばん》は江湖《こうこ》の注目を浴びることとなる。被告《ひこく》が法学部というところが面白《おもしろ》いじゃないか、と大いに盛《も》り上《あ》がった。が、中身はお粗末《そまつ》。「した」「しない」の水掛《みずか》け論《ろん》で終始してしまい、残念ながら巡査《じゅんさ》側はそのように認定《にんてい》したという以外の物的証拠《しょうこ》をあげえなかった。当然である。地中に吸《す》い込《こ》まれてしまって痕跡《こんせき》の残るべくもない。やむなく東京区裁判《さいばん》所《しょ》は学生に「無罪《むざい》」の判決《はんけつ》を下すこととなる。かくて新聞は「さすが帝大《ていだい》生なり」といっせいに絶讃《ぜっさん》の記事をかきまくって、報道制限《ほうどうせいげん》の鬱屈《うっくつ》をここでも晴らした。

こうして二・二六事件《じけん》の恐怖《きょうふ》の記憶《きおく》を、民草《たみくさ》は忘《わす》れよう忘《わす》れようとしていた。でも不断《ふだん》の歯《し》痛《つう》のごとく忘《わす》れられるものではない。それで新聞記者が腹立《はらだ》ちまぎれにかきとばす立ち小便裁《さい》判《ばん》記事を、面白《おもしろ》がって読みふける。そうした逃《に》げの姿勢《しせい》に冷水を浴びせるかのように、七月七日、陸軍は突然《とつぜん》の新聞発表で恐怖《きょうふ》をふたたび蘇《よみがえ》らせた。この日、二・二六事件《じけん》の判決《はんけつ》「十七名、死の断罪《だんざい》」という記事に民草《たみくさ》は驚《おどろ》かされ、さらにまた十二日には、「去る七月五日死刑《しけい》の判決言渡《はんけついいわた》しありたる、香田清貞《こうだきよさだ》、安藤輝三《あんどうてるぞう》、栗原安秀《くりはらやすひで》、竹島継夫《たけしまつぎお》、対馬勝雄《つしまかつお》、中橋基明《なかはしもとあき》、丹生《にう》誠忠《よしただ》、坂井直《さかいなおし》、田中勝《たなかまさる》、中島莞爾《なかじまかんじ》、安田優《やすだゆたか》、高橋太郎《たかはしたろう》、林八郎《はやしはちろう》、渋川善助《しぶかわぜんすけ》、水上源一《みなかみげんいち》は本十二日、その刑を執行《しっこう》せられたり」という号外で、もう一度苛烈《かれつ》な陸軍の意思をみせつけられた。

詳細《しょうさい》は知らされなかったが、青年将校《しょうこう》たちの銃殺《じゅうさつ》が代々木《よよぎ》の刑場《けいじょう》（いまのNHK放送センターのあるあたり）で三回にわけて行われていた。彼《かれ》らはカーキ色の夏外被《がいひ》を着し、目隠《めかく》し、刑架《けいか》のむしろの上に正座《せいざ》させられ、十字架《じゅうじか》に両腕《りょううで》、頭部、胴《どう》をさらし木綿《もめん》でしばりつけられた。そして一杯《いっぱい》の水を与《あた》えられた。銃声《じゅうせい》をまぎらすため、煉瓦塀《れんがべい》の向こうの練兵場では軽機関銃《じゅう》の空砲《くうほう》の音がひっきりなしに鳴っていた。この日は曇《くも》り空《ぞら》であったという。

このように、事件《じけん》にかんする陸軍の処断《しょだん》はすばやく、かつ思いきったものであった。そこから、処刑《しょけい》は裁判《さいばん》前に確定《かくてい》していた、つまり「暗黒裁判《さいばん》」であるとひそかにささやかれた。それが「暗黒」であるかどうかより、統制派《とうせいは》を中心とする陸軍中央部の、指導力《しどうりょく》を完全にその手にするための政治裁判《せいじさいばん》であったことは、たしかである。

●号外は「死刑《しけい》」報《ほう》ぜりしかれども行くもろつびとただにひそけし　　斎藤茂吉《さいとうもきち》
●銃殺《じゅうさつ》の刑了《けいおわ》りたりほとほとに言絶《た》えにつつ夕飯《ゆうめし》を我《われ》は　　北原白秋《きたはらはくしゅう》

東大の南原教授《なんばらきょうじゅ》も詠《うた》っている。

●十七名の死刑報《しけいほう》ぜる今朝の記事は食堂《しょくどう》にゐていふものもなし
●暴《あら》ぶるものはびこるいまの時代《よ》にあひて幼《おさ》なき子らは何おもはざらむか

茂吉《もきち》も白秋《はくしゅう》も、そして南原《なんばら》さんも、人びとの口数が少なくなったことを詠《うた》っている。民草《たみくさ》はひとしく無口になった。「もの言えば唇《くちびる》寒し」が世の風潮《ふうちょう》となった。しかし、口にはださないものの、この国のあり方が変わってきたことを日本人のだれもがはたして感じとっていたのではないであろうか。

この沈黙《ちんもく》のなかで、七月十八日、戒厳令《かいげんれい》がやっと解除《かいじょ》された。ここかしこの要所に銃《じゅう》をもって立っていた兵士《へいし》の姿《すがた》がいっせいに消え、東京はふだんの顔をとり戻《もど》した。この夜、両国《りょうごく》でさっそく川開き。花火見物に押《お》しかけた群衆《ぐんしゅう》は「なんと、八十五万人」と時事新報《しんぽう》が嬉《うれ》しそうに報《ほう》じている。「鍵屋《かぎや》ァ、待ってました」の威勢《いせい》のいい掛《か》け声《ごえ》も飛んだことであろう。

◆前畑《まえはた》がんばれ

歴史探偵《れきしたんてい》の視線《しせん》はここでグーンと遠くへと飛ぶ。八月一日、ベルリンへである。この日、全世界の眼《め》が一人の小男に注がれていた。〝二十世紀《せいき》のシーザー〟ヒトラー総統《そうとう》によって宣言《せんげん》された第十一回オリンピックの幕《まく》が華《はな》やかに開かれようとしているのである。

入場式がはじまり、各国選手団《せんしゅだん》が整然たる隊列を組んで、彼《かれ》の前を行進する。オーストリアはナチス・スタイルで開いた手を横にだして挨拶《あいさつ》し、観客席のドイツ群衆《ぐんしゅう》の喝采《かっさい》を浴びた。フランスは、過去《かこ》のオリンピックのしきたりによる挨拶《あいさつ》の型《かた》を守ったが、これが〝ハイル・ヒトラー〟の敬礼《けいれい》によく似《に》ているため、フランス記者団《きしゃだん》が地団駄《じだんだ》を踏《ふ》んで口惜《くや》しがる。イギリス選《せん》手団《しゅだん》はただ単に「頭《かしら》、右!」の礼をしただけ。ドイツ群衆《ぐんしゅう》はブーブーいった。アメリカ選手《せんしゅ》団《だん》は挨拶《あいさつ》をするどころか、また旗手は星条旗《せいじょうき》をちょっと下げるどころか、誇《ほこ》らしげに高々とかかげた。ドイツ群衆《ぐんしゅう》は口笛と足を踏《ふ》み鳴《な》らし、無礼なヤンキー魂《だましい》に激しい抗議《こうぎ》を送った。そしてわが日本選手団《せんしゅだん》、これが戦闘帽姿《せんとうぼうすがた》でおとなしく手を横に出し、軍隊式に足を直角にあげてカッカッと、ヒトラーの前を過《す》ぎていき、ドイツ観衆《かんしゅう》を大喜《おおよろこ》びさせた。

何をいいたいのか。左様、世界の各国の間にはナチス・ドイツをめぐって敵意《てきい》と猜疑《さいぎ》と追従《ついしょう》とさまざまな思惑《おもわく》を秘《ひ》めて、冷たい戦争がもうはじまっていた、ということである。ベルリン五輪は選手自身の栄光より、国家の名誉《めいよ》が先に立って争われ、競技《きょうぎ》は国家の威信《いしん》をかけての戦いとなっていた。メダルの数によって、ドイツのスポーツ記者はこうかいた。

①ナチス・ドイツはアメリカより活躍《かつやく》せり。

②イタリアはフランスより秀《すぐ》れていた。

③日本はイギリスを圧倒《あっとう》せり。

つまりドイツの新聞は、国家主義《しゅぎ》・全体主義《しゅぎ》こそが人間のエネルギーを最高に発揮《はっき》させ、自由主義《しゅぎ》・民主主義《しゅぎ》を打《う》ち破《やぶ》るのであることを証明《しょうめい》したと強調したのである。極東の一小島国、二・二六事件《じけん》という内乱《ないらん》をやっと終熄《しゅうそく》させたばかりの日本にあって、はたしてそんな風にはじまりだしている世界動乱《どうらん》に気づいた人がどのくらいいたであろうか。

昭和八年（一九三三）の国連脱退《だったい》いらい〝栄光ある孤立《こりつ》〟を誇《ほこ》っている日本人が、鋭敏《えいびん》な国《こく》際《さい》感覚と国際情勢《こくさいじょうせい》への認識《にんしき》をもち得《え》ていたとはとうてい思えない。ただしこのオリンピックを

思えば“おやじ”（末松氏）の数々の言動は半藤少年に少なからぬ影響を与えた

とおして国民的熱狂《ねっきょう》が燃《も》え上《あ》がったことだけはたしかである。全国民が日の丸が揚《あ》がるかどうかで一喜《いっき》一憂《いちゆう》、それはラジオの実況《じっきょう》放送を通して煽《あお》られ、国家ナショナリズムの高揚《こうよう》となっていった。あるいは暗鬱《あんうつ》な空気を吹《ふ》き飛《と》ばすため、という裏《うら》の意味もあったかもしれないが。日本放送出版《しゅっぱん》協会編《へん》『昭和放送史《ほうそうし》』は誇《ほこ》らしげにかいている。

「八月一日の早朝から、八月一五日深夜に至《いた》るまで、史上《しじょう》最大と云《い》われる華《はな》やかなベルリン・オリンピックの模様《もよう》が刻々《こっこく》と送られて来た。（中略《ちゅうりゃく》）前半陸上競技《きょうぎ》でアメリカ黒人オーエンスの超人《ちょうじん》ぶり、五千米《メートル》、一万米《メートル》の村社《むらこそ》選手の活躍《かつやく》、棒高跳《ぼうたかとび》西田《にしだ》、大江《おおえ》がアメリカ選手を相手に大熱戦をくりひろげ、日の丸二本を揚《あ》げた感激《かんげき》の模様《もよう》、三段跳《さんだんとび》で田島直人《たじまなおと》が一六米《メートル》の世界記録で優勝《ゆうしょう》、一〇万観衆《かんしゅう》の中に高らかになり響《ひび》く君が代などが伝えられ、後半は水上日本の威力《いりょく》を発揮《はっき》して、次々に上る日の丸、……」

このあとは、わたくしが興奮《こうふん》を再現《さいげん》する――女子二百メートル平泳ぎ決勝。日本の前畑秀子《まえはたひでこ》選手の白い帽子《ぼうし》と、ドイツのゲネンゲル選手の赤い帽子《ぼうし》が先頭を競《きそ》った。白がややリード、しかし赤が猛然《もうぜん》とスパート。「前畑危《まえはたあぶ》ない！　がんばれ前畑《まえはた》！　がんばれ、がんばれ」。河西《かさい》アナが絶叫《ぜっきょう》する。「あと五メートル、あと四メートル、あと三メートル、二メートル、あっ前畑《まえはた》リード、勝った、前畑《まえはた》勝った、勝った、勝った」……。

このスポーツ放送史《ほうそうし》にかがやく実況《じっきょう》があったのが八月十一日。わたくしにはかすかな記憶《きおく》があるような、ないような、であるが、それから二、三日、毎晩《まいばん》おやじが上半身真《ま》ッ裸《ぱだか》で、「前《まえ》畑《はた》がんばれ、がんばれ」と大酒のんででかい声でいつまでもお祝いをしていたことは覚えている。おやじばかりではない。国歌と高々と揚《あ》がる日の丸に酔《よ》い痴《し》れたのが当時のほとんどの日本人であった。

「だれだれがんばれ」と何かにつけて叫《さけ》ぶ声がその後いつまでもつづいた。そして入場式での日本選手の歩き方が教育の場にとり入れられたのがこの年でなかったか。もともとは陸軍部隊の速足行進に発するが、わたくしが中学生になったころには、もう教練の時間にはこれ一本槍《いっぽんやり》で徹底的《てっていてき》に仕込《しこ》まれた。いまだって『日本国語大辞典』にきちんと載《の》せられている。

「旧《きゅう》軍隊では、時速五キロメートル強程度《ていど》の正規《せいき》の歩法をいう。踵《かかと》から踵《かかと》までの一歩の長さを七五センチメートルとすることを基準《きじゅん》とし、一分間に一一四歩の速度で規定《きてい》の姿勢《しせい》で歩くこと」

辞典にはこうあるが、中学生のころは速度よりも姿勢《しせい》が重要視《じゅうようし》されていたように思う。脚《あし》の膝《ひざ》を高く、身体にたいして直角になるまで上げ、それを垂直《すいちょく》に前のほうに下ろす。背筋《せすじ》をピンとのばし、手を大きくふる。いまも甲子園《こうしえん》の全国高校野球大会の入場行進でみることのできる、あれである。日本陸軍の精神主義的《せいしんしゅぎてき》歩行が、ベルリン五輪をへて教育の場にとり入れられ、いまにつながっているのかいな、と思うと、この国の民の精神構造《せいしんこうぞう》は……と妙《みよう》な気持ちになってくる。つまり、いつだって容易《ようい》にひっくり返ることができる、ということか。

◆「あゝそれなのに」

祭りのあとに戦いがくる。六月ごろからくすぶりつづけていたスペインの内乱《ないらん》が火を噴《ふ》き、みるみる拡大《かくだい》していった。フランコ将軍《しようぐん》の率《ひき》いる国家主義者《しゆぎしや》側（右翼《うよく》）と人民戦線側（左翼《さよく》）の抗争《こうそう》が銃砲火《じゆうほう》を交え、八月には本格的《ほんかくてき》な戦争へと発展《はつてん》する。各国がスペイン人だけに戦闘《せんとう》をゆだねておくはずはなかった。ヒトラーのドイツと独裁者《どくさいしや》ムッソリーニのイタリアがフランコ側につき、空軍や戦車を送りとどけ、ソビエトとフランスが人民戦線側に回り、武器《ぶき》や物資《ぶつし》・食糧《しよくりよう》を支援《しえん》する。アメリカとイギリスは不介入《ふかいにゆう》・中立の立場をとったが、明らかに人民戦線側に多大の同情《どうじよう》を示《しめ》した。内戦はいまや国際的《こくさいてき》な対決の場となり、武器《ぶき》の性能《せいのう》など、やがてきたるべき第二次世界大戦の実戦訓練をスペインの国土で行い、結果的にスペイン人の血によって得《え》がたい戦訓を身につけることになった。

A面で語るとすると、このスペイン戦争をもっとくわしく、ということになるが、スペインの戦場は日本からはあまりに遠いところにあり、それに陸海軍部はもとよりほとんどの日本人とは関係がない。ごくごく少数の日本人が義勇軍《ぎゆうぐん》として人民戦線側に参加したという事実はあるが、B面的にはかくべきことはまったくないといっていい。

わずかに東大の南原教授《なんばらきようじゅ》の歌が目につく。

・ひとつ国の民《たみ》らたがひに敵《てき》となり戦はねばならぬものありといはむか

・ファシズムとコンミュニズムにふた分れ世界戦《たたか》はむ日なしと誰《た》がいふ

ドイツ軍機の爆撃《ばくげき》によりゲルニカ市の全壊《ぜんかい》の報《ほう》があり、飛行機による空からの攻撃《こうげき》が、このころから重大な作戦となりつつあった。歌人木俣修《きまたおさむ》のこのころの歌がある。

・二方《ふたかた》より照らす照空燈《しょうくうとう》の光芒《こうぼう》はいま交錯《こうさく》す無線塔《とう》のうへ

日本でも防空演習《ぼうくうえんしゅう》が盛《さか》んに行われだしたことが知れる。

そんなことより、スペイン戦争という激震《げきしん》の時代を背景《はいけい》に、八月七日に軍部の主導《しゅどう》で広田内閣《ひろたないかく》がその後の日本の進路「南北併進《へいしん》」を定めた運命的な「国策《こくさく》ノ基準《きじゅん》」を決定したことのほうが重要である。列強の視線《しせん》がスペインに向いている間隙《かんげき》をぬって、といったらはたしていい過《す》ぎとなるであろうか。

この政策《せいさく》の示《しめ》すところは、米英に対しては親善《しんぜん》関係を保《たも》つが、アジア侵略《しんりやく》の企図《きと》を挫折《ざせつ》させるため対ソを仮想敵国《かそうてきこく》の第一とし、さらに対中国については「速《すみ》やかに北シナをして防共《ぼうきょう》・親日満の特殊《とくしゅ》地帯たらしめ、かつ国防資源《こくぼうしげん》を獲得《かくとく》し、交通施設《しせつ》を拡充《かくじゅう》する」と、はなはだ高圧的《こうあつてき》な態度《たいど》で中国北部への進出を企図《きと》することにあった。そしてそこに軍の機械化のための軍需《ぐんじゅ》産業ブロックを建設《けんせつ》しようというのである。翌《よく》十二年の盧溝橋《ろこうきょう》の一発によって誘発《ゆうはつ》される日中戦争の萌芽《ほうが》がここにあるといえる。

新聞はこれを軍の「推進力《すいしんりょく》」と評《ひょう》したが、陸軍におべっかを使ったのである。要は、広田《ひろた》内閣《ないかく》の国策《こくさく》決定と装《よそお》いながら、陸軍中央部は二・二六事件《じけん》のテロの恐怖《きょうふ》をテコに、この国の政治《せいじ》を動かそうとあからさまに力を示《しめ》しだしたのである。広田内閣《ひろたないかく》は朝に一城を抜《ぬ》かれ、夕に一城を占拠《せんきょ》されるといった非力《ひりき》で、根本からぐらぐらしはじめていた。民草《たみくさ》には、もちろんそんなこととはわからない。わからないから黙《だま》ってついていく。

もういっぺん、南原教授《なんばらきょうじゅ》の歌。

●汗垂《あせた》りつつ書き起したる論文《ろんぶん》の半ばならぬに冬となりたり

その冬に入ろうとする十一月、広田内閣《ひろたないかく》はまたしても軍の主導《しゅどう》によって重大な国策《こくさく》を決定した。日独防共協定《にちどくぼうきょうきょうてい》の締結《ていけつ》である。同じように国連から脱退《だったい》し（ドイツ脱退《だったい》は昭和九年十月）、国際的孤立《こくさいてきこりつ》にあった日本とドイツ。陸軍は、そのドイツと接近《せっきん》することを強く望んだ。これにまた外務省《がいむしょう》の親独《どく》・反英米的な革新《かくしん》グループが結びついて、この政策《せいさく》を推進《すいしん》した。

……とやっていると、ますますA面的になって始末《しまつ》がつかなくなる。そこで前後の脈絡《みゃくらく》を無視《し》してB面に筆を戻《もど》してしまうと、日本国民は二・二六事件《じけん》以後に国家がつぎつぎと運命的な国策《こくさく》決定をしているなどとは、くり返すが思ってもいなかった。「粛軍《しゅくぐん》」の名のもとに陸軍は〝謹慎《きんしん》〟していると思いこんでいた。戒厳令《かいげんれい》も解《と》かれ静けさが戻《もど》ったような東京の盛《さか》り場《ば》に、ホット・ドッグという当時とすれば妙《みょう》な食べものが出現《しゅつげん》し若《わか》いものや子供《こども》たちを喜《よろこ》ばせ、ビヤホールで黒ビールが売りだされ、大人たちはすすんで真ッ黒い液体《えきたい》をジョッキでぐいぐいとやった。

昭和十一年十一月十一日、いやに十一という字の並《なら》ぶ日である。この日、タバコの「ゴールデンバット」が七銭《せん》から八銭《せん》に値上《ねあ》げとなった。それで新聞の号外がでたというんであるからオドロキである。いっぽうで円《えん》タクの値下《ねさ》げが話題となっていた。東京駅から新宿《しんじゅく》あるいは渋《しぶ》谷《や》まで七十銭《せん》となって、運転手は大ボヤキである。浅草雷門《あさくさかみなりもん》まで五十銭《せん》、銀座数寄屋橋《ぎんざすきやばし》まで三十銭《せん》。統計《とうけい》によればこの年の東京のタクシーの総台数《そうだいすう》はおよそ四千六百台、なのであるが、それでも競争がはげしく、市内一円均一《きんいつ》の看板《かんばん》はいまや夢《ゆめ》の夢《ゆめ》、距離《きょり》に応《おう》じて値下《ねさ》げせざるを得《え》なかった。

そんなタクシーの嘆《なげ》きをよそに、この年から街にほんとに稀《まれ》ではあるが、国産の黒ぬりのダットサン自家乗用車の走る姿《すがた》が認《みと》められたという。「国防《こくぼう》ノ整備《せいび》及《および》産業ノ発達」のため「自動車製造《せいぞう》事業法」が制定《せいてい》され、自動車産業界でいうところの「車社会への第一歩」はこの年に踏《ふ》みだされた、というのである。が、いまに至《いた》るまで自動車など所有したことのないわたくしには、まったく関係のないことではある。

それと都市を中心に結婚《けっこん》ブームが起こったという。八年ごろからの軍需《ぐんじゅ》景気がつづいて失業者は減《へ》り、蒼白《あおじろ》きインテリなどといわれた大学卒業者はみな大手《おおで》をふっていい職業《しょくぎょう》につくようになる。それと軍人たちが救世主《きゅうせいしゅ》のように思われ、娘《むすめ》たちの憧《あこが》れの的となっている。加えて、新婚《しんこん》生活のすばらしさを歌った歌謡曲《かようきょく》がやたらに売りだされ、それがまた大いに売れた。

政府や軍部の不穏な動きをよそに、浅草六区などの盛り場は賑わいを呈していた

〽空にゃ今日もアドバルーン／さぞかし会社で今頃《いまごろ》は……の「あゝそれなのに」。〽何か言おうと思っても／女房《にょうぼう》にゃ何だか言えませぬ……の「うちの女房《にょうぼう》にゃ髭《ひげ》がある」。〽髪《かみ》は文金高《ぶんきんたか》島田《しまだ》／（中略《ちゅうりゃく》）みなさんのぞいちゃいやだわよ……の「花嫁《はなよめ》行進曲」。それに〽可愛《かわい》い蕾《つぼみ》よきれいな夢《ゆめ》よ／乙女《おとめ》ごころによく似《に》た花よ……の「花言葉の唄《うた》」などなど。

こんな風に、時代が大きく転回しようとしているとき、民草《たみくさ》はそんなこととは露《つゆ》思わずに前《ぜん》途隆々《とりゅうりゅう》たる国運のつづくように思い、生活にかなりの余裕《よゆう》を感じはじめていたのである。東北地方の貧農《ひんのう》の娘《むすめ》の身売り話などまったくといっていいほどなくなっていた。

◆「神風号《かみかぜ》」と『良人《おっと》の貞操《ていそう》』

「美しく哀《あわ》れに怨《うら》みを含《ふく》んだ眼差《まなざ》しでじっと見据《みす》えられて、信也《しんや》はみっともないほど、ガタガタと総身《そうみ》がふるえおののいた。

『加《か》、加代《かよ》さん、貴女《あなた》は今専務《せんむ》夫人になれるのです、そ、それを……』

『譬《たと》え、どんな玉《たま》の輿《こし》でも、私《わたし》はいや！　貴方《あなた》がこの世にいらっしゃる限《かぎ》り、私何処《わたしどこ》へもお嫁《よめ》にゆきません』

加代《かよ》の声は細く冴《さ》え渡《わた》って――」

いきなり何か、と思われる人も多いであろうが、吉屋信子《よしやのぶこ》の代表作『良人の貞操《おっとのていそう》』の一節である。十一年十月から十二年四月にかけて、東京日日新聞と大阪毎日新聞両紙の朝刊《ちょうかん》に連載《れんさい》された小説で、これが爆発的《ばくはつてき》に大好評《だいこうひょう》を博《はく》した。未亡人《みぼうじん》と妻《つま》ある男との道ならぬ恋《こい》の物語。

ちょうど同じとき、朝日新聞が国産飛行機「神風号《かみかぜ》」による初の渡欧《とおう》飛行計画を発表し、連日それがいかに壮挙《そうきょ》たるかを記事にし紙面でさかんに煽《あお》っていた。これが人気を呼《よ》んで朝日新聞のひとり勝ちかと思われたときに、日日新聞はこの小説のもの凄《すご》い人気で、二紙はまさに天下を二分してよく売れていたのである。しかも連載《れんさい》中から映画化《えいがか》、劇化《げきか》の話がもち上がり、浅《あさ》草《くさ》の喜劇《きげき》・大衆演劇《たいしゅうえんげき》まで即席《そくせき》の「良人《おっと》の貞操《ていそう》」一色となる。こうなるとまだ飛んではいない「神風号《かみかぜ》」より話題はにぎにぎしく引っぱられ、翌年《よくねん》まで貞操《ていそう》ブームはつづく。

かくまでもないが、この恋愛《れんあい》小説には、時局的な話題はひとかけらもない。軍の反乱《はんらん》も「南北併進《へいしん》」の国策《こくさく》もまったく無縁《むえん》である。いわんや戦争の匂《にお》いにおいてをや。あるいは、二・二六事件《じけん》以後の、時代の重苦しさ息苦しさを忘《わす》れるために大ヒット、という見方もできるかもしれない。それよりも、当時の日本人は戦争などという物騒《ぶっそう》なものが間近に迫《せま》ってきているなんて考えてもいなかったゆえ、ひたすら今日でいう不倫《ふりん》小説に惑溺《わくでき》した、とするほうが正しいのではあるまいか。日本はまだ辛《かろ》うじて健全であったのか。

しかし、表面上あらわではなかったが、時代の空気は相当に悪くなっていたのである。残念ながら、社会全体はどんどん右傾化《うけいか》し、国賊《こくぞく》・非国民《ひこくみん》などという言葉がハバをきかせはじめ、民《たみ》草《くさ》は自然と口を閉《と》じるようになっていた。七月の左派《さは》文化団体《だんたい》関係者の一斉検挙《いっせいけんきょ》、九月の宗《しゅう》教団体《きょうだんたい》ひとのみち弾圧事件《だんあつじけん》、さらに十二月には人民戦線運動弾圧《だんあつ》、千余人検挙《よにんけんきょ》。そして一方では陸軍戦車学校が開校される。かなり不気味《ぶきみ》な動きがやたらにあったのである。

が、そうであっても民草《たみくさ》は国家指導者《しどうしゃ》を信じていたのであろう。それに生活に余裕《よゆう》ができたゆえでもあろうか、この年のクリスマスを盛大《せいだい》に祝おうという気運が、東京や大阪をはじめ、地方都市にも高まっていた。これを素早《すばや》くみてとったホテルやダンスホールは、年に一度のかき入れ時と大宣伝《だいせんでん》をはじめる。当局は時局をわきまえぬことだと目を光らせはじめる。とくに大阪の警察《けいさつ》がやたらに神経《しんけい》を尖《とが》らしたらしい。大阪朝日新聞が半ば冷やかし気味に愉快《ゆかい》な記事を載《の》せている。

『ダンス』と『フグ』の嫌《きら》いな大阪府当局でも、二つのホテルのみつつましやかにやらせることになった。ただし、条件《じょうけん》があって『芸妓《げいぎ》女給、ダンサーは一歩も入れるべからず』というきついお達し。ホテル側では『失礼ですが入口で服装《ふくそう》その他によって判断《はんだん》させていただく積りです』といっている。そんなことできるものかどうか？　女給さんとお嬢《じょう》さんの区別のつかない世の中、風紀《ふうき》問題を恐《おそ》れるなら有閑《ゆうかん》不良マダムを真っ先にしめだすべしなど議論《ぎろん》さまざま」

（十二月十七日付）

師走《しわす》も下旬《げじゅん》となって、南原教授《なんばらきょうじゅ》はひそかな憂《うれ》いを歌に託《たく》した。

●言《こと》にいでて民《たみ》らいはずなりぬるとき一国の政治《せいじ》のいかにあると思ふや

●次年度の予算三十億を突破《とっぱ》すといふ我等《われら》いよいよ貧《まず》しく生きむ

●一年の講義《こうぎ》はきのふ終へたりと思ふばかりに朝寐《い》すわれは

いやな感じの政治《せいじ》の流れのなかにあり、いぜんとしてつつましく生きねばならぬ民草《たみくさ》にとっては、ぬくい朝寝《あさね》の蒲団《ふとん》のなかが、この世のただ一つの極楽ということなのか。ほんとうは、蒲《ふ》団《とん》をはねのけて寒風のなかで救国《きゅうこく》の叫《さけ》びをあげねばならないときであったのだが……。

「風立ちぬ　いざ生きめやも」

左様、堀辰雄《ほりたつお》の『風立ちぬ』の第一章が発表されたのはこの年であったのである。

第五話

軍歌と万歳《ばんざい》と旗の波

昭和十二〜十三年

この章の

ポイント

一九三七（昭和十二）年に日中戦争がはじまりました。勝利報道《ほうどう》が続いたことで、国内は日本軍を後押《あとお》しする必勝ムード――軍歌や万歳《ばんざい》と旗の波、提灯《ちょうちん》行列に沸《わ》きます。一方でこのときから「国民精神総動員《せいしんそうどういん》」の名のもとに、国民はさまざまな我慢《がまん》を強《し》いられることになったのです。また川端康成《かわばたやすなり》『雪国』、吉川英治《よしかわえいじ》『宮本武蔵《みやもとむさし》』、永井荷風《ながいかふう》『濹東綺譚《ぼくとうきだん》』など名作が生まれ絶頂期《ぜっちょうき》を迎《むか》えた昭和文学も、統制《とうせい》により思想・言論《げんろん》の自由が奪《うば》われ、足踏《あしぶ》み状態《じょうたい》となります。

キーワード

昭和文学の絶頂期《ぜっちょうき》／神風号《かみかぜ》／躍進《やくしん》日本／暴支膺懲《ぼうしようちょう》／国民精神総動員《せいしんそうどういん》／軍国歌謡《かよう》／大本営《だいほんえい》／南京陥落《なんきんかんらく》／国家総動員法《そうどういんほう》／ペン部隊／銃後《じゅうご》

昭和十二年（一九三七）

広田弘毅内閣《ひろたこうきないかく》が、軍部の圧力《あつりょく》に屈《くつ》して復活《ふっかつ》させた「軍部大臣現役武官制《げんえきぶかんせい》」の煽《あお》りをくって、一月下旬《げじゅん》に総辞職《そうじしょく》のやむなきに至《いた》り、陸軍が推《お》した林銑十郎内閣《はやしせんじゅうろうないかく》に代わった。ところが、林《はやし》新首相《しゅしょう》はスタートした途端《とたん》、早くも「祭政一致《さいせいいっち》」などと神がかりの施政方針《しせいほうしん》をかかげるお粗末《そまつ》さ。心ある人びとの失笑《しっしょう》をかい、前途《ぜんと》はたちまちに危《あや》ぶまれる。まさに案の定で、四カ月にも満たない五月末には、もう民政党《みんせいとう》と政友会《せいゆうかい》との合同による「林内閣打倒両党大懇親会《はやしないかくだとうりょうとうこんしんかい》」が開催《かいさい》されるという情《なさ》けなさ。

という政界《せいかい》の事情《じじょう》とは別に、満洲《まんしゅう》事変から二・二六事件《じけん》までの灰色《はいいろ》に沈《しず》みこんでいた世情《せじょう》は、この年の初めごろから軍需《ぐんじゅ》景気がようやく軌道《きどう》にのって、かなり明るさと華《はな》やかさとを加えるようになっていた。軍事予算をまかなうために発行した国債《こくさい》は、十一年度の段階《だんかい》で百億円を突破《とっぱ》していた。ほとんどが日銀引きうけなので、通貨インフレーションが発生しはじめている有様。そして林内閣《はやしないかく》が短命で倒《たお》れたあと、六月四日、民草《たみくさ》の期待を一身に集めた近衛文麿《このえふみまろ》を首班《しゅはん》とする新内閣《ないかく》が登場する。この青年宰《さい》相《しょう》の唱える「革新《かくしん》」によって、陸軍のいよいよ強まりだしている政治介入《せいじかいにゅう》は断乎排《だんこはい》除《じょ》され、暴力《ぼうりょく》や流血によらない内政《ないせい》・外交や経済《けいざい》の建て直しをイメージすることができ、民草《たみくさ》は前途《ぜんと》への希望に胸《むね》をふくらませたのである。

しかし穏《おだ》やかで平和な国への夢《ゆめ》はあまりにもはかなかった。「挙国一致《きょこくいっち》」をスローガンに組閣《そかく》後わずか三十三日目の、七月七日夜、日中両軍が北京《ぺきん》郊外《こうがい》の盧溝橋《ろこうきょう》付近で衝突《しょうとつ》した。日中戦争のはじまりである。政府《せいふ》ははじめは不拡大《かくだい》の政策方針《せいさくほうしん》を堅持《けんじ》しようとしたが、陸軍の戦略《せんりゃく》にたちまちにひきずられていく。このとき、この戦闘《せんとう》がその後八年にわたる大戦争となり、亡国《ぼうこく》に導《みちび》くと予想した日本人は、ほとんどいなかった。まったくタイミングが悪すぎたというほかはない。陸軍中央部はいまや統制派《とうせいは》の天下になっている。彼《かれ》らは、弱い中国軍の頭をガンと叩《たた》きつけることで、中国北部ぐらいを占領《せんりょう》し事変はすぐ片《かた》がつくと甘《あま》く観測《かんそく》していた。すなわち、この「中国一撃論《いちげきろん》」こそが統制派《とうせいは》の信奉《しんぽう》する戦略《せんりゃく》であった。しかし中国では、前年暮《く》れの西安事件《せいあんじけん》の結果として、蔣介石《しょうかいせき》の国民政府軍《せいふぐん》と毛沢東《もうたくとう》の共産党軍《きょうさんとうぐん》との間のいわゆる「国共合作」が成り、日本帝国主義《ていこくしゅぎ》にたいする徹底抗戦《てっていこうせん》の民族統一《とういつ》戦線が結成されていたのである。が、日本の指導層《しどうそう》にはその基本《きほん》に「中国蔑視《べっし》」があり、例によって権力闘争《けんりょくとうそう》をやるにちがいないから放っておけばまた中国は分裂《ぶんれつ》すると、楽観しきっていた。

結果は、中国軍の執拗《しつよう》な抵抗《ていこう》があり、戦火は拡大《かくだい》の一途《いっと》をたどり、互《たが》いに宣戦布告《せんせんふこく》をしないままに、「事変」という名の本格的《ほんかくてき》な戦争となっていった。八月には「国民精《せい》神総動員実施要綱《しんそうどういんじっしようこう》」の決定、十一月には大本営《だいほんえい》令が公布《こうふ》され、日本の世情《せじょう》は一変、軍主導《ぐんしゅどう》の戦時国家へと突入《とつにゅう》する。そして十二月には中国の首都であった南京《なんきん》を攻略《こうりゃく》する。戦後問題となった虐殺事件《ぎゃくさつじけん》は、このときの戦闘《せんとう》の過程《かてい》で起こったものであるが、そんなむごい事実のあったことなど、民草《たみくさ》はだれ一人知ることもなく、昼は旗行列、夜は提灯行列《ちょうちん》でその大勝利を祝っていたのである。

◆◆◆◆◆

◆名古屋城の大泥棒《おおどろぼう》

拙著《せっちょ》『昭和史《しょうわし》』の戦前篇《へん》ですでに引いたことであるが、作家野上弥生子《のがみやえこ》がこの年のはじめに新聞にかいた一文をもういっぺん引用することとする。

「……たったひとつお願いごとをしたい。今年は豊年《ほうねん》でございましょうか、凶作《きょうさく》でございましょうか。いいえ、どちらでもよろしゅうございます。洪水《こうずい》があっても、大地震《おおじしん》があっても、暴《ぼう》風雨《ふうう》があっても、……コレラとペストがいっしょにはやっても、よろしゅうございます。どうか戦争だけはございませんように……」

まさか作家の直感力で、戦争が身近に迫《せま》っていることを予知したとは思えない。が、二・二六という考えてもみなかった大事件《だいじけん》を体験したあとの年であっただけに、時代の空気に不気味《ぶきみ》な緊張感《きんちょう》もあり、何かキナ臭《くさ》い徴候《ちょうこう》がもうかなり感じられていたのであろうか。

と想像《そうぞう》をたくましくするそばから、一つの事実がただちに思《おも》い浮《う》かんでくる。はたして陸軍の猛威《もうい》のほどがどのくらい強力なものと見るべきか、という疑問《ぎもん》をともなった論戦《ろんせん》なのである。

それはこの年の一月二十一日、衆議院《しゅうぎいん》本会議場で起こった。壇上《だんじょう》に立った政友会《せいゆうかい》の浜田国松《はまだくにまつ》代議士《だいぎし》が、何をも恐《おそ》れぬかのようにいった。

「五・一五事件然《じけんしか》り、二・二六事件然《じけんしか》り、軍部の一角より時々放送せられる独裁政治思想然《どくさいせいじしか》り、（中略《ちゅうりゃく》）要するに独裁《どくさい》強化の政治的《せいじてき》イデオロギーは、常《つね》に滔々《とうとう》として陸軍の精神《せいしん》の底を流れている……この危険《きけん》ある事は、国民のひとしく顰蹙《ひんしゅく》するところである」

これにたいして陸相寺内寿一大将《りくしょうてらうちひさいちたいしょう》が反発した。

「われわれ軍人に対していささか侮辱《ぶじょく》するがごとき言説があったことはまことに遺憾《いかん》であります」

ふたたび浜田《はまだ》は登壇《とうだん》して蛮声《ばんせい》をはりあげた。

「武士《ぶし》は古来、名誉《めいよ》を重んずる。どこが軍を侮辱《ぶじょく》したか、事実をあげよ。もしあったら割腹《かっぷく》してキミに謝《しゃ》する。なかったら、キミ割腹《かっぷく》せよ」

世にいう「ハラキリ問答」である。

後世の歴史《れきし》を学ぶものからすると、これぞ政治介入《せいじかいにゅう》をあらわにしてきた陸軍にたいする政治《せいじ》家《か》の最後の抵抗《ていこう》であったと、ほぼ一致《いっち》して考えられている。結果は、これによって広田弘毅《ひろたこうき》内閣《ないかく》の総辞職《そうじしょく》があったから、さもありなんと合点《がてん》してしまう。でも見方を変えれば、まだ陸軍大臣を相手どって堂々《どうどう》と啖呵《たんか》をきることのできる余裕《よゆう》と力とが議会そして政治家《せいじか》にあったとき、ということもできよう。

この問答は新聞に掲載《けいさい》されたが、もちろん民草《たみくさ》も注目して成り行きを大いに憂慮《ゆうりよ》した、などとかいたら大法螺吹《おおぼらふ》きと笑われるのが落ちである。そんなことよりも、名古屋城の天守閣《てんしゆかく》の上に輝《かがや》く金の鯱《しやちほこ》の鱗《うろこ》五十八枚《まい》を、調査用《ちようさよう》に組んだ櫓《やぐら》を利用して盗《ぬす》んだ不敵《ふてき》なヤツがいる、というこっちの事件《じけん》のほうに大多数の人びとの関心が集まっていた。時価《じか》四十万円（一説に八十万円）。慶長《けいちよう》十四年（一六〇九）に慶長大判《けいちようおおばん》千九百四十枚《まい》を鋳《い》つぶしてつくられたというから、いまの価格《かかく》に直すのはむつかしいが、二、三億円ぐらいはするであろうか。

「どえらいことでなも」

と名古屋の人びとが仰天《ぎようてん》しただけではない。とにかく大事件《だいじけん》で、新聞の号外がでる騒《さわ》ぎ、日本中の話題は浜田国松《はまだくにまつ》よりもこっちのほうに集中する。一対《いつつい》の鯱《しやちほこ》のうち南側の雌《めす》は無事で、盗《ぬす》まれたのはつくりの大きい北側の雄《おす》の鯱《しやちほこ》で、泥棒《どろぼう》は骨董《こつとう》に目があるヤツとさっそく狙《ねら》いがつけられた。が、じつはそうではなかった。

事件《じけん》が起きたのが一月四日で、犯人《はんにん》が逮捕《たいほ》されたのが二十七日。これが骨董《こつとう》の目利《めき》きどころか、なんと前科二犯《はん》、もっぱらコソ泥専門《どろせんもん》のミシン工で佐々木賢一《ささきけんいち》という四十歳《さい》の男。一年前に名古屋刑務所《けいむしよ》を出所したとき、迎《むか》えに来てくれた母と一緒《いつしよ》に名古屋城を見物し、本丸の庭から六階の天守閣《てんしゆかく》まで登れる足場のあるのをみてとって、即座《そくざ》に、

「よし、つぎはあの鯱《しやちほこ》の鱗《うろこ》を盗《ぬす》んでやろう」

と決心したのであるという。そしてそれに見事に成功したのであるが、そのままではどうに

もならない。大阪の自宅《じたく》で手間をかけて熔解《ようかい》して、少しずつ市内のいくつもの時計屋などにもちこんで売っていたが、当然のこと「キンを売り歩く男がいる」と評判《ひょうばん》がたってしまう。かくてあっさり逮捕《たいほ》となったが、結局、稼《かせ》いだ金は二千百三十円で、億にはとても手が届《とど》かなかった。さて、日本中の人がこの不敵《ふてき》なドロ的の稼《かせ》ぎを知らされて「なあーんだ、それっぽっちか」とガッカリしたか、羨《うらや》ましく思ったか、そのへんのところは定かではない。

と、まずは時局にそぐわない泰平楽《たいへいらく》な事件《じけん》で年が明けたのであるから、野上弥生子《のがみやえこ》が祈《いの》ったような「どうか戦争だけは……」といった緊張《きんちょう》感がじつは世情《せじょう》にはなかった、とみるのが正しいかもしれない。

もう一つ、同じように時節柄《じせつがら》いささか暢気《のんき》ともいえる話を、十八日付の京都日出新聞から。当時、京都には千数百軒《けん》も喫茶店《きっさてん》があったらしい。それらは料理飲食店としての細かくきびしい法規《ほうき》によって取締《とりしま》りをうけていた。それで何やかやと大迷惑《だいめいわく》を蒙《こうむ》っている。何とかゆるくしてやってくれと、新聞社が喫茶店《きっさてん》に代わって当局に訴《うった》えているのである。

「喫茶店《きっさてん》は洋風の設備《せつび》を有しており、現在《げんざい》の、いわゆる〝サービス喫茶《きっさ》〟のようなものは女店員が客に接《せっ》するので、カフェーの規定《きてい》が準用《じゅんよう》される恐《おそ》れがある。『街のオアシス、街の応接室《おうせつしつ》』である喫茶店《きっさてん》の発達の意味からは、独立《どくりつ》の法規《ほうき》によって取締《とりしま》るのが望ましいと考えるのである」

喫茶店《きっさてん》と女性《じょせい》がべったりはべる料理飲食店とカフェーの区別がどうやら京都でははっきりしていなかったようなのである。これにたいして京都警察《けいさつ》がどう処置《しょち》したか、残念ながら新聞は続報《ぞくほう》を載《の》せていない。

かと思えば、東京では、日本国民禁酒同盟《きんしゅどうめい》なる団体《だんたい》が、「女給どもの建国祭参加を許《ゆる》してはならぬ」と決議し、二十八日にこっちも当局に訴《うった》えでるという騒《さわ》ぎを起こしている。建国祭は二月十一日、いわゆる紀元節《きげんせつ》である。その国家的祝日の式典に不浄《ふじょう》の女どもの出席はまかりならぬ、というわけであるが、これにたいして当局である警視庁《けいしちょう》保安《ほあん》課長は毅然《きぜん》としていった。

「大切な国家のお祝いへの参加は、どんな職業《しょくぎょう》のものであろうとも平等で自由であるべきである」

京都と違《ちが》ってこっちの訴《うった》えはあっさり却下《きゃっか》されてしまっている。

◆文学的な話題から

さすがにこの年は、B面で何か後世に残る話題をと探《さが》しても、面白《おもしろ》い話がそれほど多くあるわけではない。やっぱり戦争勃発《ぼっぱつ》直前のときだけに、世情《せじょう》も緊張《きんちょう》感をましていたのかなとまたしても余計《よけい》な勘《かん》ぐりをしたくなる。

そのなかで一つ二つ、かき残しておくかと思わせられることに、二月十一日の紀元節《きげんせつ》の目出《めで》たい日に、日本初の、第一回文化勲章《くんしょう》が制定《せいてい》されたという事実がある。授与式《じゅよしき》は四月であるが、その第一回の受章者名がこの日に発表されている。長岡半太郎《ながおかはんたろう》、本多光太郎《ほんだこうたろう》、木村栄《きむらひさし》、岡田三郎助《おかださぶろうすけ》、藤島武二《ふじしまたけじ》、竹内栖鳳《たけうちせいほう》、横山大観《よこやまたいかん》、佐佐木信綱《ささきのぶつな》、それに幸田露伴《こうだろはん》。近ごろとは何層《なんそう》倍も人物と成しとげた仕事の大きさも重みも違《ちが》う。

なかでも幸田露伴《こうだろはん》の受章の言葉が傑作《けっさく》で、わたくしは大いに気に入っている。

「文学者というものは時の政府《せいふ》を批判《ひはん》し、あらがうことを本来の使命とする。しかるに、その政府《せいふ》から、私《わたし》は勲章《くんしょう》をいただくことになった。私《わたし》もモーロクした」

そんな露伴《ろはん》のことであるから、祝賀会をひらいても出席してくれないのではないか、と友人たちは心配した。しかし、ニコニコして出て来て露伴《ろはん》は挨拶《あいさつ》した。これがまたすこぶるいい。

「芸術《げいじゅつ》は、世間から優遇《ゆうぐう》されて向上するものではない。冷遇《れいぐう》されてしなびるものでもない。屈《くつ》原《げん》の詩はどんなところから生まれたか。逆境《ぎゃっきょう》のなかからこそ、杜甫《とほ》や李白《りはく》の詩、司馬遷《しばせん》の文は生まれたのである」

露伴《ろはん》ときに七十一歳《さい》。

同じように推賞《すいしょう》するものとして勅令《ちょくれい》によって、帝国芸術院《ていこくげいじゅついん》が誕生《たんじょう》したのもこの年の六月二十三日。最初にえらばれた文芸部門の芸術院《げいじゅついん》会員はつぎのごとし。幸田露伴《こうだろはん》、徳田秋聲《とくだしゅうせい》、岡本綺堂《おかもときどう》、菊池寛《きくちかん》、武者小路実篤《むしゃのこうじさねあつ》、谷崎潤一郎《たにざきじゅんいちろう》、千葉胤明《ちばたねあき》、井上通泰《いのうえみちやす》、佐佐木信綱《ささきのぶつな》、斎藤茂《さいとうも》吉《きち》、高濱虚子《たかはまきょし》、河井酔茗《かわいすいめい》、国分青崖《こくぶせいがい》、三宅雪嶺《みやけせつれい》、徳富蘇峰《とくとみそほう》。

なるほど、と思わせせられる芸術家《げいじゅつか》が名をつらねている。若干《じゃっかん》の疑義《ぎぎ》がうかぶのは正宗白鳥《まさむねはくちょう》と島崎藤村《しまざきとうそん》がいないことならん。調べてみたらこのご両人はえらばれたのに固く辞退《じたい》しとおしたゆえという。

　もう一人、志賀直哉《しがなおや》の名がない。武者小路《むしやのこうじ》の名があって志賀《しが》の名がないのは妙《みよう》ちくりんな話。志賀《しが》自身も声のかからなかったのはなぜかと思ったらしい。

「私《わたし》のところにも言ってくると思っていたのに……。私《わたし》は不愉快《ふゆかい》になった。これはいけないと思い、無心になろうとしたが、なかなか、無心になれず……二重に不愉快《ふゆかい》になった」

と、「文学の神様」が人間性《にんげんせい》をあけすけにさらけだしてかいている。

　ついでに、では申しわけないが、志賀《しが》の代表作『暗夜行路』が完結したのはこの年。「改造《かいぞう》」四月号に最終回が発表された。大正十年（発表は翌年《よくねん》一月号）このかた十六年間、精魂《せいこん》こめての大作を仕上げた直後の芸術院《げいじゅついん》会員の話であった。なのに、まったく声もかからなかったとは。容易《ようい》には無心になれなかったのも当然のことであろうか。

　文学の話題をつづけると、プロレタリア文学衰退《すいたい》のあと、文芸復興《ふっこう》という観点からみると、昭和十一年からこの年の初夏までのころに昭和の文学は絶頂期《ぜっちょうき》を迎《むか》えていたといえるかもしれない。堀辰雄《ほりたつお》『風立ちぬ』、北条民雄《ほうじょうたみお》『いのちの初夜』、岡本《おかもと》かの子『鶴《つる》は病《や》みき』、太宰治《だざいおさむ》『晩年《ばんねん》』と文芸雑誌《ざっし》に話題作がならび、川端康成《かわばたやすなり》の『雪国』も六月に刊行《かんこう》された。そして新聞小説の吉川英治《よしかわえいじ》『宮本武蔵《みやもとむさし》』と吉屋信子《よしやのぶこ》『良人《おっと》の貞操《ていそう》』が圧倒的《あっとうてき》な人気で読者を集めていた。そこへ、ヨーロッパから遊学をすませて帰国した横光利一《よこみつりいち》が、久《ひさ》しい沈黙《ちんもく》を破《やぶ》って『旅愁《りょしゅう》』の新聞連載《れんさい》をはじめる。さらに、『旅愁《りょしゅう》』とほとんど時を同じくして永井荷風《ながいかふう》の『濹東綺譚《ぼくとうきだん》』が別の新聞夕刊《ゆうかん》に連載《れんさい》されだしたのである。

この二つの小説連載《れんさい》は、新聞社が競《きそ》ったこともあって、話題をよんだ。すでにつづいていた男性《だんせい》と女性《じょせい》の両大衆作家のエースの対決、ばかりではなく、それに純文学《じゅんぶんがく》のほうでも帰朝ほやほやの超花形《ちょうはながた》作家と、すでに鬱然《うつぜん》たる老大家が、たまたま鎬《しのぎ》をけずる競演《きょうえん》が加わった。挿絵《さしえ》も、藤田嗣治《ふじたつぐはる》の清新さに木村荘八《きむらしょうはち》のいぶし銀、といった好対照である。

こうやってみてみると、昭和文学の代表作が顔をそろえているゆえに〝奇蹟《きせき》の年〟といいたくなってくる。しかし、皮肉な見方をすれば、明治いらいの日本文学の発展《はってん》はじつはここまで、と皮肉にいいたくもある。荷風《かふう》の『濹東綺譚《ぼくとうきだん》』の連載《れんさい》開始が四月十五日で、終ったのが六月十五日、その直後に盧溝橋《ろこうきょう》の運命の一発があったのである。歴史《れきし》にイフはないが、あと二、三カ月遅《おく》れていたら、玉の井の娼婦《しょうふ》との何とも色っぽい交情《こうじょう》を描《えが》いたこの小説の新聞掲載《けいさい》はとうてい無理なことであったろう。「非国民《ひこくみん》め、時局を何と心得《こころえ》ておるのか」と警察《けいさつ》に呼《よ》びつけられて、新聞社はもとより、荷風《かふう》もこっぴどく叱《しか》りつけられたにちがいないのである。

◆行けよ「神風《かみかぜ》」空遠く

その昔、〝神風《かみかぜ》〟という四股名《しこな》の名力士《めいりきし》がいたことを覚えておられるであろうか。戦前はその気《き》ッ風《ぷ》のいい取り口で、戦後は玉の海とならんで歯切れのいい解説《かいせつ》、それにすっきりした男前で人気のあったお相撲《すもう》さんである。本名赤沢正一《あかざわしょういち》、昭和八年度の朝日新聞「健康優良児《ゆうりょうじ》」の準《じゅん》日本一。昭和三十年代にこの人にインタビューしたときに、神風《かみかぜ》という名はいまになると特《とっ》攻隊《こうたい》のことを思わせて重荷ではないか、と尋《たず》ねたことがある。彼《かれ》は苦笑《くしょう》しながら答えた。

「じつは、中学三年を修了《しゅうりょう》するとすぐに香川県から単身上京して、私《わたし》は二所《にしょ》ノ関《せき》部屋に入門したんですよ。昭和十二年の春のことでした。ホレ、ご存知《ぞんじ》でしょうがこの年の四月、日本中が『神風号《かみかぜ》』の世界記録で沸《わ》きに沸《わ》いていたじゃありませんか。なもんでそれにあやかっての四股名《しこな》なんであって、神風《かみかぜ》特別攻撃隊《こうげき》とはまったく関係がないことなのですよ」

それで合点《がてん》がいったし、考えてみれば彼《かれ》が土俵《どひょう》で活躍《かつやく》していたのは、太平洋戦争のはじまる前のことであった。余計《よけい》な質問《しつもん》をしたものだと恥《は》じ入《い》った。

そういえば、六十九連勝の金字塔《きんじとう》的記録をもつ双葉山《ふたばやま》が、三場所つづけて全勝優勝《ゆうしょう》し、横綱《よこづな》を免許《めんきょ》されたのが五月。連勝がなおつづいており、相撲《すもう》人気はこの前年ぐらいから盛《も》り上《あ》がるいっぽうとなっている。数え年七つの、いまや悪ガキの第一歩を踏《ふ》みだしていたころのわたくしが、のちに相撲狂《すもうきょう》となるのもごく自然なことだなと、いまこれをかきながら思う。

それはともかく、相撲《すもう》ではなく「神風《かみかぜ》」号の話である。前年の秋の暮《くれ》からそれとなく宣伝《せんでん》していた朝日新聞が、正式に社告《しゃこく》で「国産機による亜欧連絡《あおうれんらく》飛行計画」を明らかにしたのはまさにこの年の元旦《がんたん》。東京―ロンドン間の一万五千三百五十七キロを国産機で飛びぬけようという壮大《そうだい》な計画である。そして新聞社は使用する飛行機の名を民草《たみくさ》から募集《ぼしゅう》することとした。国産機ということで一飜《イーハン》ついているのに一般募集《いっぱんぼしゅう》でもう一飜《イーハン》、これでますます大人気となった。

飛行機は三菱《みつびし》重工業が試作したもので、低翼《ていよく》単葉単発、機の長さ八メートル、最高速度が時

東京—ロンドン間を飛行してブームを起こした神風号。機体はのちに陸軍九七式司令部偵察機となった（昭和12年）

速五百キロ、航続距離《こうぞくきょり》二千五百キロという世界最高水準《すいじゅん》の、ほんとうの純国産機《じゅんこくさんき》。かくて募集《ぼしゅう》に応《おう》じる民草《たみくさ》（それもかなり多くは子供《こども》であったというが）の数が五十三万六千通を超《こ》えた。これほどの数のなかから東久邇《ひがしくにの》宮稔彦王《みやなるひこ》によって選ばれたのが「神風《かみかぜ》」、そして「実にいい名である」ということで命名された。飛行士《ひこうし》は朝日新聞航空《こうくう》部員の飯沼正《いいぬままさ》明《あき》、機関士《きかんし》も同塚越賢爾《つかごしけんじ》ときまる。二人ともイケメンで、これでまた人気が煽《あお》られる。

　さらに朝日新聞はロンドンまでの所要時間を、もう一飜《イーハン》つけようと懸賞募集《けんしょうぼしゅう》する。こうなれば徹底的《てっていてき》に、骨《ほね》までしゃぶる勢《いきお》いである。民草《たみくさ》もこれに乗った。大阪朝日に三百一万七千三百通、東京朝日に百七十二万五千八百通、計四百七十四万三千百通という驚《おどろ》くほかはない応募《おうぼ》があったという。まさしく鳴りもの入りのお祭り騒《さわ》ぎ、と形容《けいよう》しても、それほど誤《あやま》ってはいないと思う。

　あとは結果だけをかく。東京・立川《たちかわ》陸軍飛行場を離陸《りりく》したのが四月六日早朝、台北《たいぺい》、ビェンチャン、カラチ、バグダッド、アテネ、ローマ、パリを経《へ》て、九日午後三時半にロンドンのクロイドン飛行場に着陸する。所要時間が九十四時間十七分五十六秒。これを秒までピタリと当てた人が、なんと、五人もいたというではないか。

イギリスの航空雑誌《こうくうざっし》「フライト」もこの快挙《かいきょ》をたたえる。

「機体とエンジンは、一般《いっぱん》の予想に反して、外国会社の特許権《とっきょけん》を買って製造《せいぞう》されたものではなく、日本独自《どくじ》のものなのである」

世界も渺《びょう》たる島国日本の技術《ぎじゅつ》力《りょく》・工業力に余程《よほど》びっくりしたのであろう。外電も絶讃《ぜっさん》ばかり。世界が驚《おどろ》いた以上に日本国民のほうが驚嘆《きょうたん》した。とくにわれら少国民は踊《おど》り上《あ》がって喜《よろこ》んで、声援《せいえん》歌「鵬程《ほうてい》一万五千キロ」を毎日のように歌った。唱歌丙《へい》のわたくしも必死になって当時は覚えたのであるが、情《なさ》けなや、いまはまったく歌えない。

〽桜《さくら》は匂《にお》う日東の
　富士《ふじ》の高嶺《たかね》をいざ越《こ》えて
　希望搏《はばた》く朝ぼらけ
　行けよ「神風《かみかぜ》」空遠く

河西新太郎《かわにししんたろう》作詞《さくし》、田村虎蔵《たむらとらぞう》作曲。というのであるが、これも朝日新聞の、またまた一般募集《いっぱんぼしゅう》で当選したものというから、この年の春は花見に浮《う》かれながら「神風《かみかぜ》」号に日本中がチャンチキチャンチキやっていたのである。

いや、冗談《じようだん》ではなくて、異例《いれい》ともいえる好景気にこの年の春は、日本中が華《はな》やいだ明るさのなかにあったのである。それは二月二十二日の、東京株式市場《かぶしき》の取引高がこれまでにない最高の百四十二万株《かぶ》を記録した、という事実でもう十分に示《しめ》されているかもしれない。左様、航空《こうくう》機《き》、軍艦《ぐんかん》、戦車など兵備改善費《へいびかいぜんひ》も十一年度には九億三千八百万円という大増加《ぞうか》を示《しめ》していたし、ちょっと先のことになるが、呉《くれ》の海軍工廠《こうしよう》で戦艦大和《せんかんやまと》の建造《けんぞう》がはじまったのがこの年の十一月四日のことであった。

とにかくわが日本国の産業の発展《はってん》は、ほんとうに目覚ましかったのである。昭和七年からこの年までの工場の数の増加《ぞうか》の統計《とうけい》がある。機械工業では五千五百四十二工場から一万二百五十工場に、金属《きんぞく》工業は四千二十三工場から七千二百五十一工場へとふえている。これにともなって数にも入らない町の下請《したう》け工場だって、さながら雨後の筍《たけのこ》のように、といってよろしいほどに簇出《そうしゅつ》したのである。軍部がいい気になってしまうのもムベなるかな、といいたくなる。そしてこの「神風《かみかぜ》」号ものちに陸軍の九七式司令部偵察《ていさつ》機になっている。このときの初の世界記録の大飛行は、軍用機としての実地試験をかねたものであった。当時は民草《たみくさ》のほとんどの知らないことであったが。

◆穏《おだ》やかな日々の裏《うら》で

どうも明るい話題だけを拾ってかいているかと疑《うたが》われそうな、ちょっとわざとらしい感があ

〈昭和元～60年の経済成長率（実質）〉

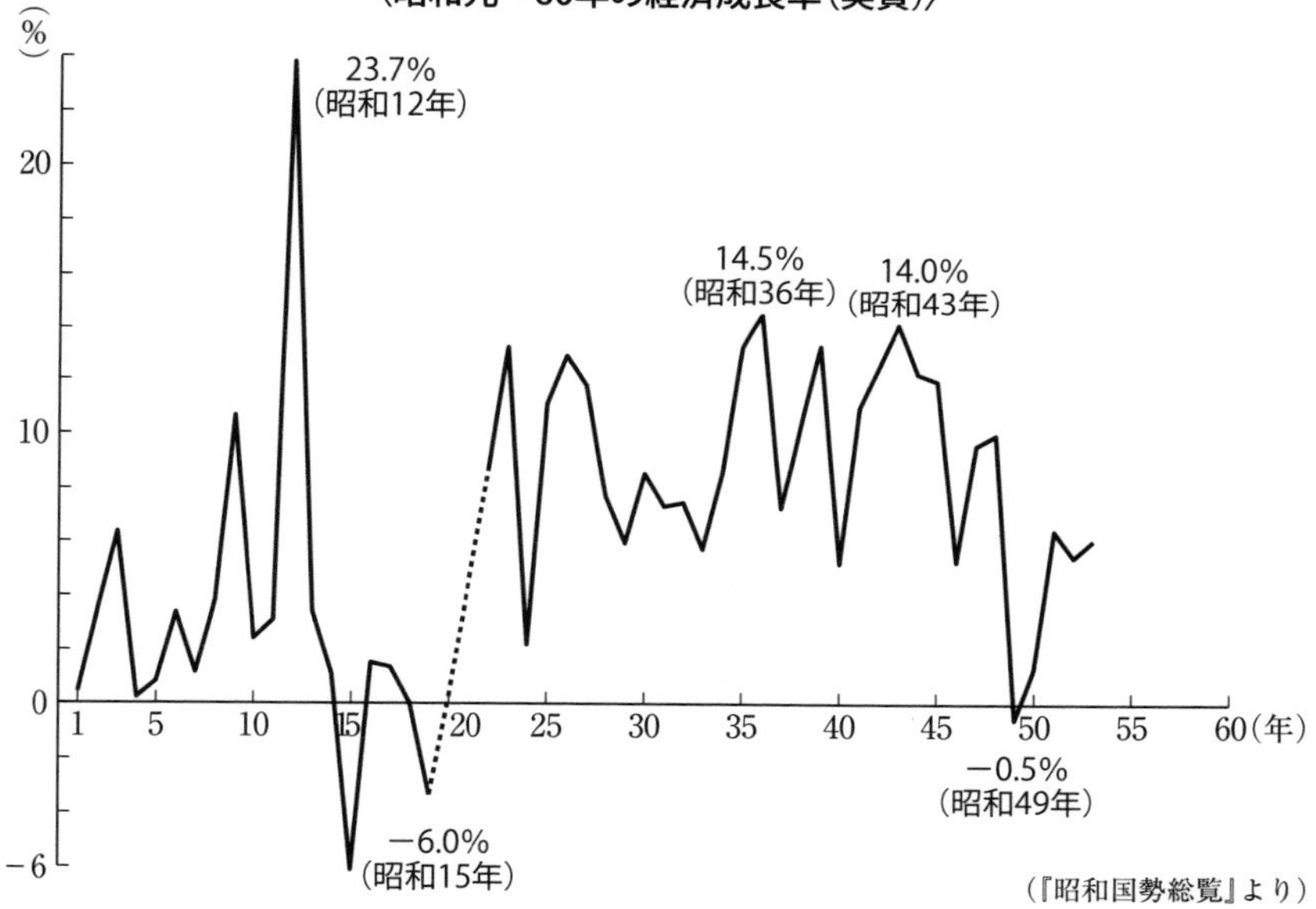

（『昭和国勢総覧』より）

るが、決してそんなつもりはない。事実、この年の夏までの空気はどことなく陽気でのんびりとしたものであったのである。日本人という民族はちょっとふところ具合がよくなると胸《むね》を張《は》りだす、わが国こそはといい気持ちになるようなのである。満洲《まんしゅう》事変のあった昭和六年からの軍需《ぐんじゅ》景気もあって、重ねてかくと、十二年までの経済成長率《けいざいせいちょうりつ》は平均《へいきん》七パーセント、これは当時の世界最高で、〝躍進《やくしん》日本〟といわれていた。ウォール街の暴落《ぼうらく》による世界的不況《ふきょう》からいち早く脱《ぬ》けだしていた。成長は設備投資《せつびとうし》を誘発《ゆうはつ》し、設備投《せつびとう》資《し》はまた景気を過熱《かねつ》させる。それでこの年の成長率《せいちょうりつ》は、なんと、二三・七パーセントというではないか。戦後の高度成長期でさえ一四パーセントであったことを思うと、ウヒャーと驚声《きょうせい》をあげたくなってくる。

川端康成《かわばたやすなり》『雪国』の真ん中のあたりで、温泉《おんせん》芸者の駒子《こまこ》のこんな述懐《じゅっかい》がかかれている。

「月に百円稼《かせ》げばいいのだと言った。先月一番少い人で三百本の六十円だと言った。駒子《こまこ》は座敷《ざしき》数が九十幾《いく》つで一番多く、一座敷《ざしき》で一本が自分の貰《もら》いになるので、主人には損《そん》だが、どんどん廻《まわ》るのだと言った」

ちょっと説明を加えると、「一本」とは線香代《せんこうだい》のことで、酒宴《しゅえん》に侍《はべ》る時間を時計がわりに線香《せんこう》一本の燃《も》える間を単位に計算する。つまり芸者の稼《かせ》ぎ高《だか》の基本《きほん》ということになる。それにしても駒子《こまこ》の稼《かせ》ぎが百円とは豪気《ごうき》なものである。

昭和十二年ごろ、初任給《しょにんきゅう》でいうと、小学校教員五十円、銀行員七十円、公務員《こうむいん》七十五円であったから、雪国の芸者が百円も稼《かせ》ぐとはアッパレなもの。このころの景気のよさがよくでている。温泉客《おんせんきゃく》が多かったのであろう。わたくしの父なんかも、湯沢温泉《ゆざわおんせん》によく行っていた。もっぱら夏休みにであったが、わたくしも連れていってもらった。ただし、川端《かわばた》が常連《じょうれん》であった宿とは違《ちが》うところであったが。そして『雪国』にはあまり出てこないが、湯沢《ゆざわ》がピカピカゴロゴロと雷《かみなり》さまの多いところの実感がいまも残っている。

いや、そんなことはどうでもよく、『雪国』に話を戻《もど》すと、駒子《こまこ》の稼《かせ》ぎであるが、主人に払《はら》わねばならない借金やら利子やら食いぶちやらを引かれるから、彼女《かのじょ》の手もとにはいくらも残らなかったであろう。そして化粧品《けしょうひん》代、小間物などの雑費《ざっぴ》もかかる、なんて計算するのはこれまた余計《よけい》なことか。

　つまりそんな景気のよさを民草《たみくさ》は満喫《まんきつ》して、いわば天下泰平《たいへい》の日々を送っていたのである。それはまた悪ガキ時代のわが実感でもある。たしかに、東京下町のこのころは、毎日毎日が変わりもせず平凡《へいぼん》で、静かでのんびりと落ち着いたものであった。この年の四月、小学校一年生となったわたくしと同クラスの連中の親の職業《しょくぎょう》を付記してみると、そのまま川向こうの土地柄《とちがら》や家並《いえな》み、そう、身じろぎもせずにくっつき合って、家の屋根と屋根が重なって、幸せの到来《とうらい》を待っているような、そんな貧《まず》しい庶民《しょみん》の典型《てんけい》があるようで、口もとがゆるんでしまう。豆腐《とうふ》屋《や》、イカケ屋、下駄《げた》屋、自転車屋、大工、酒屋、ミルクホール、左官屋、米屋、魚屋……。

　これらの小さな商店が軒《のき》をならべている町なかに、朝、いちばん早く聞こえてくるのは、四季を通して、納豆《なっとう》売りの声ではなかったか。

「なッとなッとうゥ、なッとうに味噌《みそ》豆エ」

　それもいつだってわたくしより少し年長の少年の声であった。それにつづいて、

「あさりィー、しじみィー」という浅蜊《あさり》と蜆《しじみ》売りの声ではなかったか。とにかくそのころのいろいろな売り声だの、「豆腐屋《とうふや》サ

著者７歳、小学校入学の記念に自宅の前で（昭和12年）

生家の向かいにあった「こんにゃく稲荷」に集合したわんぱく仲間。著者は前列右から３人目。股引をはいている

ーン、ちょっと」とそれを呼《よ》びこむ声だのが、喜《よろこ》びも悲しみも幾歳月《いくとしつき》をへたいまも、耳の底にはっきり残っている。

「はさみ庖丁《ほうちょう》ッ、かみそり磨《と》ぎィーッ」

「さお竹やー、さお竹ッ」

「朝顔の苗《なえ》ェ、夕顔の苗《なえ》ェーィ」

「玄米《げんまい》パーンの、ホヤホヤーァ」

虫売り、風鈴《ふうりん》売り、下駄《げた》の歯入れ屋、金魚屋、物干竿《ものほしざお》売り、カチャカチャと独《どく》特《とく》の箪笥《たんす》の鐶《かん》を鳴らしてくる定斎屋《じょうさいや》、千金丹《せんきんたん》売り……燕《つばめ》は去りぬ雁《がん》は来るで、季節の変わりにともなって去来するいろいろな物売り、この年の夏になるまではいつもと同じであった。何の変わりもなく穏《おだ》やかで平和な日々であった。

しかし、民草《たみくさ》は意識《いしき》しなかったであろ

うが、きびしい何かがすでに世情《せじよう》の裏側《うらがわ》で進行していたのである。たとえば四月五日に防空法《ぼうくう》が制定《せいてい》されている。これによって東京などの大都市で防空演習《ぼうくうえんしゆう》が定期的に行われることになる。「空襲《くうしゆう》だ！　水だマスクだ　スイッチだ」の標語が広まり、それにともなって、女性《じよせい》の和服は活動に不便であるからと、モンペという江戸《えど》時代からある作業用の〝袴《はかま》〟の着用が叫《さけ》ばれるようになった。

五月末には『国体《こくたい》の本義《ほんぎ》』がひろく世に売りだされた。このパンフレットには著作者《ちよさくしや》の名はなく、ただ文部省発行とある。じつはそれ以前の三月末には全国の中学校や女学校に配布《はいふ》され、修身《しゆうしん》の教科書として使用するように指示《しじ》されていたという。

「天皇《てんのう》は、外国の所謂《いわゆる》元首、君主、主権者《しゆけんしや》、統治権者《とうちけんしや》たるに止まらせられる御方《おかた》ではなく、現御神《あきつみかみ》として肇国《ちようこく》以来の大義《たいぎ》に随《したが》って、この国をしろしめし給《たま》うのであって……」

「忠《ちゆう》は、天皇《てんのう》を中心とし奉《たてまつ》り、天皇《てんのう》に絶対随順《ぜつたいずいじゆん》する道である。絶対随順《ぜつたいずいじゆん》は、我《われ》を捨《す》て私《わたくし》を去り、ひたすら天皇《てんのう》に奉仕《ほうし》することである。（中略《ちゆうりやく》）されば、天皇《てんのう》の御《おん》ために身命を捧《ささ》げることは、所謂自己犠牲《いわゆるじこぎせい》ではなくして、小我《しようが》を捨《す》てて大いなる御稜威《みいつ》に生き、国民としての真生命を発揚《はつよう》する所以《ゆえん》である」

あに中学生のみならんや。一般《いつぱん》国民にも読ませるべきと、このとき文部省は考えたのであろう。こうして、大日本帝国《ていこく》は神国となり、天皇《てんのう》は現御神《あきつみかみ》となり、これを疑《うたが》うことは許《ゆる》されなくなり、一旦緩急《いつたんかんきゆう》あらば生命を捧《ささ》げることが日本人として真に生きることである、といういにして考えれば壮大《そうだい》なフィクションの時代が着々としてはじまっていたのである。ただし、民《たみ》草《くさ》はまだ胸《むね》にこたえてそれを感じてはいなかった。

さらに六月九日に「卑俗《ひぞく》な歌のレコードを発禁《はっきん》」という厳命《げんめい》が当局からでている。何が卑俗《ひぞく》なのか、セーフなのか、レコード会社は頭をかかえたに違《ちが》いないが、当局のほうもいろいろと智恵《ちえ》をしぼったのであろう。流行してしまったものを抑《おさ》えることはできないが、例の「あたかも娼婦《しょうふ》の嬌態《きょうたい》を眼前《がんぜん》にみる」ような「忘《わす》れちゃいやよ」のごとき怪《け》しからぬ、かかる時局にふさわしくない歌のレコードなら発禁《はっきん》できる。そうすることで作詞家《さくしか》も会社も少しは緊張感《きんちょうかん》をもつであろうと、取《と》り締《し》まるほうはまことに恣意的《しいてき》に考えればいいのである。

その五日前の六月四日に近衛文麿内閣《このえふみまろないかく》が成立した。なぜかわからぬままに民草《たみくさ》に大そう歓迎《かんげい》された新首相《しゅしょう》の青年公爵近衛《こうしゃくこのえ》文麿《ふみまろ》が、就任演説《しゅうにんえんぜつ》でいった「持てる国と持たざる国」という言葉が、流行語としてさかんに語られるようになった。持てる国とは英米仏《えいべいふつ》など資源《しげん》を持つ国、日《に》独伊《どくい》などは持たざる国で、この持たざる国が生きぬくためには、いまの資源《しげん》配分の不公平な現《げん》状《じょう》を何とか打破《だは》しなければならない、と近衛《このえ》はいった。人びとは歓呼《かんこ》してこれに拍手《はくしゅ》を送った。

近衛《このえ》の登場には、たしかに颯爽《さっそう》たるものがあった。なにしろ四十五歳《さい》の若《わか》さである。彼《かれ》は揮《き》毫《ごう》を頼《たの》まれると喜《よろこ》んでかいた。「日のもとのわれはをの子ぞ　日のもとのをのこのつとめ　今はたさなむ」と。民草《たみくさ》はこぞって、この「をの子」（男子）についていけば将来《しょうらい》は明るく、生活はますます楽になり、国運はいっそうの飛躍《ひやく》を期待できるものと信じた。しかし、歴史《れきし》の動きというものは……。

◆スローガン「暴支膺懲《ぼうしようちよう》」

ことさらに強調してかくまでもない。近衛内閣《このえないかく》が発足《ほっそく》して一カ月ちょっとの七月七日、日中戦争がはじまったのである。いったん停戦《ていせん》協定が結ばれたが、十日にはふたたび戦火が燃《も》え上《あ》がってしまう。とだけかいて終りとしないとまたA面の話を延々《えんえん》とやらなければならなくなる。といって、すべてをカットするというわけにもいかない気がするので、少しA面的な事実をかいておく。

さて、ガンと大打撃《だいだげき》を与《あた》えればたちまち降伏《こうふく》するであろうと、壮大《そうだい》な作文で空中楼閣《くうちゆうろうかく》を描《えが》いた陸軍中央部の目論見《もくろみ》が、完全に齟齬《そご》をきたしたのは、ご存知《ぞんじ》のとおりである。そのわけは、満洲《まんしゆう》事変当時とは雲泥《うんでい》の差というほどに、中国側の意識《いしき》も戦備《せんび》も、そして心の準備《じゆんび》つまり民族一体のナショナリズムも変わっていたからである。七月十一日に共産党《きようさんとう》代表の周恩来《しゆうおんらい》が出席し、蔣介石《しようかいせき》の国民政府《せいふ》はあらためて第二次国共合作の協定を結んだ。十七日に、いわゆる廬《ろ》山《ざん》声明を発表する。「弱小国家とはいえ、不幸にもその犠牲《ぎせい》の関頭に至《いた》った場合、われらに残された道はただただ抗戦《こうせん》の一路あるのみである」。日本の新聞もこれを報《ほう》じたが、政府《せいふ》も軍部もほとんど歯牙《しが》にもかけなかった。

これで自信を深めた蔣介石《しようかいせき》は八月八日に「全将兵《しようへい》に告《つ》ぐ」という大演説《だいえんぜつ》をさらにぶち、全面的な抗戦《こうせん》を宣言《せんげん》する。五千年の歴史《れきし》をもつわが国が、まともな歴史《れきし》もない日本に滅《ほろ》ぼされるわけがない、一致団結《いっちだんけつ》して戦わん、と蔣介石《しょうかいせき》は国民を大いに鼓舞《こぶ》したのである。今日風にいえば、日本陸軍にとっては国民政府軍《せいふぐん》の強い抵抗《ていこう》はまさしく〝想定外〟というほかはない。

これを現地《げんち》新聞からの訳文《やくぶん》として雑誌《ざっし》「改造《かいぞう》」が九月号に載《の》せた。題して「日支《にっし》事変に対する宣言《せんげん》」。ただし本屋の店頭にならんだとたんに雑誌《ざっし》は発売禁止《きんし》となる。理由は、大森義太郎《おおもりよしたろう》論文《ぶん》ならびに「北支《ほくし》事変の感想」中の鈴木茂三郎《すずきもさぶろう》、水野広徳《みずのひろのり》、鈴木安蔵《すずきやすぞう》、杉森孝次郎《すぎもりこうじろう》四名の論文《ろんぶん》が怪《け》しからぬ、というもので、蔣介石《しょうかいせき》の堂々《どうどう》たる宣言《せんげん》が対象《たいしょう》ではなかったが、じつはこの徹《てっ》底抗戦鼓舞《ていこうせんこぶ》が何よりも目ざわりであったことに間違《まちが》いはない。

ここで注意すべきことは、まだ蔣介石《しょうかいせき》の翻訳論文《ほんやくろんぶん》を月刊誌《げっかんし》の編集者《へんしゅうしゃ》が〝平気で〟載《の》せることができたという事実。戦火が中国大陸でたしかに発してはいるが、世の中の空気は、つまり民草《たみくさ》の意識《いしき》はそんなには切っぱつまってはいなかったのである。これがのちに亡国《ぼうこく》につながるような大戦争になるなどとは、寝耳《ねみみ》に水《みず》で戦争を知らされた民草《たみくさ》のだれもが思ってもいなかった。近衛内閣《このえないかく》は不拡大《かくだい》、現地解決《げんちかいけつ》の方針《ほうしん》を打ちあげているし、宣戦布告《せんせんふこく》もせず、事変とよんでいるではないか。武力《ぶりょく》で中国政府《せいふ》を威嚇《いかく》して間もなく有利に和平を結ぶにちがいない、そしてまた大儲《おおもう》けができるのであろうと、ほとんどの日本人はそう思いこんでいた。

ここでちょっと嫌《いや》なことをかくが、戦前の日本人はたしかに戦争とは利得《りとく》をもたらすものと考えていた、そういっていいと思う。日清戦争《にっしんせんそう》では賠償金《ばいしょうきん》二億両《テール》（いまに直せば約四億円か）

を得《え》た。日露《にちろ》戦争は賠償金《ばいしょうきん》ゼロであったが、満洲《まんしゅう》にたいする厖大《ぼうだい》な権益《けんえき》を獲得《かくとく》した。第一次世界大戦では南方の島々を委任統治《いにんとうち》地にして、南方進出の拠点《きょてん》を得《え》たし、戦争需要《じゅよう》に乗じて製《せい》造業《ぞうぎょう》と海運業は莫大《ばくだい》な利益《りえき》を得《え》た。と、そうした歴史的《れきしてき》事実を追ってみると、よくいわれるような、娘《むすめ》を身売りさせなければならなかった、そうした貧困《ひんこん》と窮乏《きゅうぼう》とが戦争へと突《つ》き進《すす》んだ原因《げんいん》だ、という説に首を傾《かし》げたくなってくるのではないか。

というようなわけもあって、すぐに和平とはならなかった。八月十三日、上海《しゃんはい》で日中両軍が全面衝突《しょうとつ》した。もはや事変の域《いき》を超《こ》える戦闘《せんとう》が展開《てんかい》される。国家意識《いしき》や民族感情《かんじょう》は、つまり国粋的《こくすいてき》ナショナリズムは、もともと非合理《ひごうり》で、攻撃的《こうげきてき》で、どろどろした可燃性《かねんせい》のものである。これに火がつくと外交的解決《かいけつ》は困難《こんなん》となり、政治《せいじ》の延長《えんちょう》である戦争という手段《しゅだん》が、大手《おおで》をふってまかり通るばかりとなる。

八月十五日、近衛《このえ》は「支那《しな》軍の暴戻《ぼうれい》を膺懲《ようちょう》し、もって南京政府《なんきんせいふ》の反省を促《うなが》す」と声明を発する。同時に、海軍航空隊《こうくうたい》は首都南京《なんきん》への渡洋爆撃《とようばくげき》を開始、戦線は拡大《かくだい》し、本格的《ほんかくてき》な戦争へと突入《とつにゅう》していった。そして九月二日、政府《せいふ》は「今回の北支《ほくし》事変の名称《めいしょう》を今後『支那《しな》事変』とする」という閣議《かくぎ》決定を発表する。

わたくしはいまでも少なからず疑問《ぎもん》に思っている。当時の日本の大人たちは流行語ともなった「暴支膺懲《ぼうしようちょう》」という標語みたいなものを、ほんとうに、このどんどん拡大《かくだい》していく中国との戦争の〝戦争目的〟なんだと理解《りかい》し、信じていたのであろうかと。暴戻《ぼうれい》とは乱暴《らんぼう》で道理に外れること。膺懲《ようちよう》とはこらしめること。かりにそのころの中国人がそんな民族であったとしても、その中国人を「膺懲《ようちよう》」して「反省」させるために、常時《じようじ》百万人近くの大兵力を中国大陸に送り、あたら若《わか》い人の血を流させる。そのことが悪いこと、間違《まちが》っていることではないのか、と思うことがまったくなかったのかと。いや、いまになれば、そのために蒙《こうむ》った中国人の被害者《ひがいしや》のことにも思いを致《いた》さなければならないが。

いや、そんな理屈《りくつ》をこねるよりもB面に話を戻《もど》すと、ともかく「暴支《ぼうし》」を「膺懲《ようちよう》」するための聖戦《せいせん》となって、民草《たみくさ》が、いやここからは風のまにまにの民草《たみくさ》よりも、「挙国一致《きよこくいつち》」した国民としたほうが正しい呼称《こしよう》となろう。その国民が熱狂《ねつきよう》したことは確《たし》かである。戦いには勝つか負けるかしかない。戦況《せんきよう》はラジオで刻々《こつこく》と報《ほう》じられ、新聞は号外につぐ号外で速報《そくほう》する。各新聞社は献金《けんきん》を紙面で呼《よ》びかける。たとえば朝日新聞は七月二十日から「軍用機献納《けんのう》運動」をはじめ、「挙国赤誠《きよこくせきせい》・無敵《むてき》の空軍」「千機、二千機！　われらの手で」をスローガンにして、一カ月間に約四百六十二万円近くの献金《けんきん》を集めたと報《ほう》じている。

そして新聞は政府《せいふ》や軍の意向を汲《く》んで、いっそう寄《よ》りそって〝行け行けどんどん〟で国民指《し》導的《どうてき》になっていく。七月二十七日の新聞各紙は、陸軍省の要望に乗っかって、戦地への慰問《いもん》袋《ぶくろ》を送ることを奨励《しようれい》し、なかに入れて「喜《よろこ》ばれるもの」の品目まで指示《しじ》するのである。

「一、慰問《いもん》文、慰問《いもん》画、手芸品、名刺《めいし》、

一、絵葉書《えはがき》、優美《ゆうび》な写真、

一、講談《こうだん》、娯楽雑誌《ごらくざっし》、最近の写真等、
一、缶詰類《かんづめ》、菓子類《かし》（氷砂糖《こおりざとう》、角砂糖《かくざとう》、キャラメル、ドロップス類で何《いず》れも缶入《かんいり》がよろしい）、
一、味付海苔《のり》、塩豆類（同じく丈夫《じょうぶ》な缶入《かんいり》）、
一、ハンカチ、タオル、褌《ふんどし》類、奉公袋《ほうこうぶくろ》のようなもの、
一、便箋《びんせん》、封筒《ふうとう》、塵紙《ちりがみ》、鉛筆《えんぴつ》（ゴム付黒）、色鉛筆《いろえんぴつ》（赤、青）、手帳、懐中《かいちゅう》ナイフ（小）、
一、清涼《せいりょう》口中薬で缶入《かんいり》のもの」

これは東京朝日新聞に載《の》ったもので、まさに赤ん坊《あかんぼう》に嚙《か》んで含《ふく》めてやるような、優《やさ》しい指導《しどう》ぶりというほかはない。

また、その朝日新聞の十月十日「朝日社報《しゃほう》」にこんな記載《きさい》があるという。

「〔大阪朝日〕本社玄関《げんかん》横には、方八尺《しゃく》の北支《ほくし》事変要図と事変ニュース速報《そくほう》板が作られて道行く人は吸《す》いこまれる如《ごと》くにたちまち黒山となる。（中略《ちゅうりゃく》）市内五大百貨店のウィンドも朝日の社旗に装飾《そうしょく》された本社ニュース写真展《しゃしんてん》で戦時色がかもされる。全国各地には巡回展覧《じゅんかいてんらん》用の事変ニュース写真展《しゃしんてん》八班《ぱん》を編成《へんせい》し、あるいはトーキー・ニュースの巡回映写《じゅんかいえいしゃ》……など矢つぎ早に先手、先手と押《お》しきってゆく神速果敢《かかん》な水際《みずぎわ》立《だ》ったわが販売部《はんばいぶ》の出陣振《しゅつじんぶ》りに、世人はひとしく驚嘆《きょうたん》の眼《め》を瞠《みは》った」

あに朝日のみならんや、新聞社がこぞって先頭に立って、「膺懲《ようちょう》」の快感《かいかん》を煽《あお》りに煽《あお》り立《た》て

指導《しどう》してくれたのである。国民は万歳万歳《ばんざいばんざい》、ワッショイワッショイとそれについていった。

◆大和《やまと》赤飯と敷島煮《しきしまに》

戦争となって世の中の空気はほんとうにガラリと変わった。知人や隣近所《となりきんじょ》の若《わか》ものたちに赤紙つまり召集令状《しょうしゅうれいじょう》がきて、つぎつぎに戦場へ出征《しゅっせい》していく〝戦時下〟になっていった。もう昭和十年ごろまでの平和な穏《おだ》やかな国家ではなくなっている。いわば疾風怒濤《しっぷうどとう》の時代が予告《よこく》もなしにやってきていたのである。作家永井荷風《ながいかふう》の日記『断腸亭日乗《だんちょうていにちじょう》』を二つほど引く。

「八月十六日。……夜向嶋《むこうじま》散歩。市中到処《いたるところ》出征《しゅっせい》の兵卒を送る行列、提灯《ちょうちん》また楽隊のはやしなどにて祭礼同様の賑《にぎや》かさなり」

あるいはこの提灯《ちょうちん》行列の行進のなかに、少年半藤《はんどう》がいたのかもしれない。嬉々《きき》として提灯《ちょうちん》をぶらさげ「今日も学校へ行けるのは／兵隊さんのおかげです」と歌いながら、出征兵士《しゅっせいへいし》を神社まで送った記憶《きおく》がある。出征兵士《しゅっせいへいし》見送りがあると、たしか学校の授業《じゅぎょう》は休みになったのではなかったか。

さらに八月二十四日。

「余《よ》この頃《ごろ》東京住民の生活を見るに、彼等《かれら》は其《その》生活について相応《そうおう》に満足と喜悦《きえつ》とを覚ゆるものの如《ごと》く、軍国政治《せいじ》に対しても更《さら》に不安を抱《いだ》かず、戦争についても更《さら》に恐怖《きょうふ》せず、寧《むしろ》これを喜《よろこ》べるが如《ごと》き状況《じょうきょう》なり」

荷風《かふう》がいうように国民が喜《よろこ》んでいたかどうかはともかく、軍歌と万歳《ばんざい》と旗の波と提灯《ちようちん》行列のうちに日中戦争が進展《しんてん》していったことは、わたくしの記憶《きおく》のなかにもしっかりとある。それはもうそれ以前からの軍部や政府《せいふ》の情報操作《じようほうそうさ》による巧《たく》みな宣伝《せんでん》があり煽動《せんどう》があったのであるが、それにうまうまと乗せられたというよりも、むしろ国民のなかに年月をかけてそれをやすやすと受けいれる素地《そじ》がありすぎるほど養成されていた、といったほうがいいか。

東京の住民は戦争をむしろ「喜《よろこ》べるが如《ごと》き」と荷風《かふう》がかいた八月二十四日、近衛内閣《このえないかく》は国民のそんな気持ちにさらにハッパをかけんとするかのように「国民精神総動員実施要綱《せいしんそうどういんじつしようこう》」を決定した。いらい一九四五年の敗戦まで、日本人は「国民精神総動員《せいしんそうどういん》」の名のもとにあらゆる辛苦《しんく》に耐《た》えねばならなくなっていく。とするのは、いまの歴史認識《れきしにんしき》あるいは修正主義《しゆうせいしゆぎ》の論者《ろんしや》からは、当時にあっては決してそんなものではない、と叱《しか》られるかもしれない。

あえていえば当時の国民のなかに、世に満ち満ちた断乎膺懲《だんこようちよう》の声のままになる気分があり、空気があって、戦闘《せんとう》は拡大《かくだい》していった。そういったほうがいい。決して一部の軍人や、官僚《かんりよう》や、資本家《しほんか》や、右翼《うよく》たちによって無理やり引っぱられていった、という受け身のものではなかった。そういいきっても、そんなに間違《まちが》ってはいないと思う。

そしてそんな空気に乗って朝鮮総督府《ちようせんそうとくふ》も、十月一日、「皇国《こうこく》臣民の誓詞《せいし》」を定めて日本本土に居住《きよじゆう》するものはもとより、朝鮮《ちようせん》半島の日本人にさせられた朝鮮《ちようせん》の民草《たみくさ》残らずに配布《はいふ》する。ここでは、年少者用のものだけを引いてみる。

「一、私共《わたくしども》は大日本帝国《ていこく》の臣民であります。
二、私共《わたくしども》は心を合せて天皇陛下《てんのうへいか》に忠義《ちゅうぎ》を尽《つく》します。
三、私共《わたくしども》は忍苦鍛練《にんくたんれん》して立派《りっぱ》な強い国民となります」

これもつまりは挙国一致《きょこくいっち》、国民精神総動員《せいしんそうどういん》のあらわれということなのであろう。

こうして日本国民が知らないうちに、まわりの風景が、見るもの聞くものいろいろなことが変わっていった。たとえばラジオの料理の番組がある。大正十五年（一九二六）七月からはじまってずっとつづいている人気の放送であるが、ここにまで戦時色が加わってくるのである。

「雄々《おお》しくも国の為《ため》にと万事《ばんじ》を投げ打って家を出られる出動兵士《へいし》がたのために、家族の者が心をこめて祝う御食卓《おんしょくたく》に、こんなお献立《こんだて》は如何《いかが》でしょうか。昔から、もののふを讃《たた》えて、〝敷島《しきしま》の大和心《やまとごころ》を人問はば朝日に匂《にお》ふ山桜花《やまざくらばな》〟の歌をひきますが、このお献立《こんだて》も、その心になぞらえた純《じゅん》日本料理でございます。

一、大和《やまと》赤飯（餅米《もちごめ》、白米、大豆、胡麻塩《ごましお》）
二、錦桜椀《にしきさくらわん》（錦玉子《にしきたまご》、桜麩《さくらふ》、椎茸《しいたけ》、青菜、柚子《ゆず》）
三、敷島煮《しきしまに》（勝栗《かちぐり》、鶏肉《とりにく》、お多福豆、軍扇人参《ぐんせんにんじん》、色紙昆布《こんぶ》）
四、元気酢《す》の物《もの》（若鯛《わかだい》、若布《わかめ》、豆もやし、仙台味噌《せんだいみそ》、山吹酢《やまぶきす》）
……………」

こんなところにまで本居宣長《もとおりのりなが》の歌がでてくるのにはびっくりさせられる。この歌からのちに敷島《しきしま》隊、大和《やまと》隊、朝日隊、山桜《やまざくら》隊と命名され、神風《かみかぜ》特別攻撃《こうげき》隊の初陣《ういじん》を飾《かざ》ったことはご存知《ぞんじ》のとおりである。

そして出征兵士《しゅっせいへいし》を送るための日の丸の小旗と陸海軍旗がそれこそ飛ぶように売れた。お蔭《かげ》でホクホクとなった玩具《がんぐ》会社は、つぎつぎに軍事玩具《がんぐ》を新考案しては売りだした。九月一日付の大阪朝日新聞が報《ほう》じている。

「……軍事玩具《がんぐ》が飛ぶように売れている。なかでも陸軍旗と日の丸の小旗は、子供《こども》ばかりか大人までが買うので、今ではどの店でも『旗キキン』の奇現象《きげんしょう》を呈《てい》している。値段《ねだん》は布製《ぬのせい》が十銭《せん》、寒冷紗製《かんれいしゃせい》が五銭《せん》と八銭《せん》。続いて兵器類が歓迎《かんげい》されている。タンクでは迷彩《めいさい》をほどこして走りながら発火するのが新しく、地上滑走《かっそう》しながら機関銃《きかんじゅう》から発火する飛行機、砲弾《ほうだん》が四、五間も飛ぶ迫撃砲《はくげきほう》、鉄兜《てつかぶと》、防毒《ぼうどく》マスクなどが人気の焦点《しょうてん》。（中略《ちゅうりゃく》）進物用玩具《がんぐ》には軍艦模型《ぐんかんもけい》が人気。値段《ねだん》は五十銭《せん》から三十円までだが、五円どころが中心である」

いまになると見当もつかないが、三十円もする軍艦模型《ぐんかんもけい》とはいったいどんなものであったのであろうか。よほど精巧《せいこう》かつ大型《おおがた》なものであったにちがいない。大砲《たいほう》もさぞでっかかったのであろう。われら下町の悪ガキにはとうてい手も届《とど》かぬ豪華《ごうか》さ。こっちはせいぜい一円どまりの安もので大喜《おおよろこ》びしていたにきまっている。

値段《ねだん》の話のでたついでにかくと、戦時下となってまさか便乗ではあるまいが、諸事物価《しょじぶっか》が値《ね》上《あ》がりしたのは事実である。新聞が七月からいっせいに月極《つきぎ》め一円が一円二十銭《せん》に。銭湯《せんとう》も八月から大人五銭《せん》が六銭《せん》に。ただし子供《こども》二銭《せん》はすえおき。うどん、そばのもり・かけが八銭《せん》から十銭《せん》へ。民草《たみくさ》の生活は、とすぐ飛躍《ひやく》したくなるが、そうした細かいところより恐《おそ》らく大きな影《えい》響《きよう》をともなって直撃《ちよくげき》したのは、政府《せいふ》が九月十日に臨時《りんじ》議会で成立させた三つの法律《ほうりつ》のほうであったであろう。

曰《いわ》く「臨時資金《りんじしきん》調整法」、曰《いわ》く「輸出入《ゆしゆつにゆう》品等臨時《りんじ》措置法《そちほう》」、曰《いわ》く「軍需《ぐんじゆ》工業動員法の適用《てきよう》に関する法律《ほうりつ》」である。

さりげなく二つの法には「臨時《りんじ》」の文字がある。ここが〝曲者《くせもの》〟で、政府《せいふ》ははたして七月に勃発《ぼつぱつ》した事変は短期間で終ると確信《かくしん》していたのであろうか。一時の、応急的《おうきゆうてき》な処置《しよち》としてなのだと、国民に思わせたいばかりにわざとつけた文字で、さまざまな経済《けいざい》活動を全面的に統制《とうせい》してしまいたいという魂胆《こんたん》が丸見えとも思える。そういえば、「輸出入《ゆしゆつにゆう》品等」の「等」の一字も気になってくる。

永井荷風《ながいかふう》はさっそく悲鳴をあげたようである。『断腸亭日乗《だんちようていにちじよう》』十月六日にある。

「この日郵便箱《ゆうびんばこ》に入れありし税金《ぜいきん》通知書を見るに左の如《ごと》し。

一金八拾《はちじゆう》円拾七銭也《じゆうななせんなり》　所得税《しよとくぜい》第二期分

一金弐拾六《にじゆうろく》円七拾壱銭也《ななじゆういちせんなり》　府市税《ぜい》

一金八円参銭也《せんなり》　特別税即《とくべつぜいそく》戦争税《ぜい》なるべし」

このあと荷風《かふう》は二行弱の文章をわざわざ抹消《まつしよう》している。どんな呪詛《じゆそ》の文字がかかれていたものか、知りたいものである。おそらく戦争税《ぜい》にたいするやるせない憤《いきどお》りがあったことであろう。

◆「愛国行進曲」と「海行《ゆ》かば」

なんどもくり返すようであるが、わたくしは幼少《ようしよう》のころよりすこぶる音感に鈍《にぶ》く、小学校一年生のときから唱歌の成績《せいせき》は「丙《へい》」であった。そんな風に自慢《じまん》でなく歌が不得意《ふとくい》なくせに、藪《やぶ》内喜一郎《うちきいちろう》作詞《さくし》、古関裕而《こせきゆうじ》作曲の「露営《ろえい》の歌」はいまでも一番だけなら正しく（多分）歌える。

勝ってくるぞと勇ましく
誓《ちか》って故郷《くに》を出たからは
手柄《てがら》立てずに死なれよか
進軍ラッパきくたびに
瞼《まぶた》にうかぶ旗の波

いまになって調べてみると、この歌は事変がはじまるとすぐに大阪毎日・東京日日の両新聞社が戦意昂揚《こうよう》のために懸賞募集《けんしようぼしゆう》した軍国歌謡《かよう》の第二位の当選作と知れる。第一位が「進軍の歌」（本多信寿《ほんだのぶひさ》作詞《さくし》、陸軍戸山《とやま》学校軍楽隊作曲）で、九月にテイチクがレコードにして売りだした。当然、「露営《ろえい》の歌」がB面であった。が、「雲湧《わ》き上《あ》がるこの朝《あした》　旭日《きよくじつ》のもと敢然《かんぜん》と　正《せい》義《ぎ》に立てり大日本　執《と》れ膺懲《ようちよう》の銃《じゆう》と剣《けん》」というA面第一位のいかつさにたいし、B面「露営《ろえい》の歌」のほうが比較《ひかく》にならないほど空前のヒット曲となった。こっちのほうは少しも勇ましくはなく、「馬のたてがみ撫《な》でながら、明日《あす》の命を誰《たれ》か知る」と悲しみをそれとなくだしている。この哀調《あいちょう》が受けたのか。

いまではひっくるめて〝軍歌〟といういい方になっているが、このころはいわゆる陸海の軍隊部内でもっぱら歌われるもの（「歩兵の本領《ほんりょう》」とか「艦隊勤務《かんたいきんむ》」とか）と、国民すべてが愛唱できる軍国歌謡《かよう》とはわけられていた。つまり、八月には文部省・内務省《ないむしょう》によってレコードの統制《とうせい》がはじまり、九月には内閣情報部《ないかくじょうほうぶ》ができ、秋のはじめごろから国民精神総動員《せいしんそうどういん》の運動がどんどん強まってくる。これにいち早く応《おう》じたのがレコード会社で、競《きそ》っていわゆる軍国歌謡《かよう》を大々的に売りだしたのである。

テイチクは「軍国の母」と「動員令」を、キングは「ああわが戦友」を。と、偉《えら》そうにかくものの、わたくしはどれも記憶《きおく》のはしっこにもないから歌えない。ではあるけれども、とにかく、そうした流行歌総動員《そうどういん》のトップに立ったのが「露営《ろえい》の歌」ということになる。

さらに、それに蔽《おお》いかぶせるように、内閣情報部《ないかくじょうほうぶ》が公募《こうぼ》して選定した国民歌謡《かよう》「愛国行進曲」がレコード会社に押《お》しつけられてくる。馬場鍈一《ばばえいいち》内務《ないむ》大臣があらかじめ各レコード会社幹《かん》部《ぶ》を呼《よ》びつけ、「愛国的見地から」レコードをつくるように強く要請《ようせい》してあった。歌詞公募《かしこうぼ》の締《しめ》切《き》りは十月末であると説明する。

こうして大々的に募集《ぼしゅう》が行われ、じつに五万七千五百七十八通のおびただしい応募《おうぼ》があって、当選発表は十一月三日、鳥取県の森川幸雄《もりかわゆきお》という二十三歳《さい》の青年詩人の作。これに選者でもあった北原白秋《きたはらはくしゅう》と佐佐木信綱《ささきのぶつな》が手を入れた。さらに作曲が公募《こうぼ》されて十一月末に締切《しめき》りで九千五百五十五曲が応募《おうぼ》。当選したのは退役《たいえき》海軍軍楽長瀬戸口藤吉《せとぐちとうきち》。例の「守るも攻めるもくろがねの」のマーチの作曲者である。と万事《ばんじ》がお上のほうでお膳立《ぜんだ》てができていては、レコード会社が否《いや》の応《おう》のという余裕《よゆう》などなかった。お墨付《すみつき》で六社から強制的《きょうせいてき》に同時発売という華々《はなばな》しい演出《しゅつ》も効果《こうか》をあげた。こうして国家公認《こうにん》の愛国歌がラジオとレコードでいっせいに日本中の町々に流れでた。売れることじつに百万枚《まい》という。

　これはさすがのわたくしもとぼけるわけにもいかず、いまでも歌えます、と申しあげるほかはない。

　見よ東海の空明けて　旭日高く輝けば
　天地の正気溌剌と　希望は躍る大八洲
　おお晴朗の朝雲に　聳ゆる富士の姿こそ
　金甌無欠揺ぎなき　我が日本の誇りなれ

　わざと振《ふ》りガナをつけないでかくが、すらすら読める、または歌える方は、恐《おそ》らく七十歳《さい》以上に限《かぎ》られるであろう。同時に、その方々《かたがた》は対米英戦争がはじまってからのちに、つぎのような替《か》え歌《うた》をおっかない軍国大人たちに聞かれないところでひそかに、そして大いに歌ったのではあるまいか。

「みよ　東条《とうじよう》のはげ頭　旭日《きよくじつ》高く輝《かがや》けば／天地にぴかりと反射《はんしや》する　蠅《はえ》がとまればつるとすべる／おお清潔《せいけつ》にあきらかに　そびゆる禿《はげ》の光こそ……」

どうも歌の話がつづくのはいくらか難儀《なんぎ》で、筆がなめらかにいかないのであるが、この「愛国行進曲」の大々的な発表の陰《かげ》にあって、いくらかひっそりと十月十三日に日本放送協会の大阪中央放送局が流した美しい歌があった。それとなく〝流行した〟のは翌《よく》十三年であるが……。

「海行《ゆ》かば」である。

海行《ゆ》かば水漬《みづ》く屍《かばね》
山行《ゆ》かば草むす屍《かばね》
大君《おおきみ》の辺《へ》にこそ死なめ
かへりみはせじ

『万葉集』にある大伴家持《おおとものやかもち》の長歌の一節。もともとは聖武天皇《しようむてんのう》の「宣命《せんみよう》第一三詔《しよう》」にあり、最終句《く》は「のどには死なじ」であるが、家持《やかもち》がこれを長歌に引くとき「かへりみはせじ」としたという。日本武人《ぶじん》の死生観を率直《そつちよく》に表現《ひようげん》したのである。

しかし、信時潔《のぶときさよし》が作曲したこの歌は、対米英戦争中にしきりに歌われ、玉砕《ぎよくさい》という悲惨《ひさん》の報《ほう》とともにラジオでかならず流されたために、悲しい思い出と結びつき、いつか〝戦犯《せんぱん》の歌〟となったのか。わたくしには美しい名曲ではないかと思われる。これをかきつつハミングしていると、少し眼裏《まなうら》が熱くなる。過去《かこ》の歌として葬《ほうむ》ってしまうには惜《お》しいように思う。

いや、これ以上はもうやめるが、こうして流行歌の面からだけみても、日中戦争がはじまってからのち「持たざる国」のこの国が、まさしく近衛首相《このえしゅしょう》のいう「挙国一致《きょこくいっち》」で、軍事一色に染《そ》めあげられていくさまがよく察せられるであろう。歌は世につれ、そしてまさに世は歌につれ、であったのである。

◆南京陥落《なんきんかんらく》ヨヤサノサ

十一月二十日、宮中に大本営《だいほんえい》が設置《せっち》される。昭和史《しょうわし》の年表をみると、かならずこのことはかかれている。

大本営《だいほんえい》とは何ぞや。要は、戦時下の陸海軍の統一《とういつ》した統帥《とうすい》（軍隊指揮《しき》）補佐《ほさ》機関、というわけで、「天皇《てんのう》ノ大纛《たいとう》下《か》ニ最高ノ統帥部《とうすいぶ》ヲ置キ之《これ》ヲ大本営《だいほんえい》ト称《しょう》ス」と軍令第一号にある。大纛《たいとう》とは天皇《てんのう》旗のことである。

じつの話、近衛首相《このえしゅしょう》の要望によって大本営《だいほんえい》が成立したというのであるから驚《おどろ》きである。事変勃発《ぼっぱつ》いらい政戦略《せいせんりゃく》の指導権《しどうけん》が自分の手にないことで不満たらたらであった近衛《このえ》は、何とか軍をコントロールしたいと考えた。いわゆる文民統制《シビリアン・コントロール》ということ。しかし、敵《てき》はさる者の軍は首相《しゅしょう》の希望に応《おう》じる格好《かっこう》をして、もともとの大本営条例《だいほんえいじょうれい》を戦時大本営《だいほんえい》令として天皇《てんのう》の裁可《さいか》を得《え》てしまう。まさに得《え》たりや応《おう》、渡《わた》りに舟《ふね》とはこのことをいう。出来上がってみれば、大本《だいほん》営《えい》は武官《ぶかん》のみで構成《こうせい》され、文官は除外《じょがい》されていた。またしてもA面的な話となったが、「軍」というものの本質《ほんしつ》を知らぬものが、いたずらに「わが軍は」などと胸《むね》を張《は》っていうことなかれ、という教訓にはなる。

戦争を体験した世代には、大本営《だいほんえい》と聞くと太平洋戦争中に全部で八百四十六回あった「大本営《だいほんえい》発表」が思いだされてくるであろう。初期のころは、「軍艦《ぐんかん》マーチ」と一緒《いっしょ》にラジオから流れてきた。〝勝った、勝った〟の「大本営《だいほんえい》発表」とともに国民は熱狂《ねっきょう》した。おしまいのころには「海行《ゆ》かば」の曲と一緒《いっしょ》であった。撃滅《げきめつ》したはずの敵《てき》が本土空襲《くうしゅう》をはじめるのであるから、国民は「大本営《だいほんえい》発表」を信じなくなった。つまり「大本営《だいほんえい》発表」はウソの代名詞《だいめいし》となる。余計《よけい》な話であったかな。

ともあれ、ちょっと大袈裟《おおげさ》にいえば、これ以後の大日本帝国《ていこく》の戦略《せんりゃく》はもちろん、政略《せいりゃく》の総《そう》本山《ほんざん》は大本営《だいほんえい》となったのである。政府《せいふ》はカヤの外と、完全に戦時国家となったのである。

その徴候《ちょうこう》がさっそくにでてきたのが、十五年に東京で行われることになっていた第十二回オリンピックの返上の声の湧出《ゆうしゅつ》である。この東京招致《しょうち》は、前年の十一年七月にベルリンのアドロン・ホテルでひらかれた国際《こくさい》オリンピック委員会（ＩＯＣ）総会《そうかい》できめられていた。六年の東京市議会の招致《しょうち》決定いらいの営々《えいえい》たる努力、そしてやっと達せられた宿願は、あっさり捨《す》てさられる運命におかれたのである。

不幸の原因《げんいん》の一つに「世界を結ぶ平和運動」として五輪を推進《すいしん》してきた近代五輪の創設者《そうせつしゃ》クーベルタンの死去（九月二日）があった。が、それよりも何よりも、日本陸軍の一部から五輪大会のような平和運動に反対する声が澎湃《ほうはい》と起こり、現役将校《げんえきしょうこう》を馬術競技《ばじゅつきょうぎ》に出場させないと陸軍中央部がいいだしたことにある。これにただちに同調する政治家《せいじか》もつぎつぎに現《あら》われる。右《う》翼《よく》も右に倣《なら》え、となって、いっぽうで東京大会の全競技日程《ぜんきょうぎにってい》が決定されているというのに、「この非常時《ひじょうじ》に何が平和のためのスポーツ大会だ」の声がいつか世論《よろん》となっていった。

実際《じっさい》には、閣議《かくぎ》が正式に大会中止を決定したのは翌《よく》十三年七月であるが、とにかく「平和」の名のつくものが少しずつ毛嫌《けぎら》いされ、武張《ぶば》ったものが好まれる世といつの間にかなっていた。それで思いだされてくるのが「百人斬《ぎ》り」という言葉である。悪ガキ時代にチャンバラゴッコで、粋《いき》がって格好《かっこう》をつけて、

「寄《よ》らば斬《き》るど、百人斬《ぎ》りだァ」

などとやっていた記憶《きおく》がたしかにある。

いまでは有名になっている二人の陸軍将校《しょうこう》が、中国人の「百人斬《ぎ》り競争」をやったという記事は、十一月三十日の東京日日新聞に載《の》った。

「百人斬《ぎ》り〝超記録《ちょうきろく》〟／向井《むかい》、百六――野田《のだ》、百五／両少尉《しょうい》さらに延長戦《えんちょうせん》」

もちろん新聞記者の作り話もいいところなのであるが、われら悪ガキすらとてもほんとうとは思えないこんな与太《よた》記事を、当時の大人たちがはたして信じたのであろうか。わが父なんか「近ごろのような即製《そくせい》の日本刀でそんなに人が斬《き》れるはずはない。何本あったら百人も斬《き》れるというのかよ」と鼻で笑っていた。

それよりも国民を字義《じぎ》どおり熱狂《ねっきょう》させたといっていいのは、十二月十四日の各新聞朝刊《ちょうかん》である。

「上海《しゃんはい》特電（十三日発）＝（上海《しゃんはい》軍午後十時発表）我《わ》が南京《なんきん》城攻撃《こうげき》軍は本十三日夕刻南京《ゆうこくなんきん》城を完全に占領《せんりょう》せり。江南《こうなん》の空澄《す》み日章旗《にっしょうき》城頭高く夕陽《ゆうひ》に映《は》え皇軍《こうぐん》の威容紫金山《いようしきんざん》を圧《あっ》せり」（報知《ほうち》新聞）

戦後に問題となった虐殺事件《ぎゃくさつじけん》は、攻略作戦《こうりゃく》が開始された上海《しゃんはい》から南京《なんきん》へ攻《せ》めのぼる過程《かてい》ではじめられ、占領《せんりょう》直後までつづいたといわれる。中支《ちゅうし》方面軍司令官松井石根大将《まついいわねたいしょう》はその責任《せきにん》を問われて東京裁判《さいばん》で絞首刑《こうしゅけい》に処《しょ》せられたが、自身が虐殺事件《ぎゃくさつじけん》のあったことを知ったのは、戦後になってからであるといわれている。

総指揮官《そうしきかん》ですら知らなかったことを、国民が知るべくもない。ましてや小学校一年生のわたくしにおいてをや。そして思いだせるのは、この南京陥落《なんきんかんらく》のお祝いほど盛大《せいだい》なときはなかったということ。翌《よく》十四日、昼は旗行列、夜は提灯《ちょうちん》行列。一日じゅうお祝いをやっていた。形容《けいよう》すればその夜、東京は火の海と化した。万歳《ばんざい》、万歳《ばんざい》の叫《さけ》び声《ごえ》で埋《う》まった。東京ばかりではなく、大阪でも七千人以上の大提灯《ちょうちん》行列が行われ、「中之島《なかのしま》公園の如《ごと》きは壮観《そうかん》を極《きわ》めた」と大阪毎日新聞は報《ほう》じている。

大阪といえば、大祭礼の終ったあとの十二月十七日に大阪府ではこんな通達を府市民に発している。政府《せいふ》の示達《じたつ》にもとづくらしいが、東京ではこんなことは行われなかったような気がし

南京陥落を祝うお祭り騒ぎが首都をおおい尽くした（昭和12年）

ている。それはともかく、やっぱり何となくおかしい。

「一般《いっぱん》家庭では十二月三十一日を『生活反省の日』とし、家長を中心に家庭会を開き、本年中の生活を反省しあい、銃後《じゅうご》国民として、皇軍《こうぐん》の慰問《いもん》と遺家族《いかぞく》の後援《こうえん》などを強化すること。

一月一日の『新年奉祝《ほうしゅく》の時間』には府市民とも、もれなく宮城遥《きゅうじょうよう》拝《はい》することはもちろん、つとめて神社に参拝《さんぱい》し、国威《こくい》の宣揚《せんよう》と皇軍《こうぐん》の武《ぶ》運長久《うんちょうきゅう》を祈願《きがん》すること」

こうやって南京陥落《なんきんかんらく》ヨヤサノサの祭りと、そのあとの世の動きを追っていると、広沢虎造《ひろさわとらぞう》の浪花節《なにわぶし》「森の石松」にあった名文句《めいもんく》が、否応《いやおう》なしに思いだされてきてしまう。わたくしなんか自慢《じまん》ではないが、いまも一席うなれるのである。清水次郎長《しみずのじろちよう》の乾分《こぶん》の名がずらずらとならべられてきて、森の石松の名が最後にでてくる。小さな娘《むすめ》が子守唄《こもりうた》に歌っている、とやってから虎造《とらぞう》の名調子がつづく。

〽遠州森の石松は／しらふのときはよいけれど／お酒飲んだら乱暴者《らんぼうもの》で／喧嘩早《けんかばや》いが玉にきず／馬鹿は死ななきゃぁ、なおらねぇ。

その、最後の名文句《めいもんく》である。

「馬鹿は死ななきゃぁ、なおらねぇ」

これがもうそれ以後ずっと一世を風靡《ふうび》したのである。あまりにも当たり前すぎて余計《よけい》な解説《かいせつ》なんか要《い》るまい。それだけに、かえって「昨日も勝った、今日も勝った」と浮《う》かれていたこの時代の世情《せじよう》はそのように治癒不可能《ちゆふかのう》、行きつくところに行きつくほかはなくなっていた、それを見事に反映《はんえい》する流行語であったといいたくなってくる。決して自虐《じぎやく》でいうのではない。

と、ちょっと偉《えら》そうにかいてきたが、どうも胸《むね》の閊《つか》えがおさまらない。日本国民がひとしく「暴支膺懲《ぼうしようちよう》」となったのには、やはりそれなりの理由があったからである。反日排日《はいにち》の中国人のさまざまな暴行《ぼうこう》や殺人《さつじん》が、日本の新聞にやたらと報《ほう》じられていたことについて、やっぱりかき落としてはならないのではあるまいか。たとえば昭和十一年だけに限《かぎ》ってみると――、

一月五日、朝陽門事件《ちようようもんじけん》―北京《ぺきん》朝陽門《ちようようもん》内で鈴木大尉《すずきたいい》以下七名にたいして不法射撃《しやげき》。

五月二十九日、輸送《ゆそう》列車爆破事件《ばくはじけん》―天津《てんしん》東駅にて貨車爆破《ばくは》、軍馬三頭負傷《ふしよう》。

八月二十四日、成都《せいと》事件《じけん》―日本の新聞記者四名が大川飯店で虐殺《ぎゃくさつ》される。二名が重傷《じゅうしょう》。
九月三日、北海《ほっかい》事件《じけん》―薬種商中野順三《なかのじゅんぞう》、理由もなく虐殺《ぎゃくさつ》される。
九月十八日、漢口《かんこう》事件《じけん》―吉田《よしだ》巡査《じゅんさ》が暴徒《ぼうと》に射殺《しゃさつ》される。

これらはほんの一部である。新聞は筆をおさえることなく、これらを大仰《おおぎょう》に報《ほう》じた。陸軍報道部《どうぶ》は「断《だん》じて許《ゆる》すことはできぬ」とそのたびに怒《おこ》り、「国民よ、これぞ帝国《ていこく》の危機《きき》であるぞ」と吼《ほ》えた。新聞とラジオしかない時代の国民が、心の底からほんとうに〝国家的危機《きき》〟と感じたとしても、これを責《せ》めることはできないのではないか。いまの日本であっても被害《ひがい》ばかりを強調するような危機意識《ききいしき》が何をうむか、わかったものではない。

昭和十三年（一九三八）

首都であった南京《なんきん》を攻略《こうりゃく》しても戦争は終らない。しかしわが陸軍はまさに無敵《むてき》の皇《こう》軍《ぐん》とすべての日本人は胸《むね》をそらした。より正しくいえば、陸軍以上に政府《せいふ》、とくに近《この》衛首相《えしゅしょう》が連戦連勝に有頂天《うちょうてん》になっていた。中国駐在《ちゅうざい》のドイツ大使の和平斡旋《あっせん》案もしりぞけ、一月十六日、「国民政府《せいふ》を対手《あいて》とせず」との声明を内外に発表するほどのぼせ上がった。

この声明は、いま考えれば公式の日中間の国交断絶《だんぜつ》の宣言《せんげん》であり、「事変」は「戦争」になったことを意味する。蔣介石《しょうかいせき》はここに及《およ》んでより米英に身をすり寄《よ》せ、その関係をいっそう密接《みっせつ》にしていく。ここから日本はますます国際的《こくさいてき》に孤立化《こりつか》し、先行きに明確《めいかく》な展望《てんぼう》のないままに、中国との果てしない戦いにのめりこんでいくことになる。

一月二十二日、施政方針演説《しせいほうしんえんぜつ》で近衛《このえ》ははっきりといった。

「事変も新段階《だんかい》をむかえ、その目的を達成するためには物心両面にわたり国家総動員《そうどういん》体制《たいせい》の完成が必要であり、予算案も事変の長期化に備《そな》えて軍需《ぐんじゅ》の充足《じゅうそく》に力をそそぐものとせねばならない」

そして無制限《むせいげん》にひとしい「白紙委任《いにん》」的な権限《けんげん》を、政府《せいふ》や軍部に与《あた》える国家総動員《そうどういん》法《ほう》（全文五十条《じょう》）が四月一日に成立、五月五日から施行《しこう》となる。これは悪法としかいいようがないが、その第四条《じょう》だけでもしっかりと記しておく。

「政府《せいふ》ハ戦時ニ際《さい》シ国家総動員《そうどういん》上必要アルトキハ勅令《ちょくれい》ノ定ムル所ニ依《よ》リ帝国《ていこく》臣民ヲ徴用《ちょうよう》シテ総動員業務《そうどういんぎょうむ》ニ従事《じゅうじ》セシムルコトヲ得《え》 但《ただ》シ兵役《へいえき》法ノ適用《てきよう》ヲ妨《さまた》ゲズ」

国家の総力《そうりょく》をあげての戦争遂行《すいこう》のための国家体制《たいせい》は、陸軍の期待どおりに着々と、戦争ムードとともに整えられた。法的にいざとなれば人的・物的に何でも思うままに政府《せいふ》も軍部も国民を動員できるのである。こうなれば後顧《こうこ》の憂《うれ》いなく陸軍は中国大陸における大々的な進撃《しんげき》がはじめられる。攻略《こうりゃく》目標は徐州《じょしゅう》へ、広東《かんとん》へ、そして最終点を蔣介石《しょうかいせき》の臨時《りんじ》首都となった漢口《かんこう》へ向ける。はじめの作戦計画になかった戦線の拡《かく》大《だい》である。

この日本軍の独歩独往《どっぽどくおう》ともいえる進攻《しんこう》に、それまでモンロー主義《しゅぎ》を守る上からも抗《こう》議《ぎ》や非難《ひなん》をさしひかえていたアメリカが、この年の秋口になってこのような無法な作戦行動の即座《そくざ》中止を強く要求してきた。これにたいして外相《がいしょう》有田八郎《ありたはちろう》は、戦闘《せんとう》をつづけねばならない日本の立場を説明し、あえてアメリカの批判《ひはん》に反論《はんろん》する。それが十一月三日に近衛《このえ》が声明した「東亜《とうあ》新秩序《ちつじょ》の建設《けんせつ》」という大理想であったのである。

アメリカだけではなかった。英仏蘭《えいふつらん》などの列強も、これで完全に硬化《こうか》した。この声明の裏《うら》に、ヒトラーの「ヨーロッパ新秩序《ちつじょ》をつくる」という絶叫《ぜっきょう》と同質《どうしつ》の不気味《ぶきみ》なものを、各国が感じとったからである。近衛《このえ》はめげず十二月二十二日、さらに日本が盟主《めいしゅ》となってすべてをリードする東亜《とうあ》新秩序《ちつじょ》を建設《けんせつ》すると謳《うた》いあげた。アジアはわが大日本帝国《ていこく》が統括《とうかつ》するという宣言《せんげん》、極論《きょくろん》すれば、このとき、太平洋戦争への導火線《どうかせん》に火がつけられた、といってもいいかもしれない。

◆◆◆◆◆

◆サラバ「言論《げんろん》の自由」

明らかにA面とわかっているが、これを欠かすわけにはいかない。国家総動員法《そうどういんほう》のことである。それまで一種の精神的《せいしんてき》な運動であったのを法制《ほうせい》化しようと、年が明けると要綱《ようこう》が議会に提《てい》出《しゅっ》され通常《つうじょう》国会での審議《しんぎ》がはじまった。この法案は数年前から陸軍を主体とする急進派《きゅうしんは》によって綿密《めんみつ》に計画されてきたもので、早い話が政府《せいふ》に（ということは軍部に）白紙委任状《いにんじょう》を渡《わた》すものであったから、政友会《せいゆうかい》も民政党《みんせいとう》も反対し議場は大揉《おおも》めに揉《も》めた。

そして三月三日、衆議院《しゅうぎいん》国家総動員法案《そうどういんほうあん》委員会でのこと。陸軍省軍務《ぐんむ》課員の佐藤賢了《さとうけんりょう》中佐が滔々《とうとう》と演説《えんぜつ》をぶったのである。

「全国民の精神力《せいしんりょく》、物理力これを一途《いっと》に目標に向かって邁進《まいしん》せしめるという所の組織《そしき》が必要なんではないか。それがこの国家総動員法《そうどういんほう》でありまして……」

佐藤《さとう》は陸相補佐《りくしょうほさ》の説明員でしかない。議会で許《ゆる》されているのは質問《しつもん》に答えるだけ、意見を述《の》べる資格《しかく》がない。が、佐藤《さとう》は委細かまわずに信念を説《と》いてやまなかった。

議員からは「やめさせろ」とヤジが飛んだ。なかでも宮脇長吉《みやわきちょうきち》議員は大声で何度も「やめろ」とやった。佐藤《さとう》はキッとなり「黙《だま》れ！」と怒鳴《どな》ってしまう。佐藤《さとう》の『大東亜《だいとうあ》戦争回顧録《かいころく》』によると「黙《だま》れ！　長吉《ちょうきち》」といおうとしたが、さすがに「長吉《ちょうきち》」はのみこんだとかいてある。

単なる説明員が議員にたいして「黙《だま》れ」と怒鳴《どな》りつけるとは国会を冒瀆《ぼうとく》したことになって大《おお》騒《さわ》ぎ。翌日《よくじつ》、杉山元陸相《すぎやまはじめりくしょう》が陳謝《ちんしゃ》し、なんとか騒動《そうどう》は収《おさ》まった。「長吉《ちょうきち》とは私《わたし》の父の名前なんです。父は声が大きく気が短く、軍部の政治介入《せいじかいにゅう》に批判的《ひはんてき》でした」とは、亡《な》き作家宮脇俊三《みやわきしゅんぞう》の回想である。これが「黙《だま》れ」事件《じけん》といい歴史《れきし》年表なんかに載《の》っている。

その日から四半世紀《しはんせいき》たった昭和三十八年春、佐藤賢了《さとうけんりょう》にこのことについて取材したときのことをいまも鮮明《せんめい》に覚えている。この国内経済《けいざい》を戦時統制経済《とうせいけいざい》に切《き》り替《か》え、国民のもっている諸《しょ》権利《けんり》をいざとなったら政府《せいふ》に譲《ゆず》り渡《わた》すという法案が通ったあと、軍人の発言力が強まり、国全体がすっかり軍国主義《しゅぎ》に塗《ぬ》りつぶされた。それが日中戦争をいっそうドロ沼《ぬま》化させ、対米英戦争への道をぬきさしならぬものにしたのではないか、というのが質問《しつもん》の骨子《こつし》であった。

佐藤《さとう》は当時六十七歳《さい》。なお意気軒昂《いきけんこう》として「小僧《こぞう》っ子《こ》、黙《だま》れ！」といわんばかりに睨《にら》みつけつつまくしたてた。

「いいか、国防《こくぼう》に任《にん》ずる者はたえず強靭《きょうじん》な備《そな》えのない平和というものはない、と考えておるんだ。そんな備《そな》えのない平和なんてもんは幻想《げんそう》にすぎん。あるはずがない。いいか、その備《そな》えを固めるためにはあの総動員法《そうどういんほう》はゼッタイに必要であったのだ」

この元軍人には反省という言葉はないと、そのとき思った。そして勝海舟《かつかいしゅう》の言葉「忠義《ちゅうぎ》の士《し》というものがあって、国をつぶすのだ」とそっとつぶやいたことであった。そんなことも思いだされてくる。

ともあれ、そんな「黙《だま》れ」事件《じけん》をさしはさんで、三月十六日に衆議院《しゅうぎいん》、同二十四日に貴族院《きぞくいん》を通過《つうか》してこの法律《ほうりつ》は成立した（五月五日に施行《しこう》）。ほぼ一緒《いっしょ》に電力国家管理法、農地調整法も成立する。「持たざる国」日本が戦争遂行《すいこう》上、軍需物資確保《ぐんじゅぶっしかくほ》のために必要欠くべからざる、いわゆる軍事三法が、軍部の熱望どおりに成立したのである。これからあと、経済《けいざい》も社会もこれらにひき回されることになる。

いや、ひき回されたのは言論《げんろん》もである。と、いまごろになってかくのは遅《おそ》すぎの気味があるが、じつはもうすでに前年の十二年の間に統制《とうせい》機関が整備《せいび》されて言論《げんろん》の自由は風前の灯《ともしび》になっていた。情報《じょうほう》委員会が改編拡充《かいへんかくじゅう》されて、言論統制《げんろんとうせい》の一元化を目的に内閣情報部《ないかくじょうほうぶ》が設置《せっち》されたのが九月、大本営《だいほんえい》内に陸海軍それぞれの報道部《ほうどうぶ》が新たにおかれたのが十二月。そして言論《げんろん》取締《とりしま》りは言論指導《げんろんしどう》へと方針《ほうしん》をすでに変えていたのである。

そこに国家総動員法《そうどういんほう》の成立である。この法案が提出《ていしゅつ》されたとき、このなかに「政府《せいふ》は国家総《そう》動員《どういん》の必要あるときは、新聞記事の制限《せいげん》または禁止《きんし》をすることができる」とあった。しかも、これに違反《いはん》すると発売禁止《きんし》、原版差《げんぱんさ》し押《お》さえ、これらは当然として、さらに発行禁止処分《きんししょぶん》の条項《じょうこう》が加えられている。何を意味しているか、といえば、新聞廃刊《はいかん》の処罰《しょばつ》ということ。このとき、さすがに新聞各社は猛反対《もうはんたい》した、とかきたいが、それがそうではなかったのであるから、何をかいわんや、もはや言論《げんろん》の自由は完全に落日を迎《むか》えていた、ということになる。そのことについてかいておきたい。

たしかに新聞各社の代表が集まって反対決議をすることはしているが、当局から、何をいまさらくだくだといっておるのか、諸君《しょくん》たち各社は一致《いっち》して、声を大にして「言論報国《げんろんほうこく》」の方針《ほうしん》堅持《けんじ》をすでに宣明《せいめい》しておるではないか、と突《つ》っこまれてギャフンとなった。それに内閣情報部《ないかくじょうほうぶ》参与《さんよ》に、朝日新聞主筆の緒方竹虎《おがたたけとら》、読売新聞社主の正力松太郎《しょうりきまつたろう》、同盟《どうめい》通信主幹《しゅかん》の古野伊之助《ふるのいのすけ》、ジャパン・タイムズ社長芦田均《あしだひとし》、大阪毎日新聞主筆の高石真五郎《たかいししんごろう》らが麗々《れいれい》しく名を連ねている。参与《さんよ》は天皇《てんのう》が任命《にんめい》する「勅任官《ちょくにんかん》」であり、内閣《ないかく》の一員としてこの法案の成立に力を尽《つ》くすべきにあらずや、とやられてあくまで頑強《がんきょう》な反対もならず、という状況《じょうきょう》にあったという。それでも見逃《みのが》すことのできぬ由々《ゆゆ》しき大事と反対するジャーナリストも数多くあり、やっとのことで発行禁止条項《きんしじょうこう》の削除《さくじょ》だけは何とかかちとった。どうやらそれができることの精一杯《せいいっぱい》のところであったらしい。

『新聞と「昭和」』（朝日新聞「検証《けんしょう》・昭和報道《ほうどう》」取材班《しゅざいはん》）によると、反対運動の先頭に立っていた当時の朝日の編集局《へんしゅうきょく》次長野村秀雄《のむらひでお》の戦後の回想がある。「発行停止《ていし》の削除《さくじょ》……に気をよくしたのか、新聞の自由を擁護《ようご》する熱意が冷めたのか……最初の勢《いきお》いはどこに行ったのか、吹《ふ》き飛《と》んでしまった」というではないか。評《ひょう》すべき言葉もない。

いや、あえて勘《かん》ぐれば、新聞の沈黙《ちんもく》の裏《うら》にはじつは新聞社そのものに危機《きき》感が欠如《けつじょ》していたからではないか、と思われてならない。が、事実はそうではない。国家の言論統制《げんろんとうせい》が完成に近づいていたのはたしかであるが、それよりも、「本紙は昭和九年九月十一日から、従来《じゅうらい》の朝刊《ちょうかん》十ページを十二ページに増《ま》し、朝夕刊《ちょうゆうかん》十六ページ建てを断行《だんこう》」「財界《ざいかい》の好転により広告《こうこく》の掲載《けいさい》量が増加《ぞうか》」（『日本経済《けいざい》新聞八十年史《ねんし》』）とあるように、戦争景気で新聞はどこも有卦《うけ》に入っていた。新聞各紙は弾圧《だんあつ》でシュリンクしていたわけではなく、部数拡大《かくだい》へ向けて大いなる競争的前進を開始していた。〝新聞は戦争とともに繁栄《はんえい》する〟のは日露《にちろ》戦争いらいの真理（？）なのである。

◆発禁《はっきん》そしてまた発禁《はっきん》

どうもA面的なことをかいていると筆が偉《えら》そうになってきていけない。教訓は好かないから急いでB面に戻《もど》る。さりとて戦時下となっているのであるから、八《は》っつぁん熊さん流の馬鹿話を、てなわけにはいかない。同じようにいささか憂鬱《ゆううつ》な話である。

日中戦争がはじまってすぐにかかれた石川淳《いしかわじゅん》『マルスの歌』は、すばらしい反戦文学である。〝マルスの歌〟とは、ギリシャ神話の軍神《マルス》の歌、つまり軍歌のこと。石川淳《いしかわじゅん》はかいている。

「この国はいまだれも彼《かれ》もがマルスの歌の合唱のうちに、若《わか》ものを戦場へ送りだしている。が、『わたし』はそんな歌声には耳もかさず、江戸《えど》時代の寝惚《ねぼけ》先生（大田南畝《おおたなんぽ》）の狂詩《きょうし》にうつつをぬかしている。同じ車中で、いっぽうはマルスの歌、そしてこっちは狂詩《きょうし》。多分、この時代にあってはマルスの歌に声を合わせるのが正気で、『わたし』の正気とは狂気《きょうき》のことになるのか」

戦争中の正気とは狂気《きょうき》でしかあり得《え》ないと、創作《そうさく》に托《たく》して説《と》いたこの『マルスの歌』を載《の》せた「文學界《ぶんがくかい》」十三年一月号は、ただちに発禁《はっきん》となる。三月号の編集《へんしゅう》後記で編集長《へんしゅうちょう》河上徹太《かわかみてった》郎《ろう》が真剣《しんけん》にだれに訴《うった》えるともなく訴《うった》えた。

「思想の統制《とうせい》に対し、或《あるい》は言論《げんろん》の地位を心配する向《むき》もあろう。然《しか》し我々《われわれ》は日本を信じる。又《また》、我々《われわれ》の大部分が忠良《ちゅうりょう》なる国民であることを信じる。だから統制《とうせい》も此《こ》の『大部分』の善《よ》き国民としての創造《そうぞう》意思を制限《せいげん》しないだろうと信じ、望んでいる」

しかし、この精一杯《せいいっぱい》の訴《うった》えも当局の胸《むね》にはとどかなかった。

「中央公論《こうろん》」三月号は二月十七日に配本された。翌日《よくじつ》の午後六時、「聖戦《せいせん》にしたがう軍を故意《こい》に誹謗《ひぼう》したもの」「反軍的内容《ないよう》をもった時局柄不穏当《がらふおんとう》な作品」を載《の》せている、として内務省《ないむしょう》は即時《そくじ》の発売禁止《きんし》を通告《つうこく》してきた。石川達三《いしかわたつぞう》『生きている兵隊』が槍玉《やりだま》にあがったのである。

この作品は、特派《とくは》されて中国戦線に従軍《じゅうぐん》した石川《いしかわ》が、一月五日に南京《なんきん》に着き、そこで日本軍の実態《じったい》に接《せっ》してふかい衝撃《しょうげき》をうけかいたルポルタージュ文学である。念のためにかくが、南《なん》京攻略《きんこうりゃく》は前年十二月十三日、石川《いしかわ》はずっと遅《おく》れてその地を踏《ふ》んでいるのである。石川《いしかわ》の回想が残されている。

「小便くさい貨車に便乗して上海《しゃんはい》から南京《なんきん》へゴトゴトゆられて行きました。南京《なんきん》市民は難民《なんみん》区に隔離《かくり》され、町のなかにゴロゴロと死体がころがっていて、死の町という言葉がピッタリでした。はじめて目撃《もくげき》した戦場は、ショックでした」

そして帰国した石川《いしかわ》は、十日間で「文字通り夜の目も寝《ね》ずに、眼《め》のさめている間は机《つくえ》に座《すわ》りつづけて三百三十枚《まい》を」かきあげた。「私《わたし》としては、あるがままの戦争の姿《すがた》を知らせることによって、勝利に傲《おご》った銃後《じゅうご》の人々に大きな反省を求めようとするつもり」であったのである(『生きている兵隊』初版自序《しょはんじじょ》より)。

しかし、日本陸軍の報道部《ほうどうぶ》にはとうてい看過《かんか》できない内容《ないよう》としか見られなかった。

石川《いしかわ》は二月下旬《げじゅん》に警視庁《けいしちょう》に連行され、きびしい取調べをうける。八月には、編集《へんしゅう》・発行・

印刷人ともども、「虚構《きょこう》の事実をあたかも事実の如《ごと》くに空想して執筆《しっぴつ》したのは安寧秩序《あんねいちつじょ》を紊《みだ》すもの」との理由で起訴《きそ》される。裁判《さいばん》の判決《はんけつ》は九月の第二回公判《こうはん》で早くも下され、石川《いしかわ》は禁固《きんこ》四カ月、執行猶予《しっこうゆうよ》三年という予想を超《こ》えた厳罰《げんばつ》に処《しょ》せられる。判決《はんけつ》理由は「皇軍兵士《こうぐんへいし》の非戦闘員殺戮《ひせんとういんさつりく》、掠奪《りゃくだつ》、軍規弛緩《ぐんきしかん》の状況《じょうきょう》を記述《きじゅつ》したる安寧秩序《あんねいちつじょ》を紊乱《びんらん》する事項《じこう》」を執筆《しっぴつ》したゆえ、というのである。石川《いしかわ》の憂国《ゆうこく》の至情《しじょう》や、戦争にたいするリアリスティックな認識《にんしき》など、裁判《さいばん》ではてんから認《みと》められることはなかった。

こうした軍・官・警《けい》が一つになっての言論統制《げんろんとうせい》と強圧《きょうあつ》の高まるなかで起こったのが、人民戦線事件《じけん》である。このことについてもふれておかなければならない。第一次が十二年十二月、山《やま》川均《かわひとし》、大森義太郎《おおもりよしたろう》、向坂逸郎《さきさかいつろう》、荒畑寒村《あらはたかんそん》たち四百名余《あまり》が検挙《けんきょ》される。さらに第二次が十三年の二月に起こり、大内兵衛《おおうちひょうえ》、有沢広巳《ありさわひろみ》、美濃部亮吉《みのべりょうきち》たち「労農派《は》教授《きょうじゅ》グループ」がつぎつぎに逮捕《たいほ》された。そして三月、宮本百合子《みやもとゆりこ》、中野重治《なかのしげはる》たち左翼《さよく》作家に執筆禁止《しっぴつきんし》が通達される。民主主義《しゅぎ》や自由主義《しゅぎ》さえも、社会主義《しゅぎ》や共産主義《しゅぎ》の温床《おんしょう》となる危険《きけん》きわまりない思想と当局にみなされたのである。

そしてすでにふれたように、この間に、国家総動員法《そうどういんほう》が成立し、すぐに施行《しこう》されたのである。世は一気にすさまじい時代へと変貌《へんぼう》した。『マルスの歌』『生きている兵隊』の発禁《はっきん》どころの話ではなくなっていた。〝批判精神《ひはんせいしん》〟の無力であること、いわんや抵抗《ていこう》などできないことを、だれもが痛感《つうかん》させられる時代となり、思想・言論《げんろん》の自由は「善《よ》き国民としての創造《そうぞう》意思を制限《せいげん》しないだろう」とさきにかいた河上徹太郎《かわかみてつたろう》の訴《うった》えの声もむなしく、まさしく空に飛び散る時代へと変わってしまった。時勢《じせい》とはそのように一気呵成《いっきかせい》に急変するのである。

◆ペンと戦場

ところが、ああ、それなのに、と思わず天を仰《あお》ぎたくなる文章が見つかるのである。「文學界《ぶんがくかい》」六月号、かいたのはかの河上徹太郎編集長《かわかみてつたろうへんしゅうちょう》で、「ジャーナリズムが最もショックを受けたのは、人民戦線派《は》の検挙《けんきょ》の後であった」と記した上で、こんなことをのべている。

「先日私《わたし》は内務省《ないむしょう》の人達から懇談的《こんだん》に招待《しょうたい》されて色々話したのだが、正直な所先方の考え方がここ一年許《ばか》りの間の私《わたし》のいっていることと余《あま》り同じなのに驚《おどろ》かされた。（中略《ちゅうりゃく》）結局共鳴し、気焔《きえん》を挙げて帰って来たような結果になった」

何をおっしゃる徹太郎《てつたろう》センセイ、能天気《のうてんき》にすぎるのじゃありませんか、といいたくなるのであるが、あに河上《かわかみ》のみならんや。同じ号で島木健作《しまきけんさく》までが、河上《かわかみ》、林房雄《はやしふさお》とともにこの懇談《こんだん》に同席したときに感じたびっくりするような感想をかいている。まったく、官僚《かんりょう》の深謀遠慮《しんぼうえんりょ》の恐《おそ》ろしさ酷薄《こくはく》さもわからず、文人とは人の好《い》いものと見つけたり、である。

「色々懇談《こんだん》して、私《わたし》は矢張非常《やはりひじょう》にいいことをしたと思った。（中略《ちゅうりゃく》）作家達は一時確《たし》かに萎縮《いしゅく》した。萎縮《いしゅく》したのにはそれ相応《そうおう》の理由があった。しかしそこには無用な疑心暗鬼《ぎしんあんき》に類するものもなくはなかった。我々《われわれ》はもはやのびのびとした闊達《かったつ》な精神《せいしん》を取《と》り戻《もど》して、仕事を始め

いち早く日中戦争に従軍した林芙美子(昭和13年、長江に臨む)

るべき時であると思う」

エリート官僚《かんりょう》どもの手練手管《てれんてくだ》の懐柔《かいじゅう》に文人たちはうまうまと乗せられたの図、とわたくしがくさしてもそれほど誤《あやま》ってはいないであろう。

乗せられたといえば、「ペン部隊」の出陣《しゅつじん》もそうであったかもしれない。八月の内閣情報部《ないかくじょうほうぶ》との懇談会《こんだんかい》で、陸軍側からもちだされた提案《ていあん》があった。陸軍省新聞班《はん》の松村秀逸《まつむらしゅういつ》中佐が文学者の従軍《じゅうぐん》を要請《ようせい》してこういった。

「従軍《じゅうぐん》したからとて、決して物を書けの、かくせよという注文は一切《いっさい》考えていない。まったく無条件《むじょうけん》だ。国としてはかかる重大時局に際《さい》し、正しい認識《にんしき》を文筆家一般《いっぱん》に浸透《しんとう》することは望むところであり、またそれが急務《きゅうむ》だと思う」

こうして菊池寛《きくちかん》が音頭《おんど》とりとなって、文学者だけのペン部隊が編制《へんせい》され、陸海協同の漢口攻《かんこうこう》略《りゃく》戦に従軍《じゅうぐん》する。陸軍班《はん》は久米正雄《くめまさお》、川口松太郎《かわぐちまつたろう》、尾崎士郎《おざきしろう》、瀧井孝作《たきいこうさく》、丹羽文雄《にわふみお》など十三名、九月十一日に出発。海軍班《はん》は菊池寛《きくちかん》、佐藤春夫《さとうはるお》、吉川英治《よしかわえいじ》、吉屋信子《よしやのぶこ》、小島政二郎《こじませいじろう》など七名で、十四日に出発する。

が、文学史的《ぶんがくし》には面白《おもしろ》いことが起こった。このペン部隊とは別行動で、中央公論特派《こうろんとくは》記者となった林芙美子《はやしふみこ》の、十月二十七日の漢口攻略《かんこうこうりゃく》戦一番乗りが大きな話題となったのである。つまりは文藝春秋《ぶんげいしゅんじゅう》主体のペン部隊の連中の鼻をあかしてやろうという『放浪記《ほうろうき》』の作者の、根性《こんじょう》、生活力の強さ、そして健康がものをいった。彼女《かのじょ》のルポルタージュ作品『北岸部隊』は翌《よく》十四年年初のいちばんの呼《よ》びものとなってよく売れた。

陣中で芥川賞を受けた火野葦平(右から２人め)。その左隣は賞を届けた小林秀雄(昭和13年４月、中国杭州)

　新聞が戦争と肩《かた》を並《なら》べて前進をはじめたように、文学よ、お前もか、ということなのか。文学や思想を産みだす力というものは、正直な話、論理的《ろんりてき》な真《まこと》や事実というものではなく、現実《げんじつ》のなかにひそむある微妙《びみょう》な人間的な力関係による、といいたくなってくる。

　そんな理屈《りくつ》はともかく、ペンと戦場ということでいえば、芥川賞《あくたがわしょう》の授賞式《じゅしょうしき》がこの年の四月に中国で行われたことも話のタネになる。十二年下半期の芥川賞《あくたがわしよう》は火野葦平《ひのあしへい》の「糞尿譚《ふんにようたん》」ときまったが（発表は「文藝春秋《ぶんげいしゆんじゆう》」十三年三月号）、当人は応召《おうしよう》されて出征中《しゆっせい》。そこでちょうど上海《しゃんはい》へ渡《わた》ることになっていた小林秀雄《こばやしひでお》が、菊池《きくち》に頼《たの》まれて同賞《どうしよう》を伝達することとなった。幸い火野《ひの》の所属《しよぞく》する部隊は杭州《こうしゆう》にいた。

小林秀雄《こばやしひでお》の従軍記《じゆうぐん》「杭州《こうしゆう》」にその伝達式のことがくわしくかかれている。

「早い方がいいと言うので、直《す》ぐ芥川賞授与式《あくたがわしようじゅよしき》をやって貰《もら》う。S部隊長を初め、M部隊長、報道部《ほうどうぶ》からはS少尉《しようい》などがわざわざ列席され、部隊全部が、本部の中庭に整列した。『気を附《つ》け、注目』と号令をかけられた時にはドキンとしたが、思い切って号令を掛《か》ける様な挨拶《あいさつ》をする。続いて火野伍長《ひのごちよう》、S部隊長の挨拶《あいさつ》があり式を終った。いかにも陣中《じんちゆう》らしい真面目な素朴《そぼく》な式であった。僕《ぼく》は恐縮《きようしゆく》したが嬉《うれ》しかった」

このとき小林《こばやし》がした「号令を掛《か》ける様な挨拶《あいさつ》」とは、「これからも、日本文学のために、大いに身体を気をつけて、すぐれた作品を書いていただきたい」というものであった。ところが、その授賞式《じゆしようしき》のあとの祝賀宴《えん》になったとき、酔《よ》った下士官《かしかん》が、刀を抜《ぬ》いて小林《こばやし》に息まく小事件《じけん》が起こった。

「兵隊の身体は陛下《へいか》と祖国《そこく》にささげたものだ。陛下《へいか》と祖国《そこく》のために武運長久《ぶうんちようきゆう》を祈《いの》るならわかるが、文学のために身体を気をつけろとは何ということだ。非国民《ひこくみん》め」

このからみに、からみの名人といわれる小林《こばやし》が何と答えたか、残念ながら伝えられていない……。

さらにこの芥川賞受賞《あくたがわしょうじゅしょう》につづけてしまうと、火野葦平《ひのあしへい》コト玉井勝則《たまいかつのり》伍長《ごちょう》の任務《にんむ》は、これ以後は単なる一下士官《かしかん》を離《はな》れて、五月に敢行《かんこう》された大戦闘《せんとう》である徐州攻略《じょしゅうこうりゃく》作戦の、従軍《じゅうぐん》ルポルタージュをかく作家へと替《か》えられた。そして生まれたのが、日中戦争を描《えが》いた作品中でもっともよく知られた『麦と兵隊』である。当局の指示《しじ》もあって「改造《かいぞう》」八月号に掲載《けいさい》されたのち、九月に単行本になり、わたくしは火野《ひの》さんから「百二十万部は出たのではなかったかな」と戦後に聞かされた。何となくトンビに油揚《あぶらあげ》をさらわれた観のある文藝春秋《ぶんげいしゅんじゅう》社長菊池寛《きくちかん》は、この作品を何としても認《みと》めようとしなかったというが、ごもっともというほかはない。

◆〝やくざ唄《うた》〟について

文学的な話題を長く引っぱりすぎなので、これでやめにしたいが、『麦と兵隊』がでたところで、この年の十二月にポリドール・レコードから発売された流行歌「麦と兵隊」について、やっぱり素通《すどお》りするわけにはいかない。藤田《ふじた》まさと作詞《さくし》、大村能章《おおむらのうしょう》作曲の空前の大ヒットのいわゆる軍歌。これならわたくしもなぜか二番までいまも覚えていて歌える。ゆえに、引用しておきたい。

一、徐州徐州《じょしゅうじょしゅう》と人馬は進む
徐州居《じょしゅうい》よいか住みよいか
洒落《しゃれ》た文句《もんく》に振《ふ》り返《かえ》りゃ

お国なまりのおけさ節《ぶし》
髭《ひげ》が微笑《ほほえ》む麦　畠《ばたけ》

二、友を背《せ》にして道なき道を
行《ゆ》けば戦野は夜の雨
「済《す》まぬ済《す》まぬ」を背中《せなか》に聞けば
「馬鹿を言うな」とまた進む
兵の歩みの頼《た》のもしさ

これを「いわゆる軍歌」とかいたが、厳密《げんみつ》な意味での軍隊部内で歌う隊歌とは違《ちが》うからである。さきの「露営《ろえい》の歌」といい「麦と兵隊」といい、さらに十五年に大流行した「ああ、あの顔で、あの声で、手柄《てがら》たのむと妻《つま》や子が……」の「暁《あかつき》に祈《いの》る」といい、兵隊よりもむしろ国民に向かって訴《うつた》えかけている歌。戦地の将兵《しょうへい》の労苦を思って何事も我慢《がまん》せよ、士気《しき》を挫《くじ》けさすなかれと励《はげ》ましている国民歌謡《かよう》といったほうがいい。そして国民もまたそれに応《おう》じて、軟弱《なんじゃく》な流行歌なんて口《くち》の端《は》にものぼらせず、といいたいが、じつはあながちそうでもない。〝挙国一致《きょこくいっち》〟の国民となってはいるが、人の情《じょう》というものは決して一面的なものではない。淡谷《あわや》のり子の「別れのブルース」とか「雨のブルース」とか、ブルースものがいっぽうで大当たりしていたのである。

さらには川口松太郎《かわぐちまつたろう》の小説『愛染《あいぜん》かつら』の映画《えいが》とその主題歌の大ヒットがあった。子持ちの看護婦《かんごふ》高石《たかいし》かつ枝《え》が独身《どくしん》が条件《じょうけん》の病院に勤務《きんむ》し、院長の息子《むすこ》津村浩三《つむらこうぞう》と恋仲《こいなか》になってしまう。かつ枝《え》は子持ちがバレて病院を追われ、身分違《ちが》いの恋《こい》のそのあとはお定まりのすれ違《ちが》いの連続。かつ枝《え》は苦難《くなん》の末にやっと歌手として成功した。そして戦地の慰問《いもん》先で軍医として出征《しゅっせい》していた浩三《こうぞう》と再会《さいかい》し、結局は二人は結ばれてメデタシ。映画《えいが》は九月十五日に封切《ふうき》られ、上原《うえはら》謙《けん》と田中絹代《たなかきぬよ》の名演《めいえん》もあって、それまでの映画史《えいがし》上にない大入り満員。

そして「花も嵐《あらし》も踏《ふ》み越《こ》えて　行くが男の生きる道……」の主題歌「旅の夜風」（西条八《さいじょうや》十作詞《そさくし》、万城目正《まんじょうめただし》作曲）がこれまた大当たり。

歴史学者《れきし》色川大吉《いろかわだいきち》が『ある昭和史《しょうわし》――自分史《じぶんし》の試み』に妙《みょう》な告白《こくはく》をしている。この映画《えいが》を観《み》て「好演《こうえん》したスターたちに圧倒《あっとう》され」、軍人になろうという夢《ゆめ》を捨《す》てた、というのである。「愛する事と愛される事とが人生最大の幸福である、という意味が明瞭《めいりょう》にわかった。そして僕《ぼく》はとつぜん軍人なんか止《や》めてしまえ、高等学校に進んで恋愛《れんあい》しよう、と思うにいたった」。

おそらく色川《いろかわ》は映画館《えいがかん》をでたとき、〽花も嵐《あらし》も踏《ふ》み越《こ》えて……とハミングしていたにちがいない。

流行歌の話題ついでに勝手な熱を吹《ふ》かさせてもらえば、「麦と兵隊」の作詞者藤田《さくししゃふじた》まさとの名から思いだすことを一席やりたいのである。それもわが仮説《かせつ》なんであるが。

わたくしがいまでもときに風呂《ふろ》で調子外れにやる鼻歌に「妻恋《つまこい》道中」がある。藤田《ふじた》まさと作《さく》詞《し》で、このほかにも「鴛鴦《おしどり》道中」とか「追分《おいわけ》道中」とか、道中ものを彼《かれ》はつくっている。「好《す》いた女房《にょうぼう》に三下り半を／投げて長脇差《ながどす》永《なが》の旅……」と〃な〃の字づくしのあざやかさ、歌わなくちゃ悪いような気持ちになってくる。

いや、そんなことをいいたいのではない。じつは十二年から十三年、十四年と、いくつもの〃やくざ調〃の歌がつくられている。「棄《す》てて別れた故郷《こきょう》の月に」の「勘太郎《かんたろう》月夜唄《うた》」とか、「どうせ一度はあの世とやらへ」の「流転《るてん》」とか、あれもこれもすべて歌えるわけではない。が、その歌詞《かし》だけを眺《なが》めていると、恋人《こいびと》や妻《つま》や故里《ふるさと》にほんとうは別れたくはないのであるが、これも「国のため」「天皇陛下《てんのうへいか》のため」に赤紙一枚《いちまい》で出征《しゅっせい》していかねばならない、当時の若《わか》ものたちの苦悩《くのう》を歌ったものとみえてくるのである。民草《たみくさ》の、口にはだせない切々たる愛恋《あいれん》の心を歌いあげている。股旅暮《またたびぐ》らしの、いや、兵隊に行かねばならない男のあきらめといさぎよさを歌っている。そして、それを押《お》し殺《ころ》さねばならない悲しみも。戦後の甘《あま》っちょろい〃やくざ唄《うた》〃とは違《ちが》って、この当時のものは、つまり身をやくざにやつした兵士《へいし》たちの反戦の歌であったのだ、その思いで歌っていたのだ、とそんな風に思えてくるのである。

そんな思いで歌ってみると、

〽花も嵐《あらし》も踏《ふ》み越《こ》えて　行《ゆ》くが男の生きる道……

だって、これが大流行したのはことによったら、と考えられなくもない。そしてまた、尾崎《おざき》士郎《しろう》の代表作を日活が映画化《えいがか》し、その主題歌として四月に売りだされた「人生劇場《げきじょう》」（佐藤惣《さとうそう》之助《のすけ》作詞《さくし》、古賀政男《こがまさお》作曲）もまた、かりに出征兵士《しゅっせいへいし》の気持ちになって歌ってみるとジーンと迫《せま》ってくるものがあるのではあるまいか。

〽やると思えば　どこまでやるさ
それが男の　魂《たましい》じゃないか
……………

◆下駄《げた》ばきと木炭車

〝盧溝橋《ろこうきょう》の一発〟から〝玉音放送〟までの戦時下の日本本土を「銃後《じゅうご》」といった。その銃《じゅう》後意識《ごいしき》と戦時体制《たいせい》はこの年の後半ごろから完璧《かんぺき》に向かって固められつつあった。五月には「交《こう》隣《りん》相助、共同防衛《ぼうえい》」を目的とする「隣組《となりぐみ》」の制度《せいど》が制定《せいてい》された。そして、その銃《じゅう》後《ご》の国民の三大行事といえば、献金《けんきん》、武運長久祈願《ぶうんちょうきゅうきがん》の町民大会、それに千人針《せんにんばり》であった。いまに直せば、カンパ、集会、署名《しょめい》運動ということ。民衆《みんしゅう》運動とは昔もいまも同じような形態《けいたい》をとるとみえる。

とにかく、こうして銃後《じゅうご》にも戦争気分がどんどん醸成《じょうせい》され、それにそっぽを少しでも向くヤツは「非国民《ひこくみん》」のレッテルをはられ、たちまち村八分になる。この三文字はもの凄《すご》い力をもった。街角には割烹着《かっぽうぎ》にタスキがけのおばさんが立ち、通りゆく女性《じょせい》に千人針《せんにんばり》を要請《ようせい》する。これにもサトウハチロー作詞《さくし》の歌がついていた。

橋のたもとに街角に（中略《ちゅうりゃく》）／千人針《せんにんばり》の人の数（中略《ちゅうりゃく》）
私《わたし》も一針縫《ひとはりぬ》いたいと／じっと見ている昼の月

虎《とら》は千里を征《い》って戻《もど》ってくるという言い伝えで、虎《とら》の絵を描《えが》いた布切《ぬのき》れに、あらかじめ一千個《こ》の印が豆しぼり風に赤くつけられていて、そこに千人の人が針《はり》と糸で真心をこめて結び目をつくっていく。この千人針《せんにんばり》を腹《はら》に巻《ま》いて戦場に出ると、敵弾《てきだん》に当たらずかならず生還《せいかん》すると信じられた。ふつうは一針《ひとはり》、ただし寅歳《とらどし》の女性《じょせい》は自分の歳《とし》の数だけ縫《ぬ》うことができた。死線《しせん》（四銭《せん》）や苦戦《くせん》（九銭《せん》）を超《こ》えるということで、五銭《せん》玉や十銭《せん》玉を縫《ぬ》いつけるひともいた。

　当時のさまざまなおまじないは、いまとなってみれば、愚《おろ》かしい限《かぎ》りなのであろうが、千人《せんにん》針《ばり》もそのひとつ。それが戦地と銃後《じゅうご》とを結びつける精神的《せいしんてき》な絆《きずな》と、国民のほとんどが思いこむことにした。これぞまさしく国民精神総動員《せいしんそうどういん》の証《あか》しなんである。

「あたくしは五黄の寅《とら》なんだから、誰《だれ》よりも一番強い星で、一人で千人針縫《せんにんばりぬ》ってもいいとされてる位なんだよ、さあお出し、おまえさんの御亭主《ごていしゅ》かい？　それともまだ御祝言《ごしゅうげん》前なのかい？　だったら早く白木の三宝《さんぽう》に土器《かわらけ》を乗っけてさ、門出《かどで》の祝に三々九度とやった方がいいね、太閤《たいこう》記《き》十段目《だんめ》さ、おやおや、お前さんは初菊《はつぎく》を知らないのかい？　情《なさ》けないねえ。でも千人針《せんにんばり》のありがたさは知ってるんだから頼母《たのも》しいよ、でもこれだって何年か経《た》つと千人ミシンなんていうことになっちまうんだろうね」

　とコラムニストの高田保《たかたたもつ》が東京の一風景を楽しそうに書いている（「中央公論《こうろん》」十月号）。

　そして十月十八日、日比谷《ひびや》公園に四個《こ》の防空壕《ぼうくうごう》が造《つく》られて一般《いっぱん》に公開された。東京市防衛《ぼうえい》課が「空襲《くうしゅう》に襲《おそ》われても絶対的《ぜったいてき》な威力《いりょく》を発揮《はっき》する」というふれこみで、市民に非常時《ひじょうじ》を教えこんだデモンストレーションであった。

こうした状況《じょうきょう》下、物価《ぶっか》は日に日にあがりつづけた。日本の国力の限界《げんかい》がいたるところで露《ろ》呈《てい》しはじめる。七月三日付の大阪朝日新聞が報《ほう》じている。「皮革《ひかく》非常時《ひじょうじ》管理が強行されて、靴《くつ》の製造《せいぞう》がピタリと止まり、国民の『足異変《いへん》』がもたらされたが、この舞台裏《ぶたいうら》に『下駄《げた》』が時代の寵児《ちょうじ》よろしく、さっそうと登場。銃後《じゅうご》国民の体位向上線に調子をあわせて下駄《げた》屋街繁盛譜《はんじょうふ》をかなでている。もっとも下駄《げた》材料も台湾桐《たいわんきり》の移入制限《いにゅうせいげん》、米松の輸入制限《ゆにゅうせいげん》などで高騰《こうとう》。事変前に比《くら》べて約三割《わり》強の高値《たかね》。桐下駄《きりげた》の原材料は一足二十九銭《せん》が四十五銭《せん》から五十銭《せん》になった。また、腕《うで》のきく職人《しょくにん》は一日三円以上も儲《もう》けている」

当局もこれに対応《たいおう》して知恵《ちえ》をしぼる。六月に大蔵省《おおくらしょう》が「皮革《ひかく》節約に協力するため、下駄《げた》ばき登庁《とうちょう》を認《みと》める」と許可《きょか》の通達をだす。さっそく洋服に下駄《げた》というお役人が登場した。東京市も負けてはならじと、大正七年（一九一八）より禁止《きんし》していた下駄《げた》ばき自転車運転を、七月に解《かい》禁《きん》とすることを通告《つうこく》した。

皮革《ひかく》よりも深刻化《しんこくか》したのが石油である。五月一日にはガソリンの配給切符《きっぷ》制《せい》がはじまり、政《せい》府《ふ》は「赤心燃《も》やして燃料《ねんりょう》節約」「ガソリンの一滴《てき》は血の一滴《てき》」の標語で、その節約を懸命《けんめい》によびかける。五月一日付の大阪朝日新聞はこれを速報《そくほう》する。

「若葉《わかば》をわたる薫風《くんぷう》の訪《おとず》れとともに、『銃後《じゅうご》の春』は『統制《とうせい》の初夏』へ衣《ころも》がえする。まず、ガソリン統制《とうせい》。『殺生《せっしょう》やが、これもお国のためじゃもの』とタクシー運転手の声。五月一日からガソリン、重油の切符《きっぷ》制度《せいど》が実施《じっし》され、バス、タクシーは約三割《わり》、自家用車は約四割《わり》、トラックは約二割《わり》方の制限《せいげん》を受ける」

東京市内を走る青バス（東京乗合自動車会社のバスは車体が青く塗《ぬ》ってあった）が、ヨシキタとばかり、木炭車にどんどん変えられていった。木炭を釜《かま》に入れて蒸《む》し焼《や》きにしてガスを発生させ、これをエンジンに導入《どうにゅう》して爆発《ばくはつ》させる。それでバスの後部にでっかい木炭ガス発生装《そう》置《ち》がとりつけられた。当時の記録によると、木炭十五貫《かん》（五十六キログラム）で、七、八十キロメートルは走れたという。

わたくしの記憶《きおく》でも、当時のバスはこのでっかい釜《かま》が暖房《だんぼう》の役割《やくわり》をはたし、ホカホカとして、うしろの席を争ってとりっこしたものであった。それともうひとつ、急な坂道にさしかかると、降《お》りてバスの後押《あとお》しさせられたもの、という覚えもある。ただし、これはその木炭も不足をきたし、薪《まき》を使った「薪《まき》自動車」になってからの話であったか、この辺はおぼろげなのであるが。

◆旗行列何処《どこ》へ行くか

こんな風に日々の生活のこまごまは次第《しだい》に窮屈《きゅうくつ》になりつつはあったが、戦争遂行《すいこう》にとってかんじんの軍需《ぐんじゅ》工業は好況《こうきょう》であったようなのである。経済《けいざい》に弱いので、専門書《せんもんしょ》の引き写しみたいないい方になるが、景気はその余波《よは》もあってよく、失業者はぐんと少なくなり、極端《きょくたん》な貧困者《ひんこんしゃ》もたしかにへっていた。それは下町のわが小学校の同級生の両親の日常《にちじょう》からみてもわかる。九

第五話　軍歌と万歳と旗の波

尺《しゃく》二間の長屋住まいの人夫稼業《かぎょう》のおやじさんが、酒をひっかけて真ッ赤な顔で機嫌《きげん》よく「うちのバカ息子《むすこ》をよろしくな」などと声をかけてくることも珍《めずら》しくはなくなっていた。

銃後《じゅうご》の景気のよさに乗っかって、八月二十二日、漢口攻略《かんこうこうりゃく》の大本営《だいほんえい》命令が下される。さらに九月七日、御前《ごぜん》会議で広東攻略《かんとんこうりゃく》作戦実施《じっし》が決定される。十二日、中支《ちゅうし》派遣軍《はけんぐん》三十万の将《しょう》兵《へい》が漢口《かんこう》へ向けて進撃《しんげき》を開始した。さきほどのペン部隊の従軍《じゅうぐん》はこれに従《したが》ったものである。この大兵力は日露《にちろ》戦争の奉天《ほうてん》大会戦いらいの最大規模《きぼ》の攻撃《こうげき》軍である。そしてそれは「露営《ろえい》の歌」の「土も草木も火と燃《も》える／果てなき曠野《こうや》踏《ふ》み分《わ》けて」の歌詞《かし》そのままの、中国大陸の奥《おく》へ奥《おく》への進撃《しんげき》となった。

広東占領《かんとんせんりょう》は十月十二日、漢口《かんこう》および武昌《ぶしょう》、漢陽《かんよう》の武漢三鎮占領《ぶかんさんちんせんりょう》は十月二十五日。蔣介石《しょうかいせき》はそれ以前に首都を遠く重慶《じゅうけい》に遷《うつ》していた。日本軍はたしかにいくつもの主要都市を攻略《こうりゃく》したが、戦争解決《かいけつ》の方途《ほうと》はどこにもなかった。武力《ぶりょく》だけで中国を屈服《くっぷく》させることができないことを、軍部は骨身《ほねみ》にしみて知らされた。そして兵站《へいたん》はのびるだけのびていった。いうならば攻勢《こうせい》の限界点《げんかいてん》に達していたのである。やむなく漢口攻略《かんこうこうりゃく》のあとは積極的な攻勢《こうせい》作戦を放棄《ほうき》して、大《だい》本営《ほんえい》は長期持久態勢《じきゅうたいせい》に転移《てんい》せざるを得《え》なくなる。戦争は政略《せいりゃく》あるいは謀略《ぼうりゃく》で局面を何とか転《てん》換《かん》させねばならなくなったのである。

しかし、銃後《じゅうご》はまたも「勝った、勝ったの下駄《げた》の音」と喜《よろこ》んだ。万歳《ばんざい》、万歳《ばんざい》の歓声《かんせい》と、旗と提灯《ちょうちん》行列の波また波が、日本全土を蔽《おお》った。新聞には連日のように連戦連勝の報告《ほうこく》が載《の》り、わが陸海軍はまさしく「無敵《むてき》」である。浮《う》かれに浮《う》かれた日本国民はもう恐《こわ》いものなしと鼻息を荒《あら》くするいっぽうとなる。

「武漢三鎮《ぶかんさんちん》、広東《かんとん》が陥落《かんらく》して、いよいよ大陸には『興亜新秩序《こうあちつじょ》』の黎明《れいめい》が訪《おとず》れた。（中略《ちゅうりゃく》）新東亜《しんとうあ》の建設《けんせつ》となってから、大陸進軍の人びとの増加《ぞうか》はめざましく、ことに商工の都として新《しん》東亜《とうあ》建設《けんせつ》と切っても切れぬ関係にある大阪からの渡航者《とこうしゃ》は最近グングンふえてきた。大阪府外事課に集まった十一月の（大陸への）渡航者《とこうしゃ》数は一、七九二名。事変始まっていらいの記録をつくった」（大阪朝日新聞　十二月十六日付）

「兵隊さんは生命がけ、私《わたし》たちはタスキがけ」と、銃後《じゅうご》はもうすっかり戦場と結びついている。「この国のかたち」が戦うことを肯定《こうてい》し、それに全面協力を惜《お》しまない構造《こうぞう》へと変わっていた。まさしく聖《せい》なる戦い〝聖戦《せいせん》〟となった。もちろん、この戦争の前途《ぜんと》を心配するものもないではなかった。しかし、そういう人たちは少数であり、発言を封《ふう》じられたり、重要な地位から遠ざけられたり、ほとんど影響力《えいきょうりょく》を失っていた。なかには死に追いやられた人もいた。

川柳《せんりゅう》作家鶴彬《つるあきら》が特高警察《とっこうけいさつ》に逮捕《たいほ》され、拷問《ごうもん》を受け身体をこわし、収監《しゅうかん》されたまま病院で死んだのは九月十四日である。彼《かれ》は王道楽土の満洲《まんしゅう》国の実相をこう詠《よ》んだ。

●銃剣《じゅうけん》で奪《うば》った美田の移民《いみん》村

●土工一人一人枕木《まくらぎ》となってのびるレール

また、戦時下の日本内地の貧困《ひんこん》を直視《ちょくし》した。

●首をつるさえ地主の持山である
●ざん壕《ごう》で読む妹売る手紙

そして提灯《ちょうちん》行列や旗行列で祝われる大勝利の裏面《りめん》を。

●手と足をもいだ丸太にしてかへし
●屍《しかばね》のいないニュース映画《えいが》で勇ましい

死にさいしての最後の作は、

●主人なき誉《ほまれ》の家にくもの巣が

享年《きょうねん》二十九。彼《かれ》はこの国の前途《ぜんと》に悲観しきって死んでいった。

いや、悲観している人は軍の内部にもいた。参謀《さんぼう》本部戦争指導課《しどうか》の高級課員堀場《ほりば》一雄《かずお》少佐がその手記に残している。

「漢口陥落《かんこうかんらく》して国民狂喜《きょうき》し、祝賀行列は宮城《きゅうじょう》前より三宅坂《みやけざか》に亘《わた》り昼夜に充満《じゅうまん》す。歓呼《かんこ》万《ばん》歳《ざい》の声も、戦争指導《しどう》当局の耳にはいたずらに哀調《あいちょう》を留《とど》め、旗行列何処《どこ》へ行くかを危《あや》ぶましむ」

少佐は戦争拡大《かくだい》に涙《なみだ》を流して猛反対《もうはんたい》し、のちに前線へ飛ばされる。このとき、三宅坂《みやけざか》上の参謀《ぼう》本部の窓《まど》より御濠端《おほりばた》をゆく旗行列を俯瞰《ふかん》しながら、国家の前途《ぜんと》に暗澹《あんたん》たる想《おも》いを抱《いだ》き、悲しみにうち沈《しず》んでいたのであろう。

しかし、いまはそのような「非国民《ひこくみん》」的人間は要《い》らない国家へとすっかり変貌《へんぼう》してしまっていた。事の善《よ》し悪《あ》しよりも決断力《けつだんりょく》や実行力、強いこと、すなわち勝つことを喜《よろこ》ぶ時代がやってきていたのである。

半藤《はんどう》先生の「昭和史《しょうわし》」で学ぶ非戦《ひせん》と平和

戦争と人びとの暮《く》らし 1926~1945 上

解説《かいせつ》

文 山本明子《やまもとあきこ》
(「昭和史《しょうわし》」シリーズ編集者《へんしゅうしゃ》)

「歴史探偵《れきしたんてい》が掘《ほ》りだした、ごく一般《いっぱん》の日々の生活にあった話だけで昭和史《しょうわし》を語ってみよう」とプロローグにあるように、本書は昭和時代が幕《まく》を開けてから敗戦にいたるまでを、『戦争の時代』で語ったような政治《せいじ》や軍事の話ではなく、国民の日常《にちじょう》の暮《く》らしから追った歴史《れきし》です。「街の片隅《かたすみ》の片々《へんぺん》たる裏話《うらばなし》で滔々《とうとう》たる歴史《れきし》の流れがたどれるか」という一つの〝挑戦《ちょうせん》〟ですが、「細部にこそ神が宿る」という言葉もあるではないか、「民草《たみくさ》の日常《にちじょう》の生活のすぐそこにころがっている『こぼれ話』を拾いだし、それらをつなげていくことで、かえって動きゆく時代というもののほんとうの姿《すがた》がみえてくることになるかもしれない」、この本には著者《ちょしゃ》のそんな思いがこめられています。

上巻《じょうかん》では、大正時代が終わるとともに昭和時代が開幕《かいまく》し、不況《ふきょう》にあえぐ国内を尻目《しりめ》に海の向こうでは満洲《まんしゅう》事変が日中戦争へとつながってゆく昭和十三年までを、下巻《げかん》では国民の生活にも軍事色が濃《こ》くなって窮屈《きゅうくつ》さが増《ま》すなかで太平洋戦争がはじまり、日本が焼け野原と化して無《む》条件降伏《じょうけんこうふく》へといたる昭和二十年までを扱《あつか》っています。前半は楽しんで読める平和な話題も多いのですが、戦争一色に染《そ》まる後半となると気楽な話は自《おの》ずと減《へ》り、人びとの日常《にちじょう》がだんだん政府《せいふ》や軍事の動きと流れを一つにしてゆくようになります。

「B面」とは何か

もともと本書は『B面昭和史《しょうわし》』というタイトルでした。そのため本文のなかにも「B面」、それに対するものとして「A面」という語句《ごく》がしばしば登場します。B面とは何か。若《わか》い皆《みな》さんはご存《ぞん》じないかもしれませんね。かつて、レコードやカセットテープの表側をA面、ひっくり返して裏側《うらがわ》をB面と呼《よ》びました。メインの曲が入ったA面に比《くら》べ、B面にはいくぶん「オマケ」「脇役《わきやく》」的なニュアンスがこもっていたと思われます。しかしここでは「政治《せいじ》・経済《けいざい》・外交・軍事」を中心とする、いわゆる年表や教科書に書かれる事柄《ことがら》を「A面の歴史《れきし》」（本シリーズでは既《き》刊《かん》『戦争の時代』上下巻《じょうげかん》で語られました）と呼《よ》び、そうではない、私《わたし》たち国民の日常《にちじょう》のいとなみを「B面の歴史《れきし》」と呼《よ》ぶことにしたのです。

B面で歴史《れきし》をたどろうとすれば、まず、それはもう星の数ほどある出来事から取捨選択《しゅしゃせんたく》をせねばなりません。そして、その選択《せんたく》、解釈《かいしゃく》、語り方次第《しだい》で、百人いれば百通りの昭和史《しょうわし》が編《あ》まれます。ということは同時に、著者《ちょしゃ》のお手並《てな》みがA面の歴史《れきし》以上に発揮《はっき》されるわけです。そして本書の魅力《みりょく》はまさにそのお手並《てな》みにほかならないのです。

ただ注意すべきは、表と裏《うら》はスパッと分けられない点です。つねに両者は連動していることを頭においておかねばなりません。表があっての裏《うら》、裏《うら》があっての表、因果《いんが》関係や相互《そうご》作用の連続だからです。年ごとの冒頭《ぼうとう》に、A面的な出来事が短くまとめられているのはそのためです。

それはまた、先の『戦争の時代』を補足《ほそく》する役割《やくわり》をも果たしています。たとえば宮内庁《くないちょう》が二十四年間かけて編纂《へんさん》して二〇一四年に公表された『昭和天皇《てんのう》実録』などの新情報《じょうほう》も適宜《てきぎ》盛《も》り込《こ》まれています。

また、いわば逸話《いつわ》で成り立つ本書は、読み方次第《しだい》で大きく変わります。あー面白《おもしろ》かったで済《す》ませても構《かま》わないのですが、同色の葉っぱに紛《まぎ》れて見えない虫のような〝細部にやどる神〟がどこに潜《ひそ》んでいるかわかりません。著者《ちょしゃ》の狙《ねら》いに目を凝《こ》らし、ときにその意図さえこえて新たな読みを見出《みいだ》せば、昭和史《しょうわし》がまったく別の顔を現《あらわ》すこともあるでしょう。読む力が試《ため》される、いえ、大いに鍛《きた》えられるチャンスでもあります。

本書の特徴《とくちょう》と主題

久々《ひさびさ》に本書に目を通していて、水を得《え》た魚《うお》、という言葉が思い出されました。なんともいきいきとした筆致《ひっち》で、書くことを楽しんでいるようすが伝わってきます。語りをまとめた『戦争の時代』『復興《ふっこう》への道のり』とは異《こと》なり、本書はつづく『世界史《せかいし》のなかの日本（原題は『世界史《せかいし》のなかの昭和史《しょうわし》』）』とともに、著者《ちょしゃ》が鉛筆《えんぴつ》で一字ずつ原稿《げんこう》用紙のマス目を埋《う》めていったものです。二〇一四年八月から二〇一五年十二月に隔月刊《かくげつかん》の雑誌《ざっし》『こころ』Vol.20〜28に連載《れんさい》、二〇一六年二月に単行本化されました。なおエピローグは書き下ろしです。

語りをまとめた『昭和史《しょうわし》』が思わず多くの人に受け入れられたことは、半藤《はんどう》さんには少し複《ふく》雑《ざつ》な気持ちももたらしたようです。大学時代のボート部日誌《にっし》にはひとり長文を書き連ね、雑誌《ざっし》記者でならした半藤《はんどう》さんは、なにしろ書くことが大好きでした。そこで「よーし、今度は自分の手で」の思いを実行したのです。本書が「である」調となっているのもそのためです。前著《ぜんちょ》を踏襲《とうしゅう》して「ですます」で書くか、当初はいささか悩《なや》んだようですが、次作の『世界史《せかいし》のなかの昭和史《しょうわし》』は「ですます」調に変えたことからも、迷《まよ》いは最後までつづいたことがうかがえます。

ただ今回、「である」調ならではの効果《こうか》にあらためて気づかされました。この時期の政治《せいじ》や軍事の話を「である」で進めると、なんともいかめしい雰囲気《ふんいき》になりかねませんが、本書に限《かぎ》っては庶民《しょみん》の日常《にちじょう》を描《えが》くという内容《ないよう》に合った諷刺《ふうし》やユーモア精神《せいしん》を、さばけた言い回しや「ですます」を除《のぞ》いたリズムが発揮《はっき》しやすくしている印象《いんしょう》があるのです。

また著者《ちょしゃ》は、「〜だ」という断定的《だんていてき》な末尾《まつび》を嫌《きら》いました。さらに、自分のことを「私《わたし》」でなく「わたくし」と書くのが常《つね》でした。こういうどうでもよさそうな話こそ、著者《ちょしゃ》がいかに書くことにこだわっていたか、何を手本としていたかを語ってくれます。半藤《はんどう》さんの敬愛《けいあい》する永井《ながい》荷風《かふう》が「わたくし」と書くのに気づいたときはあっと膝《ひざ》を打ったものです。

また本書には、今は失われた人間的（？）な情景《じょうけい》がふんだんに描《えが》かれています。ＡＩなど想《そう》像《ぞう》すらできなかった時代ですが、利便性《りべんせい》やスピードは人間の幸せと必ずしも比例《ひれい》しません。貧《まず》しくて不便でのろのろとしながら、どことなく人間くさい日常《にちじょう》は、日本人独特《どくとく》の〝懐《なつ》かしさ〟

という心情《しんじょう》を誘《さそ》います。人間くさいといえば、「説教強盗《ごうとう》」「バラバラ殺人《さつじん》」「若者《わかもの》の心中」など、随所《ずいしょ》で取り上げられる三面記事（社会面）を賑《にぎ》わした事件《じけん》は時代の鏡でもあります。どこかに必ず当時の人びとの心の反映《はんえい》を読みとることができるでしょう。

というのも、本書の根本的な主題について、「民草《たみくさ》の心の持ちようの変化を丹念《たんねん》に追うということ」と著者《ちょしゃ》はライブラリー版《ばん》あとがきで述《の》べています。もちろん国民すべてが同じ心持ちでいたわけではなく、自身も時に解釈《かいしゃく》の揺《ゆ》れを自覚しています。しかし本書に連綿《れんめん》と描《えが》かれた日々のいとなみを眺《なが》めつづけるうちに、行《ゆ》きつ戻《もど》りつ、返《かえ》し縫《ぬ》いのように前進しながら戦争に巻《ま》き込《こ》まれていく人びとの心の波動が自《おの》ずと浮《う》かび上《あ》がってくるのです。それこそ、蓄積《ちくせき》がものをいう著者《ちょしゃ》のお手並《てな》みといえるのではないでしょうか。

＊

ここからは各話ごとに、人びとの心の動きや変化を軸《じく》にして読みどころをピックアップしてみます。

プロローグでは、「昭和」の元号が決まった前後が、早まったマスコミの誤報《ごほう》というエピソードを中心に語られています。

現在《げんざい》の元号「令和」が決まった際《さい》も、その前の「平成」でも、国じゅうが騒《さわ》いでいた記憶《きおく》があります。一般人《いっぱんじん》からみれば「一日や半日の差でいったいなぜ」と訝《いぶか》るくらいマスコミはスクープに命をかけるようで、この時も東京日日新聞（現《げん》毎日新聞）が大正の次の元号は「光文」に決定したと確定《かくてい》前の午前三時ごろに号外で報《ほう》じたのは、しかしあまりの勇み足でした。結局は別の候補《こうほ》、「昭和」に決まったと正午ごろ公《おおやけ》に知らされます。大失態《だいしったい》の東京日日新聞では関係者の処分《しょぶん》で済《す》ませようとしたものの、激怒《げきど》した大阪毎日新聞社の本山《もとやま》社長が責任《せきにん》をとって辞《や》めるといい出し大騒《おおさわ》ぎになります。ここで著者《ちょしゃ》が注目したのは、社内が騒然《そうぜん》となった原因《げんいん》が、新聞の信用失墜《しっつい》や天子への申《もう》し訳《わけ》なさだけでなく、当時の同社の記者が回顧《かいこ》して証言《しょうげん》した「頻々《ひんぴん》とやってくる脅迫《きょうはく》に堪《た》えかねた」という点です。大正デモクラシーの風潮《ふうちょう》はどこへやら、「昭和が開幕《かいまく》したときには皇室尊崇《こうしつそんすう》・愛国者という大義名分《たいぎめいぶん》をかかげる〝暴力組織《ぼうりょくそしき》〟が猛威《もうい》をふるいはじめていたのであろうか」と。このあとマスコミへのテロ的な事件《じけん》は何度も出てきますが、とりわけ「のちの自由な報道《ほうどう》活動の手枷足枷《てかせあしかせ》となる『皇室《こうしつ》記事は鬼門《きもん》』の徴候《ちょうこう》が、早くも見えているということなのか」と著者《ちょしゃ》は訝《いぶか》っています。デモクラシーよりもナショナリズム、目を凝《こ》らせば昭和が〝物騒《ぶっそう》〟な騒動《そうどう》で幕《まく》を開けたことに不穏《ふおん》な予兆を感じ取っているのです。

最近、首相秘書官《しゅしょうひしょかん》の「オフレコ」発言が報道《ほうどう》されて辞任《じにん》に追《お》い込《こ》まれるという一件《けん》がありました。差別的な発言は言語道断《ごんごどうだん》ですが、オフレコが大きく報道《ほうどう》されるということは、実際《じっさい》はオフもオンもあってなきがごとしなのでしょうか。報道《ほうどう》の自由とモラル、受け手の姿勢《しせい》、発信者への暴力《ぼうりょく》……皇室報道《こうしつほうどう》に限《かぎ》らず、この後も情報《じょうほう》とマスコミをめぐって人びとが右往左往《うおうさおう》する姿《すがた》が描《えが》かれます。誰《だれ》もが発信者になれる現代《げんだい》に引《ひ》き寄《よ》せると、手をふれない〝暴力《ぼうりょく》〟は他人《ひと》事《ごと》ではなく、自分の身辺をも想像《そうぞう》しながら読むことが求められそうです。

第一話（昭和二年〜四年）は「大学は出たけれど」という流行語が見出しとなっていて、もちろんこの後につづく部分が問題となるわけです。「働き口がない」、ようするに昭和初期の世の中を象徴《しょうちょう》する言葉でした。背景《はいけい》をなすのは不景気です。

「大学は出たけれど」の発端《ほったん》は小津安二郎監督《おづやすじろうかんとく》の映画《えいが》タイトルでしたが、昭和四年の東大卒の「学士《がくし》様」の就職率《しゅうしょくりつ》が三〇パーセントとなれば、他は推《お》して知《し》るべし。というのも第一次世界大戦のあと、輸出《ゆしゅつ》がいっぺんにストップして輸入超過《ゆにゅうちょうか》となり物価《ぶっか》は下落、ぬきさしならない不況《ふきょう》のなか、異常気象《いじょうきしょう》で東北地方が凶作《きょうさく》、銀行破産《はさん》による金融恐慌《きんゆうきょうこう》……民心も落ち着きをなくしていました。そこで政府《せいふ》は関心をそらせようと、外に向かって軍を進めてゆくことになったというのです。心が揺《ゆ》れているとき、人は大きな声になびきやすくなるものです。

ところで本書には流行歌がしきりに引用されます。替《か》え歌《うた》を含《ふく》めて上下巻《じょうげかん》で四十曲近くあるでしょうか（「わたくしは歌えませんが」と著者《ちょしゃ》がいちいち言《い》い添《そ》えるところが愛敬《あいきょう》で、実際《じっさい》は酒席などで気持ちよさげにノドを披露《ひろう》していました）。その歌詞《かし》が時代を如実《にょじつ》に表わしていたというわけで、同様に短歌、川柳《せんりゅう》、小ばなしも多く引かれます。まさに「日本は言霊《ことだま》の国」、というのは、『万葉集』に「言霊《ことだま》の幸《さきは》ふ国と語りつぎ言ひつがひけり」とあり、日本は古来、言葉に宿る不思議な力やはたらきによって幸福をもたらす国であるとされてきたのです。ただし昭和史《しようわし》を学ぶほどに、言葉が「幸福をもたらす」だけでないことを知らされるのですが。当時は流行歌となると繁華街《はんかがい》でも流れ、全国に知らぬ人はないほどの広がり方だったようですが、各々《おのおの》がイヤホンで好みの音楽を聴《き》く現代《げんだい》、老若男女《ろうにやくなんによ》が共感できる流行歌はきわめてまれとなりました。個別化《こべつか》や多様化は世代を超《こ》えた共通語を失うことと表裏一体《ひようりいつたい》のようです。

不景気においてこそアイデアが勝負、庶民《しよみん》の気持ちを動かして財布《さいふ》の紐《ひも》をゆるませた「円本《えんぽん》ブーム」は、今の業界関係者ならよだれが出るような景気のいい話です。著者《ちよしや》も出版社勤《しゆつぱんしやづと》めが長かっただけに筆に力がこもります。しかし文士《ぶんし》も懐《ふところ》具合《ぐあい》にほくほくとしていた矢先、芥川《あくたがわ》龍之介《りゆうのすけ》が「将来《しようらい》に対する唯《ただ》ぼんやりした不安」と書き残して自殺《じさつ》しました。その前後を著者《ちよしや》は長々とつづっています。『戦争の時代』でも、芥川《あくたがわ》の『支那游記《しなゆうき》』を引いて大正末の中国人の日本観を紹介《しようかい》していましたが、芥川《あくたがわ》という一人の天才の感覚はいやでも時代の空気を如実《によじつ》に表現《ひようげん》してしまったのでしょう、著者《ちよしや》の鼻はそれに敏感《びんかん》だったわけです。

同じ昭和二年、日本初の地下鉄が開通したときの巷《ちまた》の気分は、数年後の著者《ちよしや》の初乗り体験がいきいきと伝えています。自動ドアに驚《おどろ》き、真《ま》っ暗闇《くらやみ》のなかで赤や青の電光がぐんぐん迫《せま》りくる「魔法《まほう》の国」に魅《み》せられて何度も往復《おうふく》したり……今は当たり前のことが、どれほど新鮮《しんせん》だったことか。子どもの正直な感動の心は、時代を経《へ》ても変わらないもののようです。

第二話（昭和五年～七年）は、世界恐慌《きようこう》のあおりでさらなる不況《ふきよう》が国を覆《おお》うなか、海の向こうで満洲《まんしゆう》事変が起こります。人口六千万人を超《こ》えた日本国民は、いつしか戦争の渦《うず》に巻《ま》き込《こ》まれようとしていました。

昭和五年は、冒頭《ぼうとう》から隅田川《すみだがわ》の六大橋が架《か》けられたいきさつが紹介《しょうかい》されています。著者《ちょしゃ》はこの年五月、今の墨田区《すみだく》で誕生《たんじょう》しました。近くを流れる隅田川《すみだがわ》にかかる橋には幼《おさな》いころから親しみ、大学時代にはボート部の選手として橋を仰《あお》ぎながら水面を何度となく漕《こ》いで往復《おうふく》しました。と、隅田川《すみだがわ》にかかる橋には一家言《いっかげん》ある著者《ちょしゃ》ですが、その橋の多くが、関東大震災《だいしんさい》で逃《に》げ道《みち》を奪《うば》われ多くの死者を出したことを教訓に、ワシントン海軍軍縮条約《ぐんしゅくじょうやく》のため余《あま》った鉄を平和利用し、軍艦《ぐんかん》をつくる代わりに架橋《かきょう》されたという経緯《けいい》が、我《わ》が事のように誇《ほこ》らしかったのでしょう。志《こころざし》ある事業は人の心を動かし、後世に伝えさせ続けるものです。

この頃《ころ》、「どん底の不景気が生んだ」エログロ・ナンセンスの風潮《ふうちょう》が世の中を覆《おお》ったといいます。本書の数あるエピソードで私《わたし》がとりわけ印象《いんしょう》に残っているのが、「これぞまさしく、おお、ナンセンス!」な話として紹介《しょうかい》されている、ロバと牛と豚《ぶた》と山羊《やぎ》に富士山《ふじさん》を登らせた話です。東京日日新聞の企画《きかく》で、「何時間何分で頂上《ちょうじょう》につくか」をクイズ形式で懸賞募集《けんしょうぼしゅう》したところ大当たり、新聞の部数が伸《の》びたといいますから、多くの庶民《しょみん》がこの珍妙《ちんみょう》なレースに興味《きょうみ》を示《しめ》したわけです。おまけに〝選手〟の名前も公募《こうぼ》され、ロバは太郎《たろう》、牛はお花、豚《ぶた》が東吉(「トン吉《きち》」とよむ?)と日出雄《ひでお》、山羊《やぎ》は不二子と決定。レースの結果は本文に記してありますが、「豚《ぶた》は残念ながらトントンといかず」にビリ、という著者《ちょしゃ》のダジャレがナンセンスに拍車《はくしゃ》をかけます。この珍《ちん》レースの「意味」についてことさら考えるのもナンセンスかもしれませんが、ここはあえて深読みの誘惑《ゆうわく》にかられます。著者《ちょしゃ》はなぜこのエピソードを採用《さいよう》し、なぜ私《わたし》は妙《みょう》にひっかかったのか？

本シリーズ『復興《ふっこう》への道のり』のあとがきに次のような一節があります。「歴史《れきし》とは政治的《せいじてき》な主題に終始する」「人間いかに生くべきかを思うことは、文学的な命題である。政治的《せいじてき》とは、人間がいかに動かされるか、動かされたか、を考えることであろう。（A面が描《えが》いた）戦前の昭《しょう》和史《わし》はまさしく政治《せいじ》、いや軍事が人間をいかに強引《ごういん》に動かしたかの物語であった」。であれば、「人間いかに生くべきか」という「文学的な命題」は、ある意味で「B面」である本書が問うていることでもあります。

レースに駆《か》り出《だ》された動物たちは、自分の意思では生きられません。一つのゴールに向かって人間が敷《し》いたレールをひたすら懸命《けんめい》に走ることを強《し》いられます。道を外れれば脱落者《だつらくしゃ》です。動物の種類や特性《とくせい》も無視《むし》して一緒《いっしょ》くたに「統制《とうせい》」され、命令どおりに走り抜《ぬ》くことが求められたのです。ほどなくやってくる戦時下、軍と政府《せいふ》によって人びとは似《に》たような状態《じょうたい》に置かれました。一見ナンセンスな娯楽《ごらく》はそんな人間の未来を映《うつ》し出《だ》していた――という想像《そうぞう》は行《い》き過《す》ぎでしょうか。ひたむきに走る、いえ走らされる動物たちが、遠くない国民の姿《すがた》と重なって健気《けなげ》で切なく感じられたのか。せめて駆《か》り出《だ》された動物たちが折々、富士《ふじ》登山を楽しんだことを願うばかりです。

前出のあとがきは以下のように続きます。「これからの日本にまた、むりに人間を動かさねば……という時代がくるやもしれない。そんな予感がする」。時の趨勢《すうせい》や権力《けんりょく》に動かされず自主的に生きるために、考え、判断《はんだん》し、行動する可能性《かのうせい》が、人間には開かれているのです。

昭和七年、革新的《かくしんてき》な青年将校《しょうこう》たちがクーデターにはしり、犬養毅首相《いぬかいつよししゅしょう》を射殺《しゃさつ》した五・一五事件《じけん》が起こります。ここで著者《ちょしゃ》が捨《す》ておけないのは、テロに衝撃《しょうげき》を受けた国民のうちに犯人《はんにん》への擁護論《ようごろん》、減刑嘆願《げんけいたんがん》など、同情《どうじょう》の念が異常《いじょう》に高まったことです。「『動機が純粋《じゅんすい》なら白昼、一国の首相《しゅしょう》を問答無用で殺《ころ》してもいいのか』というごく素朴《そぼく》な人道的な質問《しつもん》など押《お》しつぶされる。（中略《ちゅうりゃく》）満洲《まんしゅう》事変、上海《しゃんはい》事変と新聞に煽《あお》られた勇壮《ゆうそう》なる軍事行動がつづき、何となく貧《まず》しく鬱陶《うっとう》しい現状《げんじょう》を打破《だは》してくれる存在《そんざい》として、一般《いっぱん》国民の軍部に寄《よ》せる信頼《しんらい》と期待が背後《はいご》にあったからといえる」。そんな国民心理はこのあと何を生むでしょうか。

第三話（昭和八年～十年）は、一見「束《つか》の間《ま》の穏《おだ》やかな日々」でも「時代の風」は過《す》ぎ去《さ》ってからわかる、と意味深な言葉がかかれています。波風が立っていないような時こそ水面下で不穏《ふおん》な動きが進んでいることを示唆《しさ》しています。

三原山噴火口《みはらやまふんかこう》での女学生の謎《なぞ》めいた連続投身自殺《じさつ》をきっかけに昭和八年、若《わか》い人の自殺《じさつ》がブームとなりました。沈鬱《ちんうつ》な社会状況《じょうきょう》への不安が彼《かれ》らを噴火口《ふんかこう》へと駆《か》り立《た》てた、と憶測《おくそく》することは可能《かのう》ですが、いただけないのは衝撃的《しょうげきてき》な事件《じけん》とくればすぐに飛びつき、競《きそ》って「三原山《みはらやま》火口探検《たんけん》」（！）をはじめたマスコミの体質《たいしつ》と申しますか。「こうした新聞のセンセーショナルな記事がよんだ、いわばつくられた自殺《じさつ》ブームであったのであろうか」。繰《く》り返《かえ》し著者《ちょしゃ》が気づかせようとしているのは、私《わたし》たち情報《じょうほう》の受け手が事実をありのままにみる、その力を養うことが結局は自分を守るということ。どこを見ても世がはかなまれる時であったとしても、マスコミにおどらされて失っていいほど人の命は軽いものではありません。

同年、日本は国際連盟《こくさいれんめい》を脱退《だったい》しますが、このときの国民感情《かんじょう》について著者《ちょしゃ》は戸惑《とまど》いを見せています。世界で孤立《こりつ》する不安や危機《きき》感に覆《おお》われたかと思いきや、満洲《まんしゅう》国を一方的に成立させて世界から加害者と非難《ひなん》されても、報道《ほうどう》によれば日本は「国際的被害者《こくさいてきひがいしゃ》」でした。といって排外《はいがい》的感情《てきかんじょう》で燃《も》え盛《さか》っていたわけでもなく、お花見は飛鳥山《あすかやま》も上野《うえの》公園も人が身動きできないほどの大賑《おおにぎ》わい。「歴史《れきし》は一色描《が》きではすまされない」。歴史《れきし》を民心と言《い》い換《か》えてもいいかもしれません。「平々凡々《へいへいぼんぼん》に生きる民草《たみくさ》の春は、桜《さくら》が咲《さ》けばおのずから浮《う》かれでる。国家の歩みがどっちに向かって踏《ふ》みだそうと、同時代に生きる国民の日々というものは、ほとんど関係なしに和《なご》やかに穏《おだ》やかにつづいていく」、これが著者《ちょしゃ》のいう「時代の風」です。しかし、「じつはそこに歴史《れきし》というものの恐《おそ》ろしさがある」、なぜなら「いつの時代であっても気づいたときは遅《おそ》すぎる。こんなはずではなかった、とほとんどの人びとは後悔《こうかい》するのであるが、それはいつであっても結果がでてしまってからである」。今の「時代の風」も、客観的にとらえることができるのはずっと後になってからでしょう。後悔《こうかい》先に立たず、ならば今日一日を自分の持ち場で精一杯《せいいっぱい》生きよと歴史《れきし》はささやいているかのようです。

少女歌劇《かげき》で人気を博した松竹歌劇団《かげきだん》のうら若《わか》き踊《おど》り子《こ》百数十人が待遇改善《たいぐうかいぜん》を求めた「桃色《ももいろ》ス

ト」（これもマスコミが飛びつきそうですね）が勝利で幕《まく》を閉《と》じた直後、軍部が計画したソ連を仮想敵国《かそうてきこく》に見立てた「防空大演習《ぼうくうだいえんしゅう》」が大々的に実施《じっし》された——この一見無関係な二つの出来事の因果《いんが》関係を著者《ちょしゃ》は指摘《してき》しています。分けて考えれば何も見えませんが、両者を繋《つな》げて眺《なが》めれば、何ごとかが浮《う》き彫《ぼ》りになるというのです。要は、「そこには軍部の若干《じゃっかん》の魂胆《こんたん》があったと思わないわけにはいかない」。つまり、上に立つものの胸《むね》に、桃色《ももいろ》ストの勝利をむざむざと見《み》過《す》ごしているわけにはいかぬ、「ピリッと引《ひ》き締《し》めねば」の思いが去来した、という推察《すいさつ》が可能《かのう》になるのだと。ＡＢ両面を照らし合わせることで、歴史《れきし》の暗部へのまなこが磨《みが》かれるというわけです。

同様の例が、昭和十年の「相沢事件《あいざわじけん》」です。軍の中枢《ちゅうすう》にあった軍務《ぐんむ》局長永田鉄山少将《ながたてつざんしょうしょう》がやはり白昼、相沢三郎《あいざわさぶろう》中佐に刺殺《しさつ》されました。陸軍の内部対立によるものでしたが、翌年《よくねん》の二・二六事件《じけん》の引き金ともなります。ここでは、逃《に》げようとした永田《ながた》が引くべきドアを一所懸《いっしょけん》命《めい》に押《お》したために追いつかれて刺《さ》し殺《ころ》されたとか、取調べで相沢《あいざわ》が「賞《しょう》」をもらえるつもりで胸《むね》を張《は》っていたなど、表には出てこない話や後日譚《ごじつたん》が紹介《しょうかい》されます。事件《じけん》の両面に目を凝《こ》らすと、人間に本来そなわる滑稽《こっけい》さが今《いま》わの際《きわ》に限《かぎ》って噴出《ふんしゅつ》したり、「カルト的」になった組織《そしき》にいるうちに人が正気を失っていたり、歴史《れきし》があぶり出した人間の〝真の〟姿《すがた》を見せられるようでゾッとしないでもありません。

こうして、「危機《きき》を予知することもなく、多くの民草《たみくさ》は時代の急激《きゅうげき》な変化に無関心のまま、ただ時の勢《いきお》いに押《お》し流《なが》されはじめた」と著者《ちょしゃ》はしめくくります。押《お》し流《なが》されるのはラクちんなのです。そうして身を任《まか》せるうちに、悲劇《ひげき》に巻《ま》き込《こ》まれているのです……。

第四話（昭和十一年）は、二・二六事件《じけん》をめぐる国民の見えざる動きを中心に追います。二月二十六日早朝、一面が銀世界となった都心で事件《じけん》は幕《まく》を開けます。一連の経緯《けいい》は『戦争の時代』で詳《くわ》しく語られていますが、本書では当日、作家・徳田秋聲《とくだしゅうせい》の娘《むすめ》の結婚披露宴《けっこんひろうえん》が媒《ばい》酌人《しゃくにん》の菊池寛《きくちかん》が遅刻《ちこく》してなかなか始まらなかったり、電車は通常《つうじょう》通り動いていても劇場《げきじょう》や映《えい》画館《がかん》が夕方早くに閉《し》まったり、「降雪《こうせつ》と寒気」のひどい夜になぜか皇居《こうきょ》お濠端《ほりばた》を散歩する人びとがいたり……と周辺の話が巷《ちまた》の情景《じょうけい》を浮《う》かび上《あ》がらせます。そんな世間と事件現場《じけんげんば》をつなぐのが、反乱軍《はんらんぐん》が本拠地《ほんきょち》とした赤坂《あかさか》の料亭《りょうてい》「幸楽」の女将《おかみ》の回想証言《しょうげん》です。当事者意識《いしき》のないまま一大スペクタクルの見物人として当日の体験をイキイキと語り、しかも反乱軍《はんらんぐん》に勘定《かんじょう》を請《せい》求《きゅう》しに行って断《ことわ》られ、叱《しか》られながらも次々とあてを探《さが》して請求書《せいきゅうしょ》を持ちこんだ商売根性《こんじょう》たっぷりの振《ふ》る舞《ま》いはリアリティとおかしみがありますが、著者《ちょしゃ》はこの証言《しょうげん》が「何事か一大事が起こっているが、結局は何事も起こってはいない、という楽観」にとらわれていた、当初のたいていの庶民感情《しょみんかんじょう》を代表している、ととらえています。

しかし、後からみればこの年は「大いなる転回」のときでした。二・二六事件《じけん》そのものは四日間で終結しました。が、それで済《す》んだわけではなかったからです。天皇《てんのう》が「反乱《はんらん》」と判断《はんだん》して退《しりぞ》けたこの事件《じけん》が「ほんとうは終ってはいなかった」のは、これを機に「〝テロ〟という恐《きょう》怖《ふ》をテコにして、このあと政《せい》・財《ざい》・官・言論《げんろん》の各界を陰《かげ》に陽《ひ》に脅迫《きょうはく》しつつ、軍事国家への道を軍部は強引《ごういん》に押《お》しひらいていった」からです。それは当然、国民を巻《ま》き込《こ》んでゆかずにおきません。「二・二六は死せず長く生き残った」ことは、このあとの昭和史《しょうわし》をみれば明らかなのです。

ところで事件《じけん》の日、同じ時間が流れている地方の動きはどうだったのか？　じつは私《わたし》も気になっていました。ここでは京都や大阪のようすが短く紹介《しょうかい》されますが、なんのことはない、まったく通常《つうじょう》通りだったようです。それでも通常《つうじょう》通りだったと知ることで、ほんの少し気がおさまりました。庶民《しょみん》の歴史《れきし》といっても、目立った動きをたどればどうしても中央偏重《へんちょう》になりがちです。各地でそれぞれの〝人びとの昭和史《しょうわし》〟が編《あ》まれれば、中央からの見方を覆《くつがえ》すこともきっと多々あるでしょう。

この年の「大いなる転回」には、国際連盟脱退《こくさいれんめいだったい》から三年、民草《たみくさ》までがいつの間にか「夜郎自《やろうじ》大《だい》」へと精神的変貌《せいしんてきへんぼう》を遂《と》げた、との意味も入っているようです。二・二六事件《じけん》ののち、「いつまでも屈従《くつじゅう》的国民であるなかれ、胸《むね》を大きく張《は》れ、帝国《ていこく》国民たれ」という、「ウラに国民意識《いしき》の転換《てんかん》への要請《ようせい》が意図されれ」た陸海軍の威厳《いげん》と権威《けんい》の誇示《こじ》が図に当たり、人びとはゆらりとなびいていったと著者《ちょしゃ》はみているのです。「朝昼晩《あさひるばん》の表面的な個人《こじん》の営《いとな》みではどうという変化はなかった」にしても、「この年を境《さかい》として、それ以前とそれ以後とでは、同じ昭和とは思えないほどの変質《へんしつ》と変貌《へんぼう》をとげていった」。国民感情《かんじょう》が、指導部《しどうぶ》の目指す国の進路を後押《あとお》しすることは『戦争の時代』でも見てきたことでした。

もう一つ押《お》さえておきたいのは、何でもなさそうな出来事に、時代が与《あた》える意味です。前代《ぜんだい》未聞《みもん》の「阿部定事件《あべさだじけん》」がマスコミを狂奔《きょうほん》させ、社会に大きなインパクトを与《あた》えた大事件《だいじけん》だった一方、「立ち小便裁判《さいばん》」は「一時の笑いのタネとなる」「事件《じけん》ともいえない事件《じけん》」でした。それでもマスコミのおかげで知らぬ者のないこの珍妙《ちんみょう》な裁判沙汰《さいばんざた》について、ああだこうだと喋《しゃべ》っていれば一時的にでも鬱屈《うっくつ》は晴れます。そうすることで「二・二六事件《じけん》の恐怖《きょうふ》の記憶《きおく》を、民草《たみくさ》は忘《わす》れようとしていた」と著者《ちょしゃ》が推測《すいそく》するのは、一大スペクタクルに見えた二・二六事件《じけん》は、陸軍がすばやく青年将校《しょうこう》十七人を銃殺刑《じゅうさつけい》に処《しょ》したことで、世の中になんとも陰湿《いんしつ》で恐《おそ》ろしい雰囲気《ふんいき》を残したと考えるからです。人びとの口数が少なくなった、と斎藤茂吉《さいとうもきち》や北原白秋《きたはらはくしゅう》が歌によみ、「もの言えば唇《くちびる》寒し」が世の風潮《ふうちょう》となったことは、恐怖《きょうふ》の時代を予感させます。たかが立ち小便裁判《さいばん》も、当時の民心を反映《はんえい》しないわけにはいかなかったのです。

第五話（昭和十二年〜十三年）は、日中戦争がはじまって国内が必勝ムードに沸《わ》きます。〝戦時下〟という事態《じたい》は、以前とまったく異《こと》なる変化を国民にももたらしてゆくのです。

「戦争となって世の中の空気はほんとうにガラリと変わった」。知人や近隣《きんりん》の若《わか》ものが召集《しょうしゅう》令状《れいじょう》を受けて出征《しゅっせい》してゆき、中国での勝利報道《ほうどう》に「軍歌と万歳《ばんざい》と旗の波と提灯《ちょうちん》行列のうちに日中戦争が進展《しんてん》していった」ことは、幼《おさな》かった著者《ちょしゃ》の記憶《きおく》にもしっかりと残っています。このときから昭和二十年の敗戦まで、日本人は「国民精神総動員《せいしんそうどういん》」の名のもとに指導層《しどうそう》から押《お》しつけられたあらゆる辛苦《しんく》に耐《た》えることになります。しかし、と著者《ちょしゃ》は単純《たんじゅん》な構図《こうず》に疑《うたが》いの目を向けます。「当時の国民のなかに、世に満ち満ちた断乎膺懲《だんこようちょう》（敵《てき》をうちこらしめる）の声のままになる気分があり、空気があって、戦闘《せんとう》は拡大《かくだい》していった」「決して一部の軍人や、官僚《かんりょう》や、資本家《しほんか》や、右翼《うよく》たちによって無理やり引っぱられていった、という受け身のものではなかった」。自国の戦争となると、人は客観的に判断《はんだん》することを忘《わす》れ、顔の見えない敵《てき》は憎《にく》いばかり、どうあっても征伐《せいばつ》して勝利をものにせねば、という気分になってしまいます。そのような集団《しゅうだん》としての空気が戦闘《せんとう》を拡大《かくだい》させた面が確《たし》かにあった歴史《れきし》を知っておかねばならないというのです。

それでも、国民をそんな「暴支《ぼうし》」「膺懲《ようちょう》」の気分にもっていったのはやはり情報《じょうほう》、当時でいえば新聞報道《ほうどう》であることを書いておかねば著者《ちょしゃ》は胸《むね》のつかえはおりません。当時、大陸で日本人が被害《ひがい》に遭《あ》えば何もかも中国のせい、それも大げさに書いた記事が紙面を埋《う》めた例がほんの一部として挙げられています。いまテレビ画面から、ウクライナが被害《ひがい》をこうむった攻撃《こうげき》を、ロシア首脳《しゅのう》が「ウクライナのせいで仕方なくやらされた」と平然と述《の》べる映像《えいぞう》が流れます。世界の多くの人が呆《あき》れても、立場によっては真に受ける人もいるのです。戦争とはそういう出鱈目《でたらめ》をもたらすもので、「被害《ひがい》ばかりを強調するような危機意識《ききいしき》が何をうむか、わかったものではない」のです。なお「〝新聞は戦争とともに繁栄《はんえい》する〟のは日露《にちろ》戦争いらいの真理（？）なのである」とある「新聞」は、ネット社会の拡大《かくだい》で部数がどんどん減《へ》り、多少事情《じじょう》は異《こと》なってきていますが。

この頃《ころ》の文学の話題も示唆的《しさてき》です。著者《ちょしゃ》の見るところ、川端康成《かわばたやすなり》『雪国』、吉川英治《よしかわえいじ》『宮本《みやもと》武蔵《むさし》』、永井荷風《ながいかふう》『濹東綺譚《ぼくとうきだん》』ほか名作が多産された昭和十一年から十二年夏までが昭和文学の絶頂期《ぜっちょうき》とのこと。しかし「明治いらいの日本文学の発展《はってん》はじつはここまで」で、『濹東綺譚《ぼくとうきだん》』の連載終了《れんさいしゅうりょう》直後に盧溝橋《ろこうきょう》で運命の一発が放たれ、日本は戦争の時代へ突入《とつにゅう》していきました。いざ戦争となれば言論《げんろん》が統制《とうせい》され、〝批判精神《ひはんせいしん》〟を示《しめ》した文学は槍玉《やりだま》にあがって発禁《はっきん》となり、左《さ》翼《よく》作家のみならず、社会主義《しゅぎ》や共産主義《しゅぎ》の温床《おんしょう》となりうる民主主義《しゅぎ》や自由主義《しゅぎ》も弾圧《だんあつ》を受けはじめます。とはいえ一部の文士《ぶんし》は指導部《しどうぶ》にうまうまと乗せられ、内務省《ないむしょう》のおもてなしを受けるや「我《われ》らも同意見」と公言する体《てい》たらく、エリート官僚《かんりょう》たちの手練手管《てれんてくだ》にすっかり懐柔《かいじゅう》されたわけです。陸軍から従軍要請《じゅうぐんようせい》をうけて作家たちの「ペン部隊」が中国に派遣《はけん》されたのもその一環《いっかん》でした。「官僚《かんりょう》の深謀遠慮《しんぼうえんりょ》の恐《おそ》ろしさ酷薄《こくはく》さもわからず、文人とは人の好《い》いものと見つけたり」。皮肉まじりの言葉には、文学を愛するがゆえの著者《ちょしゃ》の失望や苛立《いらだ》ちを読みとることができます。非常時《ひじょうじ》こそ、武器《ぶき》をもたない文人のブレない気骨《きこつ》を見たい、せめて利用だけはされないでほしい、心からそう願ったのではないでしょうか。

「民草《たみくさ》」について

日本の庶民《しょみん》を表わすのに、著者《ちょしゃ》は「民草《たみくさ》」という言葉をよく用いました。本書にも何度も出てきます。広辞苑《こうじえん》（第五版《はん》）には「民のふえるさまを草にたとえていう語。人民」とあります。昭和史《しょうわし》を語るうえで「民草《たみくさ》」の語に著者《ちょしゃ》はどのようなニュアンスをこめていたのか、後にジャーナリスト・青木理《あおきおさむ》さんの質問《しつもん》に答えて語っています。「昭和の日本の庶民《しょみん》のことを考えると、一所懸命《いっしょけんめい》に国家にくっついて、ほんとうにみんなが必死になって尽《つ》くしているんですね。といって、どこまで意識《いしき》して、つまり知識《ちしき》などをもってついていったかを考えると、それほどきちんと認識《にんしき》した市民意識《いしき》はなかった、むしろ風になびく草のようについていった。それで『民草《たみくさ》』という言葉がいちばん当てはまるなと思ったんです」。さらに、こうも述《の》べています。日本人がもつごく素朴《そぼく》な土地や自然への愛郷心《あいきょうしん》は、いつの間にか「個《こ》」がなくなって大きな「国」への思い、「愛国心」でかたまってしまった。それは政治指導者《せいじしどうしゃ》にとってはもっとも利用しやすいものであり、「昭和十三年ぐらいから、民草《たみくさ》だった日本人はぐんぐん国民になっていきました」。世の風に揺《ゆ》れてなびいていた草が、いつしか国という一点でかたまって「国民」になり、ゆえに「非国民《ひこくみん》」を排撃《はいげき》しはじめる――そんな流れが見えてきます。生まれ育った故郷《こきょう》への内から湧《わ》き上《あ》がる自然な愛着と、時局によってある意味で人為的《じんいてき》に生み出される「愛国」ということについて、私《わたし》たちはあらためて考える必要があるかもしれません。

下巻《げかん》は第二次世界大戦、そして太平洋戦争下の人びとの動きをみつめます。

関連年表

	元号（西暦）	首相	B面の話題	A面その他のおもな出来事（＊は世界の出来事）
大正	大正十五（一九二六）	若槻礼次郎	12月25日、初めてテレビのブラウン管の画面上に「イ」の字が映る	12月25日、大正天皇が亡くなる
昭和	昭和元		「昭和」改元に際し、「光文」などの他案が巷で噂される／宮中大奥のお局制度廃止が決定	同日、皇太子裕仁親王が第百二十四代天皇に即位して、昭和改元
	二（一九二七）	田中義一	円本ブームで文士ほくほく／のち流行語にもなる「小田急」や西武鉄道が開通／芥川龍之介自殺（7月24日）／日本初の地下鉄が上野―浅草間で開通	大蔵大臣の「東京渡辺銀行破綻」の失言で銀行が次々に倒産、金融恐慌へ／陸軍が第一次山東出兵
	三（一九二八）		相撲の実況が初めてラジオで流れる／菊池寛が衆院選で落選／アムステルダムオリンピックに日本参加、陸上三段跳びの織田幹雄選手が金メダル、女子八百メートル競走で人見絹枝選手が銀メダル／「東京行進曲」大流行	最初の衆議院普通選挙が行われる／三・一五事件の大検挙／第二次山東出兵により済南事件／張作霖爆殺事件（満洲某重大事件）／パリ不戦条約調印／石原莞爾が「満蒙問題」に関して次々提案
	四（一九二九）	浜口雄幸	エノケン出演のカジノ・フォーリーが大入、モボ・モガ、ステッキガールなどが盛り場を賑わす／映画『大	＊ウォール街株式市場が大暴落、世界的不況に

昭和			
五(一九三〇)		学は出たけれど』封切、就職難で流行語に／「説教強盗」出没 帝都復興祭／★著者誕生(5月21日)／「ルンペン」がはびこる／東北の農村で娘の身売りが頻繁となる／都会では「エログロ・ナンセンス」が流行／カフェー文化隆盛／川崎で「エントツ男」出現／谷崎潤一郎の「細君譲渡事件」／産児制限に関する相談所開設	ロンドン海軍軍縮条約の調印をめぐり統帥権干犯問題が浮上、政界の権力争い激化／海軍部内で条約派と艦隊派が対立
六(一九三一)	若槻礼次郎(第二次)	「のらくろ」登場／中村草田男「降る雪や明治は遠くなりにけり」とよむ／女性の断髪・洋装流行／肉厚のトンカツが初登場	中村震太郎大尉、中国軍に虐殺される／満洲で万宝山事件起こる／満洲事変(柳条湖事件)起こる／チチハル占領
七(一九三二)	犬養毅 斎藤実	「爆弾三勇士」ブーム／お歯黒どぶバラバラ事件／坂田山心中で「天国に結ぶ恋」流行歌に／満洲国建国で開拓移民はじまる／「非常時」が流行語に	錦州占領／山海関に進出／上海事変／血盟団事件／中国東北部に満洲国建国／上海事変停戦調印／五・一五事件／リットン調査団報告、国際連盟が日本の満洲からの撤退勧告
八(一九三三)		三原山で自殺ブーム／小林多喜二の拷問死／滝川事件／国定教科書全面改訂／松竹歌劇団の踊り子が「桃色スト」／ソ連を仮想敵国に防空演習が行われる／「東京音頭」完成／『キ	国際連盟脱退、「栄光ある孤立」へ／このあと海軍から良識派が去りはじめる

昭和			
九(一九三四)	岡田啓介	ング・コング』初封切／渋谷駅前に忠犬ハチ公の銅像完成／パパ・ママ論争(?)	溥儀、正式に満洲国皇帝となる／ワシントン軍縮条約廃棄決定
十(一九三五)		「二人は若い」大流行歌に／贅沢封じに東京でネオン制限	天皇機関説問題起きる／国体明徴声明発表／永田鉄山暗殺(相沢事件)
十一(一九三六)	広田弘毅	プロ野球初の公式戦、東京巨人軍が地元名古屋金鯱軍に敗北／阿部定事件に世間騒然／ベルリンオリンピック水泳で「前畑がんばれ」コール／都市で結婚ブーム／吉屋信子『良人の貞操』が爆発的人気	二・二六事件／軍部大臣現役武官制復活／不穏文書取締法、日独防共協定調印／「大日本帝国」の呼称決定／＊西安事件により中国は抗日民族統一戦線へ
十二(一九三七)	林銑十郎 近衛文麿	〝躍進日本〟が世界的評判に／志賀直哉『暗夜行路』、堀辰雄『風立ちぬ』、川端康成『雪国』、永井荷風『濹東綺譚』、吉川英治『宮本武蔵』など昭和文学興隆／「神風」号がロンドンに飛び大ブーム／「露営の歌」「愛国行進曲」「海行かば」など流行	盧溝橋事件をきっかけに、日中戦争はじまる／南京陥落
十三(一九三八)		発禁が相次ぎ言論の自由が脅かされる／『愛染かつら』の映画と主題歌が大ヒット／〝やくざ唄〟の流行／日中戦争の激化で銃後の千人針が広まる／漢口陥落で旗行列、提灯行列続く	トラウトマンの和平工作打ち切り／「蔣介石を対手にせず」の近衛首相声明／国家総動員法成立／「東亜新秩序声明」発表／＊ドイツでウランの核分裂実験成功

昭和			
十四（一九三九）	平沼騏一郎 阿部信行	双葉山の連勝記録が69でストップ／ゼロ戦誕生／大学生の軍事教練を徹底／賃銀統制令公布／映画法施行／満蒙開拓青少年義勇軍計画発表／国民精神総動員委員会の設置で「生活刷新」を推進／〝九・一八ストップ〟政策の反動で「ヤミ市」広がる／「結婚十訓」発表／「創氏改名」（朝鮮戸籍令改正）	三国同盟締結をめぐり五相会議盛んに開催／ノモンハン事件／*スターリンが独ソ不可侵条約承諾／アメリカが日米通商航海条約廃棄を通告／*ドイツとソ連が不可侵条約締結／山本五十六が連合艦隊司令長官に／*ドイツのポーランド侵攻、第二次世界大戦起こる
十五（一九四〇）	米内光政 近衛文麿（第二次）	「不敬」な芸名など改名／芸人慰問集団「わらわし隊」が中国大陸へ／「ぜいたくは敵だ」のスローガンのもと統制が盛んに／「産めよ殖やせよ」と叫ばれる／ダンスホール閉鎖／皇紀二六〇〇年の大式典開催／「わしゃかなわんよう」の悲鳴が流行る	*オランダ降伏、ブリュッセル陥落、ドイツがパリ占領／ヒトラー特使シュターマー来日／日本軍が北部仏印に進駐／*イギリスが独軍からの本土防衛成功／アメリカが屑鉄の日本輸出禁止／日独伊三国軍事同盟調印
十六（一九四一）	近衛文麿（第三次） 東条英機	「生きて虜囚の辱を受けず」の「戦陣訓」が示達される／李香蘭の出演で日劇七廻り半の行列／小学校が国民学校となり、小学生は少国民に／金属類特別回収令が施行され、家庭の鍋釜、小学校の二宮金次郎銅像などがどしどし供出される／落語家自重で「はなし塚」建立	松岡外相訪欧、ヒトラーと会談、モスクワでスターリンと日ソ中立条約調印／*ドイツがソ連に進攻／第一回御前会議／アメリカが在米日本資産凍結／日本軍が南部仏印進駐／アメリカが対日石油輸出全面禁止を通告／第三回御前会議で対米開戦決意／「ハル・ノート」届く／真珠湾攻

昭和			
十七（一九四二）		衣服が切符制に／「愛国百人一首」が新聞に掲載、その後発売／日本文学報国会結成／「欲しがりません勝つまでは」の標語登場／全国寺院の梵鐘が供出される／新聞統制が強化される／「近代の超克」座談会	撃、太平洋戦争開戦／マレー沖海戦、イギリス東洋艦隊撃沈、香港攻略／マニラ占領、シンガポール攻略／アメリカによる東京初空襲／ミッドウェイ海戦で大敗／米軍ガダルカナル島上陸
十八（一九四三）		米英語の店名や雑誌名など強制改名／「撃ちてし止まむ」の決戦標語が登場／中学校の徴兵延期が廃止に／学徒出陣はじまる／戦前最後の早慶戦／疎開が本格的に	＊米英首脳がカサブランカで会談／ガダルカナル島奪取される／山本五十六戦死／アッツ島玉砕／＊イタリア無条件降伏／＊カイロ会談
十九（一九四四）	小磯国昭	横浜事件（42～45年）／「竹槍事件」起こる／「決戦非常措置要綱」が決められる／学童疎開はじまる／検閲や監視が厳しくなり雑誌の廃刊促進／神社が一斉に撃滅祈願／学徒勤労動員広まる／本土空襲がはじまる	米機動部隊トラック島大空襲／＊ノルマンディー上陸作戦開始／インパール作戦惨敗／サイパン島陥落／神風特別攻撃隊初出撃／連合艦隊フィリピン沖でほぼ全滅
二十（一九四五）	鈴木貫太郎 東久邇宮稔	義勇兵役法が議会通過、竹槍訓練盛んに／東京大空襲で下町が大被害／沖縄で地上戦、20万人の犠牲者を出して潰滅／広島・長崎に原爆が投下され計約23万人の犠牲者を出す／	＊ヤルタ会談／「本土決戦完遂基本要綱」決定／硫黄島での敗退／日ソ中立条約廃棄の通告／＊ルーズベルト死／＊ムッソリーニ銃殺。ヒトラー自殺、ドイツ降伏／ソ連に和平交

昭和		
彦王	満洲居留民・開拓民たちの必死の逃亡／8月15日昼、国民が天皇放送をきく	渉の仲介を願い出る／ポツダム宣言が日本に届く／ソ連が満洲侵攻／ポツダム宣言を受諾、終戦の詔書／マッカーサー来日、ミズーリ艦上での降伏文書調印

参考文献（著者の五十音順。全体にわたって参照した主なものを挙げた）

朝日新聞「検証・昭和報道」取材班『新聞と「昭和」』（朝日新聞出版・二〇一〇）
荒俣宏『決戦下のユートピア』（文藝春秋・一九九六）
石川弘義編著『娯楽の戦前史』（東京書籍・一九八一）
石田文四郎編『新聞記録集成・昭和大事件史』（錦正社・一九五五）
伊藤整『太平洋戦争日記』全三巻（新潮社・一九八三）
稲垣吉彦『流行語の昭和史』（読売新聞社・一九八九）
稲垣吉彦・吉沢典男監修『昭和ことば史60年』（講談社・一九八五）
今西光男『新聞――資本と経営の昭和史』（朝日新聞社・二〇〇七）
岩崎爾郎『物価の世相１００年』（読売新聞社・一九八二）
宇垣一成『宇垣一成日記』３（みすず書房・一九七一）
宇垣纏『戦藻録』（原書房・一九六八）
内田百閒『東京焼尽』（講談社・一九五五）
遠藤一夫『おやじの昭和』（ダイヤモンド社・一九八一、のち中公文庫・一九八九）
小木新造『昭和庶民文化史』全二巻（日本放送出版協会・一九七〇～七一）
大佛次郎『敗戦日記』（草思社・一九九五）
加太こうじ『歌の昭和史』（時事通信社・一九八五）
加藤秀俊・井上忠司・高田公理・細辻恵子『昭和日常生活史』一巻（角川書店・一九八五）
加藤文三『昭和史歳時記』（青木書店・一九七八）
川島高峰『銃後――流言・投書の「太平洋戦争」』（読売新聞社・一九九七）
木下宗一『号外昭和史』（同光社磯部書房・一九五三）
清沢洌『暗黒日記』（岩波文庫・二〇〇四、ほか）

参考文献

軍事史学会編『機密戦争日誌』(錦正社・一九九八)
昭和ビジネス研究会『昭和ビジネス60年誌——企業・人物・事件がわかるデータブック』(ダイヤモンド社・一九八七)
杉森久英『昭和史見たまま』(読売新聞社・一九七五)
高橋健夫『油断の幻影——一技術将校の見た日米開戦の内幕』(時事通信社・一九八五)
高見順『高見順日記』第三・四巻(勁草書房・一九六四)
立川昭二『昭和の跫音』(筑摩書房・一九九二)
筑紫磐井『標語誕生!——大衆を動かす力』(角川学芸出版・二〇〇六)
戸川猪佐武『素顔の昭和　戦前』(光文社・一九七八、のち角川文庫・一九八一)
徳川夢声『夢声戦争日記』第四・五巻(中公文庫・一九七七)
鳥越信『子どもの替え歌傑作集』(平凡社・一九九八)
永井荷風『断腸亭日乗』全七巻(岩波書店・新版二〇〇一〜〇二)
長岡健一郎『銃後の風景——ある兵事主任の回想』(STEP・一九九二)
永沢道雄・刀祢館正久・雑喉潤『昭和のことば——キーワードでたどる私たちの現代史』(朝日ソノラマ・一九八八)
中村隆英『昭和史』上巻(東洋経済新報社・二〇一二)
中村稔『私の昭和史』(青土社・二〇〇四)
長與善郎『遅過ぎた日記——終戦のころから』上下(朝日新聞社・一九五四)
橋本哲男編『海野十三敗戦日記』(講談社・一九七一)
原田勝正『昭和世相史——記録と年表でつづる世相と事件』(小学館・一九八九)
日置英剛編『新国史大年表』第七・八巻(国書刊行会・二〇一一〜一二)
三國一朗『戦中用語集』(岩波新書・一九八五)
森田一義監修(日本世相史研究会編)『あの日、何があったか?〈昭和1年より昭和57年まで〉——昭和の珍事件集』(ランダム出版・一九八三)
森輝『風は過ぎ行く——私の戦中ノート』(隣人社・一九六七)
安岡章太郎『僕の昭和史』全三巻(講談社・一九八四〜八八)

安田武『昭和東京私史』(新潮社・一九八二)
矢野誠一『昭和の演藝　二〇講』(岩波書店・二〇一四)
山田風太郎『戦中派不戦日記』(番町書房・一九七一)
同『戦中派虫けら日記――滅失への青春』(大和書房・一九七三)
山本七平『昭和東京ものがたり』全二巻(読売新聞社・一九九〇)
読売新聞社編『時事川柳百年』(読売新聞社・一九九〇)

JASRAC出 1600147-601

北支事変 ほくしじへん　282–283, 285　⇒ **日中戦争** にっちゅうせんそう

ま行

満洲国建国 まんしゅうこくけんこく　126, 157
満洲事変 まんしゅうじへん　100, 115, 121, 125, 137, 142, 147, 178, 201, 261, 275, 281, 328, 335, 338
満洲某重大事件 まんしゅうぼうじゅうだいじけん　43, 59　⇒**張作霖爆殺** ちょうさくりんばくさつ
武藤山治射殺事件 むとうさんじしゃさつじけん　192

や行

ヨーロッパ新秩序 ヨーロッパしんちつじょ　303

ら行

リットン調査団 リットンちょうさだん　126, 146, 153
ロシア革命 ロシアかくめい　27
ロンドン海軍軍縮会議 ロンドンかいぐんぐんしゅくかいぎ　60, 77
ロンドン(海軍)軍縮条約 ロンドン(かいぐん)ぐんしゅくじょうやく　84, 236

わ行

ワシントン海軍軍縮条約 ワシントンかいぐんぐんしゅくじょうやく　79, 178, 236, 336

西安事件 せいあんじけん　214, 262
政友会 せいゆうかい　87-88, 112, 139, 261, 264, 304
世界的恐慌(世界恐慌) せかいてききょうこう(せかいきょうこう)　60, 77, 81, 85, 117, 335

た行

第一次世界大戦 だいいちじせかいたいせん　13, 23, 72, 193, 283, 334
大恐慌 だいきょうこう　⇒世界的恐慌 せかいてききょうこう
大正デモクラシー たいしょうデモクラシー　12, 53, 196, 333
第二次世界大戦 だいにじせかいたいせん　250, 347
大日本国防婦人会 だいにほんこくぼうふじんかい　143
太平洋戦争 たいへいようせんそう　11, 271, 296, 303, 328, 347
大本営(発表) だいほんえい(はっぴょう)　295-296, 306, 323
治安維持法 ちあんいじほう　28, 49, 55, 220
張作霖爆殺 ちょうさくりんばくさつ　43　⇒満洲某重大事件 まんしゅうぼうじゅうだいじけん
帝国芸術院 ていこくげいじゅついん　268
帝人事件 ていじんじけん　183
天皇機関説 てんのうきかんせつ　194-196, 206-207
東亜新秩序 とうあしんちつじょ　303
東京裁判 とうきょうさいばん　298
統帥権干犯問題 とうすいけんかんぱんもんだい　77, 87
特別高等警察(特高) とくべつこうとうけいさつ(とっこう)　49, 98, 207, 324
隣組 となりぐみ　111, 319

な行

南京陥落 なんきんかんらく　298-299
南京事件 なんきんじけん　⇒虐殺事件 ぎゃくさつじけん
二・二六事件 にいにいろくじけん　143, 183, 191, 196, 213-214, 216, 219, 221, 225, 237-238, 243-244, 247, 252, 256, 261, 263-264, 340-343
日独防共協定 にちどくぼうきょうきょうてい　214, 238, 252
日露戦争 にちろせんそう　40, 113, 121-122, 283, 307, 323, 344
日清戦争 にっしんせんそう　282
日中戦争 にっちゅうせんそう　183, 251, 262, 281, 287, 295, 305, 308, 312, 315, 328, 343　⇒支那事変、北支事変 しなじへん、ほくしじへん
熱河作戦 ねっかさくせん　153, 178, 201

は行

浜口首相狙撃事件 はまぐちしゅしょうそげきじけん　98
不穏文書臨時取締法 ふおんぶんしょりんじとりしまりほう　239
普通選挙(普選) ふつうせんきょ(ふせん)　47-48, 50, 52-53
文化勲章 ぶんかくんしょう　267
兵役法 へいえきほう　302
ベルリン・オリンピック　246-249
防空演習 ぼうくうえんしゅう　154-155, 167-169, 251, 279, 340

事項索引《じこうさくいん》

あ行

愛郷塾 あいきょうじゅく　139
相沢事件 あいざわじけん　207, 209, 340
阿部定事件 あべさだじけん　240, 242, 343
アムステルダム・オリンピック　56
弥栄村開拓団 いやさかむらかいたくだん　146
ウォール街の大暴落 ウォールがいのだいぼうらく　60, 77, 81, 181, 275
円本ブーム えんぽんブーム　32-33, 335
大本教事件 おおもときょうじけん　220

か行

戒厳令 かいげんれい　139, 229, 232, 234-235, 238, 241-242, 246, 252
神風特別攻撃隊（神風特攻） かみかぜとくべつこうげきたい（かみかぜとっこう）　271, 289
漢口陥落 かんこうかんらく　325
漢口攻略戦 かんこうこうりゃくせん　312-313, 323
関東大震災 かんとうだいしんさい　18, 31, 38-39, 78-79, 99, 115, 336
虐殺事件 ぎゃくさつじけん　263, 298
共産党シンパ事件 きょうさんとうシンパじけん　84
共産党リンチ事件 きょうさんとうリンチじけん　192
玉音放送 ぎょくおんほうそう　319
金融恐慌 きんゆうきょうこう　23, 27-29, 53, 60, 121, 334
軍事教練 ぐんじきょうれん　148
君側の奸 くんそくのかん　233
軍部大臣現役武官制 ぐんぶだいじんげんえきぶかんせい　214, 238, 261
血盟団事件 けつめいだんじけん　126, 137, 147, 171
言論統制 げんろんとうせい　306-307, 310
五・一五事件 ごいちごじけん　126, 137, 139, 142-143, 147, 171, 264, 338
光文事件 こうぶんじけん　12
国際連盟（国連） こくさいれんめい（こくれん）　117-118, 126, 135, 146-147, 153, 157-159, 165, 177, 235, 247, 252, 339, 342
国体明徴 こくたいめいちょう　195-196
国防婦人会 こくぼうふじんかい　142
国民精神総動員 こくみんせいしんそうどういん　262, 287-288, 292, 320, 343
御前会議 ごぜんかいぎ　323
国家総動員法 こっかそうどういんほう　302-306, 310

さ行

三・一五事件 さんいちごじけん　55
産児制限 さんじせいげん　95-96, 200
山東出兵 さんとうしゅっぺい　24, 42-43
支那事変 しなじへん　283　⇒日中戦争 にっちゅうせんそう
上海事変 しゃんはいじへん　126-127, 142, 147, 178, 338
出版法 しゅっぱんほう　206
昭和維新 しょうわいしん　139-140, 233
昭和改元 しょうわかいげん　39, 59, 64, 89, 111, 196
徐州攻略作戦 じょしゅうこうりゃくさくせん　315
人民戦線事件 じんみんせんせんじけん　310
枢密院会議 すうみついんかいぎ　7, 9

水上源一 みなかみげんいち　244
南次郎 みなみじろう　101, 115, 118, 124
蓑田胸喜 みのだむねき　172
美濃部達吉 みのべたつきち　172, 194, 206
美濃部亮吉 みのべりょうきち　310
三宅雪嶺 みやけせつれい　268
宮沢賢治 みやざわけんじ　124–125
宮田重雄 みやたしげお　226
宮本百合子 みやもとゆりこ　33, 310　⇒中条百合子 ちゅうじょうゆりこ
宮脇俊三 みやわきしゅんぞう　304
宮脇長吉 みやわきちょうきち　304
武者小路実篤 むしゃのこうじさねあつ　49, 268–269
ムッソリーニ，ベニート　250
武藤山治 むとうさんじ　192
室生犀星 むろうさいせい　33
毛沢東 もうたくとう　117, 215, 262
本居宣長 もとおりのりなが　288
本山彦一 もとやまひこいち　11–12
森恪 もりつとむ　113
森川幸雄 もりかわゆきお　293
森下雨村 もりしたうそん　133
盛田昭夫 もりたあきお　17
森戸辰男 もりとたつお　55

や行

八木沼丈夫 やぎぬまたけお　161
安岡章太郎 やすおかしょうたろう　170, 186
安田せい やすだせい　142
安田優 やすだゆたか　244
柳水巴 やなぎすいは　82, 135　⇒西条八十 さいじょうやそ
藪内喜一郎 やぶうちきいちろう　291
山川均 やまかわひとし　55, 310
山岸宏 やまぎしひろし　172
山田五十鈴 やまだいすず　184
山田耕筰 やまだこうさく　69
山田盛太郎 やまだもりたろう　84
山梨勝之進 やまなしかつのしん　87
山野千枝子 やまのちえこ　187
山本五十六 やまもといそろく　47
山本実彦 やまもとさねひこ　31
山本七平 やまもとしちへい　186
結城哀草果 ゆうきあいそうか　190
横光利一 よこみつりいち　49–50, 269
横山大観 よこやまたいかん　267
与謝野鉄幹 よさのてっかん　129
吉川英治 よしかわえいじ　209, 269, 312, 345
吉屋信子 よしやのぶこ　33, 226, 255, 269, 312

ら行

リッケルト，ハインリヒ　32
笠信太郎 りゅうしんたろう　55
蠟山政道 ろうやままさみち　55

わ行

若槻礼次郎 わかつきれいじろう　10, 23, 118
和気清麻呂 わけのきよまろ　83
和田博雄 わだひろお　218
渡辺錠太郎 わたなべじょうたろう　213
渡辺はま子 わたなべはまこ　238

林銑十郎 はやしせんじゅうろう 177, 192, 261
林八郎 はやしはちろう 244
林房雄 はやしふさお 311
林不忘 はやしふぼう 133 ⇒牧逸馬 まきいつま
林芙美子 はやしふみこ 33, 312-313
坂東蓑助(三津五郎) ばんどうみのすけ(みつごろう) 175
東久邇宮稔彦 ひがしくにのみやなるひこ 272
人見絹枝 ひとみきぬえ 57
ヒトラー，アドルフ 214, 246-247, 250, 303
火野葦平 ひのあしへい 314-315 ⇒玉井勝則 たまいかつのり
平野義太郎 ひらのよしたろう 55, 84
広沢虎造 ひろさわとらぞう 299
広田弘毅 ひろたこうき 214, 234, 236-238, 251-252, 261, 264
溥儀 ふぎ 102, 126, 177
福田らく ふくだらく 229, 231
福原麟太郎 ふくはらりんたろう 56
藤島武二 ふじしまたけじ 267
藤田嗣治 ふじたつぐはる 270
藤田まさと ふじたまさと 315, 317
伏見宮(博恭) ふしみのみや(ひろやす) 178
藤村作 ふじむらつくる 175
藤村秀夫 ふじむらひでお 129
藤本二三吉 ふじもとふみきち 112
藤森成吉 ふじもりせいきち 175
藤原銀次郎 ふじわらぎんじろう 223
藤原義江 ふじわらよしえ 161
双葉山 ふたばやま 271
舟橋聖一 ふなはしせいいち 227
フランコ，フランシスコ 250
古野伊之助 ふるのいのすけ 306
北条民雄 ほうじょうたみお 269
細川隆元 ほそかわたかもと(りゅうげん) 241
堀田善衛 ほったよしえ 219
堀辰雄 ほりたつお 33, 258, 269
堀内敬三 ほりうちけいぞう 69
堀場一雄 ほりばかずお 325
本位田祥男 ほんいでんよしお 49
本多光太郎 ほんだこうたろう 267

ま行

前畑秀子 まえはたひでこ 248
牧逸馬 まきいつま 133 ⇒林不忘 はやしふぼう
牧野英一 まきのえいいち 172
牧野伸顕 まきののぶあき 238
正木不如丘 まさきふじょきゅう 133
正宗白鳥 まさむねはくちょう 33, 49, 268
松井石根 まついいわね 298
松内冷洋 まつうちれいよう 12
松尾伝蔵 まつおでんぞう 213
松岡洋右 まつおかようすけ 112-113, 157, 165
マッカーサー，ダグラス 48
松田源治 まつだげんじ 188
松田義郎 まつだよしろう 46
松村秀逸 まつむらしゅういつ 312
三上卓 みかみたく 139-140, 172
三木清 みききよし 84, 223
水谷八重子 みずたにやえこ 229
水野広徳 みずのひろのり 282
水の江瀧子 みずのえたきこ 166 ⇒ターキー
溝口健二 みぞぐちけんじ 54
美土路昌一 みどろますいち 219

寺内寿一 てらうちひさいち　237, 264
寺崎浩 てらざきひろし　226
照宮 てるのみや　46　⇒成子内親王 しげこないしんのう
出羽海親方(六代目) でわのうみおやかた　45
東郷平八郎 とうごうへいはちろう　141, 178, 192
戸川猪佐武 とがわいさむ　133, 229
徳川夢聲 とくがわむせい　38
徳田秋聲 とくだしゅうせい　226, 268, 341
徳富蘇峰 とくとみそほう　268
徳山璉 とくやまたまき　111-112, 182
床次竹二郎 とこなみたけじろう　13
豊島与志雄 とよしまよしお　32
トルストイ，レフ　32

な行

内藤幸三 ないとうこうぞう　217
永井荷風 ながいかふう　32-34, 167-169, 227-228, 231-232, 269-270, 286-287, 290, 331, 345
永井龍男 ながいたつお　226
永井柳太郎 ながいりゅうたろう　59
長岡半太郎 ながおかはんたろう　267
中島莞爾 なかじまかんじ　244
中島健蔵 なかじまけんぞう　226
中島利一郎 なかしまりいちろう　9
永田鉄山 ながたてつざん　195-196, 207-209, 340
長田幹彦 ながたみきひこ　155
中野重治 なかのしげはる　310
中野順三 なかのじゅんぞう　301
中野正剛 なかのせいごう　59
中橋基明 なかはしもとあき　229, 244
中村草田男 なかむらくさたお　105-106, 108
中村隆英 なかむらたかふさ　109, 114, 179
中山義秀 なかやまぎしゅう　208
中山晋平 なかやましんぺい　61, 69
夏川静江 なつかわしずえ　184
夏目漱石 なつめそうせき　32, 37
名村寅雄 なむらとらお　9
奈良武次 ならたけじ　116
南原繁 なんばらしげる　234, 242, 245, 251-252, 257
新居格 にいいたる　107-108, 175
新見英夫 にいみひでお　207
丹生誠忠 にうよしただ　244
西田(修平) にしだ(しゅうへい)　248
西田税 にしだみつぎ　219
新渡戸稲造 にとべいなぞう　49
丹羽文雄 にわふみお　226, 312
寝惚先生 ねぼけせんせい　308　⇒大田南畝 おおたなんぽ
野上弥生子 のがみやえこ　263, 266
野中四郎 のなかしろう　213
信時潔 のぶときさよし　294
野村秀雄 のむらひでお　220, 307

は行

秦豊吉 はたとよきち　204
畑福俊英 はたふくとしひで　217
鳩山一郎 はとやまいちろう　88
花柳章太郎 はなやぎしょうたろう　129
馬場鍈一 ばばえいいち　292
浜尾四郎 はまおしろう　133
浜口雄幸 はまぐちおさち　60, 68, 70, 77, 81, 89, 97-98, 144
浜田国松 はまだくにまつ　264-265
早川徳次 はやかわのりつぐ　41

蔣介石 しょうかいせき　42, 99, 117, 214–215, 262, 281–282, 302, 323
東海林太郎 しょうじたろう　182
庄野潤三 しょうのじゅんぞう　144
聖武天皇 しょうむてんのう　294
正力松太郎 しょうりきまつたろう　306
白井鐵造 しらいてつぞう　179
末次信正 すえつぐのぶまさ　88
末弘厳太郎 すえひろいずたろう　49, 172
杉森孝次郎 すぎもりこうじろう　282
杉山孝二 すぎやまこうじ　12
杉山元 すぎやまはじめ　115–116, 304
杉山平助 すぎやまへいすけ　122
鈴木貫太郎 すずきかんたろう　175–176, 213
鈴木喜三郎 すずききさぶろう　218
鈴木伝明 すずきでんめい　184
鈴木茂三郎 すずきもさぶろう　282
鈴木安蔵 すずきやすぞう　282
スチムソン，ヘンリー　117
石友三 せきゆうさん　117
瀬戸口藤吉 せとぐちとうきち　293
惣郷正明 そうごうまさあき　89

た行

高石真五郎 たかいししんごろう　306
高杉晋作 たかすぎしんさく　40
高田保 たかたたもつ　49, 223, 320
高田稔 たかだみのる　66
高橋是清 たかはしこれきよ　180, 213, 243
高橋太郎 たかはしたろう　244
高濱虚子 たかはまきょし　268
高柳健次郎 たかやなぎけんじろう　13–15
財部彪 たからべたけし　84
田河水泡 たがわすいほう　101, 103–104
ターキー　166　⇒**水の江瀧子** みずのえたきこ
瀧井孝作 たきいこうさく　312
滝川幸辰 たきかわゆきとき　154
竹内栖鳳 たけうちせいほう　267
竹内良一 たけうちりょういち　136
竹島継夫 たけしまつぎお　244
太宰治 だざいおさむ　269
田島直人 たじまなおと　248
橘孝三郎 たちばなこうざぶろう　139
田中義一 たなかぎいち　23–24, 42, 59–60
田中絹代 たなかきぬよ　66, 317
田中勝 たなかまさる　244
田辺茂一 たなべもいち　226
谷崎潤一郎 たにざきじゅんいちろう　33, 94–95, 268
玉井勝則 たまいかつのり　315　⇒**火野葦平** ひのあしへい
玉錦 たまにしき　215
田村虎蔵 たむらとらぞう　273
団琢磨 だんたくま　126
秩父宮(雍仁) ちちぶのみや(やすひと)　222, 224–225
千葉胤明 ちばたねあき　268
チャップリン，チャールズ　241
中条百合子 ちゅうじょうゆりこ　33　⇒**宮本百合子** みやもとゆりこ
張学良 ちょうがくりょう　100, 115, 117, 160, 214
塚越賢爾 つかごしけんじ　272
津阪オリエ つさかオリエ　166
対馬勝雄 つしまかつお　244
堤康次郎 つつみやすじろう　38
坪内逍遥 つぼうちしょうよう　175
鶴彬 つるあきら　324
出口王仁三郎 でぐちおにさぶろう　220

…▶

～人名索引　か行

久保田宵二 くぼたしょうじ　16
久保田万太郎 くぼたまんたろう　44
久米正雄 くめまさお　33, 36, 312
倉富勇三郎 くらとみゆうざぶろう　10
栗原安秀 くりはらやすひで　244
グルー，ジョセフ・クラーク　178–179
黒田長茂 くろだながしげ　9–10
ゲネンゲル，マルタ　248
小磯国昭 こいそくにあき　101, 115–116
小唄勝太郎 こうたかつたろう　155, 170, 182
香田清貞 こうだきよさだ　244
幸田露伴 こうだろはん　267–268
古賀清志 こがきよし　139
古賀政男 こがまさお　55, 111, 198, 318
コクトー，ジャン　241
国分青崖 こくぶせいがい　268
小島政二郎 こじままさじろう　49, 312
五所平之助 ごしょへいのすけ　136, 184
古関裕而 こせきゆうじ　291
後藤映範 ごとうえいはん　139
五島慶太 ごとうけいた　38
近衛文麿 このえふみまろ　261, 280–283, 287, 295, 301–303
小林一三 こばやしいちぞう　179, 203
小林一茶 こばやしいっさ　28, 32
小林多喜二 こばやしたきじ　154, 157–158
小林秀雄 こばやしひでお　103–104, 313–314
小松清 こまつきよし　175
近藤芳美 こんどうよしみ　239

さ行

西園寺公望 さいおんじきんもち　10, 195, 214, 223, 238
西条八十 さいじょうやそ　54, 61–63, 69, 135, 169, 317　⇒柳水巴 やなぎすいは
斎藤茂太 さいとうしげた　234, 238
斎藤実 さいとうまこと　146, 153, 183, 213
斎藤茂吉 さいとうもきち　234, 245, 268, 343
堺利彦 さかいとしひこ　55
坂井直 さかいなおし　230, 244
坂口安吾 さかぐちあんご　240
向坂逸郎 さきさかいつろう　55, 310
作江伊之助 さくえいのすけ　128
佐郷屋留雄 さごやとめお　97
佐々木俊一 ささきしゅんいち　155
佐々木すぐる ささきすぐる　16
佐佐木信綱 ささきのぶつな　267–268, 293
佐佐木茂索 ささきもさく　227
佐多稲子 さたいねこ　157–158
佐藤賢了 さとうけんりょう　304–305
佐藤千夜子 さとうちやこ　62
サトウハチロー　198–199, 319
佐藤春夫 さとうはるお　94–95, 312
里見弴 さとみとん　49
沢村栄治 さわむらえいじ　217
志賀直哉 しがなおや　158, 269
成子内親王 しげこないしんのう　46　⇒照宮 てるのみや
幣原喜重郎 しではらきじゅうろう　89, 113, 118, 123–124
司馬遼太郎 しばりょうたろう　78
渋川善助 しぶかわぜんすけ　244
島木健作 しまきけんさく　311
島崎藤村 しまざきとうそん　33, 268
島津保次郎 しまづやすじろう　184
下村千秋 しもむらちあき　80
周恩来 しゅうおんらい　215, 281

榎本健一(エノケン) えのもとけんいち　63-64, 90
オーエンス，ジェシー　248
大内兵衛 おおうちひょうえ　310
大江(季雄) おおえ(すえお)　248
大川周明 おおかわしゅうめい　139
大草実 おおぐさみのる　51
大河内伝次郎 おおこうちでんじろう　184
大角岑生 おおすみみねお　140
大田南畝 おおたなんぽ　308　⇒**寝惚先生** ねぼけせんせい
大塚金之助 おおつかきんのすけ　154
大伴家持 おおとものやかもち　294
大村能章 おおむらのうしょう　315
大森義太郎 おおもりよしたろう　282, 310
大宅壮一 おおやそういち　65, 107
岡田啓介 おかだけいすけ　213
岡田三郎助 おかださぶろうすけ　267
緒方竹虎 おがたたけとら　220, 306
岡本かの子 おかもとかのこ　269
岡本綺堂 おかもときどう　268
尾崎士郎 おざきしろう　312, 318
小山内薫 おさないかおる　33
織田幹雄 おだみきお　56-57
小津安二郎 おづやすじろう　66, 184, 334
尾上菊五郎(六代目) おのえきくごろう　⇒**六代目菊五郎** きくごろう

か行

香椎浩平 かしいこうへい　232
片岡直温 かたおかなおはる　28-29
勝海舟 かつかいしゅう　305
加藤勘十 かとうかんじゅう　218
加藤寛治 かとうひろはる　84
加藤芳郎 かとうよしろう　104
金谷範三 かなやはんぞう　115
金子堅太郎 かねこけんたろう　9
神風 かみかぜ　270
唐沢富太郎 からさわとみたろう　164
河井酔茗 かわいすいめい　268
河上徹太郎 かわかみてつたろう　226, 308, 311
河上肇 かわかみはじめ　154
川口松太郎 かわぐちまつたろう　312, 316
川崎弘子 かわさきひろこ　136
川田順 かわだじゅん　107
河西新太郎 かわにししんたろう　273
川端康成 かわばたやすなり　64, 130, 269, 276, 345
河村参郎 かわむらさぶろう　115
六代目菊五郎 きくごろう　129
菊田一夫 きくたかずお　90-91
菊池寛 きくちかん　49-51, 54, 165, 227, 268, 312, 314-315, 341
菊池武夫 きくちたけお　194
岸信介 きしのぶすけ　218
北一輝 きたいっき　219, 230
北川丞 きたがわすすむ　128
北原白秋 きたはらはくしゅう　177, 225, 245, 293, 343
木戸幸一 きどこういち　223
城戸四郎 きどしろう　166
城戸元亮 きどもとすけ　9, 12
木俣修 きまたおさむ　251
木村荘八 きむらしょうはち　270
木村荘十二 きむらそとじ　184
木村栄 きむらひさし　267
清浦奎吾 きようらけいご　9
桐生悠々 きりゅうゆうゆう　154-155, 169
草刈英治 くさかりえいじ　84
久世光彦 くぜてるひこ　16-17
クーベルタン，ピエール・ド　296

半藤《はんどう》先生の「昭和史《しょうわし》」で学ぶ非戦《ひせん》と平和

戦争と人びとの暮《く》らし 1926~1945〔上〕 索引《さくいん》

・本文、解説《かいせつ》にあらわれた主な人名と事項《じこう》名を五十音順に並《なら》べました。
・人名は原則《げんそく》として姓《せい》、名の順に表記しています。
・同一の人物に複数《ふくすう》の名前がある場合、同一の事項《じこう》で異《こと》なる表記がある場合は「⇒」で参照しました。
・項目《こうもく》の直後の(　)は、その語の補足《ほそく》説明です。

人名索引《じんめいさくいん》

あ行

相沢三郎 あいざわさぶろう　195, 208, 340
愛新覚羅溥儀 あいしんかくらふぎ　⇒溥儀 ふぎ
青柴憲一 あおしばけんいち　217
赤沢正一 あかざわしょういち　⇒神風 かみかぜ
芥川龍之介 あくたがわりゅうのすけ　34-37, 50, 335
芦田均 あしだひとし　306
明日待子 あしたまつこ　239-240
葦原邦子 あしはらくにこ　179
阿部定 あべさだ　240-242, 343
阿部真之助 あべしんのすけ　12-13
阿部知二 あべともじ　226
荒木貞夫 あらきさだお　128, 141, 167
荒畑寒村 あらはたかんそん　55, 310
有沢広巳 ありさわひろみ　55, 310
有田八郎 ありたはちろう　303
淡谷のり子 あわやのりこ　316
安藤輝三 あんどうてるぞう　213, 244
飯沼正明 いいぬままさあき　272
池内了 いけうちさとる　161-162
池田成彬 いけだしげあき　223
池田純久 いけだすみひさ　218
石川淳 いしかわじゅん　308
石川達三 いしかわたつぞう　309-310
石田吉蔵 いしだきちぞう　240
石原莞爾 いしはらかんじ　117
伊丹万作 いたみまんさく　184
一木喜徳郎 いちききとくろう　9
犬養毅 いぬかいつよし　88, 126, 143-144, 172, 338
井上準之助 いのうえじゅんのすけ　70, 126, 144
井上清一 いのうえせいいち　142
井上正夫 いのうえまさお　129
井上通泰 いのうえみちやす　268
色川大吉 いろかわだいきち　317
岩田義道 いわたよしみち　158
岩波茂雄 いわなみしげお　52
巌本真理 いわもとまり　19
上原謙 うえはらけん　317
内田康哉 うちだこうさい(やすや)　145
梅島昇 うめじまのぼる　129
江木千之 えぎかずゆき　9
江木翼 えぎたすく　89
江木理一 えぎりいち　46, 120
江下武二 えしたたけじ　128
江戸川乱歩 えどがわらんぽ　133

半藤一利（はんどう・かずとし）
1930年、東京生まれ。東京大学文学部卒業後、文藝春秋入社。「週刊文春」「文藝春秋」編集長、取締役などを経て作家。著書は『日本のいちばん長い日』『漱石先生ぞな、もし』（正続、新田次郎文学賞）、『ノモンハンの夏』（山本七平賞）、『「真珠湾」の日』（以上、文藝春秋）、『幕末史』（新潮社）、『B面昭和史 1926－1945』『世界史のなかの昭和史』（以上、平凡社）など多数。『昭和史 1926－1945』『昭和史 戦後篇 1945－1989』（平凡社）で毎日出版文化賞特別賞を受賞。2015年、菊池寛賞を受賞。2021年1月12日永眠。

＊初出＝『こころ』Vol. 20～25（2014年8月～2015年6月）

半藤先生《はんどうせんせい》の「昭和史《しょうわし》」で学《まな》ぶ非戦《ひせん》と平和《へいわ》

戦争《せんそう》と人《ひと》びとの暮《く》らし 1926-1945 上《じょう》

昭和恐慌《しょうわきょうこう》、満洲開拓移民《まんしゅうかいたくいみん》、国家総動員法《こっかそうどういんほう》

発行日 2023年6月23日 初版第1刷

著者 半藤一利
発行者 下中美都
発行所 株式会社平凡社
〒101-0051 東京都千代田区神田神保町3-29
電話 03-3230-6579（編集）
03-3230-6573（営業）
平凡社ホームページ https://www.heibonsha.co.jp/
印刷・製本 株式会社東京印書館
編集協力 山本明子
装幀 木高あすよ（株式会社平凡社地図出版）
DTP 有限会社ダイワコムズ

ISBN978-4-582-45463-5